Michaela Grund

Friedenswahrung im Dorf
Das Wertheimer Zentgericht als Instrument der
Konfliktlösung (1589–1611)

2023

Jan Thorbecke Verlag Ostfildern

D 20

Diese Publikation ist auf alterungsbeständigem, säurefreiem Papier gedruckt.

Bibliografische Information der Deutschen Nationalbibliothek
Die Deutsche Nationalbibliothek verzeichnet diese Publikation in der Deutschen Nationalbibliografie; detaillierte bibliografische Daten sind im Internet über http://dnb.d-nb.de abrufbar.

Alle Rechte vorbehalten
© 2023 Kommission für geschichtliche Landeskunde in Baden-Württemberg, Stuttgart
Kommissionsverlag: Jan Thorbecke Verlag in der Schwabenverlag AG, Ostfildern
www.thorbecke.de

Umschlagabbildung: Vorderseite: Gerichtsszene der Zent Memmelsdorf im Zentgerichtsbuch des Amts Memmelsdorf: Staatsarchiv Bamberg, Hochstift Bamberg, Vogt- und Steueramt Memmelsdorf 23.
Gesamtherstellung: Gulde Druck GmbH & Co. KG, Tübingen
Hergestellt in Deutschland
ISBN 978-3-7995-9587-2

Vorwort

Die vorliegende Studie wurde im Juli 2020 als Dissertation an der Philosophischen Fakultät der Universität Würzburg eingereicht und das Kolloquium fand am 2. März 2021 statt. Für die Publikation wurde sie nun geringfügig überarbeitet.

Die Tatsache, nun auf ein fertiggestelltes Werk zu blicken, erfüllt mich mit Freude und Dankbarkeit. Aufgrund von Familienplanung, privater und beruflicher Projekte, aber auch wegen Unfällen und damit verbundenen körperlichen Einschränkungen musste ich die Arbeit an der Dissertation leider immer wieder unterbrechen. Umso mehr ist es mir daher ein besonderes Anliegen, all denen zu danken, die zur erfolgreichen Fertigstellung beigetragen haben.

Dem fortwährenden Zuspruch und Verständnis meines Doktorvaters Herrn PD Dr. Frank Kleinehagenbrock und seinen überzeugenden und aufmunternden Worten an richtiger Stelle ist es zu verdanken, dass ich mein Projekt schließlich abgeschlossen habe. Allein dafür danke ich ihm herzlich. Er war es auch, der mich durch seine Lehrveranstaltungen für die Frühe Neuzeit begeisterte und der mich bereits während meiner Abschlussarbeit auf hervorragende Weise betreut hat. Er förderte mich durch konstruktive Kritik sowie gewinnbringende Gespräche und Diskussionen und gab mir besonders für meine Promotionsschrift wichtige Anregungen. Darüber hinaus hat er sich für meine Anliegen immer bereitwillig Zeit genommen und hatte stets ein offenes Ohr; seinen Rat habe ich gerne und häufig gesucht.

Dank gebührt auch Herrn Prof. Dr. Helmut Flachenecker, an dessen Vorlesungen und Seminaren ich besonders gerne teilgenommen habe. Dass er sich bereit erklärt hat, das Zweitgutachten zu übernehmen, hat mich gefreut.

Ebenso möchte ich Frau Prof. Dr. Anja Amend-Traut für ihre Mitwirkung am Promotionsverfahren als Drittgutachterin und für ihr Interesse an meiner Arbeit herzlich danken. Sie ermöglichte es mir zudem, meine Arbeitsfortschritte auf Fachtagungen zu präsentieren und zu diskutieren.

Mit großer Bereitschaft hat mich auch das ganze Team des Wertheimer Staatsarchivs unterstützt, in ganz besonderer Weise taten dies Frau Dr. Monika Schaupp sowie der ehemalige Mitarbeiter Herr Dr. Robert Meier. Ich habe mich oft und gerne auf den Weg nach Bronnbach gemacht, und nicht nur die angenehme Arbeitsatmosphäre, sondern auch die guten Gespräche mit den Mitarbeitern sind mir in positiver Erinnerung geblieben.

Herzlich bedanken möchte ich mich bei der Kommission für geschichtliche Landeskunde in Baden-Württemberg für die Aufnahme meiner Arbeit in die Reihe B: Forschungen, und bei Frau Isabelle Löffler M.A. für die gründliche redaktionelle Betreuung.

Gedankt sei zudem meinen Studienkollegen und Freunden, die mich in der Zeit meiner Promotion unterstützt und begleitet haben. Profitieren konnte die Arbeit besonders von den regelmäßig veranstalteten Doktorandenkolloquien meines

Doktorvaters. Dort bot sich nicht nur die Möglichkeit für regen fachlichen Austausch, sondern im Laufe der Jahre sind auch Freundschaften entstanden. Namentlich erwähnen möchte ich an dieser Stelle auch Frau Michaela Eck, die mir in schwierigen Phasen stets eine freundschaftliche Stütze ist und die sich immer ehrlich für meine Arbeit interessiert hat. Gespräche mit ihr über das Dissertationsthema boten mir gute Möglichkeiten zur Reflexion.

Herzlich danken möchte ich schließlich meinen Eltern, meinem Mann, meinen Schwestern und Schwiegereltern für ihre vielfältige Hilfe. Besonderer Dank gilt Frau Madeleine Grund, die mich bei formalen Fragen bezüglich der Arbeit unterstützte und eine den Quellen angepasste Datenbank entworfen hat. Für Korrekturarbeiten, seelischen Beistand, für Verständnis und vor allem für das mir entgegengebrachte Vertrauen danke ich innig meinen Eltern Maria und Günther Grund (†). Sie haben mich jahrelang in meiner Ausbildung und stets in schwierigen Zeiten unterstützt. Ihnen widme ich meine Arbeit in tiefer Verbundenheit.

Bütthard, im März 2023
Michaela Grund

Inhalt

Vorwort	V
Abkürzungen und Siglen	XI
Quellen und Literatur	XIII
1. Ungedruckte Quellen	XIII
2. Gedruckte Quellen und Literatur	XIII

I. Einleitung ... 1

1. Forschungsstand, Fragestellung und Methode ... 1
2. Quellengrundlage und statistische Erfassung ... 14

II. Die Grafschaft Wertheim in der Zeit um 1600 ... 23

1. Die Grafschaft Wertheim als Gegenstand der Frühneuzeit-Forschung ... 23
2. Herrschaft, Verwaltung, Gesetzgebung und Kirche im Untersuchungszeitraum ... 28
3. Wirtschaft in der frühneuzeitlichen Grafschaftsgeschichte ... 35
4. Entwicklungen der Bevölkerung und der Gesellschaft in der Frühen Neuzeit ... 41
5. Zusammenfassung ... 49

III. Dörfliche Gesellschaft und Kriminalität in der Wertheimer Zent ... 51

1. Der institutionelle Rahmen: Das Wertheimer Zentgericht ... 51
   - 1.1 Einführung ... 53
   - 1.2 Der territoriale Umfang der Zent Wertheim und die Abgrenzung zum Stadtgericht ... 54
   - 1.3 Orte der Rechtsprechung ... 57
   - 1.4 Die Wertheimer Zentgerichtsrechte ... 58
   - 1.5 Elemente der Gerichtsverfassung ... 60
     - 1.5.1 Der Zuständigkeitsbereich der Wertheimer Zent: Welche Delikte kommen vor das Zentgericht? ... 60
     - 1.5.2 Einzelne Organe am Zentgericht ... 64
       - *Der Zentgraf* ... 65
       - *Die Schöffen* ... 66
       - *Die Zentverwandten* ... 69

      1.5.3 Verfahren am Wertheimer Zentgericht 70
           Der Ablauf des Gerichtsverfahrens während der Zeit um 1600 . . . 70
           Die Regelmäßigkeit der Gerichtstage und die Hegung des Gerichtes 73
           Verfahrenseinleitung am Wertheimer Zentgericht 73
           Beweiserhebung und Rechtsfindung 76
           Instanzenzug und Appellationsinstanzen 78
  1.6 Der Bedeutungsverlust des Wertheimer Zentgerichtes und dessen
       Übernahme durch das Landamt 79

2. Deliktkategorisierung und Deliktkontexte 80
3. Delikte im Untersuchungszeitraum 84
  3.1 „So ist ihm das blut aus dem kopff geloffen": Gewaltdelikte 85
  3.2 „Du liegst wie ein dieb und schelm": Ehrverletzungen am
       Zentgericht 105
  3.3 „sie hett bey der nacht ein batzen vol trauben gestohlen":
       Eigentumsdelikte 116
  3.4 Von Gotteslästerung, Sodomie und falschem Maß:
       Die Untersuchung von Einzelfällen am Wertheimer Zentgericht . . 126
  3.5 Zusammenfassung 136

4. Urteile am Wertheimer Zentgericht 144
  4.1 Zusammenfassung 156

5. Personen vor Gericht 156
  5.1 Kriminalität in den Wertheimer Grafschaftsdörfern:
       Ein „Vorrecht" unterer Schichten? 157
  5.2 Knechte und Mägde als Täter 163
  5.3 Untertanen: Bauern und Handwerker 165
  5.4 Fremde vor Gericht 170
  5.5 Frauen vor Gericht 172
  5.6 Zusammenfassung 177

6. Die Ritualisierung von Konflikten: Spielregeln innerhalb der
   dörflichen Gesellschaft 179
  6.1 Die Überschreitung einer Grenze: „Uber friedt schmeissen" 181
  6.2 Die Schaffung von Öffentlichkeit: „Mordio schreyen" 185
  6.3 Der Schutz des Privaten: Das Herausfordern aus dem Haus 188
  6.4 Zusammenfassung 192

7. Formen dörflicher Selbstverwaltung und informeller „Herrschaft"
   im Spiegel der Wertheimer Zentgerichtsakten 194
  7.1 Von „Hütern" und „Wächtern" in den Grafschaftsdörfern 195

7.2 „Unter der Linde stehen" und „aus dem Fenster schauen":
Das „Dorfauge" 204
7.3 Zusammenfassung 209

IV. Ergebnisse 211

Anhang 221
1. Pressemitteilung der Polizei des Regierungsbezirks Unterfranken . . . 221
2. Textquelle 223
3. Graphiken 224
4. Diagramme 226
5. Tabellen 233

Orts- und Personenregister 235

Abkürzungen und Siglen

fl.	Gulden
fol.	folio
Hg.	ein Herausgeber, mehrere Herausgeber
hrsg.	herausgegeben
HRG	Handwörterbuch zur deutschen Rechtsgeschichte
LdM	Lexikon des Mittelalters
StAWt	Staatsarchiv Wertheim
VHD	Verband der Historiker und Historikerinnen Deutschlands

Quellen und Literatur

1. Ungedruckte Quellen

Wertheim
Landesarchiv Baden-Württemberg, Abt. Staatsarchiv Wertheim (StAWt)
G-Rep. 6
G-Rep. 7
G-Rep. 8
G-Rep. 54
G-Rep. 57/1
G-Rep. 102
G-Rep. 102   Gemeinschaftliches Archiv Akten, Nachträge
G-Rep. 103
5 B2
F-Rep. 88
F-Rep. 102
F-Rep. 231
F-R 78
R-S 7
R-US   Rosenbergisches Archiv Rosenberger Urkundenselekt

2. Gedruckte Quellen und Literatur

ADELUNG, Johann Christoph: Grammatisch-kritisches Wörterbuch der Hochdeutschen Mundart mit beständiger Vergleichung der übrigen Mundarten, besonders aber der oberdeutschen. Zweyte, vermehrte und verbesserte Ausgabe, Teil 1–4. Leipzig 1793–1801.

AMEND, Anja/BAUMANN, Anette/WENDEHORST, Stephan: Einleitung, in: DIES./Siegrid WESTPHAL (Hg.): Gerichtslandschaft Altes Reich. Höchste und territoriale Rechtsprechung (Quellen und Forschungen zur höchsten Gerichtsbarkeit, 52). Köln/Weimar/Wien 2007, S. 1–5.

DIES./WUNDERLICH, Steffen: Recht und Gericht im frühneuzeitlichen Frankfurt zwischen der Vielfalt der Vormoderne und der Einheit der Moderne, in: DIES. (Hg.): Die Reichsstadt Frankfurt als Rechts- und Gerichtslandschaft im Römischen Deutschen Reich (Bibliothek Altes Reich, 3). München 2008, S. 9–13.

AMEND-TRAUT, Anja u. a. (Hg.): Gerichtsvielfalt und Gerichtslandschaften. Annäherungen und Perspektiven, in: DIES. u. a. (Hg.): Unter der Linde und vor dem Kaiser. Neue Perspektiven auf Gerichtsvielfalt und Gerichtslandschaften im Heiligen Römischen Reich (Quellen und Forschungen zur höchsten Gerichtsbarkeit im alten Reich, 73). Wien u. a. 2020, S. 9–37.

AMMERER, Gerhard/FRITZ, Gerhard/TAUCHEN, Jaromír (Hg.): Sexualität vor Gericht. Deviante geschlechtliche Praktiken und deren Verfolgung vom 14. bis zum 19. Jahrhundert. Wien 2019.

ASCHE, Matthias: Glaubensflüchtlinge und Kulturtransfer. Perspektiven für die Forschung aus der Sicht der sozialhistorischen Migrations- und der vergleichenden Minderheitenforschung, in: Michael NORTH (Hg.): Kultureller Ausgleich. Bilanz und Perspektiven der Frühneuzeitforschung. Köln u. a. 2009, S. 89–114.

ASCHBACH, Joseph von: Geschichte der Grafen von Wertheim 1 und 2. Von den ältesten Zeiten bis zu ihrem Erlöschen im Mannsstamme im Jahre 1556. Frankfurt am Main 1843.

BADER, Karl: Aufgaben, Methoden und Grenzen einer historischen Kriminologie, in: Schweizerische Zeitschrift für Strafrecht 71 (1956), S. 17–31.

BATTENBERG, Friedrich: Dinggenossenschaftliche Wahlen im Mittelalter. Zur Wahl und Einsetzung von Schöffenkollegien und gerichtlichen Funktionsträgern, besonders vom 14. bis zum 16. Jahrhundert, in: Reinhard SCHNEIDER/Harald ZIMMERMANN (Hg.): Wahlen und Wählen im Mittelalter (Vorträge und Forschungen, Bd. 7). Sigmaringen 1990, S. 271–321.

BAUMANN, Anette: Die Gesellschaft der Frühen Neuzeit im Spiegel der Reichskammergerichtsprozesse. Eine sozialgeschichtliche Untersuchung zum 17. und 18. Jahrhundert. Köln/Weimar/Wien 2001.

BAUMGÄRTNER, Ingrid: Gerichtspraxis und Stadtgesellschaft. Zu Zielsetzung und Inhalt, in: Franz-Josef ARLINGHAUS u. a. (Hg.): Praxis der Gerichtsbarkeit in europäischen Städten des Spätmittelalters. Frankfurt am Main 2006, S. 1–18.

Bayerische Landeszentrale für politische Bildung (Hg.): Grundgesetz für die Bundesrepublik Deutschland. München 2016.

BEATTIE, J. M.: The criminality of women in eighteenth century England, in: Journal of Social History 8 (1975), S. 80–116.

BECK, Johann Jodocus: Praxis Aurea de Juristdictione Superiore, Criminali et Centena. Von der Obergerichtsbarkeit, Zentgericht, hohen Malefiz- oder Fraißlichen Obrigkeit und Blutbann. Nürnberg 1720.

BECK, Rainer: Frauen in der Krise. Ehe und Ehescheidung in der ländlichen Gesellschaft, in: Richard VAN DÜLMEN (Hg.): Dynamik der Tradition. Frankfurt am Main 1992, S. 137–212.

DERS.: Illegitimität und voreheliche Sexualität auf dem Land. Unterfinning 1671–1770, in: Richard VAN DÜLMEN (Hg.): Kultur der einfachen Leute. München 1983, S. 112–150.

BEHRINGER, Wolfgang: Hexen und Hexenprozesse in Deutschland. München 2006.

DERS.: Kulturgeschichte des Klimas. Von der Eiszeit bis zur globalen Erwärmung. München ²2007.

DERS.: Mörder, Diebe, Ehebrecher. Verbrechen und Strafen in Kurbayern vom 16. bis 18. Jahrhundert, in: Richard VAN DÜLMEN (Hg.): Verbrechen, Strafen und soziale Kontrolle. Studien zur historischen Kulturforschung III. Frankfurt am Main 1990, S. 85–132.

BEHRISCH, Lars: Städtische Obrigkeit und soziale Kontrolle: Görlitz 1450–1600 (Frühneuzeit-Forschungen, Bd. 13). Epfendorf am Neckar 2005.

BENDLAGE, Andrea: Henkers Hetzbruder. Das Strafverfolgungspersonal der Reichsstadt Nürnberg im 15. und 16. Jahrhundert (Konflikte und Kultur – Historische Perspektiven, Bd. 8). Konstanz 2003.

BENJAMIN, Walter: Zur Kritik der Gewalt, in: DERS.: Zur Kritik der Gewalt und andere Aufsätze. Berlin ¹³2016.

BENZ, Paul: Reicholzheim – ältestes Dorf im unteren Taubertal. Tauberbischofsheim 1993.

BEUKE, Arnold: „In guter Zier und Kurtzweil bey der Naßen angetastet". Aspekte des Konfliktaustrags in der Frühen Neuzeit, in: Barbara KRUG-RICHTER/Ruth-E. MOHRMANN (Hg.): Praktiken des Konfliktaustrags in der Frühen Neuzeit (Schriftenreihe des Sonderforschungsbereichs 496: Symbolische Kommunikation und gesellschaftliche Wertesysteme, Bd. 6). Münster 2004, S. 119–155.

BIRR, Christiane: Konflikt und Strafgericht. Der Ausbau der Zentgerichtsbarkeit der Würzburger Fürstbischöfe zu Beginn der Frühen Neuzeit (Konflikt, Verbrechen und Sanktion in der Gesellschaft Alteuropas. Fallstudien, Bd. 5). Köln/Weimar/Wien 2002.

BLASIUS, Dirk: Kriminalität und Alltag. Zur Konfliktgeschichte des Alltaglebens im 19. Jahrhundert. Göttingen 1978.

BLASTENBREI, Peter: Neuere italienische Forschungen zu Delinquenz und Kriminaljustiz 1500–1800: Tendenzen und Ergebnisse, in: Andreas BLAUERT/Gerd SCHWERHOFF (Hg.): Kriminalitätsgeschichte. Beiträge zu einer Sozial- und Kulturgeschichte der Vormoderne (Konflikte und Kultur – Historische Perspektiven, Bd. 1). Konstanz 2000, S. 161–173.

BLAUERT, Andreas/SCHWERHOFF, Gerd (Hg.): Kriminalitätsgeschichte. Beiträge zu einer Sozial- und Kulturgeschichte der Vormoderne (Konflikte und Kultur – Historische Perspektiven, Bd. 1). Konstanz 2000.

DIES. (Hg.): Mit den Waffen der Justiz. Zur Kriminalitätsgeschichte des späten Mittelalters und der Frühen Neuzeit. Frankfurt am Main 1993.

BLAUERT, Andreas/WIEBEL, Eva: Gauner- und Diebeslisten: Registrieren, Identifizieren und Fahnden im 18. Jahrhundert (Studien zu Policey und Policeywissenschaften). Frankfurt am Main 2001.

BLICKLE, Peter: Art. Kommunalismus, in: Enzyklopädie der Neuzeit, Bd. 6. Stuttgart 2007, Sp. 985–990.

DERS. (Hg.): Aufruhr und Empörung? Studien zum bäuerlichen Widerstand im alten Reich. München 1980.

DERS.: Deutsche Untertanen der Frühneuzeit. Zur Rekonstruktion der politischen Kultur und der sozialen Wirklichkeit Deutschlands im 17. Jahrhundert, in: Vierteljahresschrift für Wirtschafts- und Sozialgeschichte 70 (1983), S. 483–522.

DERS.: Kommunalismus. Begriffsbildung in heuristischer Absicht, in: DERS. (Hg.): Landgemeinde und Stadtgemeinde in Mitteleuropa. Ein struktureller Vergleich. München 1991, S. 5–38.

DERS.: Kommunalismus, Parlamentarismus, Republikanismus, in: Historische Zeitschrift 242 (1986), S. 529–556.

DERS.: Kommunalismus. Skizzen einer gesellschaftlichen Organisationsform, Bd. 1: Oberdeutschland. München 2000.

DERS.: Von der Leibeigenschaft zu den Menschenrechten. Eine Geschichte der Freiheit in Deutschland. München 2003.

BONGARTZ, Josef: Gericht und Verfahren in der Stadt und im Hochstift Würzburg. Die fürstliche Kanzlei als Zentrum der (Appellations-) Gerichtsbarkeit bis 1618. (Quellen und Forschungen zur Höchsten Gerichtsbarkeit im Alten Reich, Bd. 74), hrsg. von Anja AMEND-TRAUT u. a.). Wien u. a. 2020.

BÖHME, Ernst: Das fränkische Reichsgrafenkollegium im 16. und 17. Jahrhundert: Untersuchungen zu den Möglichkeiten und Grenzen der korporativen Politik mindermächtiger Reichsstände (Beiträge zur Sozial- und Verfassungsgeschichte des Alten Reichs, Bd. 8). Stuttgart 1989.

BRACHTENDORF, Ralf: Konflikte, Devianz, Kriminalität. Justiznutzung und Strafpraxis in Kurtrier im 18. Jahrhundert am Beispiel des Amts Cochem. Marburg 2003.

BRAKENSIEK, Stefan: Herrschaftsvermittlung im alten Europa. Praktiken lokaler Justiz, Politik und Verwaltung im internationalen Vergleich, in: DERS./Heide WUNDER (Hg.): Ergebene Diener ihrer Herren? Herrschaftsvermittlung im alten Europa. Köln u. a. 2005, S. 1–21.

BRAUN, Tina/LIERMANN, Elke: Feinde, Freunde, Zechkumpane. Freiburger Studentenkultur in der Frühen Neuzeit (Münsteraner Schriften zur Volkskunde/Europäischen Ethnologie, Bd. 12). Münster 2007.

BRÄNDLE, Fabian: Ehre, Messer und „der starke Früe" – Wirtshäuser und die Kirmes als Orte physischer Gewalt und Kriminalität in der Schweiz, 1500–1840, in: Historische Kriminalitätsforschung in landesgeschichtlicher Perspektive. Fallstudien aus Bayern und seinen Nachbarländern 1500–1800. Referate zur Tagung vom 14. bis 16. Oktober 2015 in Wildbad Kreuth, hrsg. von Wolfgang WÜST unter Mitarbeit von Martina HELLER. Erlangen 2017, S. 333–344.

BUBACH, Bettina: Richten, Strafen und Vertragen. Rechtspflege der Universität Freiburg im 16. Jahrhundert (Freiburger Rechtsgeschichtliche Abhandlungen, N. F. Bd. 47). Berlin 2005.

BUCHDA, Gerhard: Art. Anwalt, in: Handwörterbuch zur deutschen Rechtsgeschichte I (1971), Sp. 182–191.

DERS.: Art. Büttel, in: Handwörterbuch zur deutschen Rechtsgeschichte I (1971), Sp. 579–580.

BULL, Karl-Otto: Die Türkensteuerlisten als Geschichtsquelle, in: Beiträge zur Landeskunde 2 (1974), S. 5–11.

Bundesministerium für Justiz und Verbraucherschutz (Hg.): Gesetz zur Verhütung und Bekämpfung von Infektionskrankheiten beim Menschen. http://www.gesetze-im-in ternet.de/ifsg/IfSG.pdf (letzter Abruf: 23.06.2022)

BUNDSCHUH, Johann Kaspar: Geographisches Statistisch-Topographisches Lexikon von Franken, Bd 4. Ulm 1801.

BURGHARTZ, Susanna: Geschlecht – Körper – Ehre. Überlegungen zur weiblichen Ehre in der Frühen Neuzeit am Beispiel der Basler Ehegerichtsprotokolle, in: Klaus SCHREINER/Gerd SCHWERHOFF (Hg.): Verletzte Ehre. Ehrkonflikte in Gesellschaften des Mittelalters und der Frühen Neuzeit (Norm und Struktur: Studien zum sozialen Wandel in Mittelalter und Früher Neuzeit 5). Köln/Weimar/Wien 1995, S. 214–234.

DIES.: Leib, Ehre und Gut. Delinquenz in Zürich Ende des 14. Jahrhunderts. Zürich 1990.

DIES.: Rechte Jungfrauen oder unverschämte Töchter? Zur weiblichen Ehre im 16. Jahrhundert, in: Karin HAUSEN/Heide WUNDER (Hg.): Frauengeschichte – Geschlechtergeschichte (Geschichte und Geschlechter, Bd. 1). Frankfurt am Main u. a. 1992, S. 73–183.

BURKE, Peter: The historical anthropology of early modern Italy. Cambridge 1987.

CASTAN, Nicole: Straffällige Frauen, in: Michelle PERROT/Georges DUBY (Hg.): Geschichte der Frauen, Bd. 3: Frühe Neuzeit, hrsg. von Arlette FARGE. Frankfurt am Main/New York 1994, S. 493–505.

CORDES, Albrecht (Hg.): Mit Freundschaft oder mit Recht? Inner- und außergerichtliche Alternativen zur kontroversen Streitentscheidung im 15.–19. Jahrhundert (Quellen und Forschungen zur höchsten Gerichtsbarkeit im Alten Reich 65). Köln u. a. 2015.

DETER, Gerhard: Rechtsgeschichte in regionaler Perspektive. Prolegomenon zu einem Raumdiskurs in der Rechtswissenschaft, in: Zeitschrift für Neuere Rechtsgeschichte 40 (2018), S. 73–99.

DEUTSCH, Andreas: Hierarchien der Ehre. Zur rechtlichen Dimension von Ehre und Unehrlichkeit in der Frühneuzeit, in: Sylvia KESPER-BIERMANN/Ulrike LUDWIG/ Alexandra ORTMANN (Hg.): Ehre und Recht. Ehrkonzepte, Ehrverletzungen und Ehrverteidigungen vom späten Mittelalter bis zur Moderne (Editionen und Dokumentationen 5). Magdeburg 2011, S. 19–39.

DIEDERIKS, Herman: Stadt und Umland im Lichte der Herkunftsorte der Kriminellen in Leiden im 17. und 18. Jahrhundert, in: Hans K. SCHULZE (Hg.): Städtisches Um- und Hinterland in vorindustrieller Zeit (Städteforschung, A 22). Köln 1985, S. 185–202.

DIEHM, Marion: „Zum wolseligen Gedechtis". Zeugnisse adeliger Memorialkultur aus der 2. Hälfte des 16. Jahrhunderts in Wertheim, unter besonderer Berücksichtigung der daran beteiligten Würzburger Künstler (Mainfränkische Studien 89). Baunach 2017.

DIEHM, Michael: Versunkene Schönheit am Main, in: Wertheimer Jahrbuch 1950, S. 60–62.

DIESTELKAMP, Bernhard: Das Reichskammergericht im Rechtsleben des 16. Jahrhunderts, in: Hans-Jürgen BECKER u. a. (Hg.): Rechtsgeschichte als Kulturgeschichte. Festschrift für Adalbert Erler zum 70. Geburtstag. Aalen 1976, S. 435–480.

DINGES, Martin: Der Maurermeister und der Finanzrichter. Ehre, Geld und soziale Kontrolle im Paris des 18. Jahrhunderts (Veröffentlichungen des Max-Planck-Instituts für Geschichte 105). Göttingen 1994.

DERS.: Formenwandel der Gewalt in der Neuzeit. Zur Kritik der Zivilisationstheorie von Norbert Elias, in: Rolf Peter STIEFERLE/ Helga BREUNINGER (Hg.): Kulturen der Gewalt. Ritualisierung und Symbolisierung von Gewalt in der Geschichte. Frankfurt/New York 1998, S. 171–194.

DERS.: Justiznutzungen als soziale Kontrolle in der Frühen Neuzeit, in: Andreas BLAUERT/Gerd SCHWERHOFF (Hg.): Kriminalitätsgeschichte. Beiträge zu einer Sozial- und Kulturgeschichte der Vormoderne (Konflikte und Kultur – Historische Perspektiven, Bd. 1). Konstanz 2000, S. 503–544.

DERS.: Neue Kulturgeschichte, in: Joachim EIBACH/Günther LOTTES (Hg.): Kompass der Geschichtswissenschaft. Ein Handbuch. Göttingen 2002, S. 179–192.

DERS.: Weiblichkeit in Männlichkeitsritualen? Zu weiblichen Taktiken im Ehrenhandel in Paris im 18. Jahrhunderts, in: Francia 18 (1991), S. 71–98.

DÜLMEN, Richard van: Kultur und Alltag in der Frühen Neuzeit, Bd. 1: Das Haus und seine Menschen (16. bis 18. Jahrhundert). München ⁴2005.

DERS.: Kultur und Alltag in der Frühen Neuzeit, Bd. 2: Dorf und Stadt (16. bis 18. Jahrhundert). München ³2005.

DERS.: Theater des Schreckens. Gerichtspraxis und Strafrituale in der frühen Neuzeit. München ⁵2010.

DERS.:Verbrechen, Strafen und soziale Kontrolle. (Studien zur historischen Kulturforschung, 3). Frankfurt am Main 1990.

EHMER, Hermann: Die Reformation in der Grafschaft Wertheim, bei der Ritterschaft im Kraichgau und im Odenwald, in: Badische Landesbibliothek (Hg.): Luther und die Reformation am Oberrhein. Eine Ausstellung der Badischen Landesbibliothek und der Evangelischen Landeskirche Baden in Zusammenarbeit mit dem Generallandesarchiv Karlsruhe und dem Melanchthonverein Bretten. Karlsruhe 1983, S. 77–101.

DERS.: Geschichte der Grafschaft Wertheim. Wertheim 1989.
DERS.: Johann Eberlin von Günzburg in Wertheim, in: Wertheimer Jahrbuch 1983, S. 55–71.
DERS.: Ländliches Schulwesen in Südwestdeutschland während der frühen Neuzeit, in: Ulrich ANDERMANN (Hg.): Regionale Aspekte des frühen Schulwesens (Kraichtaler Kolloquien 2). Tübingen 2000, S. 75–106.
DERS.: Löwenstein-Wertheim, in: Meinrad SCHAAB/Hansmartin SCHWARZMAIER, (Hg.): Handbuch der Baden-Württembergischen Geschichte, Bd. 2: Die Territorien im Alten Reich. Stuttgart 1995, S. 389–394.
DERS.: Luther und Wertheim, in: Wertheimer Jahrbuch 1977/78, S. 121–144.
DERS.: Recvperati Evangelii defensor et instavrator. Die reformatorischen Ordnungen und Mandate des Grafen Georg II. von Wertheim, in: Würzburger Diözesangeschichtsblätter, Bd. 42. Würzburg 1980, S. 215–234.
EIBACH, Joachim: Das Haus: Zwischen öffentlicher Zugänglichkeit und geschützter Privatheit (16. – 18. Jahrhundert), in: Susanne RAU/Gerd SCHWERHOFF (Hg.): Zwischen Gotteshaus und Taverne. Öffentliche Räume in Spätmittelalter und Früher Neuzeit (Norm und Struktur 21). Köln/Weimar/Wien 2004, S. 183–205.
DERS.: Frankfurter Verhöre. Städtische Lebenswelten und Kriminalität im 18. Jahrhundert. Paderborn 2003.
DERS.: Kriminalitätsgeschichte zwischen Sozialgeschichte und Historischer Kulturforschung, in: Historische Zeitschrift 263 (1996), S. 681–715.
ENDERS, Lieselott: Nichts als Ehr', Lieb's und Gut's. Soziale Konflikt- und Ausgleichspotenzen in der Frühneuzeit, in: Axel LUBINSKI/Thomas RUDERT/Martina SCHATTKOWSKY (Hg.): Historie und Eigen-Sinn. Festschrift für Jan Peters zum 65. Geburtstag. Weimar 1997, S. 141–161.
ENDRES, Rudolf: Der Bauernkrieg in Franken, in: Blätter für deutsche Landesgeschichte 109 (1973), S. 31–68.
DERS.: Der Bauernkrieg in Franken und Oberschwaben. Ein Vergleich, in: DERS. (Hg.): 475 Jahre Bauernkrieg in Oberschwaben 1525–2000. (Vortragsreihe der Kreissparkasse Ravensburg in Zusammenarbeit mit der Gesellschaft Oberschwaben und der VHS Weingarten). Ravensburg 2000, S. 55–71.
DERS.: Stadt- und Landgemeinde in Franken, in: Peter BLICKLE (Hg.): Landgemeinde und Stadtgemeinde in Mitteleuropa. Ein struktureller Vergleich. München 1991, S. 102–117.
FEEST, Johannes: Art. Frauenkriminalitä, in: Günther KAISER u. a. (Hg.): Kleines kriminologisches Wörterbuch. Heidelberg ²1985, S. 118–123.
FELTEN, Franz J.: Art. Priorat, in: Lexikon des Mittelalters, Bd. 7 (1999), Sp. 215–218.
FLACHENECKER, Helmut: Dorfherr und Gericht, Schultheiß und Schöffen, Amtmann und Sechser – Zur dörflichen Kommunalstruktur von Frammersbach im 16. Jahrhundert, in: Lutz VOGEL u. a. (Hg.): Mehr als Stadt, Land, Fluss. Festschrift für Ursula Braasch-Schwersmann. Neustadt an der Aisch 2020, S. 47–50.
FRANK, Michael: Dörfliche Gesellschaft und Kriminalität. Das Fallbeispiel Lippe 1650–1800. Paderborn u. a. 1995.
DERS.: Ehre und Gewalt im Dorf der Frühen Neuzeit. Das Beispiel Heiden (Grafschaft Lippe) im 17. und 18. Jahrhundert, in: Klaus SCHREINER/Gerd SCHWERHOFF (Hg.): Verletzte Ehre. Ehrkonflikte in den Gesellschaften des Mittelalters und der Frühen Neuzeit (Norm und Struktur 5). Köln u. a. 1995, S. 320–338.

FRANKE, Ellen: Von Schelmen, Schlägern, Schimpf und Schande. Kriminalität in einer frühneuzeitlichen Kleinstadt – Strasburg in der Uckermark (Konflikt, Verbrechen und Sanktion in der Gesellschaft Alteuropas. Fallstudien, Bd. 10). Köln u. a. 2013.

FREIST, Dagmar: Staatsbildung, lokale Herrschaftsprozesse und kultureller Wandel in der Frühen Neuzeit, in: Ronald G. ASCH/DIES. (Hg.): Staatsbildung als kultureller Prozess. Strukturwandel und Legitimation von Herrschaft in der Frühen Neuzeit. Köln/Weimar/Wien 2005, S. 1–47.

FREITAG, Winfried: Haushalt und Familie in traditionellen Gesellschaften. Konzepte, Probleme und Perspektiven der Forschung, in: Geschichte und Gesellschaft 14 (1988), S. 5–37.

FRITZ, Gerhard: Eine Rotte von allerhandt rauberischem Gesind. Öffentliche Sicherheit in Südwestdeutschland vom Ende des Dreißigjährigen Krieges bis zum Ende des Alten Reiches (Stuttgarter historische Studien zur Landes- und Wirtschaftsgeschichte, Bd. 6). Ostfildern 2004.

FRITZ, Gerhard: Stadtknechte, Nachtwächter, Büttel. Lokales Sicherheitspersonal in Württemberg und benachbarten Territorien im 18. Jahrhundert, in: André HOLENSTEIN u. a. (Hg.): Policey in lokalen Räumen. Ordnungskräfte und Sicherheitspersonal in Gemeinden und Territorien vom Spätmittelalter bis zum frühen 19. Jahrhundert (Studien zu Policey und Policeywissenschaft). Frankfurt am Main 2002, S. 247–265.

FUCHS, Ralf-Peter: Um die Ehre. Westfälische Beleidigungskonflikte vor dem Reichskammergericht (1525–1805). (Forschungen zur Regionalgeschichte, Bd. 28). Paderborn 1999.

FURKEL, Georg: Sitte und Brauch bei Hochzeiten in der Grafschaft vor der Jahrhundertwende, in: Wertheimer Jahrbuch 1953, S. 89–93.

GAREI, Iris: Art. Ritual, in: Enzyklopädie der Neuzeit, Bd. 10. Stuttgart 2010, Sp. 297–306.

GARNOT, Benoît: Justice, infrajustice, parajustice et extre justice dans la France d' Ancien Regime, in: Crime, Histoire & Sociétes 4 (2002), S. 103–120.

GERSMANN, Gudrun: Gehe hin und verthedige dich! Injurienklagen als Mittel der Abwehr von Hexereiverdächtigungen – ein Fallbeispiel aus dem Fürstbistum Münster, in: Sibylle BACKMANN u. a. (Hg.): Ehrkonzepte in der Frühen Neuzeit. Identitäten und Abgrenzungen (Colloquia Augustana 8). Berlin 1998, S. 237–269.

GERTEIS, Klaus: Die deutschen Städte in der frühen Neuzeit. Zur Vorgeschichte der „bürgerlichen Welt". Darmstadt 1986.

GESTRICH, Andreas: Art. Haus, ganzes, in: Enzyklopädie der Neuzeit, Bd. 5. Stuttgart 2007, Sp. 216–218.

GISPER, Dietlinde: Kriminalität der Frauen und Mädchen, in: Hans Joachim SCHNEIDER (Hg.): Kriminalität und abweichendes Verhalten, Bd. 1 (Kindlers Psychologie des 20. Jahrhunderts). Weinheim/Basel 1983, S. 427–441.

GLASER, Rüdiger: Klimageschichte Mitteleuropas. 1200 Jahre Wetter, Klima, Katastrophen. Darmstadt ²2008.

GLÄSER, Sven: Die Mediatisierung der Grafschaft Wertheim. Der juristische Kampf eines kleinen Reichsstandes gegen den Verlust der Landesherrschaft und seine Folgen (Rechtshistorische Reihe 336). Frankfurt am Main 2006.

GLEIXNER, Ulrike: „Das Mensch" und „der Kerl". Die Konstruktion von Geschlecht in Unzuchtsverfahren der Frühen Neuzeit (1700–1769) (Geschichte und Geschlechter, Bd. 8). Frankfurt am Main u. a. 1994.

DIES.: Rechtsfindung zwischen Machtbeziehungen, Konfliktregelung und Friedenssicherung. Historische Kriminalitätsforschung und Agrargeschichte in der Frühen Neuzeit, in: Werner TROSSBACH/Clemens ZIMMERMANN (Hg.): Agrargeschichte. Positionen und Perspektiven (Quellen und Forschungen zur Agrargeschichte, Bd. 44). Stuttgart 1998, S. 57–72.

GOFFMAN, Erving: Interaktionsrituale. Über Verhalten in direkter Kommunikation. Frankfurt am Main ⁴1996.

GOTTHELF, Jeremias: Leiden und Freuden eines Schulmeisters (1838): https://www.projekt-gutenberg.org/gotthelf/schulmei/chap016.html (letzter Abruf: 7.8.2022).

GRIESEBNER, Andrea: Konkurrierende Wahrheiten. Malefizprozesse vor dem Landgericht Perchtoldsdorf im 18. Jahrhundert (Frühneuzeit-Studien N.F. 3). Wien/Köln/Weimar. 2000.

GRIMM, Jacob (Hg.): Weisthümer (Sechster Teil). 2. Aufl., Zweiter unveränderter fotomechanischer Nachdruck der ersten Auflage von 1869. Darmstadt 1957.

DERS./GRIMM, Wilhelm: Deutsches Wörterbuch, Bd. 5. München 1984 (Nachdruck der EA von 1897).

DIES.: Deutsches Wörterbuch, Bd. 10. Leipzig 1984 (Nachdruck der EA von 1877).

DIES.: Deutsches Wörterbuch, Bd. 14 München 1984 (Nachdruck der EA von 1893).

DIES.: Deutsches Wörterbuch, Bd. 25. München 1984 (Nachdruck der EA von 1956).

GROTEFEND, Hermann: Taschenbuch der Zeitrechnung des deutschen Mittelalters und der Neuzeit. Hannover ¹³1991.

GRUND, Michaela: *Haldet fried, so Lieb Euch mein gn(ädiger) herr ist.* Die Ritualisierung von Konflikten in den frühneuzeitlichen Grafschaftsdörfern am Beispiel des *fried bietens,* in: Monika SCHAUPP/Frank KLEINEHAGENBROCK/Jörg PACZOWSKI (Hg.): Forschungen zu Stadt und Grafschaft Wertheim. Festschrift für Erich Langguth zum 95. Geburtstag (Veröffentlichungen des Historischen Vereins Wertheim, Bd. 10). Wertheim 2018, S. 207–216.

DIES.: *und bringe das für ein rüg.* Das Wertheimer Zentgericht in der Zeit um 1600, in: Anja AMEND-TRAUT u. a. (Hg.): Unter der Linde und vor dem Kaiser. Neue Perspektiven auf Gerichtsvielfalt und Gerichtslandschaften im Heiligen Römischen Reich (Quellen und Forschungen zur höchsten Gerichtsbarkeit im Alten Reich, Bd. 73). Wien/Köln/Weimar 2020, S. 227–240.

GUDIAN, Gunter: Art. Centena, in: Handwörterbuch zur deutschen Rechtsgeschichte I (1971), Sp. 603–606.

DERS.: Geldstrafrecht und peinliches Strafrecht im späten Mittelalter, in: Hans-Jürgen BECKER u. a. (Hg.): Rechtsgeschichte als Kulturgeschichte. Festschrift für Adalbert Erler zum 70. Geburtstag. Aalen 1976, S. 274–288.

HABERMAS, Jürgen: Theorie des kommunikativen Handelns. Bd. 2: Zur Kritik der funktionalistischen Vernunft. Frankfurt am Main 1981.

HÄBERLEIN, Mark: Devianz, Widerstand und Herrschaftspraxis in der Vormoderne. Studien zu Konflikten im südwestdeutschen Raum (15. – 18. Jahrhundert) (Konflikte und Kultur – Historische Perspektiven, Bd. 2). Konstanz 1999.

HÄGERMANN, Melanie Julia: Das Strafgerichtswesen im kurpfälzischen Territorialstaat. Entwicklungen der Strafgerichtsbarkeit in der Kurpfalz, dargestellt anhand von ländlichen Rechtsquellen aus vier rechtsrheinischen Zenten. (Inaugural-Dissertation zur Erlangung der Würde eines doctor iuris der Juristischen Fakultät der Bayerischen Julius-Maximilians-Universität Würzburg 2002).

HALBLEIB, Henrik: Kriminalitätsgeschichte in Frankreich, in: Andreas BLAUERT/Gerd SCHWERHOFF (Hg.): Kriminalitätsgeschichte. Beiträge zu einer Sozial- und Kulturgeschichte der Vormoderne (Konflikte und Kultur – Historische Perspektiven, Bd. 1). Konstanz 2000, S. 89–119.

HÄRTER, Karl: Entwicklung und Funktion der Policeygesetzgebung des Heiligen Römischen Reiches Deutscher Nation im 16. Jahrhundert, in: Ius Commune 20 (1993), S. 61–141.

DERS.: Konfliktregulierung im Umfeld frühneuzeitlicher Strafgerichte: Das Konzept der Infrajustiz in der historischen Kriminalitätsforschung, in: Kritische Vierteljahresschrift für Gesetzgebung und Rechtsprechung 95 (2012), S. 130–144.

DERS.: Policey und Strafjustiz in Kurmainz. Gesetzgebung, Normdurchsetzung und Sozialkontrolle im frühneuzeitlichen Territorialstaat (Studien zur europäischen Rechtsgeschichte, Bd. 190). Frankfurt am Main 2005.

DERS.: Policeygesetzgebung und Strafrecht: Criminalpoliceyliche Ordnungsdiskurse und Strafjustiz in der Frühen Neuzeit, in: Sylvia KESPER-BIERMANN/Diethelm KLIPPEL (Hg.): Kriminalität in Mittelalter und Früher Neuzeit. Soziale, rechtliche, philosophische und literarische Aspekte (Wolfenbütteler Forschungen 114). Wiesbaden 2007, S. 189–210.

DERS.: Strafrechts- und Kriminalitätsgeschichte der Frühen Neuzeit (methodica – Einführungen in die rechtshistorische Forschung, Bd. 5), hrsg. vom Max-Planck-Institut für europäische Rechtsgeschichte. Berlin/Boston 2018.

HEIDEGGER, Maria: Soziale Kommunikationsräume im Spiegel dörflicher Gerichtsquellen Tirols. Überlegungen in geschlechtergeschichtlicher Perspektive, in: Johannes BURKHARDT/Christine WERKSTETTER (Hg.): Kommunikation und Medien in der Frühen Neuzeit (Historische Zeitschrift, Beiheft N.F. 41). München 2005, S. 175–199.

DIES.: Soziale Dramen und Beziehungen im Dorf. Das Gericht Laudegg in der frühen Neuzeit – eine historische Ethnographie. Innsbruck 1999.

Heidelberger Akademie der Wissenschaften (Hg.): Deutsches Rechtswörterbuch, Bd. 5, Handanlegen – Hufenweizen. Weimar 1960.

DIES. (Hg.): Deutsches Rechtswörterbuch, Bd. 9, Mahlgericht – Notrust. Weimar 1996.

HENSELMEYER, Ulrich: Ratsherren und andere Delinquenten. Die Rechtsprechungspraxis bei geringfügigen Delikten im spätmittelalterlichen Nürnberg. Konstanz 2002.

HERING TORRES, Max Sebastián: Art. Charivari, in: Enzyklopädie der Neuzeit, Bd. 2. Stuttgart 2005, Sp. 649–651.

HIPPEL, Wolfgang von (Hg.): Türkensteuer und Bürgerzählung. Statistische Materialien zu Bevölkerung und Wirtschaft des Herzogtums Württemberg im 16. Jahrhundert ([Sonder-] Veröffentlichungen der Kommission für geschichtliche Landeskunde in Baden-Württemberg). Stuttgart 2009.

HIRBODIAN, Sigrid: Recht und Ordnung im Dorf. Zur Bedeutung von Weistümern und Dorfordnungen in Spätmittelalter und Frühneuzeit, in: Kurt ANDERMANN/Oliver AUGE: Dorf und Gemeinde. Grundstrukturen der ländlichen Gesellschaft in Spätmittelalter und Frühneuzeit (Kraichtaler Kolloquien 8). Epfendorf 2012, S. 45–63.

HOFFMANN, Carl: „Öffentlichkeit" und „Kommunikation" in den Forschungen zur Vormoderne. Eine Skizze, in: DERS./Rolf KIESSLING (Hg.): Kommunikation und Region (Forum Suevicum 4). Konstanz 2001, S. 69–112.

HOLENSTEIN, André: Bauern zwischen Bauernkrieg und Dreißigjährigem Krieg (Enzyklopädie deutscher Geschichte, Bd. 38). München 1996.

DERS.: Zwischen Policey und Polizei. Die badischen Hatschiere und die Professionalisierung staatlicher Exekutivkräfte im 18. und frühen 19. Jahrhundert, in: DERS. u. a.

(Hg.): Policey in lokalen Räumen. Ordnungskräfte und Sicherheitspersonal in Gemeinden und Territorien vom Spätmittelalter bis zum frühen 19. Jahrhundert (Studien zu Policey und Policeywissenschaft). Frankfurt am Main 2002, S. 289–316.

DERS. u. a.: Der Arm des Gesetzes. Ordnungskräfte und gesellschaftliche Ordnung in der Vormoderne als Forschungsfeld (Einleitung), in: DERS. u. a. (Hg.): Policey in lokalen Räumen. Ordnungskräfte und Sicherheitspersonal in Gemeinden und Territorien vom Spätmittelalter bis zum frühen 19. Jahrhundert (Studien zu Policey und Policeywissenschaft). Frankfurt am Main 2002, S. 1–54.

HUHN, Vital: Löwe und Hund als Gerichtssymbole auf zwei Wertheimer Denkmälern, in: Wertheimer Jahrbuch 1959, S. 27–30.

ISELI, Andrea: Gute Policey. Öffentliche Ordnung in der Frühen Neuzeit. Stuttgart 2009.

JEROUSCHEK, Günter: Sunt hic leones? Zu Fortschritten in der Strafrechtsgeschichte und in der historischen Kriminalitätsforschung, in: Zeitschrift für Neuere Rechtsgeschichte 32 (2010), S. 52–60.

KASTNER, Julius: Vorwort zum Inventar des Stadtarchivs Külsheim Bd. 1, 1955: https://www2.landesarchiv-bw.de/ofs21/olf/einfueh.php?bestand=54040 (letzter Abruf: 24.06.2022).

KERN, Rolf: Die Beteiligung Georg II. von Wertheim und seiner Grafschaft am Bauernkrieg, in: Zeitschrift für die Geschichte des Oberrheins Neue Folge, Bd. XVI (1901), S. 81–130.

DERS.: Die Kuelsheimer Fehde 1463. Wertheim 1897.

KERTELHEIN, Arne: Alltag und Kriminalität. Die Brücheregister des Dithmarscher Mitteldrittels 1560 -1581 (Rostocker Studien zur Regionalgeschichte 7). Rostock 2003.

KESPER-BIERMANN, Sylvia/KLIPPEL, Diethelm: Verbrechen und Strafen im Mittelalter und in der Frühen Neuzeit. Neue Perspektiven auf ein interdisziplinäres Forschungsfeld, in: DIES. (Hg.): Kriminalität in Mittelalter und Früher Neuzeit. Soziale, rechtliche, philosophische und literarische Aspekte (Wolfenbütteler Forschungen 114). Wiesbaden 2007, S. 7–12.

DIES./LUDWIG, Ulrike/ORTMANN, Alexandra: Ehre und Recht. Zur Einleitung, in: DIES. (Hg.): Ehre und Recht. Ehrkonzepte, Ehrverletzungen und Ehrverteidigungen vom späten Mittelalter bis zur Moderne (Editionen und Dokumentationen 5). Magdeburg 2011, S. 3–16.

KLEINEHAGENBROCK, Frank: Der Reicholzheimer Wallfahrtsstreit. Eine Dorfgemeinde im Konflikt mit ihrem Pfarrer, in: Monika SCHAUPP/DERS./Jörg PACZOWSKI (Hg.): Forschungen zu Stadt und Grafschaft Wertheim. Festschrift für Erich Langguth zum 95. Geburtstag (Veröffentlichungen des Historischen Vereins Wertheim, Bd. 10). Wertheim 2018, S. 237–259.

DERS.: Die Grafschaft Hohenlohe im Dreißigjährigen Krieg. Eine erfahrungsgeschichtliche Untersuchung zu Herrschaft und Untertanen (Veröffentlichungen der Kommission für geschichtliche Landeskunde in Baden-Württemberg, Reihe B: Forschungen, Bd. 153). Stuttgart 2003.

DERS.: Herrschaft und Untertanen in der Grafschaft Hohenlohe vor dem Dreißigjährigen Krieg: Die Einführung von Dienstgeldern und die Festlegung von Landsteuern durch die Dienstgeld-Assekuration von 1609, in: Markus MEUMANN/Ralf PRÖVE (Hg.): Herrschaft in der Frühen Neuzeit. Umrisse eines dynamisch-kommunikativen Prozesses (Herrschaft und soziale Systeme in der frühen Neuzeit, Bd. 2). Münster 2004, S. 51–78.

DERS.: Juden in Stadt und Grafschaft Wertheim. Eine religiöse und soziale Randgruppe während der Frühen Neuzeit, in: Wertheimer Jahrbuch 2012, S. 203–224.
DERS.: Kirchenmusik in der frühneuzeitlichen Grafschaft Wertheim. Eine Annäherung an Rahmenbedingungen, Funktion und Bedeutung, in: Wertheimer Jahrbuch 2015, S. 81–100.
DERS.: Konfessionell bedingte Migration im Süden des Alten Reiches, in: Reinhard BAUMANN/Rolf KIESSLING (Hg.): Mobilität und Migration in der Region. Konstanz/München 2013 (Forum Suevicum 10), S. 105–126.
DERS.: Kreuzwertheim in der Frühen Neuzeit, in: Manfred SCHNEIDER/Siegfried ALBERT (Hg.): 1000 Jahre Markt Kreuzwertheim. Beiträge zu Geschichte und Gegenwart, Bd. 1: Vor- und Frühgeschichte, von den Anfängen des Marktes bis zur Gegenwart. Kreuzwertheim 2011, S. 83–90.
DERS.: Wertheim als reichsgräfliche Residenzstadt im Franken der Frühen Neuzeit, in: Wertheimer Jahrbuch 2006/2007, S. 99–131.
DERS.: Würzburg contra Wertheim: Herrschaftsdurchsetzung im Konflikt vom Mittelalter bis in die Frühe Neuzeit, in: Markus FRANKL/Martina HARTMANN (Hg.): Herbipolis. Studien zu Stadt und Hochstift Würzburg in Spätmittelalter und Früher Neuzeit. Würzburg 2015 (Publikationen aus dem Kolleg „Mittelalter und Frühe Neuzeit", Bd. 1), S. 155–171.
KNAPP, Hermann: Die Würzburger Zentgerichtsreformation 1447 (Quellen zur Geschichte des Strafrechts außerhalb des Carolinakreises). Mannheim 1907.
DERS.: Die Zenten des Hochstifts Würzburg. Ein Beitrag zur Geschichte des süddeutschen Gerichtswesens und Strafrechts, Bd. I, 2: Die Weistümer und Ordnungen der Würzburger Zenten, Abt. 2. Berlin 1907.
DERS.: Die Zenten des Hochstifts Würzburg. Ein Beitrag zur Geschichte des süddeutschen Gerichtswesens und Strafrechts, Bd. II: Das Alt-Würzburger Gerichtswesen und Strafrecht. Berlin 1907.
KOLLNIG, KARL: Die Weistümer der Zent Schriesheim. Badische Weistümer und Dorfordnungen, Bd. 2. Stuttgart 1968 (Veröffentlichungen der Kommission für geschichtliche Landeskunde in Baden-Württemberg, Reihe A: Quellen, Bd. 16).
DERS.: Die Weistümer der Zent Kirchheim. Badische Weistümer und Dorfordnungen, Bd. 3. Stuttgart 1979 (Veröffentlichungen der Kommission für geschichtliche Landeskunde in Baden-Württemberg, Reihe A: Quellen, Bd. 29).
DERS.: Die Weistümer der Zenten Eberbach und Mosbach. Badische Weistümer und Dorfordnungen, Bd. 4. Stuttgart 1985 (Veröffentlichungen der Kommission für geschichtliche Landeskunde in Baden-Württemberg, Reihe A: Quellen, Bd. 39).
KÖBLER, Gerhard: Art. Hegung, in: Handwörterbuch zur deutschen Rechtsgeschichte II (1978), Sp. 36–37.
KRAMER, Karl-Sigismund: Art. Nachbar, Nachbarschaft, in: Handwörterbuch zur deutschen Rechtsgeschichte III (1984), Sp. 813–815.
DERS.: Bauern und Bürger im nachmittelalterlichen Unterfranken. Eine Volkskunde auf Grund archivalischer Quellen (Beiträge zur Volkstumsforschung, Bd. IX). Würzburg 1984.
DERS.: Das Herausfordern aus dem Haus. Lebensbild eines Rechtsbrauchs, in: Bayerisches Jahrbuch für Volkskunde 1956, S. 121–138.
DERS.: Die Nachbarschaft als bäuerliche Gemeinschaft. Ein Beitrag zur rechtlichen Volkskunde mit besonderer Berücksichtigung Bayerns (Bayerische Heimatforschung 9). München-Pasing 1954.
DERS.: Grundriß einer rechtlichen Volkskunde. Göttingen 1974.

KROESCHELL, Karl: Art. Hausfrieden, in: Handwörterbuch zur deutschen Rechtsgeschichte I (1971), Sp. 2022–2024.

DERS.: Art. Hundertschaft, in: Handwörterbuch zur deutschen Rechtsgeschichte I (1978), Sp. 271–275.

DERS.: Art. Zent, -gericht, in: Lexikon des Mittelalters, Bd. IX (1998), Sp. 536f.

KRUG-RICHTER, Barbara: Konfliktregelung zwischen dörflicher Sozialkontrolle und patrimonialer Gerichtsbarkeit. Das Rügegericht in der Westfälischen Gerichtsherrschaft Cannstein 1718/19, in: Historische Anthropologie 5 (1997), S. 212–228.

DIES.: Zwischen Dorf und Gericht. Tätigkeitsbereiche, Amtspraxis und soziale Stellung des Gerichtsdieners in einer ländlich-lokalen Gesellschaft der Frühen Neuzeit, in: André HOLENSTEIN u. a. (Hg.): Policey in lokalen Räumen. Ordnungskräfte und Sicherheitspersonal in Gemeinden und Territorien vom Spätmittelalter bis zum frühen 19. Jahrhundert (Studien zu Policey und Policeywissenschaft). Frankfurt am Main 2002, S. 169–197.

KUHN, Burkard: Ein uneigennütziger Helfer, in: Monika SCHAUPP/Frank KLEINEHAGENBROCK/Jörg PACZKOWSKI (Hg.): Forschungen zu Stadt und Grafschaft Wertheim. Festschrift für Erich Langguth zum 95. Geburtstag (Veröffentlichungen des Historischen Vereins Wertheim, Bd. 10). Wertheim 2018, S. 399–401.

KÜMIN, Beat: Friede, Gewalt und öffentliche Räume – Grenzziehungen im alteuropäischen Wirtshaus, in: Claudia ULBRICH u. a. (Hg.): Gewalt in der Frühen Neuzeit. Beiträge zur 5. Tagung der Arbeitsgemeinschaft Frühe Neuzeit im VHD (Historische Forschungen, Bd. 81). Berlin 2005, S. 131–139.

KÜRZINGER, Joseph: Art. Eigentums- und Vermögenskriminalität, in: Günther KAISER u. a. (Hg.): Kleines kriminologisches Wörterbuch. Heidelberg ^{2}1985, S. 85–89.

LACHANCE, A.: Women and crime in Canada in the early eighteenth century, 1712–1759, in: L. A. KNAFLA (Hg.): Crime and criminal justice in Europe and Canada. Waterloo (Ontario) 1981, S. 157–177.

LANDWEHR, Achim: „Normdurchsetzung" in der Frühen Neuzeit? Kritik eines Begriffs. Normen im frühneuzeitlichen Territorialstaat, in: Zeitschrift für Geschichtswissenschaft 48 (2000), S. 146–162.

LANDWEHR, Götz: Gogericht und Rügegericht, in: Zeitschrift der Savigny-Stiftung für Rechtsgeschichte, Germanistische Abteilung 83 (1966), S. 127–143.

LANGGUTH, Erich: Alarmierende Meldung der drei Grafenbrüder am 7. Januar 1667: „Einsturzgefahr durch Risse beim großen Turm in Tornähe". Erstmals die mittelalterliche Wertheimer Burgkapelle St. Pankratius lokalisiert, in: Fränkische Nachrichten 104 vom 7./8. Mai 1986.

DERS.: Aus Wertheims Geschichte (Veröffentlichungen des Historischen Vereins Wertheim, Bd. 7). Wertheim 2004.

DERS.: Das Haus „zum Esel" genannt. Hier, nicht im Tanzhaus, war Wertheims ältestes Rathaus – 1562 aufgegeben, 1607 abgerissen, in: Wertheimer Zeitung 227 vom 28. September 2012, Messebeilage S. 62–66.

DERS.: Das Inventar des Eichelhofgartens im Todesjahr des Erbauers Graf Friedrich Ludwig 1796, S. 93–112, in: Wertheimer Jahrbuch 2018, S. 93–112.

DERS.: Dertinger Pfarrerliste seit der Reformation, in: 839/1980 Dertingen. Wertheim 1980, S. 35.

DERS.: Die Besetzung der Pfarrei Wertheim 1520–1525. Ein Einstieg in die Reformation, in: Wertheimer Jahrbuch 2012, S. 189–202.

DERS.: Einmütig in der neuen Lehre: Dr. Johann Eberlin – Graf Michael II. – Dr. Andreas Hofrichter. Der Wechsel im Wertheimer Pfarramt 1530, in: Wertheimer Jahrbuch 1983, S. 73–102.

DERS.: Häcker und Bauern – Höhefelds Einwohner um 1600. Ein sozial- und familiengeschichtlicher Beitrag zur Orts- und Grafschaftsgeschichte, in: Wertheimer Jahrbuch 1981/1982, S. 55–131.

DERS.: Unterpfand für Sickingen. Kreuzwertheim zwischen 1502 und 1543, in: Manfred SCHNEIDER/Siegfried ALBERT (Hg.): 1000 Jahre Markt Kreuzwertheim. Beiträge zu Geschichte und Gegenwart, Bd. 1: Vor- und Frühgeschichte, von den Anfängen des Marktes bis zur Gegenwart. Kreuzwertheim 2011, S. 69–70.

DERS.: Wertheim in der Reichsgeschichte, in: Historischer Verein Alt-Wertheim. Jahrbuch für das Jahr 1947 (1949), S. 25–32.

DERS.: ... *in Lands zu Ungarn gezogen*. Wertheim und die Grafschaft im Spannungsfeld der Türkenkriege zwischen 1453 und 1739, in: Wertheimer Jahrbuch 1991/92 (1992), S. 35–57.

LEHMANN, Hartmut: Frömmigkeitsgeschichtliche Auswirkungen der „Kleinen Eiszeit", in: Wolfgang SCHIEDER (Hg.): Volksreligiosität in der deutschen Sozialgeschichte (Geschichte und Gesellschaft, Sonderheft 11). Göttingen 1986, S. 31–50.

LENG, Rainer: Grenzen, Steine, Sechserprüche. Die dörfliche Rechtspraxis im Spiegel des Frammersbacher Sechserbuchs (1572–1764). (Publikationen aus dem Kolleg „Mittelalter und Frühe Neuzeit", Bd. 3). Würzburg 2017.

LEUBECHER, Marcel/LUTZ, Martin: Weniger Wohnungseinbrüche, mehr Kinderpornografie: https://www.welt.de/politik/deutschland/article206775551/Kriminalstatistik-Weniger-Wohnungseinbrueche-mehr-Kinderpornografie.html; zudem die Homepage der Deutschen Polizeigewerkschaft im Bundestag: https://www.dpolg.de/aktuelles/news/dpolg-corona-krise-wird-einfluss-auf-die-kriminalitaet-haben/ (Letzter Abruf: 7.7.2020).

LEXER, Matthias: Mittelhochdeutsches Wörterbuch, Bd. II. Leipzig 1876.

LIEBERWIRTH, Rolf: Art. Haftstrafe, in: Handwörterbuch zur deutschen Rechtsgeschichte II (1978), Sp. 1899–1901.

LOETZ, Franziska: L'infrajudiciaire. Facetten und Bedeutung eines Konzepts, in: Andreas BLAUERT/Gerd SCHWERHOFF (Hg.): Kriminalitätsgeschichte. Beiträge zur Sozial- und Kulturgeschichte der Vormoderne (Konflikte und Kultur – Historische Perspektiven, Bd. 1). München 2000, S. 545–562.

LÜDTKE, Alf: Herrschaft als soziale Praxis, in: DERS. (Hg.): Herrschaft als soziale Praxis. Historische und sozial-anthropologische Studien (Veröffentlichungen des Max-Planck-Instituts für Geschichte, Bd. 91). Göttingen 1991, S. 9–63.

LÜTGE, Friedrich: Deutsche Sozial- und Wirtschaftsgeschichte: ein Überblick. Berlin ³1966.

MAIHOLD, Harald: „außer lieb der gerechtigkeyt vnd umb gemeynes nutz willen" – Die Constitutio Criminalis Carolina von 1532, in: Forum für juristische Bildung 2006, S. 76–86.

DERS.: „Was aber bey der Nacht vnd haimblichen Orten geschicht/ sein schwaerlich zu probieren" – Die Hexenprozesse und das Strafrecht in der frühen Neuzeit, in: Forum für juristische Bildung 2009, S. 28–41; 50–61.

MATSCHUKAT, Jürgen: Gewalt und Gesellschaftsordnung. Die Todesstrafe als Gegenstand sozial- und kulturhistorischer Forschungen in Westeuropa und den USA, in: Archiv für Sozialgeschichte 45 (2005), S. 625–644.

MEIER, Robert: Alltag und Abenteuer. Geschichten aus Stadt und Grafschaft Wertheim. Neustadt an der Aisch 2003.
DERS.: Am unteren Ende der Herrschaft. Das Militär der Grafschaft Wertheim und seine Polizeiaufgaben. (PoliceyWorkingPapers. Working Papers des Arbeitskreises Policey/Polizei in der Vormoderne 7) 2004.
DERS.: Art. Wertheim, in: Gudrun GERSMANN/Katrin MOELLER/Jürgen-Michael SCHMIDT (Hg.): Lexikon zur Geschichte der Hexenverfolgung, in: historicum.net, https://langzeitarchivierung.bib-bvb.de/wayback/20190716094714/https://www.historicum.net/themen/hexenforschung/lexikon/alphabetisch/p-z/art/Wertheim_Hexe/html/artikel/1645/ca/d19f5cfcfc/ (zuletzt abgerufen: 23.03.2022).
DERS.: Hexenprozesse im Hochstift Würzburg. Von Julius Echter (1573–1617) bis Philipp von Ehrenberg (1623–1631). Würzburg 2019.
DERS.: Hexenverfolgung im Kondominat. Die Grafschaft Wertheim um 1600, in: Mainfränkisches Jahrbuch für Geschichte und Kunst 54 (2002), S. 70–82.
DERS.: Hexenverfolgungen in der Grafschaft Wertheim in den Jahren 1629–1634, in: Markus MERGENTHALER/Margarethe KLEIN-PFEUFFER (Hg.): Hexenwahn in Franken. Katalogband zur Ausstellung im Knauff-Museum Iphofen. Dettelbach 2014, S. 202–207.
DERS.: Land und Leute. Geschichten aus Stadt und Grafschaft Wertheim. Dettelbach 2011.
DERS.: Strafjustiz auf dem Land. Die Tätigkeit der Zent Remlingen in der Zeit des Fürstbischofs Julius Echter mit besonderer Berücksichtigung der Hexenprozesse, in: Mainfränkisches Jahrbuch für Geschichte und Kunst (2015), S. 143–166.
DERS.: Souverän und doch geteilt: Kondominate. Eine Annäherung an eine typische Sonderform des Alten Reichs am Beispiel der Grafschaft Wertheim, in: Zeitschrift für Neuere Rechtsgeschichte 24 (2002), S. 253–272.
DERS.: 1628 Wertheim. Eine Stadt in Krieg und Hexenverfolgung. Dettelbach 2015.
MERZBACHER, Friedrich: Art. Hochgerichtsbarkeit, in: Handwörterbuch zur deutschen Rechtsgeschichte I (1978), Sp. 172–175.
DERS.: Art. Landgericht, in: Handwörterbuch zur deutschen Rechtsgeschichte II (1978), Sp. 1495–1501.
MEUMANN, Markus/NIEFANGER, Dirk: Für eine interdisziplinäre Betrachtung von Gewaltdarstellungen des 17. Jahrhunderts. Einführende Überlegungen, in: DIES. (Hg.): Ein Schauplatz herber Angst. Wahrnehmung und Darstellung von Gewalt im 17. Jahrhundert. Göttingen 1997, S. 7–23.
DERS./PRÖVE, Ralf: Die Faszination des Staates und die historische Praxis. Zur Beschreibung von Herrschaftsbeziehungen jenseits teleologischer und dualistischer Begriffsbildungen, in: DIES. (Hg.): Herrschaft in der Frühen Neuzeit. Umrisse eines dynamisch-kommunikativen Prozesses (Herrschaft und soziale Systeme in der frühen Neuzeit, Bd. 2). Münster 2004, S. 11–49.
MITTERAUER, Michael: Ledige Mütter. Zur Geschichte illegitimer Geburten in Europa. München 1983.
MOHRMANN, Ruth-E.: Sittlichkeitsdelikte in Wilster im Spiegel rechtlicher Quellen des 18. und 19. Jahrhunderts, in: Kieler Blätter zur Volkskunde 8 (1976), S. 41–61.
DIES.: Vorwort, in: Barbara KRUG-RICHTER/ DIES. (Hg.): Praktiken des Konfliktaustrags in der Frühen Neuzeit (Schriftenreihe des Sonderforschungsbereichs 496: Symbolische Kommunikation und gesellschaftliche Wertesysteme, Bd. 6). Münster 2004, S. 7f.

Dies.: Volksleben in Wilster im 16. und 17. Jahrhundert (Studien zur Volkskunde und Kulturgeschichte Schleswig-Holsteins 2). Neumünster 1977.
Mossemann, Karl: Sachsenhausen. Dorf- und Heimatgeschichte, Teil 1, in: Wertheimer Jahrbuch 1953, S. 53–88.
Ders.: Sachsenhausen. Dorf- und Heimatgeschichte, Teil 2, in: Wertheimer Jahrbuch 1955, S. 52–83.
Muchembled, Robert: Anthropologie de la violence dans la France moderne (XVe–XIIIe siècle), in: Revue de Synthèse, 108, H. 1 (1987), S. 31–55.
Muldrew, Craig: Zur Anthropologie des Kapitalismus. Kredit, Vertrauen, Tausch und die Geschichte des Marktes in England 1500–1750, in: Historische Anthropologie 6 (1998), S. 167–199.
Müller, Peter (Hg.): Kloster Bronnbach 1153–1803. 650 Jahre Zisterzienser im Taubertal. Wertheim 2003.
Ders.: Von der Registratur zum fürstlichen Archiv – Geschichte des Fürstlich Löwenstein-Freudenbergschen Archivs, in: Wertheimer Jahrbuch 1999, S. 155–196.
Müller-Wirthmann, Bernhard: Gewalt und Ehre im Dorf, in: Richard van Dülmen (Hg.): Kultur der einfachen Leute. Bayerisches Volksleben vom 16. bis zum 19. Jahrhundert. München 1983, S. 79–111.
Münch, Paul (Hg.): „Erfahrung" als Kategorie der Frühneuzeitgeschichte (Historische Zeitschrift, Beiheft N. F. 31). München 2001.
Ders.: Kirchenzucht und Nachbarschaft. Zur sozialen Problematik des calvinistischen Seniorats um 1600, in: Ernst Walter Zeeden/Peter Thaddäus Lang (Hg.): Kirche und Visitationen. Beiträge zur Erforschung des frühneuzeitlichen Visitationswesens in Europa (Spätmittelalter und frühe Neuzeit, Bd. 14). Stuttgart 1984, S. 216–248.
Ders.: Lebensformen in der Frühen Neuzeit. 1500 bis 1800. Berlin 1998.
Neu, Heinrich: Die Fehde des Würzburger Bischofs Julius Echter gegen die Grafen von Löwenstein-Wertheim in den Jahren 1598–1617, in: Deutsch-evangelische Blätter 28 (1903), S. 471–489.
Ders.: Geschichte der evangelischen Kirche in der Grafschaft Wertheim. Heidelberg 1903.
North, Michael (Hg.): Deutsche Wirtschaftsgeschichte. Ein Jahrtausend im Überblick. München 2000.
Nikolay-Panter, Marlene: Entstehung und Entwicklung der Landgemeinde im Trierer Raum (Veröffentlichungen des Instituts für geschichtliche Landeskunde der Rheinlande an der Universität Bonn 97). Bonn 1976.
Nowosadtko, Jutta: Betrachtungen über den Erwerb von Unehre. Vom Widerspruch „moderner" und „traditionaler" Ehren- und Unehrenkonzepte in der frühneuzeitlichen Ständegesellschaft, in: Ludgera Vogt/Arnold Zingerle (Hg.): Ehre. Archaische Momente in der Moderne. Frankfurt am Main 1994, S. 230–248.
Dies.: Hinrichtungsrituale: Funktion und Logik öffentlicher Exekutionen in der Frühen Neuzeit, in: Sigrid Schmitt/Michael Matheus (Hg.): Kriminalität und Gesellschaft in Spätmittelalter und Neuzeit (Mainzer Vorträge, Bd. 8). Stuttgart 2005, S. 71–94.
Dies.: Scharfrichter und Abdecker in der Frühen Neuzeit. Paderborn u. a. 1994.
Opitz-Belakhal, Claudia: Neue Wege in der Sozialgeschichte? Ein kritischer Blick auf Otto Brunners Konzept des „Ganzen Hauses", in: Geschichte und Gesellschaft 19 (1994), S. 88–98.

PETERS, Jan: Frauen vor Gericht in einer märkischen Gutsherrschaft (2. Hälfte des 17. Jahrhunderts), in: Otto ULBRICHT (Hg.): Von Huren und Rabenmüttern. Weibliche Kriminalität in der Frühen Neuzeit. Köln/Weimar/Wien 1995, S. 231–258.

DERS.: Gutsherrschaftsgeschichte in historisch-anthropologischer Perspektive, in: DERS. (Hg.): Gutsherrschaft als soziales Modell. Vergleichende Betrachtungen zur Funktionsweise frühneuzeitlicher Agrargesellschaften (Historische Zeitschrift, Beiheft N. F. 18). München 1995, S. 3–21.

PFISTER, Ulrich: Art. Agrarverfassung, in: Enzyklopädie der Neuzeit, Bd. 1, Stuttgart 2005, Sp. 137–140.

PLAUM, Bernd: Strafrecht, Kriminalpolitik und Kriminalität im Fürstentum Siegen 1750–1810 (Beiträge zur Geschichte der Stadt Siegen und des Siegerlandes 9). St. Katharinen 1990.

POPESCU, Andreas: Tagungsbericht: Bürgerliche Lebenswelten im Spätmittelalter und in der frühen Neuzeit. Selbstdarstellung und Forschungsperspektiven, 24.09.2012–25.09.2012 Bonn, in: H-Soz-Kult, 03.12.2012.

PRESS, Volker: Reichsgrafenstand und Reich. Zur Sozial- und Verfassungsgeschichte des deutschen Hochadels in der Frühen Neuzeit, in: DERS.: Adel im Alten Reich. Gesammelte Vorträge und Aufsätze, hrsg. von Franz BRENDLE/Anton SCHINDLING. Tübingen 1998 (Frühneuzeit-Forschungen 4), S. 113–138.

RAAB, Florian: Grundzüge reichsgräflicher Politik im Franken des 18. Jahrhunderts (Historische Studien der Universität Würzburg, Bd. 10). Regensburg 2012.

RADBRUCH, Gustav: Zur Einführung in die Carolina, in: DERS. (Hg.): Die Peinliche Gerichtsordnung Kaiser Karls V. von 1532 (Carolina), Stuttgart 1960, S. 3–22.

RAU, Susanne/SCHWERHOFF, Gerd: Frühneuzeitliche Gasthaus-Geschichte(n) zwischen stigmatisierenden Fremdzuschreibungen und fragmentierenden Geltungserzählungen, in: Gert MELVILLE/Hans VORLÄNDER (Hg.): Geltungsgeschichten. Über Stabilisierung und Legitimierung institutioneller Ordnungen. Köln/Weimar/Wien 2002, S, 181–201.

DIES.: Öffentliche Räume in der Frühen Neuzeit. Überlegungen zu Leitbegriffen und Themen eines Forschungsfeldes, in: DIES. (Hg.): Zwischen Gotteshaus und Taverne. Öffentliche Räume in Spätmittelalter und Früher Neuzeit (Norm und Struktur 21). Köln/Weimar/Wien 2004, S. 11–52.

REIF, Heinz (Hg.): Räuber, Volk und Obrigkeit. Studien zur Geschichte der Kriminalität in Deutschland seit dem 18. Jahrhundert. Frankfurt am Main 1984.

REYER, Herbert: Die Dorfgemeinde im nördlichen Hessen. Untersuchungen zur hessischen Dorfverfassung im Spätmittelalter und in der frühen Neuzeit (Schriften des Hessischen Landesamtes für geschichtliche Landeskunde, 38). Marburg 1983.

ROBISHEAUX, Thomas Willard: Rural Society and the Search for Order in Early Modern Germany. Cambridge 1989.

DERS.: The Origins of Rural Wealth and Poverty in Hohenlohe 1470–1680. University of Virginia 1981.

RÖDEL, Volker: Immer auch Teil des Ganzen? Das wertheimische im Verband der nationalen Geschichte, in: Wertheimer Jahrbuch 2012, S. 53–83.

RÖDEL, Walter: „Statistik" in vorstatistischer Zeit. Möglichkeiten und Probleme der Erforschung frühneuzeitlicher Populationen, in: Kurt ANDERMANN/Hermann EHMER (Hg.): Bevölkerungsstatistik an der Wende vom Mittelalter zur Neuzeit. Quellen und methodische Probleme im überregionalen Vergleich (Oberrheinische Studien, Bd. 8). Sigmaringen 1990, S. 9–25.

ROMMEL, Gustav: Urphar am Main. Ein Beitrag zur Geschichte und Kulturgeschichte der ehemaligen Grafschaft Wertheim, in: Jahrbuch des Historischen Vereins Alt-Wertheim 1922, S. 90–124 und 1923, S. 61–158.

DERS.: Wertheims Handel und Verkehr vor 100 Jahren, in: Jahrbuch des Historischen Vereins Alt-Wertheim 1921, S. 37–54.

ROPER, Lyndal: Ödipus und der Teufel. Körper und Psyche in der Frühen Neuzeit. Frankfurt am Main 1995.

ROUSSEAUX, Xavier: Kriminalitätsgeschichte in Belgien, den Niederlanden und Luxemburg (14. bis 18. Jahrhundert), in: Andreas BLAUERT/Gerd SCHWERHOFF (Hg.): Kriminalitätsgeschichte. Beiträge zur Sozial- und Kulturgeschichte der Vormoderne (Konflikte und Kultur – Historische Perspektiven, Bd. 1). Konstanz 2000, S. 121–159.

RUBLACK, Ulinka: Magd, Metz' oder Mörderin. Frauen vor frühneuzeitlichen Gerichten. Frankfurt am Main 1998.

RUDOLPH, Harriet: „Eine gelinde Regierungsart". Peinliche Strafjustiz im geistlichen Territorium. Das Hochstift Osnabrück 1716–1803 (Konflikte und Kultur – Historische Perspektiven, Bd. 5). Konstanz 2001.

RUMMEL, Walter: *So mögte auch eine darzu kommen, so mich belädiget.* Zur sozialen Motivation und Nutzung von Hexereianklagen, in: Rita VOLTMER (Hg.): Hexenverfolgung und Herrschaftspraxis (Trierer Hexenprozesse, Bd. 7). Trier 2005, S. 205–228.

DERS.: Verletzung von Körper, Ehre und Eigentum. Varianten im Umgang mit Gewalt in Dörfern des 17. Jahrhunderts, in: Andreas BLAUERT/Gerd SCHWERHOFF (Hg.): Mit den Waffen der Justiz. Zur Kriminalitätsgeschichte des Spätmittelalters und der Frühen Neuzeit. Frankfurt am Main 1993, S. 86–114.

RÜCKERT, Peter: Stadt-Land-Heimat. Wertheim und seine Grafschaft als historische Landschaft, in Wertheimer Jahrbuch 2006/2007, S. 17–36.

SCHAAB, Meinrad: Die Zent in Franken von der Karolingerzeit bis ins 19. Jahrhundert. Kontinuität und Wandel einer aus dem Frühmittelalter stammenden Organisationsform, in: Werner PARAVICINI/Karl Ferdinand WERNER (Hg.): Histoire Comparée de l´administration (IVe-XVIIIe siècles). Actes du XVIe colloque historique franco-allemand, Tours, 27 mars – 1er avril 1977, (Beihefte der Francia, Bd. 9). München 1980, S. 345–362.

SCHÄFER-RICHTER, Uta: Hinter Schloss und Riegel: An der Wiege zur Freiheitsstrafe – das „Zucht- und Tollhaus" zu Celle in seinen Gründungsjahren (1706–1732). Göttingen 2018.

SCHAUPP, Monika: Die Reformation in der Grafschaft Wertheim, in: Monika SCHAUPP/Frank KLEINEHAGENBROCK/Jörg PACZKOWSKI (Hg.): Forschungen zu Stadt und Grafschaft Wertheim. Festschrift für Erich Langguth zum 95. Geburtstag (Veröffentlichungen des Historischen Vereins Wertheim, Bd. 10). Wertheim 2018, S. 109–140.

SCHEDENSACK, Christine: Formen der außergerichtlichen gütlichen Konfliktbeilegung. Vermittlung und Schlichtung am Beispiel nachbarrechtlicher Konflikte in Münster (1600–1650), in: Westfälische Forschungen 47 (1997), S. 643–667.

SCHERG, Leonhard: Der Anteil des Ordens an der Wiederherstellung der tauberfränkischen Zisterzienserabtei Bronnbach zwischen 1573 und 1654, in: Helmut FLACHENECKER/Stefan KUMMER/Monika SCHAUPP (Hg.): Forschungen zur Bau- und Ausstattungsgeschichte von Kloster Bronnbach (Veröffentlichungen des Historischen Vereins Wertheim, Bd. 9). Wertheim 2014, S. 79–94.

SCHEUTZ, Martin: Alltag und Kriminalität. Disziplinierungsversuche im steirisch-österreichischen Grenzgebiet im 18. Jahrhundert (Mitteilungen des Instituts für Österreichische Geschichtsforschung, Ergänzungsbd. 38). Wien u. a. 2001.
SCHILD, Wolfgang: Art. Gefängnis, in: Lexikon des Mittelalters, Bd. IV (1989), Sp. 1168–1169.
DERS.: Die Maleficia der Hexenleut'. (Schriftenreihe des Mittelalterlichen Kriminalmuseums Rothenburg ob der Tauber, Bd. 1). Rothenburg ob der Tauber 1997.
SCHILLING, Heinz: „History of crime" or „history of sin"? – Some reflections on the social history of early modern church discipline, in: Tom KOURI/Elton SCOTT (Hg.): Politics and society in Reformation Europe. London 1987, S. 289–310.
DERS.: Reformierte Kirchenzucht als Sozialdisziplinierung? Die Tätigkeit des Emder Presbyteriums in den Jahren 1557–1562, in: DERS./Winfried EHBRECHT (Hg.): Niederlande und Nordwestdeutschland. Studien zu Regional- und Stadtgeschichte Nordwestkontinentaleuropas im Mittelalter und in der Neuzeit (Städteforschung, Reihe A 15). Köln 1983, S. 261–327.
SCHLOSSER, Hans: Besprechung des Buches von Kurt ZIMMERMANN: Obrigkeit, Bürgertum und Wirtschaftsformen im alten Wertheim. Untersuchungen zur verfassungs-, sozial-, und wirtschaftsgeschichtlichen Struktur einer landesherrlichen Stadt Mainfrankens im 16. Jahrhundert. Würzburg 1974, in: Zeitschrift der Savigny-Stiftung für Rechtsgeschichte, Germanistische Abteilung 95 (1978), S. 309–310.
SCHLÖGL, Rudolf: Anwesende und Abwesende. Grundriss für eine Gesellschaftsgeschichte der Frühen Neuzeit. Konstanz 2014.
SCHMALE, Wolfgang: Archäologie der Grund- und Menschenrechte in der Frühen Neuzeit. Ein deutsch-französisches Paradigma (Ancien Régime, Aufklärung und Revolution, Bd. 30) . München 1997.
SCHMIDT, Heinrich Richard: Dorf und Religion. Reformierte Sittenzucht in Berner Landgemeinden der Frühen Neuzeit (Quellen und Forschungen zur Agrargeschichte, Bd. 41). Stuttgart 1995.
DERS.: Neue Ergebnisse der Alphabetisierungsforschung für die Schweiz und Südwestdeutschland um 1800, in: Daniel TRÖHLER (Hg.): Volksschule um 1800. Studien im Umfeld der Helvetischen Stapfer-Enquête 1799 (Studien zur Stapfer-Schulenquête von 1799, Bd. 2). Bad Heilbrunn 2014, S. 149–172.
SCHMITT, Sigrid: Territorialstaat und Gemeinde im kurpfälzischen Oberamt Alzey vom 14. bis zum Anfang des 17. Jahrhunderts (Veröffentlichungen des Instituts für geschichtliche Landeskunde an der Universität Mainz, 38). Stuttgart 1992.
SCHRECK, Christian: Hofstaat und Verwaltung der Fürsten von Löwenstein-Wertheim-Rochefort im 18. Jahrhundert (Historische Studien der Universität Würzburg, Bd. 5). Rahden 2006.
SCHREINER, Klaus/SCHWERHOFF, Gerd: Verletzte Ehre. Überlegungen zu einem Forschungskonzept, in: Dies. (Hg.): Verletzte Ehre. Ehrkonflikte in Gesellschaften des Mittelalters und der Frühen Neuzeit (Norm und Struktur 5). Köln/Weimar/Wien 1995, S. 1–28.
SCHROEDER, Friedrich-Christian (Hg.): Die peinliche Gerichtsordnung Kaiser Karls V. und des Heiligen Römischen Reiches von 1532 (Carolina). Stuttgart 2000.
DERS.: Einleitung, in: DERS. (Hg.): Die Carolina. Die Peinliche Gerichtsordnung Kaiser Karls V. von 1532. (Wege der Forschung, Bd. 626). Darmstadt 1986, S. 1.
SCHULTHEISS, Sven: Gerichtsverfassung und Verfahren. Das Zentgericht Burghaßlach in Franken (14.–19. Jahrhundert) (Konflikt, Verbrechen und Sanktion in der Gesellschaft Alteuropas, Fallstudien 7). Köln/Weimar/Wien 2007.

SCHULZE, Winfried: Bäuerlicher Widerstand und feudale Herrschaft in der frühen Neuzeit (Neuzeit im Aufbau 6). Stuttgart 1980.

DERS.: Rezension von: Jenny THAUER: Gerichtspraxis in der ländlichen Gesellschaft. Eine mikrohistorische Untersuchung am Beispiel eines altmärkischen Patrimonialgerichts um 1700. Berlin 2001, in: sehepunkte 2 (2002), Nr. 11 [15.11.2002], http://www.sehepunkte.de/2002/11/2188.html (letzter Abruf: 23.06.2022).

SCHÜSSLER, Martin: Statistische Untersuchung der Kriminalität im Osten des Heiligen Römischen Reiches, in: Zeitschrift der Savigny-Stiftung für Rechtsgeschichte, Germanistische Abteilung 111 (1994), S. 148–271.

DERS.: Statistische Untersuchung des Verbrechens in Nürnberg im Zeitraum von 1285 bis 1400, in: Zeitschrift der Savigny-Stiftung für Rechtsgeschichte, Germanistische Abteilung 108 (1991), S. 117–193.

SCHUSTER, Peter: Eine Stadt vor Gericht. Recht und Alltag im spätmittelalterlichen Konstanz. Paderborn 2000.

SCHWERHOFF, Gerd: Aktenkundig und gerichtsnotorisch. Einführung in die historische Kriminalitätsforschung (Historische Einführungen 3). Tübingen 1999.

DERS.: Falsches Spiel. Zur kriminalhistorischen Auswertung der spätmittelalterlichen Nürnberger Achtbücher, in: Mitteilungen des Vereins für die Geschichte der Stadt Nürnberg 82 (1995), S. 23–35.

DERS.: Art. Devianz, in: Enzyklopädie der Neuzeit, Bd. 2. Stuttgart 2005, Sp. 953 f.

DERS.: Art. Gotteslästerung, in: Enzyklopädie der Neuzeit, Bd. 2. Stuttgart 2005, Sp. 1053–1056.

DERS.: Art. Hexenprozess, in: Enzyklopädie der Neuzeit, Bd. 5. Stuttgart 2007, S. 442–444.

DERS.: Art. Kriminalität, in: Enzyklopädie der Neuzeit, Bd. 7. Stuttgart 2008, Sp. 206–226.

DERS.: Art. Sittendelikte, in: Enzyklopädie der Neuzeit, Bd. 12. Stuttgart 2010, Sp. 46–49.

DERS.: Blasphemare, Dehonestare et maledicere deum. Über die Verletzung der göttlichen Ehre im Spätmittelalter, in: Klaus SCHREINER/DERS. (Hg.): Verletzte Ehre. Ehrkonflikte in Gesellschaften des Mittelalters und der frühen Neuzeit. Köln u. a. 1995, S. 252–278.

DERS.: Devianz in der alteuropäischen Gesellschaft. Umrisse einer historischen Kriminalitätsgeschichte, in: Zeitschrift für Historische Forschung 19 (1992), S. 385–414.

DERS.: Historische Kriminalitätsforschung. Frankfurt am Main 2011.

DERS.: Köln im Kreuzverhör. Kriminalität, Herrschaft und Gesellschaft in einer frühneuzeitlichen Stadt. Bonn/Berlin 1991.

DERS.: Kriminalitätsgeschichte – eine kurze Standortbestimmung, in: Historische Kriminalitätsforschung in landesgeschichtlicher Perspektive. Fallstudien aus Bayern und seinen Nachbarländern 1500–1800. Referate zur Tagung vom 14. bis 16. Oktober 2015 in Wildbad Kreuth, hrsg. von Wolfgang WÜST unter Mitarbeit von Martina HELLER. Erlangen 2017, S. 3–17.

DERS.: Kriminalitätsgeschichte im deutschen Sprachraum. Zum Profil eines „verspäteten" Forschungszweiges, in: Andreas BLAUERT/ DERS. (Hg.): Kriminalitätsgeschichte. Beiträge zur Sozial- und Kulturgeschichte der Vormoderne (Konflikte und Kultur – Historische Perspektiven, Bd. 1). Konstanz 2000, S. 21–67.

DERS.: Von Angesicht zu Angesicht. Kommunikationsraum Dorf und Stadt, in: Johannes BURKHARDT/Christine WERKSTETTER (Hg.): Kommunikation und Medien in der Frühen Neuzeit. München 2005, S. 137–146.

SEHLIG, Emil: Die evangelischen Kirchenordnungen des XVI. Jahrhunderts, Bd. 11, Bayern, Teil 1: Franken. Markgrafschaft Brandenburg-Ansbach-Kulmbach, Reichsstädte Nürnberg, Rothenburg, Schweinfurt, Weissenburg, Windsheim, Grafschaften Castell, Rieneck und Wertheim, Herrschaft Thüngen. Tübingen 1961.

SELLERT, Wolfgang: Art. Prokurator, in: Handwörterbuch zur deutschen Rechtsgeschichte II (1984), Sp. 2032–2034.

DERS.: Art. Rügegericht, Rügeverfahren, in: Handwörterbuch zur deutschen Rechtsgeschichte IV (1990), Sp. 1201–1205.

DERS.: *Pax Europae* durch Recht und Verfahren, in: Leopold AUER/Werner OGRIS/Eva ORTLIEB (Hg.): Höchstgerichte in Europa. Bausteine frühneuzeitlicher Rechtsordnung. Köln u. a. 2007, S. 97–114.

SHARPE, James A.: Crime and delinquency in an Essex parish 1600–1640, in: James S. COCKBURN (Hg.): Crime in England 1550–1800. Princeton 1977, S. 90–109.

DERS.: Crime in seventeenth-century England. A county study. Cambridge 1983.

SHEEHAN, James J.: Der Ausklang des alten Reiches. Deutschland seit dem Ende des Siebenjährigen Krieges bis zur gescheiterten Revolution 1763 bis 1850 (Propyläen Geschichte Deutschlands, Bd. 6). Berlin 1994.

SIEGEL, Heinrich: Das pflichtmäßige Rügen auf den Jahrdingen und sein Verfahren. Ein Beitrag zur Geschichte der Rechtsverfolgung in deutschen Landen (Sitzungsberichte der philosophisch-historischen Classe der kaiserlichen Akademie der Wissenschaften, Bd. 125). Wien 1892.

SIMON, Thomas: Art. Gericht, in: Enzyklopädie der Neuzeit, Bd. 4. Stuttgart 2006, Sp. 514–524.

SPICKER-BECK, Monika: Räuber, Mordbrenner, umschweifendes Gesind. Zur Kriminalität im 16. Jahrhundert (Rombach-Wissenschaften. Reihe Historiae 8). Freiburg 1995.

SPIESS, Pirmin: Rüge und Einung dargestellt anhand süddeutscher Stadtrechtsquellen aus dem Mittelalter und der frühen Neuzeit (Schriftenreihe Pfälzische Gesellschaft zur Förderung der Wissenschaften, Bd. 82). Speyer 1988.

SPROTTE, Bernhard: Geleit im Tauberland. Als Nürnberger Kaufleute zur Frankfurter Messe zogen (Veröffentlichungen des Historischen Vereins Wertheim, Bd. 1). Wertheim 1975.

STEFFEN, Otto: Straftaten der bäuerlichen Bevölkerung im 17. Jahrhundert, in: Beiträge zur Heimatkunde der Städte Löhne und Bad Oeynhausen 5 (1978), S. 39–51.

STOCKERT, Harald: Adel im Übergang. Die Fürsten und Grafen von Löwenstein-Wertheim zwischen Landesherrschaft und Standesherrschaft 1780–1850 (Veröffentlichungen der Kommission für geschichtliche Landeskunde in Baden-Württemberg, Reihe B: Forschungen, Bd. 144). Stuttgart 2000.

STOLLEIS, Michael: „Von dem grewlichen Laster der Trunkenheit" – Trinkverbote im 16. und 17. Jahrhundert, in: Gisela VÖLGER/Karin VON WELCK (Hg.): Rausch und Realität. Drogen im Kulturvergleich. Materialienbände zu einer Ausstellung des Rautenstrauch-Joest-Museums für Völkerkunde der Stadt Köln, Bd. 1. Reinbek 1982, S. 177–191.

STÖRMER, Wilhelm: Ansatzpunkte politischer Willensbildung der Bauernschaft im spätmittelalterlichen Schwaben, Franken und Bayern, in: Zeitschrift für Agrargeschichte und Agrarsoziologie 23 (1975), S. 165–180.

DERS.: Zur Grundherrschaft der Grafen von Wertheim, in: Wertheimer Jahrbuch (1963/64), S. 18–23.

STRETZ, Torben: Juden in Franken zwischen Mittelalter und Früher Neuzeit (Forschungen zur Geschichte der Juden, Abt. A 26). Die Grafschaften Castell und Wertheim im regionalen Kontext. Wiesbaden 2016.

THAUER, Jenny: Gerichtspraxis in der ländlichen Gesellschaft. Eine mikrohistorische Untersuchung am Beispiel eines altmärkischen Patrimonialgerichts um 1700 (Berliner Juristische Universitätsschriften. Grundlagen des Rechts, Bd. 18). Berlin 2001.

THEUERKAUF, Gerhard: Art. Zent, in: Handwörterbuch zur deutschen Rechtsgeschichte V (1998), Sp. 1663 f.

DERS.: Art. Zentgericht, in: Handwörterbuch zur deutschen Rechtsgeschichte V (1998), Sp. 1664 f.

TISCHLER, Manfred: Die Leibeigenschaft im Hochstift Würzburg vom 13. bis zum beginnenden 19. Jahrhundert (Veröffentlichungen der Gesellschaft für Fränkische Geschichte, IX. Reihe, Bd. 18). Würzburg 1963.

TLUSTY, B. Ann: „Privat" oder „öffentlich"? Das Wirtshaus in der deutschen Stadt des 16. und 17. Jahrhunderts, in: Susanne RAU/Gerd SCHWERHOFF (Hg.): Zwischen Gotteshaus und Taverne. Öffentliche Räume in Spätmittelalter und Früher Neuzeit (Norm und Struktur 21). Köln/Weimar/Wien 2004, S. 53–73.

TROSSBACH, Werner: Art. Dorfgemeinde, in: Enzyklopädie der Neuzeit, Bd. 2. Stuttgart 2005, Sp. 1095–1097.

DERS.: Das „ganze Haus" – Basiskategorie für das Verständnis ländlicher Gesellschaften in der Frühen Neuzeit, in: Blätter für deutsche Landesgeschichte 129 (1993), S. 277–314.

DERS./ZIMMERMANN, Clemens: Die Geschichte des Dorfes. Von den Anfängen im Frankenreich zur bundesdeutschen Gegenwart. Stuttgart 2006.

ULBRICH, Claudia: „Kriminalität" und „Weiblichkeit" in der Frühen Neuzeit. Kritische Bemerkungen zum Forschungsstand, in: Martina ALTHOFF/Sibylle KAPPEL (Hg.): Geschlechterverhältnis und Kriminologie (Kriminologisches Journal, Beiheft 5). Weinheim 1995, S. 208.

DIES.: Shulamit und Margarete. Macht, Geschlecht und Religion in einer ländlichen Gesellschaft des 18. Jahrhunderts (Aschkenas, Beiheft 4). Köln/Weimar/Wien 1999.

DIES./JARZEBOWSKI, Claudia/HOHKAMP, Michaela: Einleitung, in: DIES. (Hg.): Gewalt in der Frühen Neuzeit. Beiträge zur 5. Tagung der Arbeitsgemeinschaft Frühe Neuzeit im VHD (Historische Forschungen, Bd. 81). Berlin 2005, S. 9–14.

ULBRICHT, Otto: Von Huren und Rabenmüttern: Weibliche Kriminalität in der Frühen Neuzeit. Köln 1995.

VANDRÉ, Rudolf: Unehrliche Müller. Zur sozialen Stellung eines Berufs in der Frühen Neuzeit, in: Genealogie 62 (2013), S. 479–513.

VERDENHALVEN, Fritz: Alte Maße, Münzen und Gewichte aus dem deutschen Sprachgebiet. Neustadt an der Aisch 1968.

WALZ, Rainer: Agonale Kommunikation im Dorf der Frühen Neuzeit, in: Westfälische Forschungen 42 (1992), S. 215–251.

DERS.: Hexenglaube und magische Kommunikation im Dorf der Frühen Neuzeit. Die Verfolgungen in der Grafschaft Lippe (Forschungen zur Regionalgeschichte, Bd. 9). Paderborn 1993.

DERS.: Schimpfende Weiber. Frauen in lippischen Beleidigungsprozessen des 17. Jahrhunderts, in: Heide WUNDER/Christina VANJA (Hg.): Weiber, Menschen, Frauenzimmer. Frauen in der ländlichen Gesellschaft 1500–1800. Göttingen 1996, S. 175–198.

WEBER, Matthias: Bereitwillig gelebte Sozialdisziplinierung? Das funktionale System der Polizeiordnungen im 16. und 17. Jahrhundert, in: Zeitschrift der Savigny-Stiftung für Rechtsgeschichte, Germanistische Abteilung 115 (1998), S. 420–440.

WEBER, Wolfgang E. J.: Art. Ehre, in: Enzyklopädie der Neuzeit, Bd. 3. Stuttgart 2006, Sp. 77–83.

WEHNER, Thomas: Die Lateinschule von der Reformation bis zum Dreißigjährigen Krieg (Veröffentlichungen des Historischen Vereins Wertheim, Bd. 5). Wertheim 1993.

DERS.: Wertheim, in: Anton SCHINDLING u. a. (Hg.): Die Territorien des Reichs im Zeitalter der Reformation und Konfessionalisierung, Bd. 4 (Katholisches Leben und Kirchenreform im Zeitalter der Glaubensspaltung 52). Münster 1992, S. 214–232.

WEISS, Elmar: Grafschaft Wertheim, in: Sönke LORENZ (Hg.): Hexen und Hexenverfolgung im deutschen Südwesten. Aufsatzband zur Ausstellung des Landesmuseums Karlsruhe, Teilbd. 2 (Volkskundliche Veröffentlichungen des Badischen Landesmuseums Karlsruhe, Bd.2/2). Ostfildern 1994, S. 282–292.

WEITZEL, Jürgen: Zur Zuständigkeit des Reichskammergerichts als Appellationsinstanz, in: Zeitschrift der Savigny-Stiftung für Rechtsgeschichte – Germanistische Abteilung, Bd. 90 (1973), S. 213–245.

WEIZMANN, Hermann: Wertheim und Miltenberg: die parallelen und divergierenden Entwicklungsphasen zweier Kleinstädte; ein stadtgeographischer Vergleich (Veröffentlichungen des Historischen Vereins Wertheim, Bd. 2). Wertheim 1979.

WELLER, Karl: Die Zentgerichtsverfassung im Gebiet des heutigen württembergischen Franken (Mainfränkisches Jahrbuch für Geschichte und Kunst 4). Würzburg 1952, S. 11–32.

WERKMÜLLER, Dieter: Art. Handhafte Tat, in: Handwörterbuch zur deutschen Rechtsgeschichte I (1971), Sp. 1965–1973.

WETTMANN-JUNGBLUT, Peter: „Stelen inn rechter hungersnoddt". Diebstahl, Eigentumsschutz und strafrechtliche Kontrolle im vorindustriellen Baden 1600–1850, in: Richard VAN DÜLMEN (Hg.): Verbrechen, Strafen, soziale Kontrolle (Studien zur historischen Kulturforschung III). Frankfurt am Main 1990, S. 133–177.

DERS.: Von Robin Hood zu Jack the Ripper. Kriminalität und Strafrecht in England vom 14. bis 19. Jahrhundert, in: Andreas BLAUERT/Gerd SCHWERHOFF (Hg.): Kriminalitätsgeschichte. Beiträge zur Sozial- und Kulturgeschichte der Vormoderne (Konflikte und Kultur – Historische Perspektiven, Bd. 1). Konstanz 2000, S. 69–88.

WILBERTZ, Gisela: Scharfrichter und Abdecker – Aspekte einer Sozialgeschichte vom 13. bis zum 16. Jahrhundert, in: Bernd-Ulrich HERGEMÖLLER (Hg.): Randgruppen der spätmittelalterlichen Gesellschaft. Warendorf ²1994, S. 121–156.

DIES./SCHWERHOFF, Gerd/SCHEFFLER, Jürgen (Hg.): Hexenverfolgung und Regionalgeschichte. Die Grafschaft Lippe im Vergleich (Studien zur Regionalgeschichte, Bd. 4). Bielefeld 1994.

WILLOWEIT, Dietmar: Genossenschaftsprinzip und altständische Entscheidungsstrukturen in der frühneuzeitlichen Staatsentwicklung. Ein Diskussionsbeitrag, in: Staatsbildung und Jurisprudenz. Spätmittelalter und Frühe Neuzeit. Gesammelte Aufsätze 1974–2002, Bd. 2. Stockstadt am Main, 2009, S. 126-138.

DERS.: Vertragen, Klagen, Rügen. Reaktionen auf Konflikt und Verbrechen in ländlichen Rechtsquellen Frankens, in: Dieter RÖDEL/Joachim SCHNEIDER (Hg.): Strukturen der Gesellschaft im Mittelalter. Interdisziplinäre Mediävistik in Würzburg. Wiesbaden 1996, S. 196–224.

WIPFLER, Judith: Der Chor der Wertheimer Stiftskirche als herrschaftliche Grablege. Die Epitaphien der Regenten bis ins frühe 17. Jahrhundert, in: Wertheimer Jahrbuch 1996, S. 87–179.
WRIGHTSON, Keith/LEVINE, David: Poverty and piety in an English village, Terling 1525–1700. New York u.a. 1979.
WUNDER, Heide: Die bäuerliche Gemeinde in Deutschland. Göttingen 1986.
DIES.: „Er ist die Sonn', sie ist der Mond". Frauen in der Frühen Neuzeit. München 1992.
DIES.: „Weibliche Kriminalität" in der Frühen Neuzeit. Überlegungen aus Sicht der Geschlechtergeschichte, in: Otto ULBRICHT (Hg.): Von Huren und Rabenmüttern. Weibliche Kriminalität in der Frühen Neuzeit. Köln u.a. 1995, S. 39–61.
DIES.: Zur Mentalität aufständischer Bauern. Möglichkeiten der Zusammenarbeit von Geschichtswissenschaft und Anthropologie, dargestellt am Beispiel des Samländischen Bauernaufstandes von 1525, in: Hans-Ulrich WEHLER (Hg.): Der Deutsche Bauernkrieg (Geschichte und Gesellschaft, Sonderheft. 1). Göttingen 1975, S. 9–36.
WÜST, Wolfgang: Vorwort, in: Historische Kriminalitätsforschung in landesgeschichtlicher Perspektive. Fallstudien aus Bayern und seinen Nachbarländern 1500–1800. Referate zur Tagung vom 14. bis 16. Oktober 2015 in Wildbad Kreuth (Franconia, Beiheft 9), hrsg. von Wolfgang WÜST unter Mitarbeit von Martina HELLER. Erlangen 2017, S. IX f.
Zedler, Johann Heinrich: Großes vollständiges Universallexikon, Bd. 34. Leipzig/Halle 1732–1754.
ZIMMERMANN, Kurt: Obrigkeit, Bürgertum und Wirtschaftsformen im alten Wertheim. Untersuchungen zur verfassungs-, sozial-, und wirtschaftsgeschichtlichen Struktur einer landesherrlichen Stadt Mainfrankens im 16. Jahrhundert (Mainfränkische Studien 11). Würzburg 1975.

I. Einleitung

1. Forschungsstand, Fragestellung und Methode

Die Ereignisse im ersten Jahr der „Corona-Krise" verdeutlichen an einem beeindruckenden Beispiel, dass Kriminalität keine Wirklichkeit sui generis, sondern ein gesellschaftliches und folglich historisch variables Konstrukt ist.[1] Die Definition von normiertem und deviantem Verhalten kann sich binnen weniger Wochen ändern. Kriminalität umfasst somit alle diejenigen Verhaltensweisen, „die von den sozialen und rechtlichen Kontrollinstanzen der jeweiligen Gesellschaft als schwere Normverstöße verfolgt und sanktioniert werden"[2]. Für die meisten Menschen unseres Landes dürfte die uneingeschränkte Ausübung der Grundrechte bislang mit Sicherheit eine Selbstverständlichkeit gewesen sein und Möglichkeiten verfassungsrechtlicher Einschränkungen mussten in der Geschichte der Bundesrepublik bis dato noch nicht hinterfragt werden. In Deutschland erlaubt es das Infektionsschutzgesetz im Falle des Ausbruchs einer weltweiten Pandemie, Handlungen und Verhaltensweisen strafrechtlich zu verfolgen, deren Ausübung im Grundgesetz als Grundrechte verankert sind.[3] Betroffen sind hier beispielsweise die Versammlungs- und Vereinigungsfreiheit, die Glaubensfreiheit oder die Freizügigkeit.[4] Verletzungen beziehungsweise Übertretungen dieser Bestimmungen können mit Bußgeldern und sogar mit Freiheitsstrafen geahndet werden.[5] Vor dem Hintergrund der geschilderten Situation verändern sich natürlich auch die Kriminalitätsstatistiken. Während etwa Einbrüche in Privatwohnungen oder Diebstahlsdelikte im ersten „Coronajahr" zurückgingen, nahmen die Gewaltverbrechen, besonders im häuslichen Bereich, zu.[6] Die zeitlich begrenzten Einschränkungen beeinflussten und beeinflussen zudem das Verhalten der Bürger. Einerseits gab und gibt es Stimmen, die den Verboten kritisch gegenüberstehen, andererseits wurden und werden

---

[1] Zur Definition von Kriminalität, vgl. SCHWERHOFF, Gerd: Art. Kriminalität, in: Enzyklopädie der Neuzeit, Bd. 7. Stuttgart 2008, Sp. 206.
[2] Ebd., Sp. 206.
[3] Vgl. IfsG § 28–32 Gesetz zur Verhütung und Bekämpfung von Infektionskrankheiten beim Menschen. Bundesministerium für Justiz und Verbraucherschutz (Hg.): http://www.gesetze-im-internet.de/ifsg/IfSG.pdf (zuletzt abgerufen: 10.10.2022).
[4] Vgl. GG Art. 4, 8, 9 und 11 Bayerische Landeszentrale für politische Bildung (Hg.): Grundgesetz für die Bundesrepublik Deutschland. München 2016.
[5] Vgl. IfsG § 73–74.
[6] Dieser Trend zeichnet sich laut Rainer Wendt, dem Vorsitzenden der Deutschen Polizeigewerkschaft, bereits ab. Vgl. dazu: LEUBECHER, Marcel/LUTZ, Martin: Weniger Wohnungseinbrüche, mehr Kinderpornografie (Online erschienen am 24.3.2020: https://www.welt.de/politik/deutschland/article206775551/Kriminalstatistik-Weniger-Wohnungseinbrueche-mehr-Kinderpornografie.html (zuletzt abgerufen: 10.10.2022); zudem die Homepage der Deutschen Polizeigewerkschaft im Bundestag: https://www.dpolg.de/aktuelles/news/dpolg-corona-krise-wird-einfluss-auf-die-kriminalitaet-haben/ (zuletzt abgerufen: 10.10.2022).

Missachtungen der gesetzlichen Bestimmungen gemeldet und angezeigt[7], schließlich geht es um die Gesundheit einer ganzen Nation. Zudem erfolgt(e) in diesem Zusammenhang die Etablierung neuer Verhaltensnormen, wie etwa das Tragen eines Mund- und Nasenschutzes, andere Formen der Begrüßung, um Händeschütteln und damit direkten Kontakt zu vermeiden, sowie das Abstandhalten zu anderen Personen. Diese Geschehnisse verdeutlichen, dass Kriminalität und abweichendes Verhalten ein wichtiges Abbild gesellschaftlicher Zustände sowie ein Indikator für deren Strukturen und Wandlungen sind.[8] Diese Tatsache ist natürlich auch – um nun den Bogen zum Thema der vorliegenden Arbeit zu spannen – im Hinblick auf die Vergangenheit zutreffend, obgleich auch festzuhalten ist, dass die Möglichkeit eines direkten Zugangs zu vergangenen Lebenswelten[9] nie gegeben ist. Diese Gegebenheit stellt einen Grundsatz historischen Arbeitens dar, dem kein methodischer Ansatz entgegenwirken könnte.[10]

Die Untersuchung gerichtlicher Quellen hat sich wie kaum ein anderes Forschungsfeld der frühneuzeitlichen Geschichte als überaus ergiebig erwiesen. In den Gerichtsakten werden vielfältige Aspekte historischer Lebenswelten sichtbar und in den vor Gerichten ausgetragenen Konflikten zeigen sich elementare Strukturen der Alltags- und Sozialgeschichte der Menschen, die in vergangenen Zeiten lebten. Dementsprechend hat die historische Kriminalitätsforschung[11], deren Grundlage

---

[7] Vgl. exemplarisch für den Regierungsbezirk Unterfranken die Pressemitteilung der unterfränkischen Polizei vom 25. April 2020 (siehe Anhang 1): Darin wird angegeben, dass die Polizei Hinweisen aus der Bevölkerung zu Verstößen gegen Beschränkungen oder gegen Gebote nachgegangen war und entsprechende Ermittlungen aufgenommen hat. (Für den Hinweis danke ich Frau Polizeiobermeisterin Monika Englert sowie Herrn Polizeioberkommissar Andy Laacke).
[8] Vgl. SCHWERHOFF, Gerd: Historische Kriminalitätsforschung. Frankfurt am Main 2011, S. 7; DERS. Art. Devianz, in: Enzyklopädie der Neuzeit, Bd. 2. Stuttgart 2005, Sp. 954.
[9] Der bereits im 19. Jahrhundert belegte Begriff der „Lebenswelt" wurde von Edmund Husserl in das philosophische Denken eingeführt, von Alfred Schütz in die soziologische Forschung übertragen und Jürgen Habermas integrierte den Begriff schließlich in seine „Theorie des kommunikativen Handelns", wo er die Lebenswelt als kulturell überlieferte und sprachlich organisierten Vorrat an Deutungsmustern versteht. Vgl. HABERMAS, Jürgen: Theorie des kommunikativen Handelns. Bd. 2: Zur Kritik der funktionalistischen Vernunft. Frankfurt am Main 1981, S. 189. Der Begriff Lebenswelt hat eine historische Dimension, mit der sich die Geschichtswissenschaft auseinandersetzen kann, denn der Mensch ist von der Lebenswelt, in die er hinein geboren wird, geprägt und wirkt gleichzeitig auf sie ein. Während etwa in narrativen Quellen die persönlich erlebte Lebenswelt zur Sprache kommt, ermöglichen Formen pragmatischer Schriftlichkeit einen Zugriff auf kollektive lebensweltliche Erfahrungen. Vgl. POPESCU, Andreas: Tagungsbericht: Bürgerliche Lebenswelten im Spätmittelalter und in der frühen Neuzeit. Selbstdarstellung und Forschungsperspektiven, 24.09.2012–25.09.2012 Bonn, in: H-Soz-Kult, 03.12.2012.
[10] Vgl. auch: EIBACH, Joachim: Frankfurter Verhöre. Städtische Lebenswelten und Kriminalität im 18. Jahrhundert. Paderborn 2003, S. 23.
[11] Zum Problem der sprachlichen Etikettierung dieses Begriffs vgl. SCHWERHOFF, Gerd: Kriminalitätsgeschichte – eine kurze Standortbestimmung, in: WÜST, Wolfgang (Hg.): Historische Kriminalitätsforschung in landesgeschichtlicher Perspektive. Fallstudien aus Bayern und seinen Nachbarländern 1500–1800. Referate zur Tagung vom 14. bis 16. Ok-

die Arbeit mit Gerichtsquellen darstellt, in den letzten drei Jahrzehnten im deutschsprachigen Raum eine bemerkenswerte Konjunktur erlebt.[12] Doch lange Zeit war die Beschäftigung mit Recht, Kriminalität und Strafe Wissenschaftlern aus der Rechtsgeschichte vorbehalten. Da besonders die Ausprägungen und Veränderungen von Rechtsnormen im Mittelpunkt des Interesses der Strafrechtsgeschichte standen, hatte dies eine Verengung des Fragehorizonts zur Folge. Die Beschäftigung mit der Rechtspraxis wurde weitgehend vernachlässigt und wie von den Normen abweichendes Verhalten beispielsweise im Einzelfall aussah, interessierte die rechtshistorische Forschung lange nur am Rande.[13] Auch sozial- und kulturgeschichtliche Aspekte fanden dabei kaum Beachtung.[14]

Ab den 1970er Jahren etablierte sich die historische Kriminologie[15] auf internationaler Ebene als Teildisziplin der Geschichtswissenschaften. Früher als in Deutschland jedoch entwickelte sich „Kriminalität" als zentrales Forschungsthema in anderen europäischen Ländern bereits seit den 1960er Jahren. Im Vergleich zur internationalen Entwicklung war für die Bundesrepublik Deutschland lange Zeit ein Rückstand auf dem Gebiet der historischen Kriminologie festzustellen.[16] In England, Frankreich, den Niederlanden und den USA hingegen kann bereits auf eine langjährige sozialgeschichtliche Auseinandersetzung mit den Themengebieten Kriminalität und Strafrechtspflege zurückgeblickt werden.[17] Die Ursachen des

---

tober 2015 in Wildbad Kreuth, hrsg. von Wolfgang WÜST unter Mitarbeit von Martina HELLER. Erlangen 2017, S. 4.

[12] Vgl. SCHWERHOFF: Kriminalitätsgeschichte – eine kurze Standortbestimmung, S. 3; DERS.: Historische Kriminalitätsforschung, S. 15; HÄRTER, Karl: Strafrechts- und Kriminalitätsgeschichte der Frühen Neuzeit (methodica – Einführungen in die rechtshistorische Forschung, Bd. 5). Berlin/Boston 2018, S. 10.

[13] Vgl. SCHWERHOFF: Historische Kriminalitätsforschung, S. 15 f.; DERS.: Aktenkundig und gerichtsnotorisch. Einführung in die historische Kriminalitätsforschung (Historische Einführungen 3). Tübingen 1999, S. 15 f.; DERS.: Köln im Kreuzverhör. Kriminalität, Herrschaft und Gesellschaft in einer frühneuzeitlichen Stadt. Bonn/Berlin 1991, S. 17.

[14] Die Rechtsgeschichte zeigt jedoch Interesse an der Zusammenarbeit mit der Geschichtswissenschaft. Im Vergleich zu früher begegnet man dem Forschungsgegenstand mit einer stärkeren Historisierung. Vgl. dazu: KESPER-BIERMANN, Sylvia/KLIPPEL, Diethelm: Verbrechen und Strafen im Mittelalter und in der Frühen Neuzeit. Neue Perspektiven auf ein interdisziplinäres Forschungsfeld, in: Sylvia KESPER-BIERMANN (Hg.): Kriminalität in Mittelalter und Früher Neuzeit. Soziale, rechtliche, philosophische und literarische Aspekte (Wolfenbütteler Forschungen 114). Wiesbaden 2007, S. 8 f.

[15] Vgl. dazu auch: BADER, Karl: Aufgaben, Methoden und Grenzen einer historischen Kriminologie, in: Schweizerische Zeitschrift für Strafrecht 71 (1956), S. 17–31.

[16] Der Begriff der „historischen Kriminologie" wurde in den 1960er und 70er Jahren häufiger verwendet als der der „historischen Kriminalitätsforschung". Ersterer war allerdings gerade in Deutschland historisch kontaminiert und auch Jahrzehnte nach dem Ende des Nationalsozialismus drohten hier kriminalbiologische Referenzen aufgerufen zu werden. Daher wurde dem neutraleren Begriff „Historische Kriminalitätsforschung" der Vorzug gegeben. Vgl. SCHWERHOFF: Kriminalitätsgeschichte – eine kurze Standortbestimmung, S. 4.

[17] Vgl. SCHWERHOFF, Gerd: Kriminalitätsgeschichte im deutschsprachigen Raum. Zum Profil eines „verspäteten" Forschungszweiges, S. 21. Zum Forschungsstand im europäi-

Rückstandes erklärt Heinz Schilling damit, dass die bundesdeutsche Geschichtswissenschaft lange Zeit der Tradition der Rechts- und Verfassungsgeschichte und deren Fixierung auf die Formierung des frühmodernen Staates verhaftet war.[18]

Ab den 1990er Jahren jedoch nahmen einschlägige Veröffentlichungen im deutschsprachigen Raum stetig zu und die historische Kriminalitätsforschung bezog soziologische Instrumentarien stärker in die Analyse von Gerichtsakten mit ein. Die sich in den Gerichtsakten widerspiegelnde Kriminalität verstand man nun auch als Indikator gesellschaftlicher Strukturen[19], und es wurde betont, dass das in den Quellen sichtbare Verhalten auch von der Gesellschaft bereits im Vorfeld als abweichend klassifiziert werden musste, um überhaupt Niederschlag in den Akten zu finden.[20] In diesem Sinne wurde das Fach für neue Fragestellungen geöffnet, da nunmehr von einer Interaktion der normativ-institutionellen Vorgaben einerseits und der gesellschaftlichen Kriminalisierungs- und Anzeigepraktiken andererseits ausgegangen wurde.[21] Forschungsaufrisse loten seither methodische Möglichkeiten und inhaltliche Desiderate aus und Sammelbände[22] ziehen Zwischenbilanz.[23] Fall-

---

schen Ausland, vgl.: WETTMANN-JUNGBLUT, Peter: Von Robin Hood zu Jack the Ripper. Kriminalität und Strafrecht in England vom 14. bis 19. Jahrhundert, S. 69–88; HALBLEIB, Henrik: Kriminalitätsgeschichte in Frankreich, S. 89–119; ROUSSEAUX, Xavier: Kriminalitätsgeschichte in Belgien, den Niederlanden und Luxemburg (14. bis 18. Jahrhundert), S. 121–159; BLASTENBREI, Peter: Neuere italienische Forschungen zu Delinquenz und Kriminaljustiz 1500–1800: Tendenzen und Ergebnisse, S. 161–173; alle Beiträge in: Andreas BLAUERT/Gerd SCHWERHOFF (Hg.): Kriminalitätsgeschichte. Beiträge zur Sozial- und Kulturgeschichte der Vormoderne (Konflikte und Kultur – Historische Perspektiven, Bd. 1). Konstanz 2000.

[18] Vgl. SCHILLING, Heinz: „History of crime" or „history of sin"? – Some reflections on the social history of early modern church discipline, in: Tom KOURI/Elton SCOTT (Hg.): Politics and society in Reformation Europe. London 1987, S. 291; FRANK, Michael: Dörfliche Gesellschaft und Kriminalität. Das Fallbeispiel Lippe (1650–1800). Paderborn 1995, S. 16 f.

[19] Vgl. BEHRISCH, Lars: Städtische Obrigkeit und soziale Kontrolle: Görlitz 1450–1600. Epfendorf am Neckar 2005, S. 107.

[20] Vgl. auch: FRANKE: Von Schelmen, Schlägern, Schimpf und Schande. Kriminalität in einer frühneuzeitlichen Kleinstadt – Straßburg in der Uckermark. Köln u.a. 2003, S. 21.

[21] Vgl. BEHRISCH: Städtische Obrigkeit und soziale Kontrolle, S. 17–19.

[22] Verwiesen sei hier beispielsweise auf: DÜLMEN, Richard van: Verbrechen, Strafen und soziale Kontrolle. Studien zur historischen Kulturforschung. Frankfurt am Main 1990; ULBRICHT, Otto: Von Huren und Rabenmüttern: Weibliche Kriminalität in der Frühen Neuzeit. Köln 1995; HÄBERLEIN, Mark: Devianz, Widerstand und Herrschaftspraxis in der Vormoderne. Studien zu Konflikten im südwestdeutschen Raum. (15. – 18. Jahrhundert) (Konflikte und Kultur – Historische Perspektiven, Bd. 2). Konstanz 1999. Aus dem Arbeitskreis „Historische Kriminalitätsforschung" sind unter anderem folgende Publikationen hervorgegangen: BLAUERT, Andreas/SCHWERHOFF, Gerd: Mit den Waffen der Justiz. Zur Kriminalitätsgeschichte des späten Mittelalters und der Frühen Neuzeit. Frankfurt am Main 1993; Andreas BLAUERT/ Gerd SCHWERHOFF (Hg.): Kriminalitätsgeschichte. Beiträge zu einer Sozial- und Kulturgeschichte der Vormoderne, Konstanz 2000.

[23] Einen guten Überblick zur Forschungsgeschichte bietet Karl HÄRTER: Strafrechts- und Kriminalitätsgeschichte der Frühen Neuzeit, S. 10–18.

1. Forschungsstand, Fragestellung und Methode

studien entstanden sowohl zur städtischen[24] und territorialen[25] Strafjustiz und erst in jüngster Zeit hat sich auch die Landesgeschichte der Kriminalitätsgeschichte zugewandt[26], um Kriminalität und Strafjustiz über räumlich ausgerichtete Studien auf einzelne Städte, Gerichte oder Territorien auch in einer übergreifenden Perspektive unter Einbeziehung der lokalen Ebenen zu untersuchen.[27] Zudem fokussierten die bisher erschienenen Arbeiten auch Einzelaspekte wie Strafverfolgung[28] oder bestimmte Gesellschaftsschichten[29]. Des Weiteren verdeutlichen mentalitäts-, alltags-[30] und geschlechtsgeschichtlich[31] ausgerichtete Zugänge das breite Spek-

---

[24] Exemplarisch seien hier genannt: SCHWERHOFF: Köln im Kreuzverhör; EIBACH, Joachim: Frankfurter Verhöre. Städtische Lebenswelten und Kriminalität im 18. Jahrhundert. Paderborn 2003; BEHRISCH, Lars: Städtische Obrigkeit und soziale Kontrolle.

[25] Exemplarisch auch hier: RUDOLPH, Harriet: Eine gelinde Regierungsart. Peinliche Strafjustiz im geistlichen Territorium. Das Hochstift Osnabrück 1716–1803 (Konflikte und Kultur – Historische Perspektiven, Bd. 5). Konstanz 2001; HÄRTER, Karl: Policey und Strafjustiz in Kurmainz. Gesetzgebung, Normdurchsetzung und Sozialkontrolle im frühneuzeitlichen Territorialstaat (Studien zur europäischen Rechtsgeschichte, Bd. 190). Frankfurt am Main 2005.

[26] WÜST, Wolfgang (Hg.): Historische Kriminalitätsforschung in landesgeschichtlicher Perspektive. Fallstudien aus Bayern und seinen Nachbarländern 1500–1800. Referate zur Tagung vom 14. bis 16. Oktober 2015 in Wildbad Kreuth, hrsg. von Wolfgang WÜST unter Mitarbeit von Martina HELLER. Erlangen 2017.

[27] Vgl. HÄRTER: Strafrechts- und Kriminalitätsgeschichte der Frühen Neuzeit, S. 14.

[28] BENDLAGE, Andrea: Henkers Hetzbruder. Das Strafverfolgungspersonal der Reichsstadt Nürnberg im 15. und 16. Jahrhundert. Konstanz 2003.

[29] Zu Randgruppen vgl. etwa SPICKER-BECK, Monika: Räuber, Mordbrenner, umschweifendes Gesind. Zur Kriminalität im 16. Jahrhundert (Konflikte und Kultur – Historische Perspektiven, Bd. 8). Freiburg 1995; BLAUERT, Andreas/WIEBEL, Eva: Gauner- und Diebeslisten: Registrieren, Identifizieren und Fahnden im 18. Jahrhundert (Studien zu Policey und Policeywissenschaften). Frankfurt am Main 2001; FRITZ, Gerhard: Eine Rotte von allerhandt rauberischem Gesind. Öffentliche Sicherheit in Südwestdeutschland vom Ende des Dreißigjährigen Krieges bis zum Ende des Alten Reiches (Stuttgarter historische Studien zur Landes- und Wirtschaftsgeschichte, Bd. 6). Ostfildern 2004; zur Oberschichtenkriminalität vgl. etwa SCHUSTER, Peter: Eine Stadt vor Gericht. Recht und Alltag im spätmittelalterlichen Konstanz. Paderborn 2000; HENSELMEYER, Ulrich: Ratsherren und andere Delinquenten. Die Rechtsprechungspraxis bei geringfügigen Delikten im spätmittelalterlichen Nürnberg. Konstanz 2002. Im Übrigen gilt die Kriminalität der Oberschichten bislang noch als wenig erforscht: vgl. SCHWERHOFF: Kriminalitätsgeschichte – eine kurze Standortbestimmung, S. 17.

[30] Exemplarisch SCHEUTZ, Martin: Alltag und Kriminalität. Disziplinierungsversuche im steirisch-österreichischen Grenzgebiet im 18. Jahrhundert (Mitteilungen des Instituts für Österreichische Geschichtsforschung, Ergänzungsband 38). Wien u. a. 2001; KERTELHEIN, Arne: Alltag und Kriminalität. Die Brücheregister des Dithmarscher Mitteldrittels 1560–1581 (Rostocker Studien zur Regionalgeschichte 7). Rostock 2003.

[31] Exemplarisch GLEIXNER, Ulrike: „Das Mensch" und „der Kerl". Die Konstruktion von Geschlecht in Unzuchtsverfahren der Frühen Neuzeit (1700–1769). Frankfurt am Main u. a. 1994; Rublack, Ulinka: Magd, Metz' oder Mörderin. Frauen vor frühneuzeitlichen Gerichten. Frankfurt am Main 1998; HEIDEGGER, Maria: Soziale Dramen und Beziehungen im Dorf. Das Gericht Laudegg in der Frühen Neuzeit – eine historische Ethnographie. Innsbruck 1999; ULBRICH, Claudia: Shulamit und Margarete. Macht, Geschlecht und Re-

rum kriminalitätshistorischer Forschungen und deren Anknüpfungsfähigkeit an Theoriemodelle verschiedener Disziplinen.[32]

Die (Straf-) Rechtsgeschichte hat die Fortschritte der historischen Kriminalitätsforschung zur Kenntnis genommen, zum Teil jedoch auch kritisch kommentiert und auf rechtshistorische Desiderate wie die Vernachlässigung von Normen und Jurisprudenz hingewiesen.[33] Differenzen zwischen den beiden Disziplinen sind hinsichtlich des institutionellen und rechtlichen Rahmens und der Funktion strafrechtlicher Normen, Verfahren und Entscheidungen auszumachen. Während es der Strafrechtsgeschichte vornehmlich um juristische Verfahrensweisen, Logiken und Rationalitäten geht, vernachlässigt die Kriminalitätsforschung teils die Entscheidungspraxis und erklärt Abweichungen zwischen Rechtsnorm und Praxis eher vereinfachend als Sanktionsverzicht oder Ergebnis außergerichtlicher Aushandlungsprozesse wie beispielsweise Supplikationen, welche wiederum von der Strafrechtsgeschichte nur unzureichend gewürdigt werden.[34] Wenngleich monographische Einzelforschungen häufig noch einen methodisch-disziplinspezifischen Zugang aufweisen[35], ist die Zusammenarbeit der beiden Fachrichtungen insgesamt doch als fruchtbar hervorzuheben.[36] So hat etwa das gleichermaßen von Historikern und Rechtshistorikern getragene Netzwerk Reichsgerichtsbarkeit zum Ziel, die Bedeutung der Gerichtsbarkeit für das Rechtsleben und für gesellschaftliche Entwicklungen[37] zu untersuchen und verfolgt dementsprechend interdisziplinäre Fragestellungen – und dies auch unterhalb der Ebene der höchsten Reichsgerichte.[38]

---

ligion in einer ländlichen Gesellschaft des 18. Jahrhunderts. Köln/Weimar/Wien 1999; GRIESEBNER, Andrea: Konkurrierende Wahrheiten. Malefizprozesse vor dem Landgericht Perchtoldsdorf im 18. Jahrhundert (Frühneuzeit-Studien N. F. 3). Wien u. a. 2000.

[32] Vgl. dazu auch FRANKE: Von Schelmen, Schlägern, Schimpf und Schande, S. 20.

[33] Vgl. JEROUSCHEK, Günter: Sunt hic leones? Zu Fortschritten in der Strafrechtsgeschichte und in der historischen Kriminalitätsforschung, in: Zeitschrift für Neuere Rechtsgeschichte 32 (2010), S. 52–60; zudem: HÄRTER: Strafrechts- und Kriminalitätsgeschichte der Frühen Neuzeit, S. 12.

[34] Vgl. HÄRTER: Strafrechts- und Kriminalitätsgeschichte der Frühen Neuzeit, S. 18.

[35] Die gerichtliche Praxis fokussieren beispielsweise: THAUER, Jenny: Gerichtspraxis in der ländlichen Gesellschaft. Eine mikrohistorische Untersuchung am Beispiel eines altmärkischen Patrimonialgerichts um 1700. Berlin 2001; BUBACH, Bettina: Richten, Strafen und Vertragen. Rechtspflege der Universität Freiburg im 16. Jahrhundert (Freiburger Rechtsgeschichtliche Abhandlungen, N. F. Bd. 47). Berlin 2005. Verfahrensfragen, Gerichtsverfassung sowie Aspekte der Normgeltung und -anwendung werden in geschichtswissenschaftlichen Arbeiten oftmals nachrangig behandelt, so beispielsweise bei: BEHRISCH: Städtische Obrigkeit und soziale Kontrolle; GLEIXNER: „Das Mensch" und der „Kerl".

[36] Vgl. FRANKE: Von Schelmen, Schlägern, Schimpf und Schande, S. 21.

[37] Exemplarisch seien folgende Titel angeführt: DIESTELKAMP, Bernhard: Das Reichskammergericht im Rechtsleben des 16. Jahrhunderts, in: Hans-Jürgen BECKER u. a. (Hg.): Rechtsgeschichte als Kulturgeschichte. Festschrift für Adalbert Erler zum 70. Geburtstag. Aalen 1976, S. 435–480; BAUMANN, Anette: Die Gesellschaft der Frühen Neuzeit im Spiegel der Reichskammergerichtsprozesse. Eine sozialgeschichtliche Untersuchung zum 17. und 18. Jahrhundert. Köln/Weimar/Wien 2001.

[38] Vgl. hierzu sowie zum Forschungsstand: AMEND-TRAUT, Anja u. a. (Hg.): Gerichtsvielfalt und Gerichtslandschaften. Annäherungen und Perspektiven, in: Anja AMEND-TRAUT

1. Forschungsstand, Fragestellung und Methode

Die vorliegende Arbeit versucht beide Forschungsperspektiven angemessen aufzugreifen und das interdisziplinäre Potenzial möglichst umfangreich auszuschöpfen. Kriminalität und Devianz werden innerhalb eines reichsgräflichen Territoriums auf der Basis der Wertheimer Zentgerichtsakten untersucht. Die Analyse der normativen Quellen erlaubt es im Falle der Wertheimer Zentgerichtsakten nicht nur, die Rechtspraxis zu analysieren und die rechtlich-institutionellen Rahmenbedingungen von Kriminalität und Strafjustiz darzustellen, sondern zudem aufgrund ihres Detailreichtums[39] auch außergerichtliche[40] und infrajustizielle Kommunikationsformen in den Blick zu nehmen, um diese zusammen mit den strafrechtlichen Normen und Verfahren in die frühneuzeitliche Rechtskultur der Wertheimer Grafschaft einbetten zu können. Sicherlich kann der mikrohistorische Blickwinkel auf ein einzelnes Gericht lediglich einen begrenzten Zugang zur Thematik gewähren. Kritisiert wird in diesem Zusammenhang, dass bisherige Untersuchungen einzelner lokaler, dörflich-ländlicher, kleinstädtischer oder patrimonialer Niedergerichte zwar exemplarische Einblicke in Devianz und Strafpraxis insbesondere der ländlichen Gesellschaft geben[41], Strafverfahren und Entscheidungsprozesse und die darin erkennbaren Normen, Intentionen und Strafzwecke der jeweiligen Gerichte jedoch nicht immer ausreichend aufgehellt werden.[42] Potenzial zeigen entsprechende Studien jedoch in dem Zusammenhang, dass durch die Untersuchung leichterer Vergehen, Delikte und Verstöße Verbindungslinien zur Policeyforschung[43] bestehen und durch die Verbindung von „Policey und

---

u. a. (Hg.): Unter der Linde und vor dem Kaiser. Neue Perspektiven auf Gerichtsvielfalt und Gerichtslandschaften im Heiligen Römischen Reich. (Quellen und Forschungen zur höchsten Gerichtsbarkeit im Alten Reich, 73). Wien u. a. 2020, S. 11–13.

[39] Zur Anlage und zum Inhalt des Quellenmaterials vergleiche das folgende Kapitel.

[40] Die Untersuchung außergerichtlicher Strukturen und deren Verhältnis zu institutionellen Gerichtsstrukturen gehört auch zu den jüngeren Forschungsfragen der Rechtsgeschichte: Vgl. AMEND-TRAUT u. a.: Gerichtsvielfalt und Gerichtslandschaften, S. 21 f. Exemplarisch wird hier unter anderem genannt: CORDES, Albrecht (Hg.): Mit Freundschaft oder mit Recht? Inner- und außergerichtliche Alternativen zur kontroversen Streitentscheidung im 15.–19. Jahrhundert (Quellen und Forschungen zur höchsten Gerichtsbarkeit im Alten Reich 65). Köln u. a. 2015.

[41] An dieser Stelle sind zu nennen: FRANK: Dörfliche Gesellschaft und Kriminalität; GRIESEBNER, Andrea: Konkurrierende Wahrheiten; SCHEUTZ, Martin: Alltag und Kriminalität; THAUER, Jenny: Gerichtspraxis in der ländlichen Gesellschaft; BRACHTENDORF, Ralf: Konflikte, Devianz, Kriminalität. Justiznutzung und Strafpraxis in Kurtrier im 18. Jahrhundert am Beispiel des Amts Cochem. Marburg 2003; FRANKE, Ellen: Von Schelmen, Schlägern, Schimpf und Schande. Kriminalität in einer frühneuzeitlichen Kleinstadt – Straßburg in der Uckermark (Konflikt, Verbrechen und Sanktion in der Gesellschaft Alteuropas. Fallstudien, Bd. 10). Köln u. a. 2003.

[42] Vgl. HÄRTER: Strafrechts- und Kriminalitätsgeschichte der Frühen Neuzeit, S. 14 f.

[43] Zur Policeyforschung, vgl. etwa: HÄRTER, Karl: Entwicklung und Funktion der Policeygesetzgebung des Heiligen Römischen Reiches Deutscher Nation im 16. Jahrhundert, in: Ius Commune 20 (1993), S. 61–141; DERS.: Policeygesetzgebung und Strafrecht: Criminalpoliceyliche Ordnungsdiskurse und Strafjustiz in der Frühen Neuzeit, in: Sylvia KESPER-BIERMANN/Diethelm KLIPPEL (Hg.): Kriminalität in Mittelalter und Früher Neuzeit.

Strafjustiz" die Erweiterung des engeren Kriminalitätsbegriffs in den Bereich des abweichenden Verhaltens vorangetrieben wird.[44] Denn hinsichtlich kriminalitätshistorischer Forschungen geht es nicht nur „allein um Kriminalität als Summe des strafrechtlich geahndeten Verhaltens, sondern um einen weit über das Strafrecht hinausreichenden Normenkatalog, über Maßnahmen sozialer Kontrolle auch jenseits des Strafrechts, kurz es geht um abweichendes Verhalten (Devianz)[45] im umfassenden Sinn"[46].

Obwohl die Kriminalitätsgeschichte besonders im deutschsprachigen Kulturraum immer noch ein relativ junger Bereich der interdisziplinären Forschung ist[47], gestaltet sich die Forschungslandschaft mittlerweile komplex und ausdifferenziert, und wer sich der kriminalitätshistorischen Forschung zuwendet, betritt inzwischen kein Neuland mehr. Trotzdem, so konstatiert Gerd Schwerhoff in diesem Zusammenhang, existieren noch „übergenug Quellen, die einer Aufarbeitung harren (…) und es gibt im Horizont der Kriminalitätsgeschichte nach wie vor Neues zu entdecken und zu erforschen"[48].

Das Interesse der historischen Kriminalitätsforschung am ländlichen Raum war vorerst ein nachrangiges[49], obwohl Ende der siebziger und Anfang der achtziger

---

Soziale, rechtliche, philosophische und literarische Aspekte (Wolfenbütteler Forschungen 114). Wiesbaden 2007, S. 189–210; ISELI, Andrea: Gute Policey. Öffentliche Ordnung in der Frühen Neuzeit. Stuttgart 2009 sowie die Veröffentlichungen des Arbeitskreises „Policey/Polizei im vormodernen Europa": André HOLENSTEIN u.a. (Hg.): Policey in lokalen Räumen. Ordnungskräfte und Sicherheitspersonal in Gemeinden und Territorien vom Spätmittelalter bis zum frühen 19. Jahrhundert (Studien zu Policey und Policeywissenschaft). Frankfurt am Main 2002.

[44] Vgl. HÄRTER: Strafrechts- und Kriminalitätsgeschichte der Frühen Neuzeit, S. 15.
[45] Devianz ist eine relationale Kategorie der Sozialwissenschaften, die nur in Bezug auf bestimmte Normen zu definieren ist. Diese können sowohl rechtlich-formeller Natur sein, jedoch auch eine nicht unbedingt schriftlich fixierte Verhaltensregel repräsentieren. Die Existenz von Devianz im Spannungsfeld von Normen und Instanzen sozialer Kontrolle ist historisch variabel und daher ein wichtiger Indikator für gesellschaftliche Strukturen und Wandlungen. Aus diesem Grund haben sich unterschiedliche Disziplinen der Geschichtswissenschaft, insbesondere die historische Kriminalitäts- und Konfliktforschung sowie die Mentalitäts-, Sozial- und Rechtsgeschichte intensiv den Erscheinungsformen von Devianz gewidmet. Vgl. SCHWERHOFF: Art. Devianz, Sp. 953–956.
[46] SCHWERHOFF: Kriminalitätsgeschichte – eine kurze Standortbestimmung, S. 4.
[47] Vgl. WÜST, Wolfgang: Vorwort, in: Historische Kriminalitätsforschung in landesgeschichtlicher Perspektive. Fallstudien aus Bayern und seinen Nachbarländern 1500–1800. Referate zur Tagung vom 14. bis 16. Oktober 2015 in Wildbad Kreuth (Franconia, Beiheft 9), hrsg. von Wolfgang WÜST unter Mitarbeit von Martina HELLER. Erlangen 2017, S. IX.
[48] Vgl. SCHWERHOFF: Kriminalitätsgeschichte – eine kurze Standortbestimmung, S. 17.
[49] Vgl. GLEIXNER, Ulrike: Rechtsfindung zwischen Machtbeziehungen, Konfliktregelung und Friedenssicherung. Historische Kriminalitätsforschung und Agrargeschichte in der Frühen Neuzeit, in: Werner TROSSBACH/Clemens ZIMMERMANN (Hg.): Agrargeschichte. Positionen und Perspektiven (Quellen und Forschungen zur Agrargeschichte, Bd. 44). Stuttgart 1998, S.60.

1. Forschungsstand, Fragestellung und Methode 9

Jahre Arbeiten zum 19. Jahrhundert[50], frühneuzeitliche Gemeinde- und Regionalstudien[51] sowie Studien zur Hexenforschung[52], Sozialdisziplinierung[53] und zum bäuerlichen Widerstand[54] vorgelegt wurden.[55] Auch wenn neuere Forschungsarbeiten häufig aus speziellen Blickwinkeln zur Analyse der dörflichen Streitgesellschaft beigetragen und wichtige Erkenntnisse im Bereich der dörflichen Alltagsgeschichte hervorgebracht haben[56], so gibt es in den Bereichen des ländlichen Raumes und des dörflichen Rechtswesens durchaus noch Forschungsbedarf.[57] Durch welches Proprium zeichnet sich also die vorliegende Studie aus?

---

[50] Hier sind beispielsweise zu nennen: BLASIUS, Dirk: Kriminalität und Alltag. Zur Konfliktgeschichte des Alltaglebens im 19. Jahrhundert. Göttingen 1978; MITTERAUER, Michael: Ledige Mütter. Zur Geschichte unehelicher Geburten in Europa. München 1983; REIF, Hans (Hg.): Räuber, Volk und Obrigkeit. Studien zur Geschichte der Kriminalität in Deutschland seit dem 18. Jahrhundert. Frankfurt am Main 1984.

[51] Exemplarisch: MOHRMANN, Ruth-E.: Sittlichkeitsdelikte in Wilster im Spiegel rechtlicher Quellen des 18. und 19. Jahrhunderts, in: Kieler Blätter zur Volkskunde 8 (1976), S. 41–61; BECK, Rainer: Illegitimität und voreheliche Sexualität auf dem Land. Unterfinning 1671–1770, in: Richard VAN DÜLMEN (Hg.): Kultur der einfachen Leute. München 1983, S. 112–150.

[52] Exemplarisch: Gisela WILBERTZ/Gerd SCHWERHOFF/Jürgen SCHEFFLER (Hg.): Hexenverfolgung und Regionalgeschichte. Die Grafschaft Lippe im Vergleich (Studien zur Regionalgeschichte, Bd. 4). Bielefeld 1994.

[53] Exemplarisch: SCHILLING, Heinz: Reformierte Kirchenzucht als Sozialdisziplinierung? Die Tätigkeit des Emder Presbyteriums in den Jahren 1557–1562, in: DERS./Winfried EHBRECHT (Hg.): Niederlande und Nordwestdeutschland. Studien zu Regional- und Stadtgeschichte Nordwestkontinentaleuropas im Mittelalter und in der Neuzeit (Städteforschung, Reihe A 15). Köln 1983, S. 261–327; MÜNCH, Paul: Kirchenzucht und Nachbarschaft. Zur sozialen Problematik des calvinistischen Seniorats um 1600, in: Ernst Walter ZEEDEN/Peter Thaddäus LANG (Hg.): Kirche und Visitationen. Beiträge zur Erforschung des frühneuzeitlichen Visitationswesens in Europa Spätmittelalter und frühe Neuzeit, Bd. 14). Stuttgart 1984, S. 216–248.

[54] Exemplarisch: WUNDER, Heide: Zur Mentalität aufständischer Bauern. Möglichkeiten der Zusammenarbeit von Geschichtswissenschaft und Anthropologie, dargestellt am Beispiel des Samländischen Bauernaufstandes von 1525, in: Hans-Ulrich WEHLER (Hg.): Der Deutsche Bauernkrieg (Geschichte und Gesellschaft, Sonderheft 1). Göttingen 1975, S. 9–36; BLICKLE, Peter (Hg.): Aufruhr und Empörung? Studien zum bäuerlichen Widerstand im alten Reich. München 1980; SCHULZE, Winfried: Bäuerlicher Widerstand und feudale Herrschaft in der frühen Neuzeit (Neuzeit im Aufbau 6). Stuttgart 1980.

[55] Vgl. auch: GLEIXNER, Ulrike: Rechtsfindung zwischen Machtbeziehungen, Konfliktregelung und Friedenssicherung. Historische Kriminalitätsforschung und Agrargeschichte in der Frühen Neuzeit, S. 57.

[56] Vgl. SCHULZE, Winfried: Rezension von: Jenny THAUER: Gerichtspraxis in der ländlichen Gesellschaft. Eine mikrohistorische Untersuchung am Beispiel eines altmärkischen Patrimonialgerichts um 1700. Berlin 2001, in: sehepunkte 2 (2002), Nr. 11 [15.11.2002]: http://www.sehepunkte.de/2002/11/2188.html (zuletzt abgerufen: 08.11.2022).

[57] Vgl. ebd.; zudem auch LENG, Rainer: Grenzen, Steine, Sechssprüche. Die dörfliche Rechtspraxis im Spiegel des Frammersbacher Sechserbuchs (1572–1764). (Publikationen aus dem Kolleg „Mittelalter und Frühe Neuzeit", Bd. 3, hrsg. von Helmut FLACHENECKER). Würzburg 2017, S. 7f.

Zentgerichtliche Quellen wurden bisher noch für keine kriminalitätshistorische Studie herangezogen. Dies hängt sicherlich zum einen damit zusammen, dass die Zentgerichte eine regionale Besonderheit in den Territorien am Mittelrhein, in Hessen und in Franken darstellten[58], zum anderen scheint kaum Aktenmaterial der (fränkischen) Zenten überliefert worden zu sein.[59] Insgesamt ist die Erforschung dieser Gerichte alles andere als bibliographisch erschöpft, punktuell sind Studien entstanden, die eher eine Fragestellung verfolgen, die Gerichtsverfassung und Verfahrensfragen in den Blick nehmen und weniger die sozial- und kulturhistorische Relevanz der rechtlichen Vorgänge untersuchen.[60] Insofern betritt die vorliegende Arbeit neue Wege. Es wird gezeigt, dass gerade die besonderen zentgerichtlichen Strukturen Akteure der dörflichen Lebenswelt in den Bereichen der Rechtspflege, der Wahrung von Normen sowie der Stabilisierung von Ordnung motivieren konnten. Des Weiteren leistet die Arbeit nicht nur einen Beitrag zur Erforschung der Zentgerichtsbarkeit im Allgemeinen, sondern darüber hinaus werden die Forschungsdesiderate hinsichtlich der Gerichtslandschaft[61] innerhalb der Grafschaft sowie hinsichtlich der Organisation der ländlichen Bevölkerung um 1600[62] aufgegriffen, indem Facetten der frühneuzeitlichen Dorfgesellschaft beleuchtet und Fragen nach obrigkeitlicher sowie gemeindlicher Herrschaft thematisiert werden.[63] Insofern liefert die Untersuchung einen Baustein zur Erforschung der oben erwähnten Gerichtslandschaften und die primär auf umfassende Quellen- und darauf aufbauende Datenbankanalyse gestützte „Momentaufnahme" verheißt für

---

[58] Vgl. THEUERKAUF, Gerhard: Art. Zent, in: HRG V, Sp. 1663 f.

[59] Vgl. MEIER, Robert: Hexenprozesse im Hochstift Würzburg. Von Julius Echter (1573–1617) bis Philipp von Ehrenberg (1623–1631). Würzburg 2019, S. 73.

[60] Zum Forschungsstand über die Zentgerichtsbarkeit, vgl. das Kapitel III. 1. Der institutionelle Rahmen: Das Wertheimer Zentgericht.

[61] Der Begriff der „Gerichtslandschaft" wurde 2005 in die Forschung eingeführt, um die Rechts- und Gerichtsverfassung der Frühen Neuzeit als „Synonym für Vielfalt" zu charakterisieren und die diesbezügliche „Gleichzeitigkeit von Einheit und Verschiedenheit" zu umschreiben. Der Terminus hinterfragt alte Forschungs- und Ordnungskonzepte, ohne sie jedoch aufzugeben. Vgl. AMEND, Anja/BAUMANN, Anette/WENDEHORST, Stephan: Einleitung, in: Anja AMEND/Siegrid WESTPHAL (Hg.): Gerichtslandschaft Altes Reich. Höchste und territoriale Rechtsprechung (Quellen und Forschungen zur höchsten Gerichtsbarkeit, 52). Köln/Weimar/Wien 2007, S. 2; AMEND, Anja/WUNDERLICH, Steffen: Recht und Gericht im frühneuzeitlichen Frankfurt zwischen der Vielfalt der Vormoderne und der Einheit der Moderne, in: DIES. (Hg.): Die Reichsstadt Frankfurt als Rechts- und Gerichtslandschaft im Römischen Deutschen Reich (Bibliothek Altes Reich, 3). München 2008, S. 9–13. Zum Forschungskontext sowie zu aktuellen Fragestellungen vgl. auch AMEND-TRAUT u. a.: Gerichtsvielfalt und Gerichtslandschaften, S. 31–37.

[62] Zum Forschungsdesiderat bezüglich der Gerichtsverfassung innerhalb der Grafschaft Wertheim vgl. auch Quellen zur Hexenverfolgung im Staatsarchiv Wertheim: https://landesarchiv-bw.de/de/themen/praesentationen---themenzugaenge/47897 (zuletzt abgerufen: 10.10.2022).

[63] An dieser Stelle ist vorwegzunehmen, dass die Arbeit aufgrund fehlender Literatur- und teils auch fehlender Quellengrundlage kein umfassendes Bild zu der Gemeindeorganisation in den Dörfern und zur herrschaftlichen Einflussnahme darauf zeichnen kann.

1. Forschungsstand, Fragestellung und Methode

den Zeitraum von 1589 bis 1611 differenzierte und bis in die Tiefenstrukturen hineinreichende Einblicke in die Rechtspflege eines ländlichen Raumes.

In den folgenden Ausführungen werden die Protokolle des Wertheimer Zentgerichts ausgewertet und deren Informationsgehalt soll dabei voll ausgeschöpft werden, um sowohl die normative, als auch die sozial- und kulturhistorische Relevanz der rechtlichen Vorgänge zu beleuchten. Das zentrale Interesse der Arbeit richtet sich auf die Konfliktdimensionen innerhalb der dörflichen Gesellschaft und auf deren historische Lebenswelten. Von Bedeutung sind hierfür nicht nur die obrigkeitlichen Verordnungen, sondern darüber hinaus gilt es zu untersuchen, welche sozialen Normen in der frühneuzeitlichen Bevölkerung neben den rechtlichen Bestimmungen eine Rolle spielten, um ein friedliches Zusammenleben innerhalb der frühneuzeitlichen Gesellschaft zu gewähren. Die Arbeit fragt sowohl nach lokalen Traditionen als auch nach sozialen Wertvorstellungen und erforscht, wann und unter welchen Umständen innere Spannungen zutage traten und mit welchen Konfliktlösungsmechanismen diese zu beseitigen versucht wurden. In diesem Zusammenhang ist auch von Bedeutung, welche Rolle Herrscher aber auch Beherrschte in Form ihrer Zusammengehörigkeit als Gemeinde einnahmen. Des Weiteren geht es darum, dem Verhalten der Dorfbewohner im Umgang mit Konflikten besondere Aufmerksamkeit zukommen zu lassen, um zu erschließen, wie hoch die Anzeigebereitschaft der zur Zent gehörenden Einwohner war und inwiefern deren Rechtsvorstellungen[64] die „Rolle des Gesetzes" übernahmen? Welche Aufgaben und Funktionen kamen hierbei bestimmten Personenkreisen innerhalb einzelner Ortschaften zu, um ein friedliches Zusammenleben zu garantieren? In diesem Sinne sind auch Aussagen über die Umsetzung von Herrschaft im Dorf möglich, denn es interessieren nicht nur die Strukturen obrigkeitlicher, sondern auch die Formen lokaler Herrschaft beispielsweise im Zusammenhang mit der informellen Machtausübung lokaler Eliten. Gab es autonome Dorfgenossenschaften, die im Zuge von Strukturen der Selbstverwaltung bestimmten Konfliktpunkten vorbeugen beziehungsweise diese regulieren konnten? Schließlich soll es auch um die Frage gehen, inwiefern die dörfliche Gesellschaft eine „schiedlich-friedliche" gewesen ist, ein Topos früherer Forschungen, der in den letzten beiden Jahrzehnten so gründlich destruiert wurde, dass heute scheinbar kaum mehr von ihm auszugehen ist.[65] Ist diese Annahme verallgemeinerbar? Trifft sie auch für die Wertheimer Grafschaftsdörfer zu oder ist dieses Bild vielleicht zu relativieren?

---

[64] Um hier auf ein Beispiel zu verweisen, sei das Ehrverständnis der damaligen Zeit angesprochen. In den 1990er Jahren wurde die Ehre des „gemeinen Volkes" als Forschungsgegenstand entdeckt. Das Denken und Handeln in den Kategorien der Ehre konnte einerseits Konflikte produzieren, diese jedoch auch regulieren. Vgl. dazu auch KRAMER, Karl-Sigismund: Grundriß einer rechtlichen Volkskunde. Göttingen 1974, S. 108; ähnlich auch bei EIBACH, Joachim: Frankfurter Verhöre, S. 17 f.

[65] Vgl. SCHULZE, Winfried: Rezension von Jenny THAUER: Gerichtspraxis in der ländlichen Gesellschaft. Eine mikrohistorische Untersuchung am Beispiel eines altmärkischen Patrimonialgerichts um 1700. Berlin 2001.

Die Untersuchung gliedert sich grob in die folgenden größeren Themenbereiche. In einem ersten Schritt werden allgemeine Voraussetzungen und Rahmenbedingungen der Grafschaftsgeschichte in der Zeit um 1600 in den Blick genommen. Nach einer Einordnung der Grafschaft Wertheim in den allgemeinen Rahmen der Frühneuzeitforschung, erfolgt die Untersuchung der politischen, ökonomischen und gesellschaftlichen Strukturen der frühneuzeitlichen Grafschaftsgeschichte. Dies ist insofern von Bedeutung, da der Umgang mit abweichendem Verhalten als kulturelle Variable, als Abbild der oben genannten Strukturen begriffen wird.[66] Im Anschluss erfolgt eine ausführliche Beschreibung der Gerichtsverfassung des Wertheimer Zentgerichts, die primär auf der Basis der Zentgerichtsakten erarbeitet wurde. Hierbei gilt es, die spezifische Struktur eines Zentgerichts zu thematisieren, außerdem beschäftigen sich die Ausführungen mit Verfahrensfragen und Aspekten der Normgeltung und -anwendung und setzen sich in diesem Zusammenhang kritisch mit der älteren Forschung auseinander.

Im Hauptteil richtet sich die Aufmerksamkeit auf die Konfliktdimensionen innerhalb der dörflichen Gesellschaft. Zuerst werden die einzelnen Deliktgruppen analysiert und entsprechend der Häufigkeit der Fälle vornehmlich Gewalt-, Ehr- und Eigentumsdelikte in den Blick genommen. Es schließt sich ein Kapitel an, das Einzelfälle aus unterschiedlichen Deliktgruppen in den Mittelpunkt des Interesses stellt: Vergehen gegen Kirche und Religion, Verstöße gegen Sitte und Moral, Schankvergehen und Verstöße, die sich gegen obrigkeitliche Verordnungen richteten beziehungsweise in den Augen der Dorfbewohner zu sanktionieren waren und die einer herrschaftlichen Reglementierung entbehrten. In diesem Zusammenhang werden mithilfe datenbankgestützter Analysen sowohl quantitative, als auch qualitative Merkmale von Kriminalität untersucht, um Aufschluss über das obrigkeitliche und das innerdörfliche, soziale Kontrollsystem zu erhalten und die Verhaltensmuster und Mentalitäten im Zusammenhang mit Kriminalität und Devianz darzustellen. Quantifizierende Strukturbetrachtungen scheinen in kriminalitätshistorischen Untersuchungen offenbar aus der Mode gekommen zu sein[67], obwohl die Bedeutung dieser Forschungsdisziplin hinsichtlich ihrer Brückenfunktion zwischen einer (oft quantifizierenden) Sozialgeschichte und einer eher mikrohistorisch orientierten historischen Kulturwissenschaft bereits vor zwanzig Jahren[68] hervor-

---

[66] Vgl. DINGES, Martin: Justiznutzungen als soziale Kontrolle in der Frühen Neuzeit, in: Andreas BLAUERT/Gerd SCHWERHOFF (Hg.): Kriminalitätsgeschichte. Beiträge zu einer Sozial- und Kulturgeschichte der Vormoderne (Konflikte und Kultur – Historische Perspektiven, Bd. 1). Konstanz 2000, S. 509; DERS.: Neue Kulturgeschichte, in: Joachim EIBACH/Günther LOTTES (Hg.): Kompass der Geschichtswissenschaft. Ein Handbuch. Göttingen 2002, S. 187.

[67] So verzichtet beispielsweise Martin Scheutz in seiner Studie zur Kriminalität im steirisch-österreichischen Grenzgebiet auf größere quantitative Auswertungen. Der Autor führt dies auf die unvollständige Überlieferungssituation des Gerichtsarchivs Garming zurück. Vgl. SCHEUTZ: Alltag und Kriminalität, S. 495.

[68] Vgl. EIBACH, Joachim: Kriminalitätsgeschichte zwischen Sozialgeschichte und Historischer Kulturforschung, in: Historische Zeitschrift 263 (1996), S. 681–715.

gehoben wurde.[69] Wenngleich Skepsis in Bezug auf rein quantitative Methodik sicherlich angebracht ist[70], so wird gleichzeitig bedauert, dass „sich die Waagschale im Zuge des Cultural Turn auf die Seite der Kulturgeschichte gesenkt (hat) (...) und das Interesse an der harten Sozialgeschichte überschaubar"[71] geworden ist. Eine Untersuchung wie die Michael Franks, die dörfliche Delinquenz präzise sozialhistorisch verortete, suche, so konstatiert Gerd Schwerhoff, immer noch nach würdigen Nachfolgern.[72] Zwar kann die vorliegende Arbeit aufgrund des auf wenige Jahrzehnte begrenzten Untersuchungszeitraums keine langfristigen Entwicklungen bezüglich des Zusammenhangs von Gesellschaftsentwicklung und abweichendem Verhalten herausarbeiten, jedoch werden sozialgeschichtliche Aspekte für die Zeitspanne von 22 Jahren durchaus in den Blick genommen. Die Analyse quantitativer Auswertungen, besonders der in den Quellen ausführlich enthaltenen prosopographischen Informationen, ist dafür unabdingbar. In diesem Zusammenhang ist natürlich auch der mikrohistorische Forschungsansatz von Bedeutung, der mithilfe differenzierter Zugriffsmöglichkeiten den komplexen Zusammenhang zwischen Gesellschaft und Kriminalität zu erklären versucht und deshalb immer noch als „one of the most fruitful approaches to the history of crime"[73] gelten darf.

Die Ausführungen ziehen die Ergebnisse exemplarischer Studien aus neuerer Zeit heran, die aufgrund differierender Herrschafts- und Gerichtspraktiken sowie unterschiedlicher regionaler und zeitlicher Untersuchungsräume nur bedingt Vergleiche zulassen. Eine Kontextualisierung der Befunde für die Wertheimer Zent ist auf dieser Grundlage ansatzweise möglich. Gleichwohl ist der komparatistische Ansatz dazu geeignet, die Eigentümlichkeiten des Wertheimer Untersuchungsgegenstands herauszustellen. Insofern können die oftmals auf der Analyse städtischer Räume beruhenden Erträge der historischen Kriminalitätsforschung durch eine Untersuchung zum Umgang mit kriminellem und deviantem Verhalten in einem dezidiert dörflich geprägten Umfeld neu akzentuiert und teilweise auch modifiziert werden.

Die Auswertung eines geschlossenen Quellenbestandes gewährt Einblicke in die Lebenswelten der frühneuzeitlichen Menschen und in ihren Umgang mit Konflikten bis in die Tiefenstrukturen. Da ein Großteil der Zentgerichtsakten bereits im Vorfeld der eigentlichen Verhandlungen entstanden ist[74], geben die Quellen Aufschluss über infrajustizielle Formen der vor- und außergerichtlichen Konfliktlösung. Diese fungierten aufgrund ihrer Ritualisierung als eine Art Spielregeln in-

---

[69] Vgl. dazu auch SCHWERHOFF: Kriminalitätsgeschichte – eine kurze Standortbestimmung, S. 5.
[70] Vgl. dazu auch das nachfolgende Kapitel sowie SCHWERHOFF, Gerd: Devianz in der alteuropäischen Gesellschaft. Umrisse einer historischen Kriminalitätsgeschichte, in: Zeitschrift für Historische Forschung 19 (1992), S. 397f.
[71] SCHWERHOFF: Kriminalitätsgeschichte – eine kurze Standortbestimmung, S. 5.
[72] Vgl. ebd.
[73] SHARPE, James A.: Crime in seventeenth-century England. A county study. Cambridge 1983, S. 154.
[74] Zum Informationsgehalt der Quellen vgl. auch das nachfolgende Kapitel.

nerhalb der dörflichen Gesellschaft und werden in einem eigenen Kapitel betrachtet. Anschließend wird nach der Umsetzung informeller Herrschaft und nach Aufgaben und Stellung des dörflichen „Sicherheitspersonals" in den Grafschaftsdörfern gefragt. Auch die Funktion des sogenannten „Dorfauges", einem von Jeremiahs Gotthelf[75] geprägtem Bild, das alles registrierte, was in der Gemeinde vor sich ging und für die Stabilität des Gemeinwesens sorgte[76], wird hierbei thematisiert. Die Frage, inwiefern sich oder ob sich in diesem Zusammenhang ein Spannungsverhältnis zwischen Herrschern und Beherrschten, aber auch zwischen den Dorfbewohnern untereinander ergeben hat, soll im Rahmen des Kapitels beantwortet werden. Die Zentgerichtsakten stellen wie oben bereits angedeutet, eine gewinnbringende dorfgeschichtliche Quelle dar, die unter anderem im Zusammenhang mit der Sozialstruktur oder gemeindlichen Einrichtungen und Organisationsformen ausgewertet werden können[77] und Aufschluss über die oben genannten Aspekte zulassen. Darüber hinaus, so sei an dieser Stelle angemerkt, bieten die in der Datenbank erfassten Informationen eine Grundlage für Anschlussforschungen und erleichtern entsprechenden Auseinandersetzungen in diesem Themenbereich künftig den Zugang zur Materie.

Schließlich gilt es im Ergebniskapitel die Erkenntnisse der Untersuchung zusammenzufassen und in den Forschungskontext einzuordnen.

2. Quellengrundlage und statistische Erfassung

Die für die vorliegende Arbeit herangezogenen Wertheimer Zentgerichtsakten wurden mit einer Ausnahme bislang noch nicht wissenschaftlich genutzt. Der Großteil der verwendeten Archivalien ist im Staatsarchiv Wertheim überhaupt erst unmittelbar im Vorfeld der Archivarbeit für diese Studie erstmals gesichtet, verzeichnet und für Nutzer zugänglich gemacht worden. Nicht nur diese Tatsache macht den Wertheimer Zentgerichtsbezirk für die historische Kriminalitätsforschung zu einem äußerst attraktiven und lohnenswerten Untersuchungsgegenstand. Eine Besonderheit des Archivmaterials stellen die Rügeprotokolle der einzelnen zur Zent Wertheim gehörenden Ortschaften dar, die überaus ertragreich sind. Die Straftaten innerhalb eines Zentgerichtsbezirks wurden durch Rüge vorgebracht. Das Verfahren war zwar mündlich, wurde jedoch oft in Weistümern und

---

[75] GOTTHELF, Jeremias: Leiden und Freuden eines Schulmeisters (1838/39): „Von weitem sah man ihr an, daß sie wußte, man sehe auf sie, und das Auge des Dorfes sei offen über sie, wann und wie sie ausgehe aufs Feld! O so ein Dorfauge ist eine gute Sache und hält manche im Geleise. [...] Man denkt gar nicht, was alles getrieben werde, wenn die Furcht vor diesem Dorfauge nicht wäre." S. 173.
[76] Vgl. KRAMER: Grundriß einer rechtlichen Volkskunde, S. 27, 70f.; FRANK: Dörfliche Gesellschaft und Kriminalität, S. 33; SCHEUTZ: Alltag und Kriminalität, S. 32.
[77] Den Erkenntniswert von Rechtsquellen im ländlichen Raum hebt beispielsweise auch Rainer Leng bezüglich des Frammersbacher Sechserbuchs hervor. Vgl. LENG: Grenzen, Steine, Sechsersprüche, S. 8.

2. Quellengrundlage und statistische Erfassung

seit dem 15. Jahrhundert in Zentbüchern festgehalten.[78] Die Protokolle wurden, anders als die Aufzeichnungen in den Zentbüchern, in denen die einzelnen Gerichtsverhandlungen niedergeschrieben wurden, von juristisch ungeschultem Personal verfasst und entstanden bereits im Vorfeld der eigentlichen Gerichtsverhandlung. In diesem Zusammenhang herrscht leider keine absolute Gewissheit darüber, wer genau diese Schriftstücke angefertigt hat. Für den dieser Arbeit zugrunde liegenden Untersuchungszeitraum lassen sich für die Protokolle der einzelnen Dörfer allerdings jeweils identische Handschriften ausmachen, weshalb es naheliegend ist, dass beispielsweise der entsprechende Schultheiß die vorgebrachten Rügen protokollierte. Zudem ist es unwahrscheinlich, dass die Mehrheit der frühneuzeitlichen Dorfbevölkerung in der Zeit um 1600 des Schreibens mächtig gewesen ist, dies konnte lediglich für einzelne Personen der Fall gewesen sein[79], die Lesefähigkeit allerdings ist zumindest für einen Großteil der Untertanen denkbar.[80]

Die Rügeprotokolle liegen für die Jahre von 1589 bis 1611 in einer geschlossenen Serie, also lückenlos, vor, deshalb zieht die vorliegende Arbeit genau jene für ihre Untersuchungen heran. Die Quellenüberlieferung vor dem genannten Zeitpunkt ist wesentlich schlechter und geprägt von Punktualität und Lückenhaftigkeit. Vorhandenes Aktenmaterial bezieht sich auf einige Einzelfälle, in denen es vornehmlich um hochgerichtliche Fälle wie beispielsweise Totschlag[81] oder Mord[82] ging. Rügeprotokolle aus einzelnen Dörfern sind offenbar nicht erhalten geblieben.[83] Eine weniger problematische, aber doch vergleichbare Überlieferungssituation muss zum jetzigen Zeitpunkt auch für die Jahrzehnte nach 1611 konstatiert

---

[78] Vgl. dazu KROESCHELL, Karl: Art. Zent, -gericht, in: LdM, Bd. 9. München 1998, Sp. 536 f.
[79] Jüngst konstatierte Rainer Leng, dass das Frammersbacher Sechserbuch den Schluss zulasse, dass es mit der Bildung und dem Schriftgebrauch innerhalb der frühneuzeitlichen Landgemeinde besser bestellt war, als dies gemeinhin angenommen wird. Der Autor gibt zu bedenken, dass allein der internationale Warenverkehr, den die Frammersbacher Fuhrleute bedienten, ein Mindestmaß an Schriftlichkeit voraussetzte. Vgl. LENG: Grenzen, Steine, Sechssersprüche, S. 76.
[80] Ergebnisse der jüngeren Alphabetisierungsforschung sind, dass Württemberg um 1800 vollständig alphabetisiert gewesen ist und damit in dieser Zeit in Europa zu den Spitzenreitern zählen dürfte. Vgl. SCHMIDT, Heinrich Richard: Neue Ergebnisse der Alphabetisierungsforschung für die Schweiz und Südwestdeutschland um 1800, in: Daniel TRÖHLER (Hg.): Volksschule um 1800. Studien im Umfeld der Helvetischen Stapfer-Enquête 1799, S. 166. So konnten beispielsweise in Kleinheppach zwischen 1750 und 1755 rund 91 % der Männer und 89 % der Frauen lesen! 59 % der Männer waren fähig zu schreiben, der Frauenanteil lag hier bei 50 %. Vgl. EHMER, Hermann: Ländliches Schulwesen in Südwestdeutschland während der frühen Neuzeit, in: Ulrich ANDERMANN (Hg.): Regionale Aspekte des frühen Schulwesens (Kraichtaler Kolloquien 2). Tübingen 2000, S. 97 f.
[81] Vgl. StAWt G-Rep. 102 Nr. 1074, Nr. 6396, Nr. 1839, Nr. 2144, Nr. 1830.
[82] Vgl. StAWt G-Rep. 102 Nr. 7613, Nr. 1083, Nr. 472, Nr. 410.
[83] Für die Jahre von 1565 bis 1565 existiert ein Protokollbuch (G-Rep. 103 Nr. 11), das die Urteile der einzelnen Gerichtstermine dokumentiert. Das Protokollbuch enthält zudem auch Malefizfälle. Eine serielle Überlieferung der dazugehörigen Rügeprotokolle fehlt (bislang).

werden.[84] In Einzelfällen sind für die Jahre 1612 bis 1615 noch Rügeprotokolle vorhanden[85], ein Protokollbuch der Gerichtsverhandlungen existiert allerdings nicht mehr.

Doch wie gestaltet sich nun der Aufbau der Protokolle und welche Informationen enthalten sie? Im Untersuchungszeitraum behalten sie gleiche Grundstruktur bei: Personen, die ein Vorkommnis beziehungsweise einen Konfliktfall zur Rüge brachten, sind entweder gleich am Ende des Protokolls oder an erster Stelle genannt. Ist Letzteres der Fall, erfolgt im Anschluss daran eine Deliktbeschreibung von unterschiedlicher Ausführlichkeit. Auf der Rückseite wurde zusätzlich vermerkt, in welchem Dorf das Vergehen begangen und an welchem Gerichtstag der Fall schließlich am Zentgericht verhandelt wurde. Was die Details bezüglich des Deliktes selbst anbelangt, so können diese unterschiedlich „dicht" ausfallen. Nur selten sind relativ spärliche Daten protokolliert, wie etwa: „Es hat sich zugetragen vor einer wuchen [...] da ist Enthers Eirig und Kaspar Spilman zu schtreit mit ein anther worthen und haben lose wort ein anther geben da hat Enthers Eirig nach dem kaspar Spilman gebisen aber kaspar Spilman hat Enthers Eirig geschmisen das er hat geblut also fil ist dem ruger bewust"[86].

In der Regel enthalten die Rügeprotokolle jedoch ausführliche Hinweise auf den Zeitpunkt des Geschehens, wie auch auf den Ort der Tat, deren Umstände und Verlauf, gegebenenfalls erfolgen Angaben zur Art und Schwere einer Verletzung sowie zu den möglichen Tatwerkzeugen. Somit geben sie nicht nur Aufschluss über die Art des Deliktes beziehungsweise des Konfliktes, sondern beinhalten zum Großteil auch detaillierte Informationen über den Ablauf des jeweiligen Geschehens, und über diese Grundinformationen hinaus erfolgen häufig weitere Angaben zur sozialen Stellung oder zu persönlichen Lebensumständen einzelner Personen. Verwandtschaftsbeziehungen konnten im Rahmen dieser Arbeit leider nur in Einzelfällen nachvollzogen werden. Zudem sind den Aufzeichnungen auch Hinweise darüber zu entnehmen, welche Aufgaben und Funktionen verschiedenen Personen innerhalb einzelner Ortschaften zukamen, um ein friedliches Zusammenleben zu fördern. In den meisten Konfliktfällen konnte die Situation aufgrund des Eingreifens von „Autoritätspersonen", die zum Teil auch durchaus ganz bewusst um Hilfe gerufen wurden, entschärft werden. Die Protokolle geben daher Aufschluss über die Umsetzung von Herrschaft in den einzelnen im Zentgerichtsbezirk Wertheim liegenden Dörfern und so werden nicht nur die Strukturen obrigkeitlicher, sondern auch die Formen lokaler Herrschaft deutlich. Ein weiterer Vorteil der Protokolle ist, dass die Geschehnisse in der Regel nicht von Täter oder Opfer wiedergegeben wurden. Das strategische Interesse der in einem Konfliktfall Beteiligten, nichts Belastendes preisgeben zu wollen, führt somit zu einer schemenhaften und ver-

---

[84] Im Staatsarchiv Wertheim lagert Aktenmaterial, das bisher noch nicht gesichtet wurde. Gegebenenfalls befinden sich darunter auch Quellen des Wertheimer Zentgerichts.
[85] Vgl. G-Rep. 102 Nr. 1625 (1612), Nr. 506 und Nr. 7216 (1613), Nr. 765 (1614), Nr. 5415 und Nr. 5416 (1615).
[86] StAWt G-Rep. 102 Nr. 537 („Enders Eyrich vs. Kaspar Spielman").

zerrten Wirklichkeit vor Gericht.[87] Die Rügeprotokolle relativieren diesen Umstand, da neutrale Personen die Begebenheiten zu Protokoll gaben.

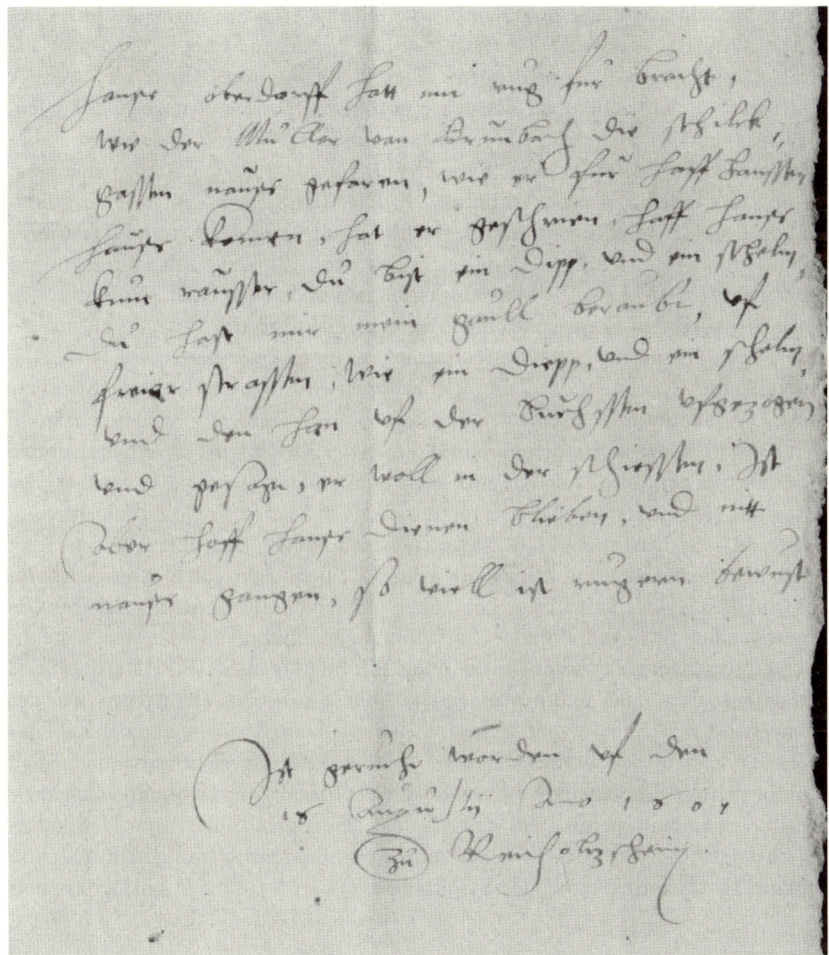

Abb. 1: Das Protokoll vom 18. August 1601 aus Reicholzheim ist ein typisches Beispiel eines Rügeprotokolls. Hans [Im]Hoff wird vom Müller aus Bronnbach als „Dieb" und „Schelm" bezeichnet. Diese Beleidigung stellte eine schlimme Ehrverletzung dar, gegen die man sich nach zeitgenössischem Verständnis öffentlich zu Wehr setzen musste. Dieser Vorfall wurde vor dem Zentgericht zur Rüge gebracht, um die Ehre wiederherzustellen. (Signatur: StAWt G-Rep. 102 Nr. 534)

---

[87] Vgl. Scheutz: Alltag und Kriminalität, S. 488.

Parallel zu den im Vorfeld der Gerichtsverhandlung entstandenen Niederschriften existieren zwei Zentbücher[88], die vornehmlich Informationen über den Gerichtsbezirk Wertheim enthalten und Zuständigkeit, Aufbau, Funktion und Verfahrensmodalitäten des Zentgerichts beschreiben.[89] Das in die erste Hälfte des 16. Jahrhunderts datierbare Zentbuch[90] wurde bereits für Forschungen über die Grafschaftsgeschichte herangezogen.[91] Des Weiteren protokolliert ein weiteres Zentbuch[92] die einzelnen, auf den Rügeprotokollen basierenden Verhandlungen. Neben möglichen Sachverhaltsberichten, Kundschafts- oder Zeugenaussagen beinhalten die Aufzeichnungen auch die Urteile („Enders Eyrich Caspar Spiellman beede zur Lindelbach iedem i blutbuß"[93]). Die Wertheimer Zentgerichtsakten – und insbesondere die Rügeprotokolle – eröffnen aufgrund der Art und Weise ihrer Anlage sowie ihres häufigen Detailreichtums einen Zugang zu den Erfahrungen der sonst oft sprachlosen Bevölkerungsschichten und geben einen guten Einblick in die historischen Lebenswelten der dörflichen Gesellschaft.[94]

Die Fülle der in den Quellen enthaltenen Einzelinformationen erforderte für die umfassende Auswertung der Zentgerichtsakten den Einsatz eines Datenbanksystems. Die quantifizierende Auswertung der erhobenen Informationen beschränkte sich auf statistische Methoden und im Rahmen der Arbeit wurden rein deskriptive Statistiken erstellt, die zum Teil aber auch thesenbildend verwendet wurden. Die Erfassung der einzelnen Daten erfolgte mittels einer den Fragestellungen angepassten Access-Datenbank. Die Stärke eines relationalen Datenbanksystems liegt unter anderem in der Funktionalität in unterschiedlichen Tabellen gespeicherte Informationen gezielt abzufragen und übersichtlich darzustellen. Mit dem System konnten daher nicht nur einfache Zähloperationen durchgeführt werden, sondern es erlaubte zudem die Filterung bestimmter Informationen. So war es beispielsweise möglich, Teil- und Schnittmengen des Quellenmaterials abzufragen. Bei der Auswertung der Datensätze muss zwischen der Anzahl der Fälle und der Zahl der Delikte unterschieden werden. Ein vom Wertheimer Zentgericht verhandelter Fall konnte mehrere Einzeldelikte, beispielsweise ein Beleidigungsdelikt und gleichzeitig ein Gewaltdelikt beinhalten, was sich dementsprechend auch in der Urteilspraxis niederschlug: Für jedes Vergehen wurde ein separates Urteil gefällt. Deshalb erfolgte die Quantifizierung der Kriminalität auf der Grundlage der Delikte und

---

[88] G-Rep. 103 Nr. 10 und Nr. 12.
[89] Siehe dazu das Kapitel III. 1. Der institutionelle Rahmen: Das Wertheimer Zentgericht.
[90] StAWt G-Rep. 103 Nr. 10.
[91] Vgl. dazu ZIMMERMANN, Kurt: Obrigkeit, Bürgertum und Wirtschaftsformen im alten Wertheim. Untersuchungen zur verfassungs-, sozial- und wirtschaftsgeschichtlichen Struktur einer landesherrlichen Stadt Mainfrankens im 16. Jahrhundert (Mainfränkische Studien 11). Würzburg 1975, S. 36–40 sowie den Fußnotenapparat für die entsprechenden Seiten (insbesondere die Anmerkungen 49–56, 59).
[92] StAWt G-Rep. 102 Nr. 5550.
[93] StAWt G-Rep. 102 Nr. 5550 (Zentgericht 1604, Montag nach Martini).
[94] Vgl. dazu auch EIBACH, Joachim: Frankfurter Verhöre, S. 32.

eben nicht der Fälle. Im Untersuchungszeitraum von 1589 bis 1611 ergab sich hierbei eine Gesamtanzahl von 758 Delikten.

Die der Arbeit zugrunde liegende Fragestellung versucht der sozialen Verortung der vor dem Zentgericht auftretenden Personen nachzugehen. Deshalb wurden die diesbezüglich in den Rügeprotokollen enthaltenen Informationen ebenfalls gleich einer prosopographischen Datei in einer Accesstabelle angelegt.[95] Jeder aktenkundig gewordenen Person wurde eine Personen ID zugeordnet und gleichzeitig erfolgte die entsprechende Erfassung von folgenden Attributen: Vor- und Nachname, Geschlecht und Wohnort.[96] Sofern eine eindeutige Zuordnung möglich war, wurde der Datensatz durch Angaben von Beruf und – falls erwähnt – von Verwandtschaftsbeziehungen ergänzt. Parallel konnten weitere personenbezogene Hinweise, etwa Aussagen über Besitzstand einzelner Personen aus anderen Quellen, wie beispielsweise aus Verzeichnissen über die Untertanen[97], hinzugezogen und mit den in den Gerichtsakten enthaltenen Informationen verknüpft werden. Anhand dieser Vorgehensweise war es unter anderem möglich, das Profil eines Angeklagten präziser zu bestimmen und dessen sozialen und ökonomischen Hintergrund in die Analysen miteinzubeziehen. Nicht immer konnte die zweifelsfreie Identifikation einer Person problemlos erfolgen.[98] In dem im Wertheimer Zentgerichtsbezirk gelegenen Ort Höhefeld gab es im Untersuchungszeitraum beispielsweise drei Personen mit dem Namen Jacob Hörner und sogar sechs Personen mit dem Namen Hans Hörner![99] Unterschiedliche Schreibweisen der Familiennamen und Abkürzungen bezüglich der Vornamen stellen weitere Gründe dar, die eine eindeutige Zuordnung erschweren. So sind hinsichtlich der Nachnamen Varianten wie Dünich – Düning – Dünch oder Eirig – Eyrich – Ayrich in den Akten zu finden und eine Person mit dem Namen Matthäus taucht in den Quellen auch als Theis oder Debes auf.

Genau wie bei den Personen wurde auch jede Deliktart mit einer eindeutig identifizierbaren Deliktnummer versehen. In einer weiteren Tabelle erfolgte die Aufnahme aller für das einzelne Vergehen in den Gerichtsakten enthaltenen Hinweise.[100] Die hierfür in die Datenbank aufgenommenen Informationen beinhalten für

---

[95] Vgl. Graphik 1 im Anhang: Auszug aus der Personentabelle. Die Access-Datenbank, die der Personentabelle zugrunde liegt, ist dauerhaft als DOI 10.22000/1018 gespeichert und unter https://dx.doi.org/10.22000/1018 öffentlich zugänglich. Eine Verknüpfung mit der Datengrundlage Zentgerichtsakten im Staatsarchiv Wertheim ist auf der Homepage des Landesarchivs Baden-Württemberg zu finden: https://www.landesarchiv-bw.de/de/aktuelles/nachrichten/75633 (zuletzt abgerufen: 23.05.2023). Digitalisate der Archivalien sollen ab Ende 2024 dort auch online verfügbar sein.
[96] Insgesamt konnten 906 Einzelpersonen erfasst werden.
[97] Vgl. G-Rep. 57/1 Nr. 1 ad: Verzeichniß aller Bürger und Bürgerinnen in der Stadt Wertheim wie auch aller underthanen auf dem Land hießiger grafschafft Wertheim. De Anno 1617.
[98] Vgl. zu diesem Problem auch: FRANK, Dörfliche Gesellschaft und Kriminalität, S. 180.
[99] Vgl. dazu LANGGUTH, Erich: Häcker und Bauern – Höhefelds Einwohner in der Zeit um 1600, S. 65.
[100] Vgl. Graphik 2 und 3 im Anhang: Auszüge aus der Delikttabelle.

jedes einzelne Delikt die entsprechende Deliktnummer sowie Angaben zum Tatort. Genauso wurden sowohl die jeweilige Ortschaft als auch weitere Hinweise zur entsprechenden Lokalität, wie beispielsweise „im Wirtshaus" oder „auf freier Straße", registriert. Solche spezifischen Lokalitätsbestimmungen waren für knapp 80 % aller aufgenommenen Delikte möglich. Weiterhin konnte anhand der Akten die Tatzeit in Form des jeweiligen Jahres[101] und zusätzliche Attributwerte wie „am Abend" oder „an Feiertagen" bestimmt werden. Letztere Informationen gaben die Quellen für etwas mehr als 60 % der Konfliktfälle preis. Diese Angaben sind im Zusammenhang mit den Gewalt- und Eigentumsdelikten aufschlussreich. In Bezug auf die Verhandlung eines Deliktes vor dem Wertheimer Zentgericht wurden die Form der Anklageerhebung sowie die Urteile selbst in die Tabelle mitaufgenommen. Schließlich war es mithilfe der Datenbank auch möglich, die einzelnen Funktionen, der in einem bestimmten Fall beteiligten Personen zu vermerken. Die entsprechende Tabelle registriert demnach den oder die Täter sowie den beziehungsweise die Geschädigten, diejenigen Personen, die in einem Konfliktfall gegebenenfalls streitschlichtend in das Geschehen eingegriffen haben und letztendlich noch die Dorfbewohner, die das Vergehen zur Rüge gebracht hatten. Bei der Aufnahme der Einzeldelikte in die Datenbank mussten aufgrund von „Unbekannten" immer wieder auch Spalten leer bleiben. So ließ sich unter anderem die genaue Tatzeit von Eigentumsdelikten insgesamt recht selten eruieren.

Die Verknüpfung der einzelnen Vergehen mit der Personendatenbank und derjenigen der Deliktart machte es möglich, beliebige Kombinationen zusammenzustellen und Datensätze nach bestimmten Kriterien zu filtern. Demnach waren nicht nur einfache Abfragen über die Anzahl bestimmter Vergehen in einer einzelnen Ortschaft oder während eines festgelegten Zeitraums möglich, sondern es konnte beispielsweise auch überprüft werden, wie viele Gewaltdelikte Hans Hörner aus Höhefeld im Jahr 1604 im Wirtshaus begangen hat oder wie oft Claus Reinhard aus Dertingen einen Vorfall am Zentgericht zur Rüge gebracht hatte.

Die Arbeit bezieht in ihre Ausführungen in vielfacher Weise die detaillierte Beschreibung einzelner Fälle mit ein. Das liegt zum einen daran, dass der Informationsgehalt der Rügeprotokolle in der Regel sehr umfangreich ist, zum anderen ist dies an der Stelle unumgänglich, wenn es um die Fragen nach der Ritualisierung von Konflikten oder um informelle Norm- und Wertvorstellungen in den Grafschaftsdörfern geht. Die Skepsis gegenüber einer rein quantitativen Auswertung[102]

---

[101] Im Untersuchungszeitraum war in Wertheim die Kalenderreform Papst Gregors, die in den katholischen Gebieten ab 1583 durchgeführt wurde, noch nicht eingeführt worden. Sofern in den Quellen Tagesdaten angegeben sind, beziehen sich diese auf den „Alten Stil". Vgl. dazu auch GROTEFEND, Hermann: Taschenbuch der Zeitrechnung des deutschen Mittelalters und der Neuzeit. Hannover ¹³1991, S. 26 f.

[102] Rein quantitativ untersuchte beispielsweise Martin Schüssler die Kriminalität in Nürnberg: SCHÜSSLER, Martin: Statistische Untersuchung des Verbrechens in Nürnberg im Zeitraum von 1285 bis 1400, in: Zeitschrift der Savigny-Stiftung für Rechtsgeschichte, Germanistische Abteilung 108 (1991), S. 117–193 und Olmütz: SCHÜSSLER, Martin: Statistische Untersuchung der Kriminalität im Osten des Heiligen Römischen Reiches, in:

2. Quellengrundlage und statistische Erfassung

von Kriminalität ist berechtigterweise sehr groß.[103] Eine solche Methode, so konstatiert Gerd Schwerhoff, führe zu grob generalisierenden Thesen, die blass und wenig bedeutungsträchtig erscheinen.[104] Ganz ohne Zahlen und Statistik kommt eine Studie zur historischen Kriminalitätsforschung jedoch kaum aus, aber erst durch die Verknüpfung statistischer Angaben mit der Textanalyse des Archivmaterials können die historischen Lebenswelten erforscht werden. Diese Methode erlaubt es, Konfliktdimensionen der frühneuzeitlichen Dorfgesellschaft auszuloten und soziale Beziehungen und Regeln bis in die Tiefenstrukturen zurückzuverfolgen.

Werden Einzelfälle näher erläutert, so erfolgt in diesem Zusammenhang stets die genaue Quellenangabe. Hierbei wird der Verweis auf die entsprechende Archivalie gegeben und es werden zusätzliche Angaben zu den Konfliktparteien beziehungsweise zur rügenden Person gemacht.[105] Entsprechend wurde diese Vorgehensweise bei den Urteilen gehandhabt. Die Hinweise auf das Jahr sowie den einzelnen Zentgerichtstermin sollen die Überprüfung der Fälle erleichtern.

Werden in den Ausführungen statistische Auswertungen beschrieben, so sind diese das Ergebnis der Datenbankabfragen. Als Quellengrundlage wurde hierfür eine ganze Reihe von Archivmaterial verwendet. Neben dem Zentgerichtsbuch, das die einzelnen Gerichtstermine protokolliert[106], sind zudem noch die Rügeprotokolle der einzelnen Jahre im Untersuchungszeitraum zu nennen.[107] In Hinsicht auf die in der Arbeit erstellten Statistiken sei daher stets auf die unten angegebenen Akten verwiesen. Gelegentlich wurde eine Rüge auch in mündlicher Form vor das Zentgericht gebracht, das Urteil der Schöffen ist dann aber schriftlich fixiert und es geht daraus auch die Art des Deliktes hervor. Natürlich wurden auch die mündlichen Rügen in die Datenbank aufgenommen. Bei der Berechnung von prozentualen Angaben wurde stets nach der ersten Stelle hinter dem Komma abgebrochen und keine Auf- beziehungsweise Abrundung vorgenommen.

Zeitschrift der Savigny-Stiftung für Rechtsgeschichte, Germanistische Abteilung 111 (1994), S. 148–271.
[103] Vgl. FRANKE: Von Schelmen, Schlägern, Schimpf und Schande, S. 23; SCHWERHOFF, Gerd: Falsches Spiel. Zur kriminalhistorischen Auswertung der spätmittelalterlichen Nürnberger Achtbücher, in: Mitteilungen des Vereins für die Geschichte der Stadt Nürnberg 82 (1995), S. 23–35; DERS.: Köln im Kreuzverhör, S. 34.
[104] Vgl. SCHWERHOFF: Falsches Spiel, S. 27.
[105] Zum Teil sind die Rügeprotokolle eines gesamten Jahres in einer Akte archiviert. Mit den entsprechenden Angaben kann das jeweilige Rügeprotokoll dann zweifelsfrei identifiziert werden.
[106] StAWt G-Rep. 102 Nr. 5550.
[107] G-Rep. 102 Nr. 6478 (1589/90), Nr. 5535 (1590/91), Nr. 6479 (1592), Nr. 6471 (1593), Nr. 6472 (1594), Nr. 5538 (1595), Nr. 5537 (1596), Nr. 5539 (1597), Nr. 5536 (1598), Nr. 5540 (1599), Nr. 533 (1600), Nr. 534 (1601), Nr. 535 (1602), Nr. 536 (1603), Nr. 537 (1604), Nr. 538 (1605), Nr. 539 (1606), Nr. 540 (1607), Nr. 5432 und Nr. 5945 (1608), G-Rep. 57/1 Zentsachen Nr. 16 (1608/09), G-Rep. 102 Nr. 1626 (1610/11).

II. Die Grafschaft Wertheim in der Zeit um 1600

1. Die Grafschaft Wertheim als Gegenstand der Frühneuzeit-Forschung

Im Allgemeinen erweist sich die Forschungslage zur Geschichte der Grafschaft Wertheim als äußerst heterogen und auf spezielle Themen fokussiert. Dies trifft insbesondere auf die Frühe Neuzeit zu. Forschungsarbeiten, die sich mit unterschiedlichen Aspekten der Grafschaftsgeschichte auseinandersetzen, beziehen sich aufgrund der Forschungsdesiderate noch immer auf die „Urkundliche Geschichte der Grafen von Wertheim"[1] von Joseph Aschbach aus dem Jahr 1834. Zwar bietet Aschbachs zweibändiges Werk wichtige Erkenntnisse, seine Arbeit muss stellenweise aber auch kritisch hinterfragt werden.[2]

Bis der erste Leiter des Wertheimer Staatsarchivs, Hermann Ehmer, die „Geschichte der Grafschaft Wertheim", die aus einer Vortragsreihe an der Volkshochschule hervorging, im Jahr 1989 veröffentlichte, fehlte es an einem Gesamtüberblick über die Wertheimer Grafschaftsgeschichte.[3] Jedoch konnte Ehmer auf die „Geschichte der evangelischen Kirche in der Grafschaft Wertheim" von Heinrich Neu zurückgreifen, die 1903 in Heidelberg publiziert wurde.[4] Eine wissenschaftliche Erschließung des Aktenmaterials erfolgte erst nach der Einrichtung des Staatsarchivs Wertheim im Jahr 1978, und Ehmer konnte somit von den Anfängen des Archivs profitieren. Obwohl Ehmers Werk bis heute keiner Überarbeitung unterzogen wurde, stellt es für den an Wertheimer Quellen arbeitenden Wissenschaftler eine unabdingbare Orientierungshilfe dar und ist für die Beschäftigung mit der Geschichte der Grafschaft in jeder Hinsicht unverzichtbar. Aufgrund der Forschungsdefizite und -lücken musste Ehmer im Detail jedoch viele Fragen offen lassen – wirtschafts- und sozialgeschichtliche Aspekte werden beispielsweise unzu-

---

[1] Aschbach, Joseph von: Geschichte der Grafen von Wertheim 1 und 2. Von den ältesten Zeiten bis zu ihrem Erlöschen im Mannsstamme im Jahre 1556. Frankfurt am Main 1843. Aufgrund des Untersuchungszeitraums ist Aschbachs Arbeit für die vorliegende Studie jedoch nicht von Relevanz.
[2] Aschbachs zweibändigem Werk kann ein Verdienst hinsichtlich der Kenntnisse über die fränkischen Adelsgeschlechter im Mittelalter nicht abgesprochen werden. In Bezug auf Quellenverweise beruft sich die Forschung häufig auf das Urkundenbuch Aschbachs, anstatt sich auf die Ursprungsquelle zu stützen. Der Blick in die originalen Quellen zeigt aber, dass die Angaben in Aschbachs Werk nicht immer fehlerfrei sind.
[3] Vgl. dazu auch das Vorwort Ehmers in: Ehmer, Hermann: Geschichte der Grafschaft Wertheim. Wertheim 1989, S. 9–11.
[4] Neus Studie basiert zwar auf einer protestantischen Sichtweise, ist jedoch sorgfältig erarbeitet: Neu, Heinrich: Geschichte der evangelischen Kirche in der Grafschaft Wertheim. Heidelberg 1903. Neu beschäftigte sich zudem mit der Auseinandersetzung Julius Echters mit den Grafen von Löwenstein-Wertheim: Neu, Heinrich: Die Fehde des Würzburger Bischofs Julius Echter gegen die Grafen von Löwenstein-Wertheim in den Jahren 1598–1617, in: Deutsch-evangelische Blätter 28 (1903), S. 471–489.

reichend und nur am Rande thematisiert. Trotzdem liefert Ehmers Arbeit einen informativen Einblick in die Vorgeschichte des geographischen Raumes und insbesondere in die politische Entwicklung der Grafschaft innerhalb eines Zeitraums vom ersten Auftreten der Grafen im Jahr 1103 bis zur Mediatisierung der Grafschaft 1806[5]. Mit der Arbeit von Kurt Zimmermann liegt für die Stadt Wertheim eine sozial- und wirtschaftsgeschichtliche Analyse vor.[6] Anhand von aus dem 16. Jahrhundert stammenden Bürgerbüchern, Zinsregistern, Bede-, und Türkensteuerlisten sowie Stadt- und Statutenbüchern erhebt der Autor gesamtständische, wie auch individuelle Besitz- und Vermögensverhältnisse und versucht daraus Aussagen zur Sozialstruktur der oberen, mittleren und unteren Einwohnergruppen abzuleiten. Im Fokus stehen hierbei Bildungs-, Berufs- und Mobilitätschancen der städtischen Bewohner,[7] die selbstverständlich nicht eins zu eins auf die Untertanen der Grafschaftsdörfer übertragen werden können.

Mit regierungs- und verwaltungstechnischen Aspekten[8] in der Frühen Neuzeit sowie mit dem Thema der Hexenverfolgung[9] vor Ort beschäftigte sich der Archivar Robert Meier. Er veröffentlichte zudem unterschiedliche Beiträge, die sich mit kulturgeschichtlichen Aspekten auseinandersetzen, die wissenschaftlich erarbeitet, aber populär dargestellt sind.[10]

---

[5] Vgl. RÜCKERT, Peter: Stadt-Land-Heimat. Wertheim und seine Grafschaft als historische Landschaft, in: Wertheimer Jahrbuch 2006/2007, S. 20 f.

[6] ZIMMERMANN, Kurt: Obrigkeit, Bürgertum und Wirtschaftsformen im alten Wertheim. Würzburg 1975.

[7] Vgl. auch die Buchbesprechung Zimmermanns von Hans SCHLOSSER, in: Zeitschrift der Savigny-Stiftung für Rechtsgeschichte, Germanistische Abteilung, Bd. 95 (1978), S. 310.

[8] MEIER, Robert: Souverän und doch geteilt: Kondominate. Eine Annäherung an eine typische Sonderform des Alten Reichs am Beispiel der Grafschaft Wertheim, in: Zeitschrift für neuere Rechtsgeschichte 24 (2002), S. 253–272; DERS.: Am unteren Ende der Herrschaft. Das Militär der Grafschaft Wertheim und seine Polizeiaufgaben. (PolicyWorkingPapers. Working Papers des Arbeitskreises Policey/Polizei in der Vormoderne 7) 2004. Da der Aufsatz leider nicht mehr digital abrufbar ist, hat Robert Meier mir dankenswerterweise seinen Beitrag geschickt.

[9] MEIER, Robert: Hexenverfolgung im Kondominat. Die Grafschaft Wertheim um 1600, in: Mainfränkisches Jahrbuch für Geschichte und Kunst 54. Würzburg 2002, S. 70–82; DERS. Strafjustiz auf dem Land. Die Tätigkeit der Zent Remlingen in der Zeit des Fürstbischofs Julius Echter mit besonderer Berücksichtigung der Hexenprozesse, in: Mainfränkisches Jahrbuch für Geschichte und Kunst (2015), S. 143–166; DERS. Art. Hexenverfolgung in den Jahren 1578–1690 – Grafschaft Wertheim, in: Gudrun GERSMANN/Katrin MOLLER/Jürgen-Michael SCHMIDT (Hg.): Lexikon zur Geschichte der Hexenverfolgung, in: historicum.net: https://langzeitarchivierung.bib-bvb.de/wayback/20190716094714/ https://www.historicum.net/themen/hexenforschung/lexikon/alphabetisch/p-z/art/ Wertheim_Hexe/html/artikel/1645/ca/d19f5cfcfc/ (zuletzt abgerufen: 23.3.2023); DERS. Hexenprozesse im Hochstift Würzburg. Von Julius Echter (1573–1617) bis Philipp von Ehrenberg (1623–1631). Würzburg 2019.

[10] Aus einem Internetblog hervorgegangen ist: MEIER, Robert: 1628 Wertheim. Eine Stadt in Krieg und Hexenverfolgung. Dettelbach 2015. Das Werk „Land und Leute. Geschichten aus Stadt und Grafschaft Wertheim. Dettelbach 2011" setzt sich aus Zeitungsbeiträgen zusammen. Zuerst veröffentlichte MEIER Geschichten aus der Stadt und der Graf-

1. Die Grafschaft Wertheim als Gegenstand der Frühneuzeit-Forschung

Aus den Jahren 2000 und 2006 liegen mit den universitären Qualifikationsschriften von Harald Stockert[11], Sven Gläser[12] sowie Christian Schreck[13] drei wissenschaftliche Veröffentlichungen zur Grafschaftsgeschichte im Mittelalter und in der Frühen Neuzeit vor, die aufgrund ihrer Thematik allerdings nur bedingt für die vorliegende Arbeit herangezogen werden konnten.[14] Gleiches gilt für die Arbeit von Florian Raab, der sich im Rahmen seiner Zulassungsarbeit für das erste Staatsexamen des Lehramts an Gymnasien mit der Politik der Grafen von Wertheim im 18. Jahrhundert beschäftigte.[15]

Der Historische Verein Wertheim veröffentlicht seit dem Jahr 1905 nahezu regelmäßig das Wertheimer Jahrbuch.[16] Die darin enthaltenen Beiträge behandeln kontinuierlich historische Themen der Stadt und der Grafschaft Wertheim, doch sind sie für die vorliegende Arbeit kaum von Relevanz – bis auf einige wenige Ausnahmen. Verwiesen sei hier besonders auf die Veröffentlichungen Frank Kleinehagenbrocks.[17] Darüber hinaus publizierte der Autor Aufsätze in Sammel- und Tagungs-

---

schaft Wertheim: MEIER, Robert: Alltag und Abenteuer. Geschichten aus Stadt und Grafschaft Wertheim. Neustadt an der Aisch 2003.

[11] STOCKERT, Harald: Adel im Übergang. Die Fürsten und Grafen von Löwenstein-Wertheim zwischen Landesherrschaft und Standesherrschaft 1780–1850 (Veröffentlichungen der Kommission für geschichtliche Landeskunde in Baden-Württemberg, Reihe B 144). Stuttgart 2000.

[12] GLÄSER, Sven: Die Mediatisierung der Grafschaft Wertheim. Der Juristische Kampf eines kleinen Reichsstandes gegen den Verlust der Landesherrschaft und seine Folgen (Rechtshistorische Reihe 336). Frankfurt am Main 2006.

[13] SCHRECK, Christian: Hofstaat und Verwaltung der Fürsten von Löwenstein-Wertheim-Rochefort im 18. Jahrhundert (Historische Studien der Universität Würzburg, Bd. 5). Rahden 2006.

[14] Während die Arbeit Stockerts die letzten Jahrzehnte vor dem Ende der Wertheimer Grafschaft thematisiert, beschäftigt sich Gläsers Werk mit deren Mediatisierung; der Frage, inwieweit allgemeine Entwicklungstendenzen von Hofstaat und Verwaltung auf ein mindermächtiges Fürstentum übertragbar sind, geht Schreck nach. Daher konnten für die vorliegende Untersuchung nur Informationen bezüglich der frühneuzeitlichen Geschichte der Grafschaft im Allgemeinen relevant sein.

[15] Vgl. RAAB, Florian: Grundzüge reichsgräflicher Politik im Franken des 18. Jahrhunderts (Historische Studien der Universität Würzburg, Bd. 10). Regensburg 2012.

[16] Ein Gesamtinhaltsverzeichnis des Historischen Vereins „Alt-Wertheim" nebst Beiträgen von 1905 bis 1938/39 ist dem Wertheimer Jahrbuch aus dem Jahr 1952 zu entnehmen. Das im Jahr 2001 veröffentlichte Jahrbuch beinhaltet ein Inhaltsverzeichnis zu Sonderveröffentlichungen des Historischen Vereins Wertheim sowie zu den Beiträgen der Jahre 1947 bis 2000. Die Inhalte der neueren Jahrbücher sind der Homepage des Historischen Vereins zu entnehmen.

[17] Vgl. KLEINEHAGENBROCK, Frank: Wertheim als reichsgräfliche Residenzstadt im Franken der Frühen Neuzeit, in: Wertheimer Jahrbuch 2006/2007, S. 99–131; DERS.: Juden in Stadt und Grafschaft Wertheim. Eine religiöse und soziale Randgruppe während der Frühen Neuzeit, in: Wertheimer Jahrbuch 2012, S. 203–224; DERS.: Kirchenmusik in der frühneuzeitlichen Grafschaft Wertheim. Eine Annäherung an Rahmenbedingungen, Funktion und Bedeutung, in: Wertheimer Jahrbuch 2015, S. 81–100.

bänden, die vor allem konfessions- und herrschaftsgeschichtliche Fragestellungen bezüglich der Grafschaft in der Frühen Neuzeit aufgreifen.[18]

Besonders der ehemalige Stadtarchivar Erich Langguth, der sich um die Erforschung der Geschichte von Stadt und Grafschaft Wertheim verdient gemacht hat, publizierte seine Arbeiten über viele Jahrzehnte vornehmlich im Rahmen des Wertheimer Jahrbuchs[19], aber auch in Form von Zeitungsartikeln[20] und Miszellen.[21]

Nicht alle in den Wertheimer Jahrbüchern erschienenen Beiträge können und sollen wissenschaftlichen Standards genügen. Viele der Veröffentlichungen insbesondere in den älteren Bänden stammen aus der Feder von Heimatforschern, deren Arbeiten aus heutiger Sicht methodische und konzeptionelle Mängel aufweisen und deshalb lediglich begrenzten Erkenntniswert besitzen.[22] Die teils in den Wert-

---

[18] Vgl. KLEINEHAGENBROCK, Frank: Kreuzwertheim in der Frühen Neuzeit, in: Manfred SCHNEIDER/Siegfried ALBERT (Hg.): 1000 Jahre Markt Kreuzwertheim. Beiträge zu Geschichte und Gegenwart, Bd. 1: Vor- und Frühgeschichte, von den Anfängen des Marktes bis zur Gegenwart. Kreuzwertheim 2011, S. 83–90; DERS.: Konfessionell bedingte Migration im Süden des Alten Reiches, in: Reinhard BAUMANN/Rolf KIESSLING (Hg.): Mobilität und Migration in der Region. Konstanz/München 2013 [Forum Suevicum 10], S. 105–126; DERS.: Würzburg contra Wertheim: Herrschaftsdurchsetzung im Konflikt vom Mittelalter bis in die Frühe Neuzeit, in: Markus FRANKL/Martina HARTMANN (Hg.): Herbipolis. Studien zu Stadt und Hochstift Würzburg in Spätmittelalter und Früher Neuzeit, Würzburg 2015 (Publikationen aus dem Kolleg „Mittelalter und Frühe Neuzeit" 1), S. 155–171.

[19] Vgl. exemplarisch: LANGGUTH, Erich: Wertheim in der Reichsgeschichte, in: Historischer Verein Alt-Wertheim. Jahrbuch für das Jahr 1947 (1949), S. 25–32; DERS.: Häcker und Bauern – Höhefelds Einwohner um 1600. Ein sozial- und familiengeschichtlicher Beitrag zur Orts- und Grafschaftsgeschichte, in: Wertheimer Jahrbuch 1981/1982, S. 55–131; DERS.: ... In Lands zu Ungarn gezogen. Wertheim und die Grafschaft im Spannungsfeld der Türkenkriege zwischen 1453 und 1739, in: Wertheimer Jahrbuch 1991/92 (1992), S. 35–57; DERS.: Das Inventar des Eichelhofgartens im Todesjahr des Erbauers Graf Friedrich Ludwig 1796, S. 93–112, in: Wertheimer Jahrbuch 2018, S. 93–112.

[20] Vgl. auch hier exemplarische Artikel von Erich LANGGUTH: Alarmierende Meldung der drei Grafenbrüder am 7. Januar 1667: „Einsturzgefahr durch Risse beim großen Turm in Tornähe". Erstmals die mittelalterliche Wertheimer Burgkapelle St. Pankratius lokalisiert, in: Fränkische Nachrichten 104 vom 7./8. Mai 1986; Das Haus „zum Esel" genannt. Hier, nicht im Tanzhaus, war Wertheims ältestes Rathaus – 1562 aufgegeben, 1607 abgerissen, in: Wertheimer Zeitung 227 vom 28. September 2012, Messebeilage S. 62–66.

[21] Vgl. exemplarische Arbeiten von Erich LANGGUTH: Dertinger Pfarrerliste seit der Reformation, in: 839/1980 Dertingen. Wertheim 1980, S. 35; Unterpfand für Sickingen. Kreuzwertheim zwischen 1502 und 1543, in: Manfred SCHNEIDER/Siegfried ALBERT (Hg.): 1000 Jahre Markt Kreuzwertheim. Beiträge zu Geschichte und Gegenwart, Bd. 1: Vor- und Frühgeschichte, von den Anfängen des Marktes bis zur Gegenwart. Kreuzwertheim 2011, S. 69–70.

[22] Exemplarisch sollen an dieser Stelle genannt werden: DIEHM, Michael: Versunkene Schönheit am Main, in: Wertheimer Jahrbuch 1950, S. 60–62; FURKEL, Georg: Sitte und Brauch bei Hochzeiten in der Grafschaft vor der Jahrhundertwende, in: Wertheimer Jahrbuch 1953, S. 89–93; HUHN, Vital: Löwe und Hund als Gerichtssymbole auf zwei Wertheimer Denkmälern, in: Wertheimer Jahrbuch 1959.

1. Die Grafschaft Wertheim als Gegenstand der Frühneuzeit-Forschung 27

heimer Jahrbüchern, aber auch in anderen Publikationen erschienenen Beiträge[23] decken zwar ein breites Spektrum von Themen, Fragestellungen und Gegenstandsbereichen ab, doch deren quantitative Vielfalt muss durch die qualitative und kritische Bestandsaufnahme relativiert werden. Dieses, die Forschungsliteratur betreffende Problem, wiegt bei Studien zur dörflichen Kriminalität in der Vergangenheit[24] weitaus schwerer als bei städtischen Untersuchungen zu diesem Thema.[25]

Trotz der oben dargelegten Problematik in Bezug auf den Forschungsstand der Wertheimer Grafschaftsgeschichte wird im Folgenden versucht, einen Überblick über die sozialen und rechtlichen Rahmenbedingungen, die für die Beschäftigung mit kriminellem und deviantem Verhalten berücksichtigt werden müssen, zu geben. Die Ausführungen beschränken sich weitgehend auf die wesentlichen sozial- und wirtschaftsgeschichtlichen Grundaspekte besonders in der Zeit um 1600 und greifen exemplarisch die Verhältnisse in der Stadt selbst beziehungsweise diejenigen in einzelnen zur Zent Wertheim gehörenden Dörfern auf. Auf diese Weise soll das mikrohistorische Untersuchungsfeld in einen größeren, makrohistorischen Rahmen, der ebenfalls wichtige Interpretationsansätze liefern kann, integriert werden.

---

[23] Zutreffend ist dies besonders für die Beschäftigung mit der Geschichte einzelner Dörfer. Vgl. etwa MOSSEMANN, Karl: Sachsenhausen. Dorf- und Heimatgeschichte, Teil 1, in: Wertheimer Jahrbuch 1953, S. 53–88; Teil 2, in: Wertheimer Jahrbuch 1955, S. 52–83; ROMMEL, Gustav: Urphar am Main. Ein Beitrag zur Geschichte und Kulturgeschichte der ehemaligen Grafschaft Wertheim. Veröffentlicht wurden die Untersuchungen zu Urphar in den Jahrbüchern des Historischen Vereins Alt-Wertheim aus den Jahren 1922 (S. 90–124), 1923 (S. 60–134) und 1924 (S. 61–158); BENZ, Paul: Reicholzheim – ältestes Dorf im unteren Taubertal. Tauberbischofsheim 1993. Einen Erkenntniswert bezüglich prosopographischer Informationen enthält auch das im Jahr 1938 erschienene Werk „Reicholzheim. Blut und Boden" von Fridolin BISCHOF. Dem Titel ist bereits zu entnehmen, dass die Arbeit jedoch durch die rassistischen und antisemitischen Ideen der NS-Ideologie geprägt ist.

[24] Gewissermaßen als Vorstudien der vorliegenden Arbeit wurden folgende Arbeiten veröffentlicht: GRUND, Michaela: „Haldet fried, so Lieb Euch mein gn(ädiger) herr ist." Die Ritualisierung von Konflikten in den frühneuzeitlichen Grafschaftsdörfern am Beispiel des „fried bietens", in: Monika SCHAUPP/Frank KLEINEHAGENBROCK/Jörg PACZOWSKI (Hg.): Forschungen zu Stadt und Grafschaft Wertheim. Festschrift für Erich Langguth zum 95. Geburtstag (Veröffentlichungen des Historischen Vereins Wertheim, Bd. 10). Wertheim 2018, S. 207–216; DIES.: „und bringe das für ein rüg." Das Wertheimer Zentgericht in der Zeit um 1600, in: Anja AMEND-TRAUT u. a. (Hg.): Unter der Linde und vor dem Kaiser. Neue Perspektiven auf Gerichtsvielfalt und Gerichtslandschaften im Heiligen Römischen Reich. (Quellen und Forschungen zur höchsten Gerichtsbarkeit im Alten Reich, 73). Wien u. a. 2020, S. 227–240.

[25] Ähnliche Probleme konstatiert auch FRANK: Dörfliche Gesellschaft und Kriminalität, S. 45.

2. Herrschaft, Verwaltung, Gesetzgebung und Kirche im Untersuchungszeitraum

Die Grafschaft Wertheim, deren administrativer Aufbau aus der Anlage einer aus dem Jahr 1542 stammenden Liste der Türkenschatzung hervor geht, umfasste insgesamt 54 Dörfer und Weiler sowie die Städte Wertheim und Freudenberg.[26] Neben Stadt und Amt Wertheim war das Territorium in die Zenten Michelrieth und Remlingen, sowie die Ämter Freudenberg, Laudenbach und Schweinberg eingeteilt.[27] Allerdings muss an dieser Stelle darauf hingewiesen werden, dass der territoriale Umfang der einzelnen Zentgerichtsbezirke nicht identisch mit der jeweiligen Struktur der Ämter war. So gehörten beispielsweise einzelne dem Zentgericht Michelrieth zugeordnete Ortschaften zum Amt Wertheim. Letzteres war demnach auch nicht kongruent mit dem gleichnamigen Zentgericht. Der Zent Wertheim zugehörig waren die Dörfer Reicholzheim, Dörlesberg und Dertingen, Urphar, Sachsenhausen, Lindelbach, Höhefeld, Bettingen und Dietenhan. Des Weiteren fielen Eichel, Bestenheid, Waldenhausen, Vockenrot, Ödengesäß, Grünenwört in den Gerichtsbezirk sowie die Teilbacher Mühle und die Höfe Schafhof, Wagenbuch und Lengfurt. Dagegen umfasste das Amt Wertheim neben der gleichnamigen Stadt die Orte Eichel, Urphar, Bettingen, Lindelbach, Dertingen, Dietenhan, Höhefeld, Niklashausen, Reicholzheim, Dörlesberg, Steinbach bei Hundheim, Sonderriet, Nassig, Ödengesäß, Sachsenhausen, Waldenhausen, Vockenrot, Grünenwört und Bestenheid. Auch das Kloster Bronnbach war noch miteingeschlossen.[28]

Von der am Zusammenfluss von Main und Tauber gelegenen Stadt Wertheim ausgehend, erstreckte sich die Grafschaft im Norden und Nordwesten in den Spessart und grenzte im Osten an das Hochstift Würzburg. Im Süden umfasste sie die Höhen zu beiden Seiten des Unterlaufs der Tauber und hatte somit in dieser Richtung das Erzstift Mainz sowie den Deutschen Orden zum Nachbarn. Im Westen grenzte die Grafschaft Wertheim an den Odenwald, auch hier war das Erzstift Mainz das benachbarte Territorium.[29]

Aufgrund der begrenzten Größe des Territoriums sowie ihrer geringen politischen Bedeutung zählten die Grafen von Wertheim(-Löwenstein) zu den mindermächtigen Reichsständen im Heiligen Römischen Reich deutscher Nation, deren Vertretung auf dem Reichstag noch bis ins 17. Jahrhundert hinein ungeregelt

---

[26] Vgl. StAWt G-Rep. 57/2 Schatzung Nr. 103.
[27] Zu den in den einzelnen Verwaltungseinheiten liegenden Ortschaften vgl. EHMER: Geschichte der Grafschaft Wertheim, S. 113; LANGGUTH, Erich: Aus Wertheims Geschichte (Veröffentlichungen des Historischen Vereins Wertheim, Bd. 7). Wertheim 2004, S. 17–20.
[28] Vgl. LANGGUTH: Aus Wertheims Geschichte, S. 17–20.
[29] Zu den Ausführungen vgl. RÜCKERT, Peter: Stadt-Land-Heimat. Wertheim und seine Grafschaft als historische Landschaft, S. 18; WEHNER, Thomas: Wertheim, in: Anton SCHINDLING u. a. (Hg.): Die Territorien des Reichs im Zeitalter der Reformation und Konfessionalisierung, Bd. 4 (Katholisches Leben und Kirchenreform im Zeitalter der Glaubensspaltung 52). Münster 1992, S. 216.

2. Herrschaft, Verwaltung, Gesetzgebung und Kirche im Untersuchungszeitraum 29

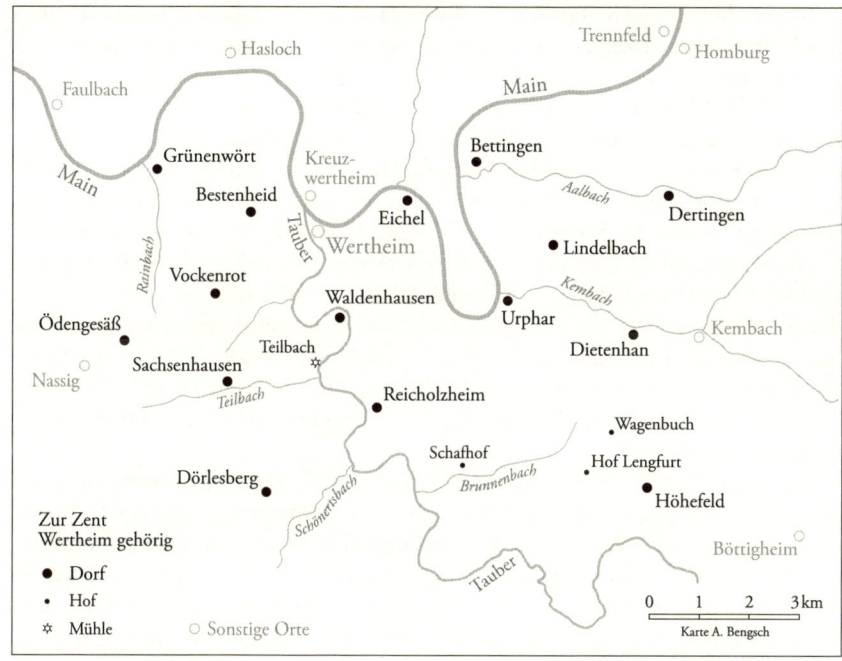

Karte. 1: Die Karte zeigt alle um 1600 zur Zent Wertheim gehörigen Dörfer und Höfe sowie die Teilbacher Mühle. Zur besseren Übersicht wurden auch einige Orte, die nicht zur Zent Wertheim gehörten, eingezeichnet und als „sonstige Orte" ausgewiesen.

blieb.[30] Als Reichsgrafen im Fränkischen Reichsgrafenkollegium besaßen die Wertheimer Territorialherren einen Sitz im Reichstag und gehörten der größten und unübersichtlichsten Gruppe unter den Reichsständen an. Ziel der Grafenkollegien[31] war es, die Interessen ihrer Mitglieder zu wahren, ihnen Schutz vor der drohenden Mediatisierung durch die Fürsten zu bieten und sich über eine gemeinsame Politik im Reich sowie im Reichskreis abzustimmen.[32] Das fränkische Kollegium war aufgrund einer sehr geringen Mitgliederzahl[33] in seiner organisatorischen

---

[30] Vgl. KLEINEHAGENBROCK, Frank: Kirchenmusik in der frühneuzeitlichen Grafschaft Wertheim, S. 84; und grundlegend: PRESS, Volker: Reichsgrafenstand und Reich. Zur Sozial- und Verfassungsgeschichte des deutschen Hochadels in der Frühen Neuzeit, in: DERS.: Adel im Alten Reich. Gesammelte Vorträge und Aufsätze, hrsg. von Franz BRENDLE/Anton SCHINDLING. Tübingen 1998 (Frühneuzeit-Forschungen 4), S. 113–138.
[31] Zur Formierung des fränkischen Grafenkollegiums, dem auch die Adelshäuser Wertheim/Löwenstein angehörten, in der ersten Hälfte des 16. Jahrhunderts, vgl. RAAB: Grundzüge reichsgräflicher Politik im Franken des 18. Jahrhunderts, S. 28–30.
[32] Vgl. RAAB: Grundzüge reichsgräflicher Politik im Franken des 18. Jahrhunderts, S. 25.
[33] Im 16. und 17. Jahrhundert gehören die Häuser Hohenlohe, Schwarzenberg, Wertheim/Löwenstein, Castell, Erbach, Limpurg, Seinsheim und Rieneck dem fränkischen Reichs-

Selbstständigkeit und Stabilität nur schwach ausgeprägt und ohne den fränkischen Reichskreis nicht denkbar.[34] Die Wertheimer Territorialherren verkörperten zusammen mit den übrigen mindermächtigen Reichsständen das moralische und politische Rückgrat des Alten Reiches.[35] Die Erhaltung ihrer Existenz fußte letztendlich – wie auch bei den Reichsrittern – auf den Traditionen des Reichsverfassungssystems. Doch mehr als den Reichsrittern gelang es den Reichsgrafen Prozesse der Territorialbildung in Gang zu setzen, was auch in Franken zu Lasten von Kurmainz[36] sowie der Würzburger Fürstbischöfe auf der Grundlage bestehender Grafschafts- und Hochgerichtsrechte sowie der geschickten Vermehrung von Grundherrschaften und Vogteirechten der Fall war.[37] Die Reichsgrafen blieben jedoch in ein komplexes Lehenssystem eingebunden, das sie unter anderem auch abhängig von den benachbarten Fürstbischöfen machte und im Verlauf der Grafschaftsgeschichte führte die Lage des Wertheimer Territoriums zwischen den benachbarten mächtigen Fürstenterritorien Würzburg und Mainz immer wieder zu Problemen.[38]

Die politischen Beziehungen zu den Nachbarterritorien waren unterschiedlich geprägt. Die Lage der Grafschaft zwischen den Einflusssphären des Hochstifts Würzburg sowie des Erzstifts Mainz bedingte bereits seit dem späten Mittelalter eine konsequente und zunehmende Anlehnung an die Reichsgewalt – vor allem an das Geschlecht der Staufer. Im Jahr 1362 übergab Graf Eberhard (1355–1373) Kaiser Karl IV. Burg und Stadt Wertheim sowie Kreuzwertheim und empfing diese als böhmisches Lehen zurück. Im Gegenzug erhielt er zusätzliche Privilegien, die für die Grafschaft einen nicht zu unterschätzenden politischen und wirtschaftlichen

---

grafenkollegium an. Vgl. BÖHME, Ernst: Das fränkische Reichsgrafenkollegium im 16. und 17. Jahrhundert: Untersuchungen zu den Möglichkeiten und Grenzen der korporativen Politik mindermächtiger Reichsstände (Beiträge zur Sozial- und Verfassungsgeschichte des Alten Reichs, Bd.8). Stuttgart 1989, S. 154 f.; sowie RAAB: Grundzüge reichsgräflicher Politik im Franken des 18. Jahrhunderts, S. 30.

[34] Zur Rolle des Reichstages und des Fränkischen Reichskreises für die Entstehung des fränkischen Reichsgrafenkollegiums, vgl. RAAB: Grundzüge reichsgräflicher Politik im Franken des 18. Jahrhunderts, S. 34–37.

[35] Vgl. STOCKERT, Harald: Adel im Übergang. Die Fürsten und Grafen von Löwenstein-Wertheim zwischen Landesherrschaft und Standesherrschaft, S. 9; SHEEHAN, James J.: Der Ausklang des alten Reiches. Deutschland seit dem Ende des Siebenjährigen Krieges bis zur gescheiterten Revolution. 1763 bis 1850 (Propyläen Geschichte Deutschlands, Bd. 6). Berlin 1994, S. 27.

[36] Im Rahmen der Külsheimer Fehde gelangten die Wertheimer Grafen beispielsweise in den Besitz der Stadt Külsheim. Diese wurde 1480 jedoch wieder Kurmainz zugesprochen, wo sie bis 1803 verblieb. Vgl. KASTNER, Julius: Vorwort zum Inventar des Stadtarchivs Külsheim Bd. 1, 1955 und DERS.: https://www2.landesarchiv-bw.de/ofs21/olf/einfueh.php?bestand=54040 (zuletzt abgerufen: 12.10.2022). Zur Külsheimer Fehde vgl. KERN, Rolf: Die Kuelsheimer Fehde 1463. Wertheim 1897 sowie EHMER: Geschichte der Stadt Wertheim, S. 80.

[37] Vgl. KLEINEHAGENBROCK: Würzburg contra Wertheim, S. 157; STÖRMER: Zur Grundherrschaft der Grafen von Wertheim, in: Wertheimer Jahrbuch (1963/64), S. 18–23.

[38] Vgl. dazu auch KLEINEHAGENBROCK, Frank: Würzburg contra Wertheim, S. 157 und 160.

2. Herrschaft, Verwaltung, Gesetzgebung und Kirche im Untersuchungszeitraum 31

Entwicklungsschub in Bezug auf die Selbstbehauptung gegenüber den starken Nachbarterritorien bedeuteten.[39] Die Nachfolger Karls IV. erneuerten die verliehenen Rechte und erweiterten diese, so dass es den Grafen zunehmend gelang, ihre Landesherrschaft auszubauen und zu sichern. Mit der von König Sigismund im Jahr 1422 gestatteten Befreiung der Grafen und ihrer Untertanen vom Würzburger Landgericht sowie der Zusicherung des alleinigen Befestigungsrechts innerhalb der Grafschaft (1429) konnte der Ausbau der Landesherrschaft abgeschlossen werden. Aus der ursprünglich aus einigen wenigen Privilegien bestehenden Herrschaft war somit im ersten Drittel des 15. Jahrhunderts eine auf der Bündelung von Herrschaftsrechten bestehende Landesherrschaft geworden, die auf Allodial- und Lehenbesitz beruhte.[40] Von der beachtlichen Stellung der Grafen zu Beginn der Frühen Neuzeit zeugen etwa auch die prächtige Burg oder die Lateinschule sowie die frühe und entschiedene Hinwendung zur Reformation, die Säkularisation von Kirchengut, beispielsweise der Klöster Bronnbach und Grünau, mit der die Inanspruchnahme von kirchlichen Jurisdiktionsrechten verbunden war.[41]

Die im 15. Jahrhundert unternommenen Bemühungen, den Würzburger Bischofsstuhl mit einem Mitglied der Familie zu besetzen, weisen auf die gewachsene Bedeutung und auf das gestiegene Selbstbewusstsein der Grafen hin. Schließlich gelang es ihnen, dem Sohn des regierenden Grafen Johann I. das Amt des Koadjutors zu verschaffen, von dem aus er faktisch das Hochstift regierte. Allerdings verstarb dieser kurze Zeit darauf, so dass die Wertheimer Herrschaft über Würzburg lediglich von kurzer Dauer war. In der Folgezeit prägten Auseinandersetzungen mit Würzburg die Politik der Grafen, die gegenüber den stetig mächtiger werdenden Nachbarn immer weiter in die Defensive gerieten.[42] Die Bemühungen der Grafen, sich gegenüber Würzburg und Mainz zu behaupten, sind zudem im Zusammenhang mit der frühzeitigen Annäherung Graf Georgs II. (1509–1530) an die Reformation[43] zu sehen: Seine „Haltung erwuchs aber nicht nur aus der Überzeu-

---

[39] Vgl. WEHNER: Wertheim, S. 217; EHMER, Hermann: Löwenstein-Wertheim, in: SCHAAB, Meinrad/SCHWARZMAIER, Hansmartin (Hg.): Handbuch der Baden-Württembergischen Geschichte, Bd. 2: Die Territorien im Alten Reich, Stuttgart 1995, S. 390; RÖDEL, Volker: Immer auch Teil des Ganzen? Das wertheimische im Verband der nationalen Geschichte, in: Wertheimer Jahrbuch 2012, S. 64.
[40] Vgl. GLÄSER: Die Mediatisierung der Grafschaft Wertheim, S. 25 f.; EHMER: Geschichte der Grafschaft Wertheim, S. 66 f.; EHMER: Löwenstein-Wertheim, S. 390 f.; RÖDEL: Immer auch Teil des Ganzen? Das wertheimische im Verband der nationalen Geschichte, S. 69.
[41] Vgl. KLEINEHAGENBROCK: Wertheim als reichsgräfliche Residenzstadt in der Frühen Neuzeit, S. 111 f.
[42] Zum Konflikt bezüglich der Durchsetzung von Herrschaftsrechten und besonders zur Würzburger Fehde vgl. KLEINEHAGENBROCK, Frank: Würzburg contra Wertheim, S. 155–171.
[43] Im Allgemeinen bestehen zur Wertheimer Reformationsgeschichte noch zahlreiche Forschungsdesiderate. Vgl. zur Geschichte der Reformation in Wertheim: NEU, Heinrich: Geschichte der evangelischen Kirche in der Grafschaft Wertheim. Heidelberg 1903, hier S. 7–30; EHMER, Hermann: Luther und Wertheim, in: Wertheimer Jahrbuch 1977/78,

gung der Notwendigkeit einer Reform der Kirche und ihrer Frömmigkeitspraxis, sondern zielte auch darauf ab, im eigenen Herrschaftsbereich [...] das landesherrliche Kirchenregiment im Sinne einer Intensivierung der eigenen Staatlichkeit voranzutreiben"[44]. Bereits im Jahr 1522 wurden lutherische Prediger angeworben, was den Auftakt zu letztlich von Erfolg gekrönten Bemühungen, die neue Lehre vor Ort zu etablieren, darstellte.[45] Seit Mitte der 1520er Jahre erließ Graf Georg eine Reihe von Verordnungen zur Regelung der guten Policey[46], die reformatorisches Gedankengut widerspiegelten, gleichzeitig jedoch auch auf eine zeitgenössisch typische Tendenz verweisen, ausladende Feierlichkeiten und Luxus einzudämmen.[47] Einen Einschnitt in der Wertheimer Reformationsgeschichte bedeutete der Tod des Grafen Georg im Jahr 1530, aus dessen Ableben in der Folge eine lange Phase vormundschaftlicher Herrschaft für den im Jahr 1529 geborenen Sohn Michael III. resultierte[48], was auch die vollständige Durchsetzung der Reformation erschwerte.[49] Mit dem plötzlichen Tod Graf Michaels III. im Alter von 26 Jahren am 14. März 1556 starb die Dynastie der Grafen von Wertheim aus, da Michael ohne regierungsfähige Nachkommen verstorben war.[50] Der Übergang der Herrschaft auf das Haus Löwenstein war kompliziert und von kriegerischen Auseinandersetzungen geprägt.

S. 121–144; DERS.: Johann Eberlin von Günzburg in Wertheim, in: Wertheimer Jahrbuch 1983, S. 55–71; DERS.: Die Reformation in der Grafschaft Wertheim, bei der Ritterschaft im Kraichgau und im Odenwald, in: Luther und die Reformation am Oberrhein. Eine Ausstellung der Badischen Landesbibliothek und der Evangelischen Landeskirche Baden in Zusammenarbeit mit dem Generallandesarchiv Karlsruhe und dem Melanchthonverein Bretten. Karlsruhe 1983, S. 77–101; LANGGUTH, Erich: Einmütig in der neuen Lehre: Dr. Johann Eberlin – Graf Michael II. – Dr. Andreas Hofrichter. Der Wechsel im Wertheimer Pfarramt 1530, in: Wertheimer Jahrbuch 1983, S. 73–102; DERS.: Die Besetzung der Pfarrei Wertheim 1520–1525. Ein Einstieg in die Reformation, in: Wertheimer Jahrbuch 2012, S. 189–202; zuletzt mit neuer Perspektive: SCHAUPP, Monika: Die Reformation in der Grafschaft Wertheim, in: Monika SCHAUPP/Frank KLEINEHAGENBROCK/Jörg PACZKOWSKI (Hg.): Forschungen zu Stadt und Grafschaft Wertheim. Festschrift für Erich Langguth zum 95. Geburtstag (Veröffentlichungen des Historischen Vereins Wertheim, Bd. 10). Wertheim 2018, S. 109–140.

[44] WEHNER: Wertheim, S. 216.

[45] Vgl. dazu ausführlich WEHNER: Wertheim, S. 219f.; NEU: Geschichte der evangelischen Kirche in der Grafschaft Wertheim, S. 7–30.

[46] Vgl. G-Rep. 57/1 Ordnung und Verordnungen Nr. 36.

[47] Vgl. KLEINEHAGENBROCK: Kirchenmusik in der frühneuzeitlichen Grafschaft Wertheim, S. 82f.; SCHAUPP: Die Reformation in der Grafschaft Wertheim, S. 118f.; EHMER, Hermann: Recvperati Evangelii defensor et instavrator. Die reformatorischen Ordnungen und Mandate des Grafen Georg II. von Wertheim, in: Würzburger Diözesangeschichtsblätter, Bd. 42. Würzburg 1980, S. 215–234.

[48] Die Mutter des jungen Grafen übernahm neben Graf Wilhelm von Eberstein und Schenk Wilhelm zu Limpurg die Regentschaft und führte die reformatorische Politik ihres Gatten fort. Vgl. dazu SCHAUPP: Die Reformation in der Grafschaft Wertheim, S. 122f.

[49] Vgl. dazu SCHAUPP: Die Reformation in der Grafschaft Wertheim, S. 134.

[50] Vgl. KLEINEHAGENBROCK: Kirchenmusik in der frühneuzeitlichen Grafschaft Wertheim, S. 83; STOCKERT: Adel im Übergang, S. 11f.

Das Erbe Graf Michaels trat schließlich dessen Schwiegervater Graf Ludwig von Stolberg an, der versuchte, die Grafschaft Wertheim einer seiner drei Töchter und deren jeweiligen Ehemännern zu sichern und somit einen komplizierten Erbvorgang einleitete. Nach dem Tod Ludwigs im Jahr 1574 übernahmen die drei Schwiegersöhne, die Grafen Philipp von Eberstein, Dietrich VI. von Manderscheid-Schleiden und Ludwig III. von Löwenstein zunächst gemeinschaftlich und schließlich alternierend die Regierung in Wertheim, was sich allerdings als wenig zweckmäßig erwies und eine Verbesserung der Situation trat für den Löwensteiner mit dem Ableben der Mitregenten ohne erbberechtigte Nachkommen ein. Allerdings hatte sich der Besitzstand des alleinigen Erben durch den Einzug der Würzburger Lehen (Laudenbach, Remlingen, Freudenberg und Schweinberg) erheblich geschmälert.[51]

In einem Vertrag mit dem Würzburger Bischof Melchior Zobel von Giebelstadt aus dem Jahr 1556 hatte Ludwig von Stolberg unter anderem in eine Klausel eingewilligt, der zufolge die männlichen Nachkommen seiner beiden ältesten Töchter ihm in den würzburgischen Lehen nachfolgen sollten.[52] Als der Ehemann der jüngsten Tochter, Graf Ludwig III. von Löwenstein, nach dem Tod der beiden Schwager vier Jahrzehnte später das Erbe antreten wollte, weigerte sich der damalige Bischof Julius Echter von Mespelbrunn (1545–1617), aufgrund eben jener Vereinbarung, ihm die würzburgischen Lehen zu übertragen.[53] Anlass zu Auseinandersetzungen gab zudem die Tatsache, dass die sogenannte Kapitulation von 1556 von den älteren Belehnungen der Grafen von Wertheim durch die Würzburger Fürstbischöfe abwich[54], indem sie beispielsweise den Wertheimer Allodialbesitz ignorierte.[55]

In der Folgezeit kam es in der sogenannten Würzburger Fehde[56] zu beinahe zwanzig Jahre lang andauernden kriegerischen Auseinandersetzungen, in denen der Bischof letztlich die Oberhand behielt. In Wilhelm von Krichingen, der die Witwe des Grafen von Manderscheid und damit die letzte für die Würzburger Lehen berechtigte Erbin geheiratet hatte, fand Julius Echter einen Verbündeten, um seine Ansprüche durchzusetzen. Im Zuge der Konfrontationen waren auch die in

---

[51] Vgl. EHMER: Geschichte der Grafschaft Wertheim, S. 118–136; GLÄSER: Die Mediatisierung der Grafschaft Wertheim, S. 26; STOCKERT: Adel im Übergang, S. 12 f.

[52] Vgl. EHMER: Geschichte der Grafschaft Wertheim, S. 119 f.; STOCKERT: Adel im Übergang, S. 13.

[53] Vgl. EHMER: Geschichte der Grafschaft Wertheim, S. 119 f.; STOCKERT: Adel im Übergang, S. 13; WEHNER, Thomas: Die Lateinschule von der Reformation bis zum Dreißigjährigen Krieg (Veröffentlichungen des Historischen Vereins Wertheim, Bd. 5). Wertheim 1993, S. 17.

[54] Zu den einzelnen Inhalten der Kapitulation, vgl. KLEINEHAGENBROCK: Würzburg contra Wertheim, besonders S. 161–164.

[55] Graf Ludwig von Stolberg war offenbar von den Ereignissen überrumpelt worden und verhandelte aller Wahrscheinlichkeit nach ohne angemessene Beachtung oder in Unkenntnis der tatsächlichen Rechtslage den Vertrag aus. Vgl. dazu KLEINEHAGENBROCK: Würzburg contra Wertheim, S. 161.

[56] Zum Verlauf der Würzburger Fehde, vgl. NEU: Die Fehde des Würzburger Fürstbischofs gegen die Grafen von Löwenstein-Wertheim in den Jahren 1598-1617, S. 471–489; EHMER: Geschichte der Grafschaft Wertheim, S. 139–146.

der Zent Wertheim gelegenen Dörfer immer wieder von Plünderungen durch würzburgische Truppen betroffen. Auch kam es zu Zerstörungen der Ernte und Gewalttätigkeiten gegenüber der Bevölkerung. Besonders das Dorf Dertingen wurde einige Male schwer von den Überfällen durch die bischöflichen Truppen getroffen.[57] Die Frage, inwiefern sich die kriegsähnlichen Zustände auf die Kriminalitätsrate in den Dörfern der Wertheimer Zent ausgewirkt haben könnten, wird im Hauptteil der Arbeit aufgegriffen und thematisiert.[58]

Die landfriedensbrüchigen Aktionen gegen Wertheim endeten erst mit dem Tod des Bischofs Julius Echter. Die Würzburger Fehde erwies sich für Wertheim insgesamt als Rückschlag. Nachdem es den Wertheimer Grafen bis ins 15. Jahrhundert hinein zunächst gelungen war, ihre Territorialherrschaft auszubauen, blieb der Dynastie Löwenstein-Wertheim neben der Reichsstandschaft lediglich ein kleiner Raum territorialer Herrschaft um die Residenzstadt Wertheim, der keine Basis für angemessene reichsgräfliche Repräsentation[59] darstellte.[60] Julius Echter konnte eine seit dem Mittelalter bestehende Konkurrenzsituation zu seinen Gunsten entscheiden und den Einzug der würzburgischen Lehen gewaltsam durchsetzen, ohne hierfür einer juristischen Grundlage entbehren zu müssen. Die vier Ämter Laudenbach, Remlingen, Schweinberg und Freudenberg, die fast zwei Drittel des territorialen Bestands der alten Grafschaft ausgemacht hatten,[61] blieben würzburgisch, für die Bevölkerung hatte dies zur Folge, dass sie aufgrund der damit verbundenen Rekatholisierung durch den Würzburger Fürstbischof erheblichem Druck ausgesetzt war. Insgesamt war der Herrschaftskonflikt zwischen Würzburg und Wertheim konfessionell aufgeladen und die Hinwendung zur Reformation in Wertheim war nachweislich eine Angelegenheit von Herrschaft.[62] Bei der Durchsetzung der Landesherrschaft in einem Raum mit konkurrierenden Rechten unterschiedlicher Territorialherren und im Rahmen konfessionspolitischer Opposition behielt Würzburg aber schließlich die Oberhand. Verbliebenen, unstrittigen Rech-

---

[57] Vgl. NEU: Die Fehde des Würzburger Fürstbischofs gegen die Grafen von Löwenstein-Wertheim in den Jahren 1598–1617, besonders S. 473 und S. 482–486.
[58] Vgl. dazu die Zusammenfassung hinsichtlich der Auswertung der Delikte im Hauptteil.
[59] Wie bedeutsam Repräsentation jedoch für die Wertheimer Grafen auch in der langen und unsicheren Phase des Herrschaftsübergangs an der Wende zum 17. Jahrhundert war, beweisen insbesondere Epitaphien, die seit dem späten Mittelalter im Zuge des Herrschaftsausbaus der Grafen in der Wertheimer Stiftskirche platziert wurden. Vgl. dazu WIPFLER, Judith: Der Chor der Wertheimer Stiftskirche als herrschaftlich Grablege. Die Epitaphien der Regenten bis ins frühe 17. Jahrhundert, in: Wertheimer Jahrbuch 1996, S. 87–179; DIEHM, Marion: „Zum wolseligen Gedechtnis". Zeugnisse adeliger Memorialkultur aus der 2. Hälfte des 16. Jahrhunderts in Wertheim, unter besonderer Berücksichtigung der daran beteiligten Würzburger Künstler (Mainfränkische Studien 89). Baunach 2017.
[60] Vgl. KLEINEHAGENBROCK: Würzburg contra Wertheim, S. 168.
[61] Vgl. WEHNER: Die Lateinschule in Wertheim von der Reformation bis zum Dreißigjährigen Krieg, S. 17.
[62] Vgl. KLEINEHAGENBROCK: Kirchenmusik in der frühneuzeitlichen Grafschaft Wertheim, S. 83 f.

ten wie die über die Zent, kamen somit für die Grafen von Wertheim-Löwenstein mehr Bedeutung zu.

Graf Ludwig verstarb im Jahr 1611 und zuvor hatte er 1597 eine Erbfolgeregelung (statutum Gentilitium)[63] getroffen, die das Erstgeburtsrecht und gleichzeitig die weibliche Erbfolge ausschloss; jedem der Söhne wurde somit das gleiche Erbrecht zugesprochen. Dies führte dazu, dass die vier erbberechtigten Grafen die Besitzungen unter sich aufteilten und die Regierung der Grafschaft in der Folge gemeinschaftlich, also in Form eines Kondominats erfolgen sollte.[64] Dass dieses Verfahren nicht ohne Probleme ablief, ist sicherlich nachvollziehbar. Verschärft wurde die ohnehin bereits schwierige Situation zusätzlich, als der jüngste Sohn des ersten Löwenstein-Wertheimer Grafen, Johann Dietrich (1585–1644), im Jahr 1621 die Konfession wechselte und zum Katholizismus übertrat. Im Zuge der Regierung im Kondominat veränderte sich die Behördenstruktur innerhalb der Grafschaft, die sowohl aus herrschaftlicher Perspektive als auch aus der Sicht der Bevölkerung an Effizienz verlor.[65] Ab dem Jahr 1611 bricht beim Wertheimer Zentgericht auch die Protokollform der einzelnen Gerichtstermine ab, so wie sie für den in der Arbeit zugrunde gelegten Untersuchungszeitraum vorliegen. Die weitere Entwicklung ist ungewiss und wird im Rahmen der vorliegenden Arbeit nicht untersucht. Es ist zudem fraglich, ob das Zentgericht in der Folgezeit noch regelmäßig viermal jährlich tagte.

3. Wirtschaft in der frühneuzeitlichen Grafschaftsgeschichte

Da sie als Ursache möglicher Konflikte in Frage kommen können, sollen im Folgenden ökonomische und soziale Grundlagen der frühneuzeitlichen Grafschaftsgeschichte in den Blick genommen werden.

Die natürliche Grundlage des wirtschaftlichen Lebens der abseits von wichtigen Handelsstraßen gelegenen Stadt Wertheim[66] war die für die Schifffahrt verkehrsgünstige Lage am Main, zusätzlich bildete hier die Taubermündung einen natürlichen Hafen, so dass einem regen Handel sowie einem leistungsfähigen Transportgewerbe keinerlei Hürden im Weg standen. Die Lage an Main und Tauber hatte ein ausgeprägtes Schiffer- und Fischergewerbe zur Folge, und bereits seit dem 14. Jahrhundert entstand links der Tauber das sogenannte Mühlenviertel, in dem sich bis

---

[63] Vgl. StAWt-R US 1597 Juni 28.
[64] Vgl. dazu MEIER, Robert: Souverän und doch geteilt: Kondominate. Eine Annäherung an eine typische Sonderform des Alten Reichs am Beispiel der Grafschaft Wertheim, in: Zeitschrift für Neuere Rechtsgeschichte 24 (2002), S. 253–272.
[65] Vgl. KLEINEHAGENBROCK, Frank: Kreuzwertheim in der Frühen Neuzeit, S. 85; MÜLLER, Peter: Von der Registratur zum fürstlichen Archiv – Geschichte des Fürstlich Löwenstein-Freudenbergschen Archivs, in: Wertheimer Jahrbuch 1999, S. 155–163.
[66] Vgl. WEIZMANN, Hermann: Wertheim und Miltenberg: die parallelen und divergierenden Entwicklungsphasen zweier Kleinstädte; ein stadtgeographischer Vergleich (Veröffentlichungen des Historischen Vereins Wertheim, Bd. 2). Wertheim 1979, S. 3 f.

ins 19. Jahrhundert maßgeblich Schiffer und Fischer niederließen.[67] Die Bedeutung des schiffbaren Verkehrswegs zeigte sich zudem besonders durch das von Kaiser Karl dem IV. im Jahr 1362 verliehene Zollprivileg, in dem Eisen und Wein als zollbare Waren genannt werden. Während das aus der Oberpfalz stammende Eisen Wertheim nur als Transitgut passierte, wurde Wein sowohl in der Stadt als auch in der Grafschaft angebaut.[68] Das Zollprivileg belegt, dass es demnach bereits im hohen Mittelalter Weintransporte und daher sicher auch Weinhandel aus Franken in das Rheinland gegeben hat, an dem zweifelsohne auch Stadt und Grafschaft Wertheim Anteil hatten. Der Weinhandel galt bis weit in das 18. Jahrhundert hinein als einer der dominierenden Gewerbezweige in der Grafschaft Wertheim: Im Jahr 1793 wird der Handel mit dem in der Stadt und in den Grafschaftsdörfern an Main und Tauber erzeugten Wein noch als das wichtigste Gewerbe überhaupt genannt.[69] Mit dem Weinbau, mit dem sowohl Bauern und Häcker[70] aus der Stadt als auch diejenigen auf dem Land befasst waren, gingen gleichzeitig weitere Erwerbszweige, wie beispielsweise der des Fassbinders einher. Ein für das Jahr 1439 nachgewiesenes Amt eines Visierers, das den Rauminhalt von Fässern ermittelte und den Zwecken des Zolls sowie anderer Abgaben diente, belegt nicht nur die Herstellung von Holzfässern, sondern deutet auch auf den Weinhandel hin.[71] Neben dem Weinhandel und der Schifffahrt war auch die Wertheimer Tuchherstellung von Belang, die seit dem beginnenden 17. Jahrhundert allerdings an Bedeutung verlor.[72]

Die Reichsstadt Frankfurt hatte für Wertheim als Handels- und Finanzplatz einen wichtigen Stellenwert, da Frankfurter Bürger sowie Geistliche und Klöster den Grafen und der Stadt Wertheim zahlreiche Kredite gewährten. Somit hatten auch die beiden jährlichen Frankfurter Messen einen nicht zu unterschätzenden Einfluss auf das Wertheimer Wirtschaftsleben, da bei etlichen Krediten eben jene Messen als Termine für die Zinszahlungen vereinbart wurden. In die Reichsstadt verkehrte von Wertheim aus das sogenannte Messschiff, das ebenso wie alle weiteren zur Messezeit nach Frankfurt gehenden beziehungsweise von dort kommenden Transporte unter besonderem Geleit stand. Die Wichtigkeit des Geleitrechts[73]

---

[67] Vgl. EHMER: Geschichte der Grafschaft Wertheim, S. 84 f.; WEHNER: Die Lateinschule in Wertheim von der Reformation bis zum Dreißigjährigen Krieg, S. 18 f.
[68] Vgl. EHMER: Geschichte der Grafschaft Wertheim, S. 84.
[69] Vgl. EHMER: Geschichte der Grafschaft Wertheim, S. 216; STÖRMER: Zur Grundherrschaft der Grafen von Wertheim, S. 21.
[70] Fränkischer Begriff für einen Weinbauern.
[71] Vgl. EHMER: Geschichte der Grafschaft Wertheim, S. 84 f.; ROMMEL, Gustav: Wertheims Handel und Verkehr vor 100 Jahren, in: Historischer Verein Alt-Wertheim (1921), S. 39. Zum Handwerk des Büttners vgl. auch ZIMMERMANN: Obrigkeit, Bürgertum und Wirtschaftsformen im alten Wertheim, S. 89 und 154.
[72] Vgl. EHMER: Geschichte der Grafschaft Wertheim, S. 86; WEHNER: Die Lateinschule in Wertheim von der Reformation bis zum Dreißigjährigen Krieg, S. 18 f.
[73] Zum Geleitrecht der Grafen von Wertheim vgl. SPROTTE, Bernhard: Geleit im Tauberland. Als Nürnberger Kaufleute zur Frankfurter Messe zogen (Veröffentlichungen des Historischen Vereins Wertheim, Bd. 1). Wertheim 1975; zudem: KLEINEHAGENBROCK: Würzburg contra Wertheim, S. 159.

stand daher zweifelsohne in direktem Zusammenhang mit der Bedeutung der Frankfurter Messen.[74] Beeinträchtigt wurde die angesehene Stellung Wertheims im Frachtgeschäft durch ein von Kurmainz seit etwa der Mitte des 16. Jahrhunderts in Miltenberg beanspruchtes Stapelrecht; durch dieses wurden die Schiffer gezwungen, ihre Fahrzeuge zu entladen und die Ware für eine bestimmte Zeit lang vor Ort anzubieten. Da die Händler der Frachten zwischen Frankfurt und Nürnberg den Umschlagsplatz in Miltenberg demjenigen in Wertheim vorzogen, geriet letzteres zunehmend ins Abseits, zumal es sich als besonders nachteilig auswirkte, dass die Stadt an keiner Fernstraße lag. Daran änderte sich nichts bis zum Beginn des 19. Jahrhunderts. Erst dann wurden Handelswege auch in abgelegenere Regionen ausgebaut.[75]

Die auf die Mainschifffahrt, auf den Handel sowie den Weinbau ausgerichtete Wirtschaftsstruktur Wertheims brachte ein zünftisch organisiertes und auf lokale Märkte orientiertes Kleingewerbe hervor, das die Stadt selbst für ihr Umland stärkte.[76] Neben der Weinwirtschaft, die vor Ort den bedeutendsten Faktor bürgerlichen Kapitalgewerbes darstellte, waren vornehmlich die mitgliedsstarken Zünfte der Krämer, Tuchscherer, Schneider und Kürschner[77] in ökonomischer Hinsicht besonders gut gestellt. Zu den ärmsten Handwerkerkorporationen der Stadt zählten hingegen die Fischer- und Schifferzunft sowie das Gewerbe der Häcker.[78] Insgesamt trugen die ökonomischen Verhältnisse der Stadt im Verlauf der Frühen Neuzeit einen weitgehend konservativen Charakter. Aufgrund klassischer Formen von zünftischer Wettbewerbssteuerung ist für die ansässigen Gewerbe und Handwerke in der Frühen Neuzeit insgesamt ein statisches Wirtschaftsgefüge zu postulieren. Die Tatsache, dass die Gesellenzahlen pro gewerbliche Vollstelle beschränkt waren und das Gebot des Verkaufs von selbstgefertigten Waren vorherrschte, schränkte die Voraussetzungen für die Entwicklung eines frühkapitalistischen Unternehmertums stark ein. Für die Wertheimer Wirtschaft war zwar zweifelsohne die Stellung der Stadt als Residenzstadt von Bedeutung, allerdings war das ansässige Handwerk offenbar nicht in außerordentlichem Maß auf die Bedürfnisse der Residenz fixiert – ein Umstand, der für frühneuzeitliche Verhältnisse jedoch untypisch war. Die seit dem 16. Jahrhundert steigenden Auftragszahlen für Luxusartikel garantierten lediglich einigen wenigen Spezialhandwerken und -gewerben eine konstante, aber bescheidene wirtschaftliche Prosperität. Die städtischen Handwerker waren scheinbar auch in ihrer politischen Funktion nicht domi-

---

[74] Vgl. EHMER: Geschichte der Grafschaft Wertheim, S. 86; ROMMEL: Wertheims Handel und Verkehr, S. 49.
[75] Vgl. EHMER: Geschichte der Grafschaft Wertheim, S. 217; ROMMEL: Wertheims Handel und Verkehr, S. 38 f.
[76] Vgl. KLEINEHAGENBROCK: Wertheim als reichsgräfliche Residenzstadt im Franken der Frühen Neuzeit, S. 122.
[77] Der Kürschner ist ein Handwerker, der Tierfelle verarbeitet.
[78] Zu den einzelnen Zünften der Stadt sowie zu deren Wirtschaftskraft vgl. ZIMMERMANN: Obrigkeit, Bürgertum und Wirtschaftsformen im alten Wertheim, S. 72–101.

nant gewesen; nur für vereinzelte Familien aus der obersten Vermögensschicht lassen sich wiederholt öffentliche Funktionen nachweisen.[79] Als landsässige Residenzstadt war Wertheim durch die Dominanz der Grafen gekennzeichnet, die Städter besaßen zwar ein gewisses Mitspracherecht bei der Gestaltung des öffentlichen Lebens, unterstanden jedoch in allen wichtigen Entscheidungen dem Landesfürsten.[80] Weder gelang dem Wertheimer Bürgertum eine wirkliche Emanzipation vom Landesherrn, noch konnte ein städtisches Patriziat entstehen.[81]

Während die städtischen Spitzenvermögen überwiegend im städtischen Handel erworben worden waren[82], stellten in den Grafschaftsdörfern besonders Schultheißen, Wirte und Müller die Schichten der reichen Landbevölkerung. Unterschichten bildeten hingegen Dorfhirten, Knechte und Mägde.[83] Von vereinzelten Handwerksberufen abgesehen, war der Großteil der Bevölkerung in der Landwirtschaft, also im Feld- und Weinbau tätig. Für den im Wertheimer Zentgerichtsgebiet gelegenen Ort Höhefeld gingen beispielsweise in der Zeit um 1600 etwa 85 % der Dorfbewohner diesem Gewerbe nach.[84] Im Hinblick auf die jeweiligen Vermögen waren die Vollbauern am günstigsten gestellt. Diese betätigten sich in dieser Zeit vielerorts nachweislich auch zusätzlich im Weinhandel. Für Höhefeld lagen ihre Vermögen damals durchschnittlich zwischen 400 und 500 Gulden – ihr Bevölkerungsanteil lag bei knapp 30 %. Im Vergleich zu den in niedrigster Weise Besteuerten mit einem Güterbesitz im Wert von 50 Gulden ist hierbei ganz augenscheinlich ein immenser Kontrast zu konstatieren. Etwa die Hälfte der Höhefelder Einwohner bildete in der Zeit um 1600 einen eigenen Stand der Häcker und arbeitete vorrangig im Weinbau. War ihre eigene Besitzgrundlage zu gering, verdingten sie sich nicht selten bei Weinberge besitzenden Bürgern aus der Stadt oder in den Weinbergen des Klosters Bronnbach. Zwischen den Häckern und den Vollbauern lag die Schicht der sogenannten Bauern um Lohn, in Höhefeld machte ihr Anteil etwa 15 % der Gesamtbewohner aus. Diesen reichten die eigenen Feldgüter nicht aus, um davon leben zu können und sie waren deshalb auf die Bearbeitung fremder Äcker um

---

[79] Vgl. ZIMMERMANN: Obrigkeit, Bürgertum und Wirtschaftsformen im alten Wertheim, S. 159f.; KLEINEHAGENBROCK: Wertheim als reichsgräfliche Residenzstadt im Franken der Frühen Neuzeit, S. 122f.

[80] Vgl. dazu auch GERTEIS, Klaus: Die deutschen Städte in der frühen Neuzeit. Zur Vorgeschichte der „bürgerlichen Welt". Darmstadt 1986. S. 65–75; DÜLMEN, Richard van: Kultur und Alltag in der Frühen Neuzeit, Bd. 2: Dorf und Stadt (16. bis 18. Jahrhundert). München ³2005, S. 71f.

[81] Vgl. WEHNER: Die Lateinschule in Wertheim von der Reformation bis zum Dreißigjährigen Krieg, S. 19.

[82] Das finanzielle Verhältnis zwischen Landesherrn und Stadt Wertheim wurde 1562 im sogenannten „Königsteiner Konstrukt" festgelegt. Darin wurde der Stadt gegen eine jährlich zu zahlende Pauschale eine gewisse finanzielle Eigenständigkeit zugesichert, gleichzeitig hatte sie aber auch für Lasten aufzukommen, die bis dato von der Herrschaft getragen worden waren. Vgl. EHMER: Geschichte der Grafschaft Wertheim, S. 128 f.

[83] Vgl. EHMER: Geschichte der Grafschaft Wertheim, S. 114.

[84] Vgl. LANGGUTH, Erich: Häcker und Bauern – Höhefelds Einwohner in der Zeit um 1600, S. 60.

3. Wirtschaft in der frühneuzeitlichen Grafschaftsgeschichte

Lohn beziehungsweise auf deren Übernahme in Form einer Zeit- oder Erbpacht angewiesen, um eine Subsistenzsicherung zu gewährleisten.[85] Für die Ortschaft Höhefeld blieb nachweislich allein dem begüterten Bauernstand die Besetzung von öffentlichen Ämtern und wichtigen Positionen vorbehalten – ein Umstand, der sicherlich nicht nur für eben dieses Grafschaftsdorf gilt.[86]

Die landwirtschaftliche Produktion wurde in der Frühen Neuzeit maßgeblich durch das Feudalsystem und die hierbei dominierende feudale Produktionsweise bestimmt. Dies bedeutete, „dass der bäuerliche Familienbetrieb die Hauptlast der Agrarproduktion trug, die Feudalherren – die sich selbst seit dem Hochmittelalter aus dem Produktionsprozeß zurückgezogen hatten – aber einen Teil des bäuerlichen Mehrprodukts in Form der Feudalrente abschöpften"[87]. Hierfür boten Herrschaftsbeziehungen die rechtliche Grundlage, die unterschiedliche Zugriffsmöglichkeiten auf die Erträge bäuerlicher Arbeit eröffneten. An dieser Stelle sind beispielsweise Landesherrschaft, Gerichtsherrschaft, Grund- oder Leibherrschaft zu nennen.[88]

Da diese Herrschaftsbeziehungen im Südwesten des Reiches nicht zu einem einzigen Herrn bestanden und die Bauern sich oft in mehreren Abhängigkeitsverhältnissen befanden, wirkten sich die Bindungen in der Regel weniger drückend aus als in den Regionen, die durch eine Konzentration der Herrschaftsrechte geprägt waren.[89] Formen der Leibeigenschaft waren im frühneuzeitlichen Franken nur noch in rudimentärer Form vorhanden; zur Zeit des Bauernkrieges[90] gab es diese lediglich noch in einigen westlichen und südlichen Randgebieten in Form einer reinen Abgabepflicht, von der man sich zudem leicht gegen einen geringen Geldbetrag freikaufen konnte.[91] Inwieweit sich die Leibeigenschaft in der Grafschaft Wert-

---

[85] Vgl. Ähnliche Verhältnisse herrschten auch in der benachbarten Grafschaft Hohenlohe in der Frühen Neuzeit vor. Auch hier waren die weniger begüterten Familien auf zusätzliche Lohnarbeit angewiesen. Vgl. ROBISHEAUX, Thomas: The Origins of Rural Wealth and Poverty in Hohenlohe 1470–1680. Diss. phil. University of Virginia 1981, S. 42 f.

[86] Vgl. LANGGUTH: Häcker und Bauern – Höhefelds Einwohner in der Zeit um 1600, S. 60–63. Zur Organisation der dörflichen Gemeinden in der Grafschaft Wertheim vgl. das nachfolgende Kapitel.

[87] NORTH, Michael (Hg.): Deutsche Wirtschaftsgeschichte. Ein Jahrtausend im Überblick. München 2000, S. 168;

[88] Vgl. LÜTGE, Friedrich: Deutsche Sozial- und Wirtschaftsgeschichte: ein Überblick. Berlin³ 1966, S. 122–124. HOLENSTEIN, André: Bauern zwischen Bauernkrieg und Dreißigjährigem Krieg (Enzyklopädie deutscher Geschichte, Bd. 38). München 1996, S. 35; NORTH: Deutsche Wirtschaftsgeschichte, S. 168; PFISTER, Ulrich: Art. Agrarverfassung, in: Enzyklopädie der Neuzeit, Bd. 1, Stuttgart 2005, Sp. 137–139.

[89] Vgl. MÜNCH, Paul: Lebensformen in der Frühen Neuzeit. 1500 bis 1800. Berlin 1998, S. 78.

[90] Zur Beteiligung am Bauernkrieg in der Grafschaft Wertheim vgl. KERN, Rolf: Die Beteiligung Georg II. von Wertheim und seiner Grafschaft am Bauernkrieg, in: Zeitschrift für die Geschichte des Oberrheins, Neue Folge, Bd. XVI. Karlsruhe 1901, S. 81–130; S. 388–421 und S. 588–611.

[91] Vgl. ENDRES, Rudolf: Der Bauernkrieg in Franken, in: Blätter für deutsche Landesgeschichte 109 (1973), S. 36; TISCHLER, Manfred: Die Leibeigenschaft im Hochstift Würz-

heim durchgesetzt hat, ist aufgrund der bisher unzureichenden Forschungslage nicht ersichtlich, doch dürfte sie vorhanden gewesen sein, jedoch eher auf territorialer und nicht primär auf grundherrschaftlicher Basis – so Störmer.[92] Die wertheimischen Grundherrschaftsverhältnisse scheinen für die Bauern nicht zu belastend gewesen zu sein.[93] Aus den Beschwerdeartikeln, die im Zuge des Bauernkrieges unter der Federführung des Dorfes Üttingen[94] verfasst wurden, wird beispielsweise ersichtlich, dass sich die Leibeigenschaftsabgaben auf Nachsteuer und Besthaupt beschränkten.[95]

Ähnlich wie Thüringen war Franken überwiegend ein Gebiet der reinen Grundherrschaft mit weitgehender Zersplitterung grundherrschaftlicher Rechte und relativ guten bäuerlichen Besitzrechten in Form der Erbzinsleihe, mit der die persönliche Freiheit einherging.[96] In der Grafschaft herrschte seit dem Spätmittelalter ein grundherrschaftliches System vor, das eng mit dem zu dieser Zeit weit verbreiteten Erbpachtsystem verwandt war; das Bauerngut war frei verfügbar und konnte mittels der Erb- oder Realteilung an die Nachkommen weiter gegeben werden.[97] Die Möglichkeit einer Erb- oder Realteilung setzte bereits große Freiheiten der Bauern voraus, nämlich die freie Verfügung des Bauernguts. Die Ursachen für diese seit dem Spätmittelalter einsetzende Entwicklung lagen in der Loslösung der Leibeigenschaft und der Gerichtsherrschaft von der Grundherrschaft sowie in der Tatsache, dass der Grundherr bei der Übergabe neuer Grundstücke auf sämtliche Formen der Unfreiheit und Abhängigkeiten seitens der Bauern verzichtete. Jene wurden lediglich zur Leistung eines Zinsfixums verpflichtet.[98]

Eine Folge der Realteilung war die Zersplitterung des Besitzes und somit entstanden viele kleine Höfe mit meist nur wenigen Hektar Fläche und infolgedessen wurden Verdichtungsprozesse in den Orten verstärkt.[99] Die Möglichkeit, damit die Subsistenz zu sichern, war demnach gering, und die Menschen waren, wie auch das Beispiel der Bauern um Lohn in Höhefeld zeigt, auf zusätzliche Einnahmequellen angewiesen. Das Anerbenrecht begünstigte eine ausgeprägte soziale Differenzie-

---

burg vom 13. bis zum beginnenden 19. Jahrhundert (Veröffentlichungen der Gesellschaft für Fränkische Geschichte, R. 9, Bd. 18). Würzburg 1963, S. 67 und S. 88–91; DERS.: Der Bauernkrieg in Franken und Oberschwaben. Ein Vergleich, in: Hans Ulrich RUDOLF (Hg.): 475 Jahre Bauernkrieg in Oberschwaben 1525–2000 (Vortragsreihe der Kreissparkasse Ravensburg in Zusammenarbeit mit der Gesellschaft Oberschwaben und der VHS Weingarten). Ravensburg, S. 55 f.

[92] Vgl. STÖRMER: Zur Grundherrschaft der Grafen von Wertheim, S. 21.
[93] Vgl. STÖRMER: Zur Grundherrschaft der Grafen von Wertheim, S. 20.
[94] Üttingen fiel später an Würzburg.
[95] Vgl. KERN: Die Beteiligung Georg II. von Wertheim und seiner Grafschaft am Bauernkrieg, S. 414 f.; zudem EHMER: Geschichte der Grafschaft Wertheim, S. 106.
[96] Vgl. ROBISHEAUX: The Origin of Rural Wealth and Poverty in Hohenlohe, S. 51 f.; PFISTER: Art. Agrarverfassung, Sp. 137.
[97] Vgl. STÖRMER: Zur Grundherrschaft der Grafen von Wertheim, S. 19.
[98] Vgl. GLÄSER: Die Mediatisierung der Grafschaft Wertheim, S. 38 f.
[99] Vgl. TROSSBACH/ZIMMERMANN: Die Geschichte des Dorfes. Von den Anfängen im Frankenreich zur bundesdeutschen Gegenwart. Stuttgart 2006, S. 68.

rung innerhalb der ländlichen Gesellschaft, da die Unterschiede der Besitzrechte zwischen dem erbenden Nachkommen und den übrigen Geschwistern erheblich waren. In der Folge konnte dies zu einer ständischen Abschließung der Vollbauern von den übrigen Schichten führen: „Impartible inheritance meant that a small elite of families monopolized substantial amounts of land and that land would remain within these families."[100] In der Grafschaft Hohenlohe etwa stagnierte nach den 1560er Jahren die Anzahl der Bauern mit ungeteiltem Hofbesitz, während die der Kleinstellenbesitzer in jeder Dekade stetig anstieg.[101] Als Krisensymptom konnte die Häufung von Kleinbesitz verstanden werden, wenn Spezialkulturen, wie etwa der Wein in der Grafschaft Hohenlohe, nur von den Kleinstellenbesitzern angepflanzt wurde. Wo Verknappungen spürbar wurden, konnten sich innerdörfliche Spannungen ergeben.[102]

In dem dieser Arbeit zugrunde liegenden Untersuchungszeitraum war die damalige Agrarkonjunktur noch stark vom Klima abhängig, so dass es infolge von Dürre, Nässe oder Kälte und Hagel zu empfindlichen Ernteausfällen kommen konnte, die sich für einzelne Bauern natürlich umso verheerender auswirkten, je ausgeprägter eine Parzellierung des Grundbesitzes in den Dörfern war. In diesem Zusammenhang sind natürlich auch Auswirkungen auf die Kriminalitätsrate, beispielsweise bei den Eigentumsdelikten, denkbar. Inwiefern die dörfliche Gesellschaft im Untersuchungszeitraum von Schlechtwetterphänomenen betroffen war und ob sich dies in den Statistiken zur Kriminalität niederschlägt, wird an späterer Stelle noch ausführlicher thematisiert werden.[103] Zunächst richtet sich der Blick auf die Bevölkerung und die Gesellschaft besonders der im Zentgerichtsbezirk liegenden Dörfer in der Zeit um 1600.

4. Entwicklungen der Bevölkerung und der Gesellschaft in der Frühen Neuzeit

Wenn man sich der Bevölkerung der Grafschaft in der Zeit um 1600 nähern will, egal ob in sozial-, wirtschafts- oder kulturgeschichtlicher Hinsicht, so stößt man schnell an Grenzen. Studien, die den Lebensalltag der frühneuzeitlichen Menschen in der Grafschaft beleuchten, existieren lediglich vereinzelt[104], wissenschaftliche Forschungen, die allgemeingültige Aussagen zur Bevölkerung in der Grafschaft

---

[100] ROBISHEAUX: The Origin of Rural Wealth and Poverty in Hohenlohe, S. 53.
[101] Vgl. ebd., S. 53.
[102] Vgl. ROBISHEAUX: Rural Society and the Search for Order in Early Modern Germany, S. 157; TROSSBACH/ZIMMERMANN: Die Geschichte des Dorfes, S. 77.
[103] Vgl. dazu die Zusammenfassung hinsichtlich der Auswertung der Delikte.
[104] Exemplarisch sei hier auf die Arbeit Erich Langguths über den Ort Höhefeld verwiesen. In unterschiedlichen Miszellen beschäftigte sich zudem Robert Meier mit den Dörfern Vockenrot, Nassig, Hundheim und Steinbach. Letztere drei lagen allerdings nicht im Wertheimer Zentgerichtsbezirk. Anlass der Veröffentlichung war jeweils der 800. Jahrestag der Dörfer. Zusammenhängend sind die Miszellen über den Internetauftritt der Otto

treffen können, fehlen leider völlig. Da der vorliegenden Arbeit nur ein begrenzter Untersuchungszeitraum zugrunde liegt, macht es an dieser Stelle wenig Sinn, demographische Entwicklungen über einen längeren Zeitraum hinweg in den Blick zu nehmen. In den Jahren von 1589 bis 1611 sahen sich die Menschen in Wertheim aber mit Bedrohungen wie Krieg oder seuchenhaften Krankheiten konfrontiert, die unter anderem enorme Bevölkerungsverluste zur Folge haben konnten. So führte beispielsweise die sogenannte „kleine Eiszeit" regionsübergreifend ab den 1560er Jahren zu Missernten und das gleichzeitige Bevölkerungswachstum zu Preissteigerungen, Hungersnöten und zur Verarmung großer Bevölkerungsteile.[105] Solche Erfahrungen konnten die innere Ordnung einer Gesellschaft destabilisieren und Druck auf die Bevölkerung ausüben. In der Regel waren dann regulierende Eingriffe seitens der Obrigkeit nötig, um unter anderem soziale Krisen zu vermeiden. In Köln griff der städtische Rat beispielsweise in den Jahren 1570 und 1571 mit ordnungspolitischen Maßnahmen in die Vorratshaltung des Getreideangebots ein, um eine drohende Hungerkrise zu vermeiden.[106]

Ein folgenreiches Ereignis stellte für die Herrschaft als auch für die Untertanen der Grafschaft Wertheim im Untersuchungszeitraum die Würzburger Fehde dar[107], deren kriegerische Auseinandersetzungen 1598 begannen. Die Gegensätze zwischen Würzburg und Wertheim, die auch konfessioneller Art waren, führten unter anderem dazu, dass die Obrigkeiten auf beiden Seiten durch Verordnungen in die bestehenden Heiratsgewohnheiten eingriffen. Erste Leidtragende der neuen Verordnungen waren unter anderem die Mitglieder der Höhefelder Schultheißenfamilie Hergenhan. Hans Hergenhan hatte sich 1601 mit der verwitweten Ursula Lipp in Neubrunn verlobt und wollte dort einheiraten. Durch die Zahlung einer Nachsteuer und den Abkauf der Leibeigenschaft wäre es ihm möglich gewesen, aus dem Untertanenverband der Grafschaft entlassen zu werden. Die Wertheimer Regierungskanzlei erhob jedoch Einwand und dem Vater Hergenhans, der damals Schultheiß in Höhefeld gewesen war, warf man vor, er hätte die Abwanderung des Sohnes ins katholische Nachbarterritorium verhindern müssen. Die Heirat konnte letzten Endes nicht verhindert werden, aber Vater und Sohn wurden bestraft und sollten 100 Malter Hafer abliefern. Trotz Bedenken des Grafen, der im Herrschaftskonflikt mit Würzburg seine Autorität gegenüber den Untertanen sichern und

---

und Erich Langguth-Stiftung publiziert: http://www.oelangguth-stiftung.de/index.php/geschichten-aus-dem-archiv (zuletzt abgerufen: 13.10.2022).

[105] Vgl. beispielsweise GLASER, Rüdiger: Klimageschichte Mitteleuropas. 1200 Jahre Wetter, Klima, Katastrophen. Darmstadt ²2008, S. 195 f.; BEHRINGER, Wolfgang: Kulturgeschichte des Klimas. Von der Eiszeit bis zur globalen Erwärmung. München ²2007, S. 123–134; BEHRINGER, Wolfgang: Hexen und Hexenprozesse in Deutschland. München 2006, S. 180 f.; LEHMANN, Hartmut: Frömmigkeitsgeschichtliche Auswirkungen der „Kleinen Eiszeit", in: Wolfgang SCHIEDER (Hg.): Volksreligiosität in der deutschen Sozialgeschichte (Geschichte und Gesellschaft, Sonderheft 11). Göttingen 1986, S. 32 f.

[106] Vgl. hierzu beispielsweise für Köln SCHWERHOFF: Köln im Kreuzverhör, S. 40 f.

[107] Vgl. hierzu das Kapitel II. 2. Herrschaft, Verwaltung, Gesetzgebung und Kirche im Untersuchungszeitraum.

4. Entwicklungen der Bevölkerung und der Gesellschaft in der Frühen Neuzeit

wahren musste, bewilligte dieser Hans Hergenhan den Abkauf der Leibeigenschaft für 25 Gulden. Die Möglichkeit einer Leibesstrafe aufgrund des Konfessionswechsels zum katholischen Glauben behielt der Graf sich vor.[108]

Wie genau die Bevölkerungszahlen sich in der Zeit um 1600 in der Grafschaft Wertheim entwickelten, kann leider aufgrund mangelnder Forschungen nicht hinreichend beantwortet werden. Trotzdem soll an dieser Stelle versucht werden, hier etwas Licht ins Dunkel zu bringen. Die Berechnung „absoluter" Einwohnerzahlen anhand von verschiedenen Steuerlisten stellt zweifelsohne eine Methode dar, deren Ergebnisse nur bedingt aussagekräftig sind. Dieser Umstand muss daher auch bei den folgenden Ausführungen berücksichtigt werden, da solche Verzeichnisse eben nicht die einzelnen Personen, sondern steuerbare Vermögen erfassen. Für die Grafschaft Wertheim liegt aus dem Jahr 1542 die Liste der Türkenschatzung vor[109], die alle steuerpflichtigen Personen innerhalb der Grafschaft registrierte und mithilfe derer Aussagen über die Bevölkerung vor Ort sowie über die Art ihrer Verwaltung gemacht werden können.[110] Auf Vermögen und Einkommen wurde ein Steuersatz von 0,5 % erhoben und Personen mit einem Vermögen unter 20 Gulden hatten eine Anerkennungsgebühr von 4 Kreuzern zu entrichten. Anhand der Türkenschatzung ist für das Jahr 1542 in der gesamten Grafschaft eine Bevölkerungszahl von 11.560 sowie in der Stadt Wertheim eine Personenzahl von 2.078 Einwohnern errechnet worden.[111] Die hierbei eruierten Werte können selbstverständlich nur einen Anhaltspunkt bezüglich der Bevölkerungsangaben geben, die dadurch zustande kamen, dass die Summe der Alleinstehenden (Witwen, Waisen und Dienstboten) von der Anzahl der besteuerten Vermögen abgezogen und der Rest als Zahl der Vollhaushalte mit durchschnittlich fünf Personen angenommen wurde. In die oben genannte Gesamtzahl der Bevölkerung sind auch 58 Juden[112] eingeschlossen, deren Anzahl aufgrund einer Pro-Kopf-Abgabe für den oben genannten Zeitpunkt exakt bekannt ist. In der Frühen Neuzeit lebte der Großteil der Bevölkerung auf dem Land; nur etwa ein Fünftel der Grafschaftsbewohner wohnte in der Stadt Wertheim.[113]

Von denjenigen Dörfern, die im Wertheimer Zentgerichtsbezirk lagen und für die Untersuchungen der vorliegenden Arbeit miteinbezogen wurden, zählten Dertingen mit 610 und Reicholzheim mit 360 Einwohnern zu den bevölkerungsreichs-

---

[108] Vgl. LANGGUTH: Häcker und Bauern – Höhefelds Einwohner um 1600, S. 84f.
[109] Vgl. StAWt G-Rep. 57/2 Schatzung Nr. 103.
[110] Vgl. dazu EHMER: Geschichte der Grafschaft Wertheim, S. 112f.; ZIMMERMANN: Obrigkeit, Bürgertum und Wirtschaftsformen im alten Wertheim, S. 53–57.
[111] EHMER: Geschichte der Grafschaft Wertheim, S. 112f.; ZIMMERMANN: Obrigkeit, Bürgertum und Wirtschaftsformen im alten Wertheim, S. 53–56.
[112] Zur rechtlichen Stellung der Wertheimer Juden in der Frühen Neuzeit vgl. KLEINEHAGENBROCK, Frank: Juden in Stadt und Grafschaft Wertheim, S. 203–224.
[113] Vgl. VAN DÜLMEN: Kultur und Alltag in der Frühen Neuzeit, Bd. 2, Dorf und Stadt, S. 12; vgl. für Wertheim EHMER: Geschichte der Grafschaft Wertheim, S. 113.

ten und größten Ortschaften in der Grafschaft.[114] Zum Vergleich sollen diesen Zahlen noch Angaben gegenübergestellt werden, die einem Verzeichnis der Bürger der Stadt Wertheim sowie der Untertanen in den Dörfern aus dem Jahr 1617 entnommen werden konnten. Natürlich muss hierbei beachtet werden, dass zwischen den unterschiedlichen Angaben immerhin ein Zeitraum von über einem halben Jahrhundert lag. Darin werden Untertanen – unverheiratete und verheiratete Frauen, das Gesinde und Kinder waren hier ausgeschlossen – sowie die Witwen in den jeweiligen Ortschaften aufgelistet.[115] In Dertingen waren demnach 147, in Reicholzheim 141 der Untertanen und Witwen beheimatet. Darauf folgten, in der Reihenfolge der Größe ihrer Einwohnerzahl, Urphar, Höhefeld mit 80, Dörlesberg mit 77 und Sachsenhausen mit 63 Untertanen beziehungsweise verwitwete Frauen. Für das Dorf Bestenheid wird hier eine Zahl von 50, für Lindelbach 49 und für Bettingen 48 angegeben. Zu den kleinsten Orten im Zentgerichtsbezirk zählten Waldenhausen mit 44, Dietenhan mit 33, Grünenwört mit 28, Eichel mit 24, sowie Ödengesäß und Vockenrot mit 20 beziehungsweise elf dort lebenden Untertanen und Witwen.[116] Im Jahr 1617 lebten demnach 898 Untertanen beziehungsweise Witwen im Zentgerichtbezirk.[117] Einschließlich der Untertanen wurden insgesamt 906 Personen im Untersuchungszeitraum in den Protokollen des Zentgerichts aktenkundig. Berücksichtigt man, dass auch Bürger der Stadt Wertheim, Frauen, Fremde sowie das Gesinde in unterschiedliche Auseinandersetzungen involviert waren, so dürften sich die Bevölkerungszahlen im Untersuchungszeitraum nur unmerklich von denen im Jahr 1617 unterschieden haben.

---

[114] Die hier genannten Zahlen sind ebenfalls anhand der Liste der Türkenschatzung berechnet worden, vgl. dazu EHMER: Geschichte der Grafschaft Wertheim, S. 113.

[115] Vgl. StAWt G-Rep. Nr. 57/1 Nr. 1 ad: Verzeichniß aller Bürger und Bürgerinnen in der Stadt Wertheim wie auch aller underthanen auf dem Land hießiger grafschafft Wertheim. De Anno 1617.

[116] Vgl. ebd.

[117] Um die Größe einer Bevölkerung anhand von Steuerlisten zu bestimmen, hat Karl-Otto BULL die folgenden Umrechnungsfaktoren vorgeschlagen: männliche Haushaltsvorstehende sollen mit dem Faktor 4, weibliche mit dem Faktor 3, steuerpflichtige Kinder und Erben mit dem Faktor 2, das Gesinde mit dem Faktor 1 gewichtet werden. Vgl. BULL, Karl-Otto: Die Türkensteuerlisten als Geschichtsquelle, in: Beiträge zur Landeskunde 2 (1974), S. 9; HIPPEL, Wolfgang von (Hg.): Türkensteuer und Bürgerzählung. Statistische Materialien zu Bevölkerung und Wirtschaft des Herzogtums Württemberg im 16. Jahrhundert (Veröffentlichungen der Kommission für geschichtliche Landeskunde in Baden-Württemberg). Stuttgart 2009, S. 38. Zur Problematik von Multiplikatoren mit besonderem Bezug auf Südwestdeutschland, vgl. RÖDEL, Walter: „Statistik" in vorstatistischer Zeit. Möglichkeiten und Probleme der Erforschung frühneuzeitlicher Populationen, in: Kurt ANDERMANN/Hermann EHMER (Hg.): Bevölkerungsstatistik an der Wende vom Mittelalter zur Neuzeit. Quellen und methodische Probleme im überregionalen Vergleich (Oberrheinische Studien, Bd. 8). Sigmaringen 1990, S. 9–25. Wendet man die Berechnungsfaktoren Bulls an, so lebten im Jahr 1617 579 Einwohner in Dertingen; die Zahlen weichen damit nur gering von den Angaben ab, die anhand der Liste der Türkenschatzung aus dem Jahr 1542 berechnet wurden. Die Gesamtzahl der Einwohner der im Zentgerichtsbezirk liegenden Dörfer läge im Jahr 1617 demnach bei etwa 3200.

4. Entwicklungen der Bevölkerung und der Gesellschaft in der Frühen Neuzeit

Im vorigen Kapitel kamen wirtschaftsgeschichtliche Aspekte zur Sprache und für den Ort Höhefeld wurden Informationen bezüglich der dort vorherrschenden Gewerbe gegeben. Die soziale Zusammensetzung des Dorfes gestaltete sich laut den Forschungen Langguths folgendermaßen: Den größten Anteil, nämlich etwa 3/7 der Dorfbewohner, machten die Häcker aus. Zu den vermögendsten Weinbergarbeitern gehörte in Höhefeld Lorenz Nick, dessen Haus- und Grundbesitz 238 Gulden wert war. Christoph Lutz war der ärmste innerhalb seines Berufsstandes und verdiente sich deshalb zeitweise als Viehhirte etwas dazu. Sein Vermögen entsprach nur etwa einem Viertel von dem, das Lorenz Nick besaß.[118] 2/7 der Höhefelder waren Vollbauern, ihre Vermögenswerte lagen in der Zeit um 1600 zwischen 400 und 500 Gulden. Der Schultheiß Wendel Hergenhan sowie die Witwe seines Vorgängers, Eva Hörner, gehörten mit Abstand zu den reichsten Bauern beziehungsweise Bäuerinnen im Dorf. Ihre Vermögen betrugen 1426 und 1843 Gulden. Zu den Ärmsten zählte die Schicht der Tagelöhner, die etwa 1/7 der Dorfbewohner ausmachte. Cuntz Kuhn war einer von ihnen, er hatte keinen Hausbesitz, aber auch keine Schulden. Er besaß drei kleine Weingartenstücke, die einen Vermögenswert von 17 Gulden ausmachten.[119] Das übrige Siebtel stellten in Höhefeld um 1600 die sogenannten Bauern um Lohn. Zu ihnen gehörte unter anderem Christoph Helmich. Er besaß zwar ein Pferd, da seine Ausstattung mit eigenen Feldgütern jedoch zu gering war, arbeitete er bei anderen Bauern für ein zusätzliches Gehalt. Eine weitere Möglichkeit des zusätzlichen Verdiensts bestand für die weniger betuchten Bauern darin, Höfe in Zeit- oder Erbpacht zu übernehmen.[120]

In den Jahren von 1595 bis 1605 blieb das Dorf- und Familiengefüge in Höhefeld weitgehend konstant. Stets konnte eine Zahl von 77 bis 78 Haushaltungen ermittelt werden. Im Jahr 1605 lebten 359 Einwohner in Höhefeld, 140 davon waren Erwachsene und es gab 219 Kinder beziehungsweise Jugendliche. Für einen notwendigen, aber kaum wahrnehmbaren Wandel, sorgten Ein -und Ausheiraten, für die die Höhefelder mit den meisten Orten der näheren Umgebung verbunden waren. Bis zur Durchsetzung der Gegenreformation bestanden sogar enge Verwandtschaftsverhältnisse zu katholischen Dörfern wie Böttigheim, Neubrunn oder Gamburg.[121] Die von Langguth für die Ortschaft Höhefeld ermittelten Ergebnisse sind zu einem gewissen Maß sicher auch auf die anderen Orte des Wertheimer Zentgerichtsbezirks übertragbar. Einzelne Zahlen hinsichtlich der Schichtzugehörigkeit dürften sich sicherlich unterscheiden, im Großen und Ganzen war der überwiegende Teil der Dorfbewohner aber im Feld- und Weinbau tätig, und die soziale Zusammensetzung gestaltete sich in der Zeit um 1600 ähnlich wie in Höhefeld.

Es gilt, an dieser Stelle noch einige Informationen zur Organisation der dörflichen Gemeinden zu geben. Die Dorfgemeinde vertrat als juristische Person die In-

---

[118] Vgl. LANGGUTH: Häcker und Bauern – Höhefelds Einwohner um 1600, S. 62.
[119] Vgl. ebd., S. 63 und S. 108.
[120] Vgl. ebd., S. 62.
[121] Vgl. ebd., S. 64.

teressen des Dorfes.[122] Seit dem Spätmittelalter wurde sie zunehmend in Staatsbildungsprozesse miteinbezogen, die jedoch nicht alleine von oben gesteuert, sondern auch durch aus den Dörfern kommende Bedürfnisse eingeleitet wurden. Als dörfliche Institution war die Gemeinde ein Schnittpunkt, an dem verschiedene dörfliche Interessen „staatlichen" Intentionen begegneten.[123] Ersteres belegt die Existenz von Gemeinden in den Territorien über viele Jahrhunderte, Letzteres bezeugen Unruhen und Aufstände wie etwa im Zusammenhang mit dem Bauernkrieg, die in der Gemeinde ihren organisatorischen Kern hatten.[124]

Kriterien für die Zugehörigkeit zu einer Gemeinde konnten regional variieren und lassen sich daher kaum verallgemeinern. Grundvoraussetzung waren weder herrschaftliche noch verwandtschaftliche Beziehungen, sondern die Ansässigkeit im Dorf und der Hausbesitz stellten regionenübergreifend die entscheidenden Voraussetzungen für das Gemeinderecht dar. An den Häusern hingen die politischen Rechte der Bürger und Bauern, auch die wirtschaftliche Tätigkeit war an sie gebunden und auf ihnen lasteten letztlich auch Pflichten. Gemeindeämter wurden deshalb auch ausschließlich von den Hausvätern wahrgenommen und nicht etwa von Tagelöhnern oder Knechten. Das gemeindliche Zusammenleben, das durch die Nachbarschaft der Häuser und genossenschaftlich organisierte Arbeit geprägt war, stiftete Werte und Normen, die die Bauern im Dorf verbanden. Zu diesen zählten die Friedenswahrung, gemeiner Nutzen, Hausnotdurft[125] sowie die Gleichheit in rechtlicher Hinsicht.[126]

Gemeindliche Strukturen hatten in der Grafschaft Wertheim eine besondere institutionelle und normative Ausprägung erhalten, der einzelne Untertan besaß die Möglichkeit, die ihn betreffenden Belange zu diskutieren und vor der Öffentlichkeit der Dorfgemeinde Entscheidungen fällen zu lassen.[127] Die Dorfgemeinde hatte weitreichende Rechte: Sie besaß das Versammlungsrecht, durfte sich selbst organisieren und sogar richten und strafen. Zu den wichtigsten Aufgaben zählte die Kontrolle über die kommunalen Ressourcen und die Gemeinde regelte in diesem Zusammenhang Ackerbau sowie Weiderechte. Zudem verwaltete sie das eigene Vermögen, denn Verkaufserlöse, Strafen oder Gebühren wanderten in die Gemein-

---

122 Vgl. TROSSBACH/ZIMMERMANN: Die Geschichte des Dorfes, S. 78; TROSSBACH: Art. Dorfgemeinde, in: Enzyklopädie der Neuzeit, Bd. 2. Stuttgart 2005, Sp. 1095 f.
123 Vgl. TROSSBACH/ZIMMERMANN: Die Geschichte des Dorfes, S. 78; ROBISHEAUX, Thomas: Rural Society and the Search for Order in Early Modern Germany, S. 258 f.
124 Vgl. BLICKLE: Art. Kommunalismus, in: Enzyklopädie der Neuzeit, Bd. 6. Stuttgart 2007, Sp. 986; TROSSBACH/ZIMMERMANN: Die Geschichte des Dorfes, S. 79.
125 Der Begriff bezeichnet den Bedarf eines Hauses an bestimmten Gütern (beispielsweise Lebensmittel oder Holz) gemäß seiner Ausstattung. Vgl. auch Art. Hausnotdurft, in: Frühneuhochdeutsches Wörterbuch https://fwb-online.de/lemma/hausnotdurft.s.1f, (zuletzt abgerufen: 11.11.2022).
126 Vgl. BLICKLE: Art. Kommunalismus, Sp. 986; DERS.: Kommunalismus, Parlamentarismus, Republikanismus, in: HZ 242 (1986), S. 535; TROSSBACH/ZIMMERMANN: Die Geschichte des Dorfes, S. 82 f.; MÜNCH: Lebensformen in der Frühen Neuzeit, S. 83.
127 Vgl. KLEINEHAGENBROCK: Kreuzwertheim in der Frühen Neuzeit, S. 87 f.

4. Entwicklungen der Bevölkerung und der Gesellschaft in der Frühen Neuzeit

dekasse. Des Weiteren war die Gemeinde für die Kontrolle von Grundstücks- und Gemarkungsgrenzen zuständig. Die Untertanen waren hierbei zur Mitwirkung verpflichtet.[128] Nicht selten bot die Dorfgemeinde auch Zuflucht und Hilfe, die anderweitig nicht zu erlangen war. Man bürgte füreinander, übernahm Vormundschaften, half bei Heiratsvermittlungen, knüpfte berufliche Verbindungen und sprang bei existenziellen Krisen ein, wie beispielsweise bei Krankheiten, Seuchen, Armut oder auch bei Ehe- und Familienkonflikten. In der Regel handelte ein Dorf solidarisch, insofern es durch äußere Gefahren wie beispielsweise Unwetter, Überfälle oder durch den Grundherrn bedroht war, und diese gemeinsame Erfahrung stabilisierte die Dorfgemeinschaft stets aufs Neue.[129]

Die Organisation der oben genannten Aufgabenbereiche ist im Zusammenhang mit dem Forschungsbegriff des Kommunalismus zu sehen.[130] Der Begriff bezieht sich laut Blickle nicht auf jede Gemeindeform, sondern eben nur auf politisch verfasste Gemeinden, die über eine Grundausstattung an Satzungs-, Gerichts- und Strafkompetenz verfügten und für die die Abwicklung gemeinschaftlicher alltäglicher Belange von allen Mitgliedern in gleicher Berechtigung und Verpflichtung wahrgenommen wurde.[131] Dementsprechend gab es „freiere" Gemeinden, die ihr politisches Leben durch eine eigene Ordnung selbst bestimmten, und die besonders in den durch den Bauernkrieg geprägten Gebieten wie Franken und Schwaben vorherrschten.[132] Auf der anderen Seite existierten etwa in den ostdeutschen Gutsherrschaften Dörfer, in denen keinerlei Formen gemeindlicher Selbstbestimmung ausgeübt werden konnten, obwohl sich die Dörfer auch in diesem Raum als eigene

---

[128] Vgl. KLEINEHAGENBROCK: Kreuzwertheim in der Frühen Neuzeit, S. 87 f.; TROSSBACH, Werner: Art. Dorfgemeinde, Sp. 1095; TROSSBACH/ZIMMERMANN: Die Geschichte des Dorfes, S. 78 f.; VAN DÜLMEN: Kultur und Alltag in der Frühen Neuzeit, Bd. 2: Dorf und Stadt, S. 45.

[129] Vgl. MÜNCH: Lebensformen in der Frühen Neuzeit, S. 198; VAN DÜLMEN: Kultur und Alltag in der Frühen Neuzeit, Bd. 2: Dorf und Stadt, S. 46.

[130] Das von Peter Blickle geprägte Forschungskonzept des „Kommunalismus" betont die Bedeutung der Stadt- und Landgemeinden und deren politisches Gewicht. Das Konzept beleuchtet die deutsche Geschichte „von unten", also nicht aus der Sicht des Reiches oder der Territorien. Kommunalismus kann als primäre Form politischer Vergesellschaftung gelten, die sich im Spätmittelalter entwickelte und im Absolutismus durch den neuzeitlichen Staat geschwächt wurde. Zur Definition, Bedeutung, Kritik und Rezeption des Begriffs vgl. BLICKLE, Peter: Art. Kommunalismus, Sp. 985–990; DERS.: Kommunalismus. Begriffsbildung in heuristischer Absicht, in: Peter BLICKLE (Hg.): Landgemeinde und Stadtgemeinde in Mitteleuropa. Ein struktureller Vergleich. München 1991, S. 10; TROSSBACH/ZIMMERMANN: Die Geschichte des Dorfes, S. 78–171.

[131] Vgl. BLICKLE: Art. Kommunalismus, Sp. 986; DERS.: Kommunalismus. Begriffsbildung in heuristischer Sicht, S. 10.

[132] Vgl. dazu BLICKLE, Peter: Von der Leibeigenschaft zu den Menschenrechten. Eine Geschichte der Freiheit in Deutschland. München 2003, S. 99 f. und 103; STÖRMER, Wilhelm: Ansatzpunkte politischer Willensbildung der Bauernschaft im spätmittelalterlichen Schwaben, Franken und Bayern, in: Zeitschrift für Agrargeschichte und Agrarsoziologie 23 (1975), S. 165–180; TROSSBACH/ZIMMERMANN: Die Geschichte des Dorfes, S. 79.

Gemeinden begriffen.[133] Kommunalismus als Form wirtschaftlicher, sozialer und kultureller Belange unterschied sich prinzipiell von jenen Interessen, die von Herrschaft entwickelt wurden, denn diese wurzelte im Gebotsrecht des Herrn und wurde durch allein ihm verantwortliche Lehns- und Amtsleute verwaltet. Doch so genossenschaftlich das Dorf auch seine Angelegenheit regelte und so geschlossen es der Obrigkeit gegenübertreten konnte, so war die Dorfgemeinschaft alles andere als eine „Demokratie", in der jeder und jede das gleiche Recht hatte.[134]

Die Besetzung von öffentlichen Ämtern und Funktionsstellen in den Wertheimer Gemeinden war in der Regel dem vermögenden Bauernstand vorbehalten. Dies war allein schon aus dem Grund maßgebend, da Personen wie der Schultheiß, der (in Höhefeld) jährlich wechselnde Bürgermeister oder die Gerichtsschöffen bei der Verwaltung öffentlicher Gelder mit dem eigenen Vermögen für Fehlbestände in der Kasse hafteten.[135] Der Schultheiß wurde in der Grafschaft Wertheim von der Obrigkeit bestellt und war das Bindeglied zwischen Herrschaft und Gemeinde. Er war einerseits für den Vollzug herrschaftlicher Verordnungen zuständig, andererseits vertrat er als Mitglied die Interessen der Gemeinde gegenüber der Herrschaft. Der Schultheiß war demnach nicht nur mit den anderen Dorfbewohnern durch ein enges, soziales Beziehungsgeflecht von Nachbarschaft, Freundschaft und Verwandtschaft verbunden, sondern auch der Obrigkeit gegenüber rechenschaftspflichtig.[136] Die Tatsache, dass sich im Amt des Schultheißen genossenschaftliche und herrschaftliche Interessen berührten, musste dem Dorf allerdings nicht immer zum Nachteil gereichen.[137] Die Besetzung der Gemeindeämter lag häufig im alleinigen Einfluss des Dorfes, die zahlreichen niederen Dienste[138], die in den Dörfern auszuüben waren und unter anderem vom Flur- und Dorfschützen über den Nachtwächter bis zum Maulwurf- und Mäusefänger reichten, blieb selbst in absolutistischen Staaten den Gemeinden vorbehalten. Die Organisation des politisch-sozialen Lebens durch die Gemeinde bedurfte zwar der herrschaftlichen Absicherung und Zustimmung, aber diese wurde in der Regel meist gewährt, da die Herrschaft mit ihrem Verwaltungsapparat kaum alle Funktionen erfüllen konnte, und hier stets auf die Mithilfe der Untertanen angewiesen war.[139] Damit wird deut-

---

[133] Vgl. dazu WUNDER, Heide: Die bäuerliche Gemeinde in Deutschland. Göttingen 1986, S. 108–111; VAN DÜLMEN: Kultur und Alltag in der Frühen Neuzeit, Bd. 2: Dorf und Stadt, S. 47.
[134] Vgl. dazu BLICKLE: Art. Kommunalismus; Sp. 986; DERS.: Deutsche Untertanen der Frühneuzeit. Zur Rekonstruktion der politischen Kultur und der sozialen Wirklichkeit Deutschlands im 17. Jahrhundert, in: Vierteljahrsschrift für Wirtschafts- und Sozialgeschichte 70 (1983), S. 483–522; VAN DÜLMEN: Kultur und Alltag in der Frühen Neuzeit, Bd. 2: Dorf und Stadt, S. 47.
[135] Vgl. LANGGUTH: Häcker und Bauern – Höhefelds Einwohner um 1600, S. 63.
[136] Vgl. dazu auch TROSSBACH/ZIMMERMANN: Die Geschichte des Dorfes, S. 89–91.
[137] Vgl. VAN DÜLMEN: Kultur und Alltag in der Frühen Neuzeit, Bd. 2: Dorf und Stadt, S. 49.
[138] Zu Aufgaben und Funktion niederer Gemeindedienste in den Wertheimer Grafschaftsdörfern vgl. das Kapitel III. 7.1 Von „Hütern" und „Wächtern" in den Grafschaftsdörfern.
[139] Vgl. TROSSBACH/ZIMMERMANN: Die Geschichte des Dorfes, S. 91 f.; VAN DÜLMEN: Kultur und Alltag in der Frühen Neuzeit, Bd. 2: Dorf und Stadt, S. 48 f.

lich, dass die Herrschaft[140] über die ländliche Bevölkerung nur durch die Kooperation mit dieser funktionierte und die Gemeinde eben auch selbst an der Herrschaft beteiligt war. Gerade die Wertheimer Obrigkeit benötigte die Dorfgemeinden, ihre Rechte, ihre Traditionen sowie ihre Ausgleichskompetenz, um die eigene Position zu stabilisieren.[141]

Seit der Mitte des 16. Jahrhunderts wurden die Gemeinden verstärkt in den Staatsaufbau miteinbezogen. Jedoch schuf der „Policey-Staat" in vielen Bereichen lediglich Rahmenbedingungen und überließ die Implementation der Verordnungen den Gemeinden. Im Lauf der Frühen Neuzeit drangen auch die Wertheimer Grafen immer tiefer in die Sphäre der Gemeinden ein, ohne Anwesenheit eines herrschaftlichen Vertreters durfte die Gemeinde beispielsweise nicht zusammentreten.[142] Aufgrund der ineffektiven und sich gegenseitig behindernden Herrschaftsverhältnisse und Administrationen blieben die gemeindlichen Strukturen in der Grafschaft Wertheim jedoch bis zum Ende des Alten Reiches bedeutsam.[143]

5. Zusammenfassung

Der dieser Arbeit zugrunde liegende Untersuchungszeitraum stellte eine Phase des Übergangs dar und betrifft eine Zeit, die vom Ringen der Wertheimer Obrigkeit um die Akzeptanz und die Durchsetzung von Herrschaft geprägt war. Besonders durch den dynastischen Umbruch nach dem Aussterben der Wertheimer Grafen befanden sich die Herrschaftsträger an der Wende vom 16. zum 17. Jahrhundert in einer krisenhaften Situation, die in der Würzburger Fehde kulminierte und aus der sie aufgrund der Reduktion ihres Territoriums letztlich geschwächt hervorgingen. Zudem sahen sich die Menschen in dieser Zeit in der Gestalt der kleinen Eiszeit im Allgemeinen mit klimabedingten Veränderungen konfrontiert, die häufig zu Miss-

---

[140] Zur Problematik des Begriffes „Herrschaft" und zur Kritik daran, vgl. unter anderem LANDWEHR, Achim: Normdurchsetzung in der Frühen Neuzeit? Kritik eines Begriffs. Normen im frühneuzeitlichen Territorialstaat, in: Zeitschrift für Geschichtswissenschaft 48 (2000), S. 146–162; WEBER, Matthias: Bereitwillig gelebte Sozialdisziplinierung? Das funktionale System der Polizeiordnungen im 16. und 17. Jahrhundert, in: Zeitschrift der Savigny-Stiftung für Rechtsgeschichte, Germanistische Abteilung 115 (1998), S. 420–440.
[141] Vgl. KLEINEHAGENBROCK: Kreuzwertheim in der Frühen Neuzeit, S. 90; MEIER, Robert: Am unteren Ende der Herrschaft, S. 11.
[142] Vgl. KLEINEHAGENBROCK: Kreuzwertheim in der Frühen Neuzeit, S. 87f.; TROSSBACH, Werner: Art. Dorfgemeinde, in: Enzyklopädie der Neuzeit, Bd. 2. Stuttgart 2005, Sp. 1096.
[143] Vgl. KLEINEHAGENBROCK: Kreuzwertheim in der Frühen Neuzeit, S. 87; DERS.: Der Reicholzheimer Wallfahrtsstreit. Eine Dorfgemeinde im Konflikt mit ihrem Pfarrer, in: Monika SCHAUPP/Frank KLEINEHAGENBROCK/Jörg PACZOWSKI (Hg.): Forschungen zu Stadt und Grafschaft Wertheim. Festschrift für Erich Langguth zum 95. Geburtstag. Wertheim 2018, S. 237f. und S. 258; ENDRES, Rudolf: Stadt- und Landgemeinde in Franken, in: BLICKLE, Peter (Hg.): Landgemeinde und Stadtgemeinde in Mitteleuropa. Ein struktureller Vergleich. München 1991, S. 117.

ernten führten und zusätzlichen Druck auf die frühneuzeitliche Bevölkerung ausübten. Diese Rahmenbedingungen hatten natürlich auch Auswirkungen auf die Bewohner der Grafschaftsdörfer und mögliche Ursachen abweichenden Verhaltens, die politisch, aber auch wirtschaftlich und klimatisch bedingt sein können, müssen hierbei berücksichtigt werden. Besonders vor dem Hintergrund der politischen Situation in der Grafschaft, die eine Zeit schwacher Herrschaft und militärischer Bedrohungen darstellte, interessiert natürlich die Frage, wie Normen gewahrt und Ordnung stabilisiert werden konnte. Inwiefern konnte die in diesem Zusammenhang existierende Labilität seitens der Obrigkeit durch die stark ausgebildeten gemeindlichen Strukturen kompensiert werden? Wie effizient war demnach die Arbeit des Wertheimer Zentgerichts, das bei der Verfolgung von Kriminalität auf die Mitarbeit der Untertanen angewiesen war.[144] Gewährte besonders die Institution des Zentgerichts Stabilität, gerade weil sie Akteure der dörflichen Lebenswelten in ihre Strukturen miteinbezog?

Um diesen Fragen nachzugehen, wird in den folgenden Ausführungen auf der Grundlage der Wertheimer Zentgerichtsakten zunächst das Gericht selbst in seiner historischen Entwicklung, seinem Aufbau und seinen Kompetenzen in den Blick genommen. Die Zentgerichtsakten stellen in dieser Arbeit die Grundlage für die Auswertung von Kriminalität und Devianz innerhalb der dörflichen Gesellschaft dar. Besonders die Rügeprotokolle können Aufschluss darüber geben, inwieweit sich in den innerdörflichen Konflikten die an der Wende vom 16. zum 17. Jahrhundert geschilderte krisenhafte Situation in den Delikten widerspiegelte, und sie geben Aufschluss über Deliktstruktur, über Täterprofile und über die Konfliktpartner. Die Protokolle bilden zudem den Ausgangspunkt, um der übergeordneten Frage nach der Akzeptanz obrigkeitlicher Norm- und Ordnungsvorstellungen auf lokaler Ebene nachzugehen und um zu überprüfen, inwieweit diese durch diejenigen der dörflichen Gesellschaft komplettiert, erweitert oder unterminiert wurden. Die Zentgerichtsakten gewähren zudem einen Einblick in die Verfasstheit sowie in Organisationsformen der Grafschaftsdörfer und helfen somit, Aussagen über die Umsetzung von Herrschaft auf gemeindlicher Ebene treffen zu können.

---

[144] Vgl. dazu das Kapitel III. 1.5.3 *Verfahrenseinleitung am Wertheimer Zentgericht*.

III. Dörfliche Gesellschaft und Kriminalität in der Wertheimer Zent

Die Ergebnisse historischer Kriminalitätsforschung lassen sich „als politische Geschichte der ländlichen Gesellschaft [...] begreifen"[1] und können für „die Frage nach der Verbindung zentraler und lokaler Herrschaft fruchtbar"[2] gemacht werden. Die Untersuchung (nieder)gerichtlicher Quellen erlaubt es, nicht nur der Frage nach Devianz, Normen, Konflikten und sozialer Disziplinierung nachzugehen, sondern darüber hinaus können Erkenntnisse über das Funktionieren der dörflichen Gesellschaft, über lokale Herrschaft und Gemeinden, über Gesetzgebungsprozesse und rechtliche Praxis vor Ort gewonnen werden. Auch durch die Kriminalitätsforschung hat das Modell von grenzenloser Herrschaftsausübung einerseits und den rechtlosen Untertanen andererseits für die Erklärung historischen Wandels an Reichweite verloren. Rechtsinstanzen, so wird es in den folgenden Ausführungen zu zeigen sein, dienten nicht nur disziplinierenden, herrschaftlichen Interessen, sondern waren gleichzeitig auch Konfliktaustragungsorte für die dörfliche Gesellschaft. Viele der Rechtspraxen hatten eine friedenssichernde und -stiftende Funktion und trugen demnach dazu bei, die Gesellschaft zu stabilisieren. Die Frage nach dem Funktionieren der frühneuzeitlichen Gesellschaft, in die eben auch die den Gerichten unterstellten Untertanen als Akteure miteinbezogen sind, zeigt, dass die Untersuchung von Kriminalität und Devianz innerhalb der dörflichen Gesellschaft durchaus wichtiges Forschungspotenzial bietet.

1. Der institutionelle Rahmen: Das Wertheimer Zentgericht

Hinsichtlich der Gerichtslandschaft der Grafschaft Wertheim ist ein eindeutiges Forschungsdesiderat zu postulieren, eine Aufarbeitung der Materie fand bislang nur unzureichend statt. Weder liegen bis heute eigenständige Monographien zu einzelnen Gerichten der Grafschaft vor, noch finden sich dazu Arbeiten in der Aufsatzliteratur. Dementsprechend bleiben auch Fragen zu bestehenden Konkurrenzverhältnissen oder Wechselbeziehungen sowie bezüglich sich überlappender Zuständigkeiten einzelner Spruchkörper unbeantwortet. Zwar beinhalten einige Werke, die sich mit der Geschichte der Grafschaft beschäftigen, Angaben zu einzelnen Gerichten[3], aber diesen mangelt es an einer systematischen Beschreibung der Gerichtsverfassungen und -verfahren, was letztendlich freilich dem Umstand

---

[1] GLEIXNER, Ulrike: Rechtsfindung zwischen Machtbeziehungen, Konfliktregelung und Friedenssicherung. Historische Kriminalitätsforschung und Agrargeschichte in der Frühen Neuzeit, in: TROSSBACH, Werner/ZIMMERMANN, Clemens (Hg.): Agrargeschichte. Positionen und Perspektiven. Stuttgart 1998, S. 59.
[2] Ebd., S. 59.
[3] Siehe u. a. EHMER: Geschichte der Grafschaft Wertheim, besonders S. 65 f., S. 71–73; ZIM-

geschuldet ist, dass die Arbeiten gänzlich andere Fragestellungen verfolgen. Auch in Bezug auf das Wertheimer Zentgericht werden lediglich vage und auf die Institution des Zentgerichtes allgemein zutreffende Angaben gemacht[4] und nur selten reichen die Darstellungen darüber hinaus – ohne jedoch den Blick auf die tatsächliche Rechtspraxis zu richten.[5] Dieser Umstand trifft im Allgemeinen ebenso auf einschlägige Untersuchungen zur Zentgerichtsbarkeit zu. Pionierforschungen zu diesem Themenbereich leistete Hermann Knapp, der sich mit den Zenten des Hochstiftes Würzburg beschäftigte.[6] Seine Arbeit ist mittlerweile jedoch hundert Jahre alt und demnach anschlussfähig. Diese Tatsache wird dadurch bestätigt, dass innerhalb der letzten zwanzig Jahre zwei Dissertationen entstanden sind, die sich mit einzelnen fränkischen Zenten beschäftigen.[7] Verfahrensfragen, die Gerichtsverfassung sowie Aspekte der Gültigkeit, Wirksamkeit sowie der Anwendung von Normen, stehen in den Untersuchungen von Christiane Birr und Sven Schultheiß im Vordergrund. Ihre Arbeiten fragen jedoch weniger nach der sozial- und kulturhistorischen Relevanz der rechtlichen Vorgänge. Dies trifft ebenso auf die Untersuchung Melanie Hägermanns[8] zu, die sich in ihrer Dissertation mit dem Strafgerichtswesen in Teilen des kurpfälzischen Territoriums beschäftigt und darin die Zenten Schriesheim, Kirchheim, Eberbach und Mosbach untersucht.[9]

MERMANN: Obrigkeit, Bürgertum und Wirtschaftsformen im alten Wertheim, S. 36–40; GLÄSER: Die Mediatisierung der Grafschaft Wertheim, S. 35–37.

[4] Vgl. EHMER: Geschichte der Grafschaft Wertheim, S. 65 f.

[5] Dies ist zutreffend bei ZIMMERMANN: Obrigkeit, Bürgertum und Wirtschaftsformen im alten Wertheim, S. 36–40.

[6] KNAPP, Hermann: Die Zenten des Hochstifts Würzburg. Ein Beitrag zur Geschichte des süddeutschen Gerichtswesens und Strafrechts. Berlin 1907.

[7] BIRR, Christiane: Konflikt und Strafgericht. Der Ausbau der Zentgerichtsbarkeit der Würzburger Fürstbischöfe zu Beginn der Frühen Neuzeit (Konflikt, Verbrechen und Sanktion in der Gesellschaft Alteuropas. Fallstudien, Bd. 5). Köln 2002; SCHULTHEISS, Sven: Gerichtverfassung und Verfahren. Das Zentgericht Burghaslach in Franken (14.–19. Jahrhundert) (Konflikt, Verbrechen und Sanktion in der Gesellschaft Alteuropas, Fallstudien 7). Köln 2007.

[8] HÄGERMANN, Melanie Julia: Das Strafgerichtswesen im kurpfälzischen Territorialstaat. Entwicklungen der Strafgerichtsbarkeit in der Kurpfalz, dargestellt anhand von ländlichen Rechtsquellen aus vier rechtsrheinischen Zenten. (Dissertation an der Juristischen Fakultät, Universität Würzburg 2002).

[9] HÄGERMANNS Arbeit stützt sich bezüglich der Zenten auf die Quelleneditionen Karl KOLLNIGS: Die Weistümer der Zent Schriesheim. Badische Weistümer und Dorfordnungen, Bd. 2 (Veröffentlichungen der Kommission für geschichtliche Landeskunde in Baden-Württemberg, Reihe A: Quellen, Bd. 16). Stuttgart 1968; DERS.: Die Weistümer der Zent Kirchheim. Badische Weistümer und Dorfordnungen, Bd. 3 (Veröffentlichungen der Kommission für geschichtliche Landeskunde in Baden-Württemberg, Reihe A: Quellen, Bd. 29). Stuttgart 1979; DERS.: Die Weistümer der Zenten Eberbach und Mosbach. Badische Weistümer und Dorfordnungen, Bd. 4. Stuttgart 1985 (Veröffentlichungen der Kommission für geschichtliche Landeskunde in Baden-Württemberg, Reihe A: Quellen, Bd. 39).

1. Der institutionelle Rahmen: Das Wertheimer Zentgericht

Für das Wertheimer Zentgericht sind die wichtigsten Informationen den bisher von der Forschung weitgehend unbeachteten Zentgerichtsbüchern[10] zu entnehmen. Da im Rahmen kriminalitätshistorischer Forschungen bislang noch keine Akten eines Zentgerichtes für eine Studie herangezogen wurden, ist es im Folgenden angebracht, die Gerichtsverfassung des Wertheimer Zentgerichtes detaillierter zu beschreiben, als dies bei der Gerichtsverfassung in anderen Arbeiten der Fall ist.[11] Zudem ist die historische Kriminalitätsforschung ohne die Annäherung an die Rechtswissenschaft nicht denkbar. Während in den 1990er Jahren der Beitrag der Strafrechtsgeschichte wegen ihrer normativ-dogmatischen Ausrichtung eher gering geschätzt wurde[12], hat sich das inzwischen geändert.[13] Die zunehmende wechselseitige Akzeptanz führte dazu, dass geschichtswissenschaftliche Studien das juristische Verfahren und Handeln ernster nehmen und die Rechtshistoriker im Gegenzug rechtliche Vorgänge in einen sozial- und kulturhistorischen Rahmen einbetten.[14] Die eingehende Beschreibung der Wertheimer Zentgerichtsverfassung erfolgt zuletzt auch aus den folgenden Gründen: Einzelne Bewohner der zur Zent Wertheim gehörenden Ortschaften waren Mitglieder des Gerichtspersonals, beispielsweise in ihrer Position als Schöffen. Somit stellt sich mitunter die Frage, ob dem zentgerichtlichen Amtspersonal auch innerhalb der Dorfgemeinschaften bestimmte Aufgaben und Funktionen zukamen, im Rahmen derer sie versuchten, ein friedliches Zusammenleben zu garantieren oder ob sie gegebenenfalls die Autorität besaßen, Konfliktsituationen bereits im Vorfeld zu regulieren? Steht das Ausmaß untertanenbezogener Justiznutzung, also der Bereitschaft der Untertanen, Streitfälle mithilfe des Gerichts beizulegen, vielleicht in einem direkten Zusammenhang mit den Modalitäten der spezifischen Gerichtsverfassung eines Zentgerichtes? Um diese Fragen im Zuge der nachstehenden Ausführungen zu beantworten, muss daher ein Blick auf die innere Verfassung des Wertheimer Zentgerichtes geworfen werden.

1.1 Einführung

Die Zentgerichte stellten eine Besonderheit in den Territorien am Mittelrhein, in Hessen und in Ostfranken[15] dar und leiteten ihren Namen vom mittellateinischen „centena"[16] ab. Ob die im frühen Mittelalter als Zenten bezeichneten Verwaltungs-

---

[10] StAWt G-Rep. 103 Nr. 10, Nr. 12 und besonders StAWt G-Rep. 102 Nr. 5550.
[11] Vgl. FRANK: Dörfliche Gesellschaft und Kriminalität, S. 172–176.
[12] So u. a. bei EIBACH, Joachim: Kriminalitätsgeschichte zwischen Sozialgeschichte und Historischer Kulturforschung, in: Historische Zeitschrift 263 (1996), S. 681; vgl. zudem FRANKE: Von Schelmen, Schlägern, Schimpf und Schande, S. 20 f.
[13] Vgl. BAUMGÄRTNER, Ingrid: Gerichtspraxis und Stadtgesellschaft. Zu Zielsetzung und Inhalt, in: Franz-Josef ARLINGHAUS u. a. (Hg.): Praxis der Gerichtsbarkeit in europäischen Städten des Spätmittelalters. Frankfurt am Main 2006, S. 2.
[14] Vgl. FRANKE: Von Schelmen, Schlägern, Schimpf und Schande, S. 21.
[15] Vgl. THEUERKAUF, Gerhard: Art. Zent, in: HRG V, Sp. 1663 f.
[16] Vgl. GUDIAN, Günter: Art. Centena, in: HRG I, Sp. 603. Ein Teil der Literatur schließt von diesem Begriff auf die Einteilung der germanischen Stämme in Hundertschaften.

einheiten mit den spätmittelalterlichen Institutionen des gleichen Namens zusammenhingen, ist offenbar nicht mehr rekonstruierbar.[17] Die augenfälligste Aufgabe der Zent war die des Gerichts, das in der Regel unter dem Vorsitz des Zentgrafen gemeinsam mit einem bäuerlichen Schöffenkollegium als Urteilern und der Gesamtheit der Zentverwandten[18] als Gerichtsumstand zusammentrat.[19]

In Bezug auf das Wertheimer Zentgericht ist leider nicht mehr rekonstruierbar, wie weit dessen Anfänge in die Vergangenheit zurück reichen, allerdings sind Zentgerichte in ihrer regelmäßigen Funktion generell nicht vor dem 12. Jahrhundert bezeugt.[20] Das älteste erhaltene schriftliche Zeugnis, das die Existenz des Wertheimer Zentgerichtes nachweist, kann in das erste Drittel des 15. Jahrhunderts datiert werden: Es ist eine Urkunde König Sigismunds aus dem Jahr 1417.[21] Sicherlich war das Zentgericht bereits auch in früherer Zeit tätig gewesen, nur wurden die Gerichtsverhandlungen am Wertheimer Zentgericht möglicherweise erst ab etwa dem ersten Drittel des 16. Jahrhunderts schriftlich fixiert.[22]

1.2 Der territoriale Umfang der Zent Wertheim und die Abgrenzung zum Stadtgericht

Seit dem Beginn des 13. Jahrhunderts wandelte sich die Gerichtsverfassung bedeutend im Reich: „[D]ie Gerichte schieden nicht mehr (nur) nach den Sachen, die in ihnen verhandelt wurden, sondern nach den Personen, die vor ihnen Recht fan-

---

Vgl. beispielsweise THEUERKAUF: Art. Zent, in: HRG V, Sp. 1663, obwohl diese möglicherweise nie existiert haben. Vgl. KROESCHELL, Karl: Art. Hunderschaft, in: HRG II, Sp. 271.

[17] Vgl. BIRR: Konflikt und Strafgericht, S. 254.

[18] Die in einem Zentgerichtsbezirk ansässigen Untertanen hatten dem Zentherrn die Zentpflicht zu leisten; dies traf auch auf alle ledigen männlichen Einwohner zu, sobald diese ihr 17. Lebensjahr erreicht hatten. Vgl. dazu BECK, Johann Jodocus: Praxis Aurea de Juristdictione Superiore, Criminali & Centena, vulgo Von der Ober-Gerichtsbarkeit/ Zent-Gericht/ Hohen Malefiz- oder Fraißlichen Obrigkeit und Blut-Bann. Nürnberg 1720, S. 49 f.

[19] Vgl. SCHAAB, Meinrad: Die Zent in Franken von der Karolingerzeit bis ins 19. Jahrhundert. Kontinuität und Wandel einer aus dem Frühmittelalter stammenden Organisationsform, in: Werner PARAVICINI/Karl Ferdinand WERNER (Hg.): Histoire Comparée de l'administration (IVe–XVIIIe siècles). Actes de XVIe colloque historique franco-allemand, Tours, 27 mars – 1er avril 1977, organise en collaboration avec le Centre d'Etudes Supéreures de la Renaissance par l'institut Historique Allemand de Paris (Beihefte der Francia, Bd. 9). München 1980, S. 360.

[20] Vgl. KROESCHELL, Karl: Art. Zent, in: LdM IX, Sp. 536; SCHULTHEISS: Gerichtsverfassung und Verfahren, S. 10; THEUERKAUF: Art. Zentgericht, in: HRG V, Sp. 1664.

[21] StAWt G-Rep. 8 Lade I-II, Nr. 21: König Sigismund verleiht den Wertheimer Grafen darin unter anderem die Rechte über das Zentgericht. Das älteste erhaltene Zentbuch stammt aus der ersten Hälfte des 16. Jahrhunderts: G-Rep. 103 Nr. 10.

[22] Die Akten im Staatsarchiv Wertheim enthalten keine älteren Überlieferungen des Wertheimer Zentgerichtes. Demnach hat es entweder keine früheren Aufzeichnungen gegeben oder diese sind nicht erhalten.

den."²³ Bis in die erste Hälfte des 14. Jahrhunderts unterstanden auch die sich auf dem Weg zur Landeshoheit befindlichen Grafen von Wertheim dem bischöflichen Landgericht von Würzburg, das ein reines Adelsgericht war. Da der Klerus ohnehin nicht der weltlichen Gerichtsbarkeit unterworfen war und auch die Stadtbewohner ihre eigenen Gerichte besaßen, beschränkte sich die Zuständigkeit eines Zentgerichts im Laufe der Zeit vielerorts ausschließlich auf die ländliche Bevölkerung.²⁴

Die Wertheimer Zent umfasste sowohl mehrere Dörfer, als auch Höfe und Mühlen, von denen die meisten eine bestimmte Anzahl von Schöffen für das Zentgericht zur Verfügung zu stellen hatten. Während die Stadt Wertheim selbst und daneben die Dörfer Reicholzheim, Dörlesberg und Dertingen²⁵ das Zentgericht mit jeweils zwei der insgesamt 14 Schöffen²⁶ beschickte, stellten die Dörfer Urphar, Sachsenhausen, Lindelbach, Höhefeld, Bettingen und Dietenhan jeweils einen Schöffen zur Verfügung. Daneben fielen weitere Orte in den Gerichtsbezirk, aus denen jedoch keiner der Einwohner für das Schöffenamt rekrutiert wurde. Hierbei handelte es sich um die Dörfer Eichel, Bestenheid, Waldenhausen, Vockenrot, Ödengesäß, Grünenwört sowie die Teilbacher Mühle und die Höfe Schafhof, Wagenbuch und Lengfurt.²⁷ Für die Ortschaft Niklashausen und das Kloster Bronnbach²⁸ war das Wertheimer Zentgericht in Malefizsachen zuständig.²⁹

Die Stadt Wertheim selbst stellte dem Zentgericht nur die beiden Schöffen zur Verfügung und sollte „aber sonsten der Zendt halben befreyet [sein] undt hat[te] Nichts darmit zur schaffen"³⁰. Diese Bestimmung geht zurück auf das Jahr 1316. Damals gaben die beiden Söhne Graf Rudolfs II., die die Nachfolge ihres Vaters

---

²³ WELLER, Karl: Die Zentgerichtsverfassung im Gebiet des heutigen württembergischen Franken (Mainfränkisches Jahrbuch für Geschichte und Kunst 4). Würzburg 1952, S. 22.
²⁴ Vgl. WELLER: Die Zentgerichtsverfassung im Gebiet des heutigen württembergischen Franken, S. 22; THEUERKAUF: Art. Zentgericht, Sp. 1664.
²⁵ Zu Dertingen gehörten zudem zwei Häuser der Ortschaft Kembach. Vgl. StAWt G-Rep. 103 Nr. 10, S. 8v.
²⁶ Zu den Aufgaben und Funktionen der einzelnen Schöffen siehe das Kapitel III. 1.5.2 *Die Schöffen*.
²⁷ Vgl. StAWt G-Rep. 103 Nr. 10, S. 8 r–v. Auffallend ist, dass nicht alle der zur Zent gehörigen Orte Zentschöffen stellten, und so drängt sich die Frage auf, warum dies nur für einen Teil der Dörfer zutraf und für einen anderen wiederum nicht. Den Zentbüchern sind diesbezüglich leider keine Anhaltspunkte zu entnehmen. Letztendlich wären daher im Rahmen der Arbeit nur Vermutungen anzustellen und so sei auf die Studie von Christiane Birr verwiesen, in der dieselbe Problematik ein Thema ist. Vgl. dazu BIRR: Konflikt und Strafgericht, S. 133–142.
²⁸ Die Höfe Schafhof und Wagenbuch gehörten der Herrschaft des Klosters Bronnbach an. Die dort ansässigen Bauern vernachlässigten zum Teil ihre Zentpflichten, was sicherlich mit dieser Zugehörigkeit zusammenhing. Vgl. dazu Kapitel III. 4. *Urteile am Wertheimer Zentgericht*.
²⁹ Vgl. StAWt G-Rep. 6 Lade VII-VIIIa Nr. 26. Niklashausen stand unter der Gerichtsbarkeit der Ritter von Stettenberg.
³⁰ StAWt G-Rep. 102 Nr. 5550 („Verzeichnus deren dorff weiler und hoff so zur die Wertheymer Zendt gehorige sindt").

gemeinsam angetreten hatten, der Stadt Wertheim eine Gerichtsordnung. Darin wurde bestimmt, dass es keinem Bürger möglich war, einen anderen vor einem fremden Gericht zu verklagen: „das keyn burger den andern usser der Stat an andere gerichte laden sol."[31] Alle Rechtsstreitigkeiten sollten daher entweder vor den Grafen selbst oder ihrem Schultheißen verhandelt werden.[32] In ähnlicher Weise ist davon auch im ältesten erhaltenen Zentbuch (1534 bis 1566) die Rede:

„Ite[m] so ein burger In Wertheimer Zent oder In Michelritter Zendt etwas mit schlagen oder sunst mutwilliger weiß handelt so sie nit uff der tadt gefencklich angenummen worden sein sie an der Zent nit zw antworte schuldig sonder da sie seßhafftig sein mach sie einer für nehme[n]

Ite[m] es wer dan das er die iiii artickel an dreff nemlich/ diepstal/ Mordtgeschrey/ notzucht oder mit unrechte[m] marckstein/ oder unrechte[m] gewicht solchs sol von ain gericht an die Zent komme[n]

Ite[m] der gleichen thun die wirtzburger auch mit ir stat lewten und die meintzischen der gleiche[n]"[33]

Die Zuständigkeit des Zentgerichtes in Bezug auf die Stadtbürger ist allem Anschein nach nicht immer unumstritten gewesen.[34] Auch der Blick in die Zentgerichtsprotokolle zeigt, dass falls ein Wertheimer Bürger in eine Auseinandersetzung mit einem der Zent Wertheim angehörenden Dorfbewohner involviert war, beide Kontrahenten durchaus vom Zentgericht belangt werden konnten. Dies geschah beispielsweise im November des Jahres 1600, als die beiden Lohgerber Lorenz Stark aus Dertingen und Hans Sauer aus Wertheim im Wirtshaus in Dertingen miteinander in Streit geraten waren.[35] Was dem Konflikt im konkreten Fall vorausgegangen war, ist anhand der Akten nicht nachvollziehbar. Die Tatsache jedoch, dass es zu Auseinandersetzungen zweier Vertreter des gleichen Berufes kommen konnte, war in der damaligen Zeit – und dies ist auch anhand der für die vorliegende Arbeit untersuchten Akten ersichtlich – keine Seltenheit. Streitgespräche im Wirtshaus[36] endeten wie in diesem Fall häufig in physischer Gewaltanwendung, die sich gelegentlich so sehr radikalisierte, dass einer der Kontrahenten die Auseinandersetzung nicht überlebte.[37] Um einer möglichen Eskalation der oben geschilderten Situation entgegenzuwirken, waren die beiden Dertinger Rüger Hans Huber der Junge und Clas Ruel zur Hilfe in das Wirtshaus gerufen worden. Ihnen war

---

[31] StAWt- S-B Nr. 2, S. 18. (Urkunde im Original scheinbar nicht mehr vorhanden).
[32] Vgl. StAWt-S-B Nr.2, S. 18.
[33] StAWt G-Rep. 103 Nr. 10, fol. 11v.
[34] Vgl. dazu auch ZIMMERMANN: Obrigkeit, Bürgertum und Wirtschaftsformen im alten Wertheim, S. 39 Anmerkung 55.
[35] Vgl. StAWt G-Rep. 102 Nr. 533. („Lorenz Stark vs. Hans Sauer").
[36] Der Zusammenhang zwischen der Entstehung von Konflikten und öffentlichen Räumen der Zusammenkunft, in denen auch häufig Alkohol konsumiert wurde, wird an späterer Stelle noch ausführlicher Gegenstand der Arbeit sein.
[37] Vgl. StAWt G-Rep. 102 Nr. 1829 (Verübter Totschlag Franz Lauers an seinem Sohn unter Alkoholeinfluss).

1. Der institutionelle Rahmen: Das Wertheimer Zentgericht 57

es auch möglich, der Prügelei der beiden Gegenspieler Einhalt zu gebieten[38]: „da haben sie sie von einander gewisen und den von wertheim mit gelübden an genomen."[39] Mit „gelübde" dürfte hier, gemäß einer heute nicht mehr üblichen Wortbedeutung, ein „gegenseitiges oder allseitiges gutheizsen eines vorschlags"[40] gemeint sein. Scheinbar konnten die beiden Männer im Einvernehmen mit dem Wertheimer Lohgerber festlegen, dass die Angelegenheit vor dem Wertheimer Zentgericht verhandelt werden sollte, was darauf schließen lässt, dass es auch für die Wertheimer Bürger zuständig war. Beide Kontrahenten hatten ihr Verhalten schließlich mit einer Geldstrafe zu gleichen Teilen zu büßen.[41] Die Konflikte der Stadtbürger untereinander blieben aber Gegenstand des Wertheimer Stadtgerichts, das mit dem sogenannten „inneren Rat" identisch war. Das städtische beziehungsweise bürgerliche Gericht besaß nicht nur die Zuständigkeit für bürgerliche Zivilverfahren, sondern es fielen allem Anschein nach auch geringe bis mittelschwere Straftaten wie beispielsweise Raufereien und Körperverletzung ohne Todesfolge oder geringfügige Verstöße gegen obrigkeitliche Verordnungen unter dessen Gerichtsbarkeit.[42]

1.3 Orte der Rechtsprechung

Die Verhandlungen des Zentgerichtes fanden ursprünglich außerhalb der Wertheimer Stadtmauern statt und bevor das Gericht im 16. Jahrhundert auf die Spitalwiese verlegt wurde, war sein Platz vor dem Mühlentor.[43] Schließlich soll es danach aufgrund der häufigen Überschwemmung der Spitalwiese bei Hochwasser in ein Gebäude vor dem Brückentor, in das sogenannte Zenthaus, verlegt worden sein.[44] Die Abhaltung des Gerichtes innerhalb der Ringmauern hätte der Rat der Stadt offenkundig als einen Eingriff in seine Rechte und Freiheiten aufgefasst.[45] Aus den Akten ist jedoch ebenfalls ersichtlich, dass ein Teil der Verhandlungen in den Jah-

---

[38] Bei der Ankunft der beiden Rüger im Wirtshaus hatte der Dertinger Lohgerber bereits eine Platzwunde am Kopf. Scheinbar war es im Vorfeld der Auseinandersetzung weder dem Wirt noch anderen Anwesenden gelungen, den Streit der beiden zu beenden.
[39] StAWt G-Rep. 102 Nr. 533. („Lorenz Stark vs. Hans Sauer").
[40] Vgl. GRIMM, Jacob/GRIMM, Wilhelm: Art. Gelübde, in: Deutsches Wörterbuch, Bd. 5. München 1984 (Nachdruck der EA von 1897), Sp. 3101.
[41] Vgl. StAWt G-Rep. 102 Nr. 5550 (Zentgericht 1600, Montag nach Trium Regum).
[42] Vgl. ZIMMERMANN: Obrigkeit, Bürgertum und Wirtschaftsformen im alten Wertheim, S. 40–42.
[43] Vgl. StAWt G-Rep. 103 Nr. 10, S. 20v: „Ite[m] dieweil das Gericht vor alter vor dem Mülen dohr, Recht zusprechen sessen ist, Aber umb enge der wege und anderer Ursachen halben, hat weyland der Wolgeborn herr herr Georg Grave zu Wertheim unser gnediger seligen gedechtnuß das fürter auff die Spitalwyßenn zu besetzenn verordnet."
[44] Vgl. ZIMMERMANN: Obrigkeit, Bürgertum und Wirtschaftsformen im alten Wertheim, S. 37.
[45] Aufgrund der Überschwemmung der Spitalwiese in den Jahren 1602 und 1605 waren zwei peinliche Prozessverfahren des Zentgerichtes innerhalb der Stadt abgehalten worden. In beiden Fällen legten der Bürgermeister und der Rat der Stadt eine öffentliche Beschwerde gegen dieses Vorgehen ein. Vgl. StAWt- 5 B2, S. 99–103 und StAWt G-Rep. 102 Nr. 6235.

ren 1610 und 1611 in den Wirtshäusern „Gans" und „Rose", also innerhalb der Stadtmauern, stattgefunden hat.[46] Dies war jedoch nur vereinzelt der Fall oder wurde gegebenenfalls nicht immer schriftlich festgehalten – jedenfalls ist weder ein einheitliches System erkennbar, noch fallen andere Besonderheiten, beispielsweise bei der Besetzung des Gerichtspersonals oder in Bezug auf die Verfahrensweise auf. Hinweise darauf, dass unmittelbar danach Beschwerden seitens der Stadt aufgekommen wären, fehlen zu diesem Zeitpunkt allerdings.

1.4 Die Wertheimer Zentgerichtsrechte

Lange Zeit wurden von Würzburg aufgrund von Lehens- und Landrechtsansprüchen Teilrechte an der Zent Wertheim beansprucht und auch wahrgenommen[47], die sich unter anderem darin manifestierten, dass Würzburg in der Person des Grafen von Homburg mit einem schweigenden Zentgrafen[48] am Wertheimer Zentgericht vertreten war.[49] Seine Funktion war jedoch vielmehr eine beisitzende als eine mitentscheidende und den Vorsitz am Gericht führte offenkundig der Wertheimer Zentgraf.[50] Dass der Würzburger Vertreter nur eine untergeordnete Rolle inne hatte, wird auch durch die Tatsache untermauert, dass Graf Johann II. im Jahr 1417 von König Sigismund eine Urkunde erhalten hatte, in der den Wertheimer Grafen unter anderem die Rechte über das Hals- und Zentgericht[51] zugesprochen wurden.[52] Offenbar gelang es im Verlauf des 15. Jahrhunderts aufgrund weiterer königlicher Hoch,- Blut- und Halsgerichtsprivilegien[53] die Einflussmöglichkeiten Würzburgs auf das Grafschaftsgebiet zunehmend zu schmälern.[54] In einem Weistum aus

---

[46] Vgl. StAWt G-Rep. 102 Nr. 5550: Gerichtstermin Montag nach Walburgis, der 7. Mai 1610 und Gerichtstermin Montag nach Trium Regum, der 7. Januar 1611. Eine Verlegung des Gerichtes in die oben genannten Gasthäuser ist durchaus bereits zu früherer Zeit denkbar.

[47] Dies wird im Weistum der Wertheimer Zentschöffen aus dem Jahr 1384 G-Rep. 7 Lade XXX IIa Nr. 8 bestätigt. Vgl. auch GRIMM: Weisthümer: Weisthum der Cent zu Wertheim, S. 20 f.

[48] Gelegentlich ließ der Zentherr seine Interessen am Zentgericht durch einen schweigenden oder horchenden Zentrgafen vertreten, der dem Zentgrafen beigeordnet war. Vgl. THEUERKAUF: Art. Zentgericht, Sp. 1665.

[49] Vgl. GRIMM: Weisthümer § 15, S. 21; KNAPP: I,2, S. 1341.

[50] Vgl. GRIMM: Weisthümer: Weisthum der Cent zu Wertheim, S. 20 f.

[51] Die Wertheimer Grafen konnten die Hochgerichtsrechte scheinbar in zweierlei Form für sich beanspruchen. Das wird im Folgenden noch ausführlicher thematisiert.

[52] Vgl. StAWt G-Rep. 8 Lade I–II, Nr. 21.

[53] Die Hoch,- Bluts- oder Halsgerichtsbarkeit urteilt über schwere Verbrechen und verhängt Körper- und Todesstrafen.

[54] In einer Urkunde Kaiser Sigismunds aus dem Jahr 1434 wird den Grafen Hans und Michael das Recht erteilt, dass sie „one ander merer erzeugniß und on besibenem eyd wol richten und [...] straffen sollen", sobald sie selbst oder ihre Amtspersonen „in Iren Gerichten ubeltattig und schedlich leutt uff fryscher tade" ergriffen haben, oder wenn diese „vor zweyen oder mer gesworner Rete und Scheppfen" bezüglich ihrer Vergehen geständig sind. Vgl. StAWt G-Rep. 8 Lade I–II, Nr. 28. Dieses Gerichtsprivileg wurde in den

1. Der institutionelle Rahmen: Das Wertheimer Zentgericht 59

dem Jahr 1422 konstatieren die Wertheimer Zentschöffen, dass der Graf von Wertheim der alleinige Gerichtsherr sei: „was frefels in der frihunge der stad zu Wertheim geschiecht [...] hat u. gn. h. von Wertheim [...] sine erben adir ire gewalt mit irem geheisz und wiessen ganze volle gewalt, dieselbe frefel [...] alleine und nimand anders, zu strafen, zu buszen, davon zu lazzen odir zu ergeben und damide tun und lazzen, wie sie wollen, ungehindert von aller menglichen ân alle geverde."[55] In dem aus der ersten Hälfte des 16. Jahrhunderts stammenden Wertheimer Zentbuch[56] findet der oben genannte schweigende Zentgraf keine Erwähnung mehr. Doch im Zuge der Übernahme der Regierung durch Graf Ludwig von Stolberg-Königstein im Jahr 1556 kam es zu einer Erneuerung der Würzburger Lehen, nachdem Graf Michael III. ohne männliche Nachkommen verstorben war und diese somit an den Lehensherrn zurückfielen.[57] In einer „Abrede zwuschen Wurtzburg und Konigstein"[58] vom 16. August wird der dritte Teil der Wertheimer Zent wieder als Würzburger Lehen aufgeführt,[59] jedoch ist nach der dritten Würzburger Fehde (1598–1617) eine Beteiligung Würzburgs am Wertheimer Zentgericht in Form des schweigenden Zentgrafens in den Quellen nicht mehr nachweisbar.[60] Inwieweit und in welcher Form der Würzburger Bischof seine Rechte nach 1556 allerdings tatsächlich durchzusetzen vermochte, steht auf einem anderen Blatt. Im Rahmen der Würzburger Fehde[61] war im August des Jahres 1599 der Würzburgische Marschall Paul Merten von Lichtenstein samt einer Delegation bestehend aus Räten, Notaren und anderer Zeugen am Wertheimer Zentgericht erschienen und forderte den Zentgrafen und die Schöffen dazu auf, „beeden crichingischen anwalden absonderliche Pflicht [zu] leisten"[62]. Der Gesandte aus Würzburg berief sich dabei auf die „Königsteinsche Capitulation" aus dem Jahr 1556 und danach beanspruche Wilhelm von Krichingen, von Würzburg belehnt und Verbündeter des Bischofs Julius Echter in der Auseinandersetzung mit Ludwig von Löwenstein, den dritten Teil der Wertheimer Zent. Bei den Schöffen am Zentgericht hatte der Besuch des Würzburger Boten offenbar keinen großen Eindruck hinterlassen, denn durch den Stadt- und Zentgerichtsschreiber ließen sie den Delegierten aus Würzburg mitteilen: „Es haben die Verordnete Wertheimische Richter und Schöpfen des Centh und

---

Jahren 1442, 1458, 1459, 1495, 1496 und 1521 erneut bestätigt. Siehe StAWt G-Rep. 8 Lade I–II Nr. 32, Nr. 35, Nr. 36, Nr. 39, Nr. 40 und Nr. 43.

[55] GRIMM: Weisthümer: Frevel zu Wertheim, S. 22.
[56] StAWt G-Rep. 103 Nr. 10.
[57] Vgl. EHMER: Geschichte der Grafschaft Wertheim, S. 118–123.
[58] Der hierbei zwischen dem Würzburger Bischof und Graf Ludwig von Stolberg ausgehandelte Vertrag taucht in den Quellen an anderer Stelle auch als „Königsteinsche Capitulation" auf. Siehe StAWt G-Rep. 102 Nr. 5550 (Zentgericht 1599, Montag nach Laurenzi).
[59] Vgl. StAWt G-Rep. 9 Lade XIII–XIV Nr. 197.
[60] Vgl. auch ZIMMERMANN: Obrigkeit, Bürgertum und Wirtschaftsformen im alten Wertheim, S. 37.
[61] Vgl. EHMER: Geschichte der Grafschaft Wertheim, S. 133–146; KLEINEHAGENBROCK: Würzburg contra Wertheim, S. 155–171.
[62] StAWt G-Rep. 102 Nr. 5550 (Zentgericht 1599, Montag nach Laurenzi).

Landgericht daselbsten auß [...] beschehenem vorbringen verstanden, welcher gestalt der höchwürdig Fürst und Herr Julius Bischoff zu Würtzburghg und Hertzog zur Franken sich des drittigen theils der Wertheimschen Centh anmasse auß Ursachen, und ob angezogenem grunde der Königsteinschen Capitulation, deren dieselbige Centh zum drittigen theil mit einverleibet sey, weil aber der Richter und Schöpffen weder umb die Capitulation noch andere der Herrschafft sachen einige wissenschafft hetten, ihnen auch keines wegs geburen wölle nach solchen zur grublen und fragen, sonders sich des alten herkommens vermög ihrer geleißen pflicht zuerinnern, und solches nachmals gemäß verhiltten,[...] weil dieses Centhgericht ohne mittel von dem heiligen Reich Zur lehen rühren hette"[63].

Obwohl Paul Merten von Lichtenstein trotzdem an seiner Ausführung festhielt, musste er unverrichteter Dinge nach Würzburg zurückkehren, denn „die Schopffen lissen es bey ihrer erglerung endlich verpleiben benebst die gethane Protestationem uff ihren werd und unwerdt beruhen als eine welchen sachen sie gar nichts zu schaffen hetten"[64]. An dieser Stelle muss natürlich darauf hingewiesen werden, dass für die hier geschilderte Auseinandersetzung die Hintergründe und Ereignisse der Würzburger Fehde keineswegs außer Acht gelassen werden dürfen. Zu Vorfällen ähnlicher Art scheint es bezüglich der Zentgerichtsrechte im Zuge der Konfrontation zwischen Würzburg und Wertheim in den darauf folgenden Jahren nicht mehr gekommen zu sein. Dessen ungeachtet zeigt der hier geschilderte Vorfall aber, dass das Zentgericht in der Grafschaft als Reichslehen betrachtet wurde und dass Wertheim die betreffenden Rechtsansprüche vehement durchzusetzen versuchte, indem man sich durchaus selbstbewusst – das hier angeführte Ereignis verdeutlicht dies – auf die oben genannten königlichen beziehungsweise kaiserlichen Privilegien berief.

1.5 Elemente der Gerichtsverfassung

1.5.1 Der Zuständigkeitsbereich der Wertheimer Zent: Welche Delikte kommen vor das Zentgericht?

Häufig wurde in der (rechtsgeschichtlichen) Forschung konstatiert, dass die Zentgerichte zu Beginn der Neuzeit für die Blutgerichtsbarkeit und damit für todeswürdige Kapitalverbrechen zuständig gewesen sind. Demgegenüber verhandelten andere Instanzen wie die Dorf- oder Stadtgerichte die niedergerichtlichen Fälle.[65] Zu Recht wurde jedoch in der jüngeren Forschung darauf hingewiesen, dass dieses Bild ein zu einfaches wäre, und allein die Tatsache, dass Dorfgerichte vielmehr die Ausnahme denn die Regel darstellten, spricht gegen die Annahme, die niedere Ge-

---

[63] StAWt G-Rep. 102 Nr. 5550 (Zentgericht 1599, Montag nach Laurenzi).
[64] Ebd.
[65] Vgl. exemplarisch THEUERKAUF: Art. Zentgericht, Sp. 1664; KROESCHELL, Karl: Art. Zent, -gericht, in: LdM Bd. IX, Sp. 536; MERZBACHER, Friedrich: Art. Hochgerichtsbarkeit, in: HRG Bd. II, Sp. 174.

1. Der institutionelle Rahmen: Das Wertheimer Zentgericht

richtsbarkeit wäre prinzipiell in den Händen dörflicher Richter und Schöffen gelegen.[66] Vielmehr muss von einer Differenzierung zwischen „Delikten, die der Rügepflicht unterliegen und denjenigen, die in die Zuständigkeit der Zentgerichte fallen"[67], ausgegangen werden. Demnach beantwortet die Frage nach den am Zentgericht zu rügenden Vergehen nicht gleichzeitig auch die Frage nach dem sachlichen Zuständigkeitsbereich dieser Gerichte.[68] Das bedeutet also, dass dieser über diejenigen Vergehen hinausgehen konnte, die im Allgemeinen der Rügepflicht unterlegen waren.[69] Der Versuch den Kompetenzbereich eines frühneuzeitlichen Gerichts konkret abzustecken, ist oftmals mit Schwierigkeiten verbunden, da sowohl zweifelhafte Grenzfälle als auch Überschneidungen nur selten eine klare Grenzziehung zulassen. Zudem gehörten Streitigkeiten zwischen verschiedenen Gerichtsherren oder zwischen unterschiedlichen Gerichten um die konkrete Umsetzung der Zuständigkeitsbeschreibungen häufig zum gerichtlichen Alltag.[70] Diese Probleme nahmen auch Zeitgenossen schon als solche wahr: „Daß die Materia der Criminal-Jurisdiction und Fraißlichen[71] Obrigkeit sehr verwiret und schwehr seye/ wird [...] hoffentlich niemand in Zweiffel ziehen/ [...] Dann wem ist unbekannt/ daß nicht täglichen die gröste Controversien ueber die Competenz, Concurrenz, oder Prævention der Zentbarlichen Jurisdiction enstehen?"[72]

Im Falle des Wertheimer Zentgerichtes ist einem Weistum aus dem Jahr 1422 zu entnehmen, dass dieses für Fälle von „dupstal, [...] meurde, [...] prande, odir wie der frefel anders hies"[73] zuständig gewesen ist. Ferner wird in dem aus der ersten Hälfte des 16. Jahrhunderts stammenden Zentbuch in einer Eidesformel gefordert: „So solt ir an euer Ruge gehen so man die ein nymbt und solt rugen Mortt, dieppstall, plutru[n]ste, wapfnot geschray unnd ob ein fraw oder Jungfraw uber Iren

---

[66] Vgl. Birr: Konflikt und Strafgericht, S. 206; Schultheiß: Gerichtsverfassung und Verfahren, S. 232–236.
[67] Birr: Konflikt und Strafgericht, S. 206.
[68] Vgl. ebd.
[69] Hermann Knapp sieht den Zuständigkeitsbereich der Zentgerichte fälschlicherweise noch auf diejenigen Delikte beschränkt, die zur Rüge gebracht werden mussten. Demnach gehörten nach Knapp alle weiteren von der Rügepflicht nicht betroffenen Vergehen an die Dorfgerichte. Vgl. Knapp: Die Zenten des Hochstifts Würzburg, Bd. II, S. 292. Dieser Ansicht widersprechen aber die Quellenbefunde bisheriger Studien zu einzelnen Zentgerichten. Vgl. Birr: Konflikt und Strafgericht, S. 206–257 sowie Schultheiss: Gerichtsverfassung und Verfahren, S. 365.
[70] Vgl. Birr: Konflikt und Strafgericht, S. 208; Amend-Traut, Anja u.a.: Gerichtsvielfalt und Gerichtslandschaften. Annäherungen und Perspektiven, S. 26.
[71] Der Begriff „fraißlich" bedeutet: die obere beziehungsweise peinliche Gerichtsbarkeit betreffend. Vgl. Adelung, Johann Christoph: Grammatisch-kritisches Wörterbuch der Hochdeutschen Mundart mit beständiger Vergleichung der übrigen Mundarten, besonders aber der oberdeutschen. Zweyte, vermehrte und verbesserte Ausgabe. Leipzig 1793–1801, Sp. 262.
[72] Beck: Praxis Aurea de Juristdictione Superiore, Criminali & Centena, vulgo Von der Ober-Gerichtsbarkeit/ Zent-Gericht/ Hohen Malefiz- oder Fraißlichen Obrigkeit und Blut-Bann (Vorrede).
[73] StAWt G-Rep. 7 Lade XXX IIa Nr. 2.

willenn genotzuchtigt wurden. Auch yemant in dießer Zent mit marckstainen mit falschem mase oder ungerechtem Gewicht umb giengen das alles solt man rugen und fürbrengen."[74] Im Zusammenhang mit der Kompetenzbeschreibung eines Gerichtes erweisen sich generalisierende Formulierungen wie beispielsweise „grois adir cleine [Frevel]"[75] oder „ist schade[n] geschee[n]"[76] in besonderem Maße als problematisch, da sie eine Abgrenzung zu anderen Gerichtsinstanzen erschweren. Angaben dieser Art sind nicht nur bei gerichtlichen Aspekten in den Weistümern einzelner zur Zent Wertheim gehörender Dörfer zu finden, sondern betreffen auch das Wertheimer Zentgericht selbst. Im konkreten Fall bedeutet dies, dass es für die niedergerichtlichen Instanzen innerhalb der Zent Wertheim nur wenige greifbare Angaben gibt, für welche Delikte diese die Zuständigkeit besaßen.[77] Besonders in Fällen von fließenden Wunden oder Schmach- und Scheltworten konnten Streitigkeiten über den Umfang von Gerichtsrechten entstehen, da diese Vergehen an der Schwelle zwischen niederer und hoher Gerichtsbarkeit anzusiedeln sind und somit sowohl vom Zentgericht als auch vor einem örtlichen Ausschuss verhandelt werden konnten.[78] Der Blick in die Gerichtsakten des Wertheimer Zentgerichtes sowie in die Weistümer einzelner Dörfer kann den eben geschilderten Problemen jedoch Abhilfe schaffen.

Zumindest die Frage nach der Zuständigkeit von fließenden Wunden lässt sich anhand der Quellen eindeutig beantworten. Zum einen wird in dem oben genannten Zenteid ja ganz dezidiert „plutru[n]ste"[79] als rügepflichtiges Vergehen genannt. Zum anderen ist den für die vorliegende Arbeit herangezogenen Rügeprotokollen sowie auch den Niederschriften, die während der Zentgerichtssitzungen in den Jahren von 1589 bis 1611 entstanden sind, zu entnehmen, dass das Wertheimer Zentgericht offenbar alle Fälle von fließenden Wunden verhandelt hat.[80]

Die rechtliche Einordnung der Schmäh- und Schimpfworte, der sogenannten Verbalinjurien, erweist sich in Abgrenzung zu den einzelnen Dorfgerichten als weitaus schwieriger. Nicht in allen der zur Zent Wertheim gehörenden Ortschaften waren niedergerichtliche Instanzen in Form eines Dorfgerichtes vorhanden. Nachweislich war dies nur für die Dörfer Reicholzheim, Eichel, Ödengesäß, Dietenhan, Dertingen, Urphar und Lindelbach, Höhefeld und Waldenhausen der Fall. Die Beantwortung der Frage nach den Zuständigkeitsbereichen dieser Dorfgerichte wird

---

[74] StAWt G-Rep. 103 Nr. 10, S. 2r-3v. In einer undatierten Eidesformel wird zusätzlich gefordert, dass alle Schläge gerügt werden müssen. Vgl. StAWt G-Rep. 102 Nr. 514.
[75] StAWt G-Rep. 7 Lade XXX IIa Nr. 2.
[76] StAWt G-Rep. 6 Lade VII-VIIIa Nr. 20.
[77] Die in der Zent Wertheim gelegenen Dörfer Dertingen, Höhefeld und Waldenhausen beispielsweise besaßen ein eigenes Dorfgericht. In den Weistümern dieser Ortschaften sind hinsichtlich der Gerichtskompetenzen nur die oben genannten vagen Formulierungen zu finden. Vgl. G-Rep. 6 Lade VII-VIIIa Nr. 11, Nr. 20, Nr. 38.
[78] Vgl. auch: BIRR: Konflikt und Strafgericht, S. 215.
[79] Vgl. StAWt G-Rep. 103 Nr. 10, S. 3v.
[80] Vgl. Exemplarisch: StAWt G-Rep. 102 Nr. 1626 und Nr. 5550 (Zentgericht 1611, Montag nach Walpurgis; 6. Mai).

1. Der institutionelle Rahmen: Das Wertheimer Zentgericht

durch den Umstand erschwert, dass die Überlieferungslage bezüglich der niedergerichtlichen Instanzen innerhalb der Grafschaft Wertheim schlecht ist. Hinterlassenschaften spätmittelalterlicher beziehungsweise frühneuzeitlicher Niedergerichte sind im Staatsarchiv Wertheim unter anderem in Form der Weistümer registriert. Diese Quellengattung ist allerdings nur für die Ortschaften Dertingen, Höhefeld, Waldenhausen sowie für Urphar und Lindelbach überliefert[81] und die Weistümer enthalten keine Angaben zu Deliktzuständigkeiten.[82] In Bezug auf die Frage nach der Tätigkeit der Dorfgerichte um 1600 kann jedoch auf die Protokolle des Wertheimer Zentgerichtes und auf die des gräflichen Hofgerichtes zurückgegriffen werden. Allem Anschein nach war Letzteres für Zivil- und Ehrensachen von den Gerichten der Stadt und von denen der Grafschaftsdörfer als Appellationsinstanz tätig.[83] In dem für die vorliegende Arbeit infrage kommenden Untersuchungszeitraum wandten sich die Einwohner der zur Zent Wertheim gehörenden Dörfer in Appellationsfällen von Injurien- und Beleidigungsklagen jedoch nie an das gräfliche Hofgericht, sondern konsultierten dieses vornehmlich bei Erb- und Grenzstreitigkeiten.[84] Zum jetzigen Zeitpunkt muss aufgrund fehlender Untersuchungen sowie mangels Quellenmaterials allerdings fraglich bleiben, in welchem Umfang die Dorfgerichte am Ende des 16. beziehungsweise zu Beginn des 17. Jahrhunderts tätig waren oder in welchen Abständen die Gerichte zusammentraten.[85] Fest steht allerdings, dass sich das Zentgericht in dem für die Arbeit herangezogenen Untersuchungszeitraum nicht mit reinen Zivilklagen beschäftigte.

In der Regel gab es bezüglich der fränkischen Zent- und Niedergerichte drei verschiedene Möglichkeiten für den Umgang mit Schmäh- und Schimpfworten: Entweder waren sämtliche Verbalinjurien einem einzigen Gericht zugeordnet, oder je nach Schwere und Grad der Ehrverletzung waren sie unter das Hoch- und Niedergericht aufgeteilt.[86] Was die Zent Wertheim anbelangt, so ist aus den für die Untersuchung herangezogenen Rügeprotokollen ersichtlich, dass auch Verbalinjurien vor dem Zentgericht verhandelt wurden, da der Großteil der Rügzettel mit

---

[81] Vgl. die Weistümer der oben genannten Ortschaften (G-Rep. Lade VII-VIIa Nr. 11, Nr. 20, Nr. 38, Nr. 67).
[82] Diesen Umstand beklagt beispielsweise auch Hägermann in ihrer Untersuchung. Vgl. Hägermann: Das Strafgerichtswesen im kurpfälzischen Territorialstaat, S. 523.
[83] Von Zimmermann wurde das gräfliche Hofgericht in seiner Bedeutung und Zuständigkeit aufgrund fehlender Voruntersuchungen nur andeutungsweise beschrieben. Auch die bisher erschienene Literatur, die sich mit der Geschichte der Grafschaft Wertheim beschäftigt, enthält keine Informationen bezüglich des Hofgerichtes. Vgl. Zimmermann: Obrigkeit, Bürgertum und Wirtschaftsformen im alten Wertheim, S. 36 f.
[84] Vgl. exemplarisch: StAWt G-Rep. 102 Nr. 4895 und Nr. 8248.
[85] Aus einem gräflichen Regierungsprotokoll aus dem Jahr 1796 geht jedoch hervor, dass in der Grafschaft Wertheim am Ende des 18. Jahrhunderts Dorfgerichte noch existent waren, denn darin wird der Umstand kritisiert, dass die Schultheißen nahe Verwandte bevorzugt für die Besetzung der Gerichte vorgeschlagen haben. Vgl. StAWt F-Rep. 88 Nr. 155.
[86] Vgl. Birr: Konflikt und Strafgericht, S. 224–228; Schultheiss, Sven: Gerichtsverfassung und Verfahren, S. 232–236.

einem Vermerk versehen ist, der im speziellen Fall auf das Datum der jeweiligen Zentgerichtsverhandlung verweist. Eine Ausnahme für den für die Arbeit zugrunde liegenden Untersuchungszeitraum stellt ein einzelner Fall aus der Ortschaft Dietenhan dar, bei dem eine Injurienklage vom Dorfgericht an das Zentgericht Wertheim verwiesen wurde.[87] Dementsprechend ergeben sich bezüglich der Schmäh- und Schimpfworte für Wertheim folgende zwei Möglichkeiten: Obwohl für die Verbalinjurien keine allgemeine Rügepflicht an der Zent Wertheim bestand, hat das Zentgericht deren Zuständigkeit für sich beansprucht. Folglich war die Verhandlung solcher Delikte am Zentgericht von der Obrigkeit intendiert.[88] Dagegen spricht allerdings die Tatsache, dass es – wie das oben aufgeführte Beispiel zeigt – eben auch die Lösung gab, Beleidigungsklagen von einer niedergerichtlichen Instanz verhandeln zu lassen. Die Dorfbevölkerung ging im Falle der Ehrenhändel unter Umständen ganz bewusst den Weg an ein höheres Gericht.

Darüber hinaus urteilte das Wertheimer Zentgericht auch in Fällen von Verstößen gegen die Rechte des Gerichts oder die des Zentherren. Übertretungen in Bezug auf Zentherrenrechte lagen beispielsweise in Form der Vernachlässigung von Rüg- oder Erscheinungspflichten an bestimmten Gerichtstagen vor: „Item es vil man In der Zendt sein moge uff die geschworen Montag da heim bleiben mit dem geding das ein yder dem Zentgrapfe ii pfennig gebe."[89] Das unerlaubte Sprechen während einer Gerichtsverhandlung stellte dagegen eine Missachtung der Rechte des Gerichtes dar: Nachdem Paul Schürger am 13. November 1609 „Uberflüsiger" […] weiß inß gericht gered"[90] hatte, musste er dies ebenfalls mit einer Geldstrafe verbüßen.[91] Übertretungen solcher Art stellten aber Einzelfälle dar. Mit dem Blick in die punktuell erhaltenen Zentrechnungen ist überprüfbar, wie konsequent diese Verstöße geahndet wurden, oder ob sich diesbezüglich Unterschiede bei der Bestrafung je nach finanzieller Situation der Herrschaft oder des Zentgerichtes ergaben.[92]

1.5.2 Einzelne Organe am Zentgericht

Eine detaillierte Beschreibung aller Organe am Zentgericht würde den Rahmen dieses Kapitels mit Sicherheit sprengen. Daher sollen im Folgenden vornehmlich die Ämter des Zentgrafen und der Schöffen sowie die Gruppe der Zentverwandten genauer betrachtet werden. Funktionsträger wie der Zentschreiber, der das Zent-

---

[87] Vgl. G-Rep. 102 Nr. 534 („Hans Schmieds Frau" vs. Christoph Götzelmanns Frau").
[88] Ziel der Politik des Würzburger Fürstbischofs Julius Echter (1545–1617) war es beispielsweise, dass jeder strafrechtlich relevanten Fall an den Zentgerichten gerügt wurde, um auch nur dort verhandelt zu werden. Vgl. BIRR: Konflikt und Strafgericht, S. 257. Ähnlich könnten es auch die Wertheimer Grafen gehandhabt haben.
[89] StAWt G-Rep. 103 Nr. 10, S. 9v.
[90] Vgl. StAWt G-Rep. 102 Nr. 5550 (Zentgericht 1609, Montag nach Martini, der 13. November).
[91] Vgl. ebd.
[92] Vgl. das Kapitel III. 4. Urteile am Wertheimer Zentgericht.

buch führte und die Gerichtstage protokollierte⁹³, und Zentknecht und Nachrichter beziehungsweise Henker oder Scharfrichter finden in den Ausführungen keine Beachtung. Letzterer trat im Allgemeinen eher selten und in den für die Untersuchung herangezogenen Landgerichtsverfahren ohnehin nicht in Erscheinung, da er vornehmlich im Zuge peinlicher Befragungen sowie bei der Ausführung von Leib- und Lebensstrafen zum Einsatz kam. Zum Teil übernahm auch der Zentbüttel diese Aufgaben, der unter anderem auch als Bote für das Zentgericht fungierte.⁹⁴ Eine ausführliche Beschreibung eben dieser Ämter findet sich in den Werken von Sven Schultheiß und Christiane Birr, sowie in der Arbeit von Melanie Hägermann; auf die dortigen Ausführungen sei deshalb an dieser Stelle verwiesen.⁹⁵

Der Zentgraf
Den Vorsitz am Wertheimer Zentgericht führte der von der Herrschaft eingesetzte Zentgraf.⁹⁶ In seiner Position als Blutbannträger⁹⁷ amtierte der Zentgraf als Vertreter des Königs und er besaß somit das Recht, ein von den Schöffen über Leib und Leben gefälltes Urteil zu sanktionieren⁹⁸ und den Delinquenten dem Nachrichter zur Vollstreckung des Urteils zu übergeben. Zudem war er für die förmliche Hegung, die Eröffnung eines Gerichts, bzw. die Durchführung der Gerichtsverfahren zuständig, indem er Rechtsinhaber, Blutbannverleiher und Schirmherren des jeweiligen Gerichtes nannte.⁹⁹ Im Rahmen der gerichtlichen Verhandlungen lenkte er das Urteilergremium mit Fragen und ihm oblag die Aufgabe neue Schöffen und Rügleute zu vereidigen oder Zeugen und Parteien Bekräftigungseide schwören zu lassen.¹⁰⁰ In besonderem Maße trat er während der Halsgerichtstage in Erscheinung.¹⁰¹

---

⁹³ Vgl. SCHULTHEISS: Gerichtsverfassung und Verfahren, S. 298.
⁹⁴ Vgl. SCHULTHEISS: Gerichtsverfassung und Verfahren, S. 268 f.
⁹⁵ Vgl. BIRR: Konflikt und Strafgericht, S. 162–168 sowie SCHULTHEISS: Gerichtsverfassung und Verfahren, S. 267–270 und 298–300; HÄGERMANN: Das Strafgerichtswesen im kurpfälzischen Territorialstaat, S. 68–119.
⁹⁶ Dies legte das „Statutum in favorem principium" fest. Vgl. WELLER: Zentgerichtsverfassung im Gebiet des heutigen württembergischen Franken, S. 21 sowie THEUERKAUF: Art. Zentgericht, Sp. 1664. Im Falle des Wertheimer Zentgerichtes waren demnach die Wertheimer Grafen für die Ernennung des Zentgrafen zuständig. Vgl. StAWt G-Rep. 57/1 Nr. 19 (Schreiben der Löwensteinsches Kanzlei vom 19. Juli 1611).
⁹⁷ In Franken gehörte die Verleihung des Blutbannes in der Regel zu den Rechten des Würzburger Fürstbischofes. Vgl. KNAPP: Die Zenten des Hochstifts Würzburg, Bd. 2, S. 177 f.
⁹⁸ Dies geschah am Ende eines Malefizgerichtes durch den Stabbruch. Vgl. StAWt G-Rep. 7 Lade XXXIIa Nr. 8.
⁹⁹ Vgl. SCHULTHEISS: Gerichtsverfassung und Verfahren, S. 255; StAWt G-Rep. 7 Lade XXXIIa Nr. 8.
¹⁰⁰ Vgl. StAWt G-Rep. 7 Lade XXXIIa Nr. 8; SCHULTHEISS: Gerichtsverfassung und Verfahren, S. 262.
¹⁰¹ Vgl. zu den Aufgaben im Rahmen der peinlichen Gerichte: SCHULTHEISS: Gerichtsverfassung und Verfahren, S. 261 f.

In dem in der Arbeit zugrunde gelegten Untersuchungszeitraum wurden die Zentgrafen aus den ortsansässigen Stadtbürgern rekrutiert. Eine besondere Qualitätsprüfung, so wie sie andernorts der Fall gewesen war[102], ist für die Wertheimer Zentgrafen nicht nachweisbar; so war beispielsweise in der Zeit um 1600 keine juristische Ausbildung Voraussetzung, um das Amt des Zentgrafen zu bekleiden. Im selben Zeitraum war in Wertheim in jedem Fall jedoch der Bürgerrechtsstatus für diese Amtsposition maßgebend. Im Zuge der Ausbildung und Verdichtung der Territorialherrschaft bekleidete häufig der jeweilige Amtmann in der Grafschaft auch das Amt des Zentgrafen in Personalunion.[103] Außerhalb der formellen Gerichtssitzungen trat der Zentgraf vornehmlich im Zuge von gütlichen oder peinlichen Befragungen in Erscheinung, er koordinierte die Bewachung beziehungsweise die Inhaftierung von ergriffenen Delinquenten und führte die Untersuchung ungeklärter Todesfälle von Amts wegen durch. Ferner zählten zu den allgemeinen Aufgaben des Zentgrafen beispielsweise die Wahrung der Zentrechte nach außen sowie die Kommunikation mit der Zentherrschaft. Er war zudem verantwortlich für das Funktionieren der Abläufe innerhalb der Zent und für die Überwachung und Beschäftigung des Zentknechts.[104] Bei Konfliktfällen innerhalb der einzelnen zur Zent Wertheim gehörenden Ortschaften trat der Zentgraf in den Rügeprotokollen aus den Jahren von 1589 bis 1611 nicht in Erscheinung; jedoch oblag ihm im Zusammenhang mit den Wertheimer Landgerichtsverfahren die Entgegennahme und die Verwaltung der Rügen.[105]

Die Schöffen
Zu den zentralen Personen des Zentgerichtes zählten die Schöffen, da ohne eine ordentlich besetzte Schöffenbank weder ein Gericht gehegt, noch Recht gesprochen werden konnte[106]: Die Schöffen fällten in den Landgerichtsverfahren am Wertheimer Zentgericht die Urteile. Vollständig besetzt war das Wertheimer Zentgericht mit insgesamt vierzehn Schöffen, die sowohl von Bewohnern der zentangehörigen Dörfer als auch von Bürgern der Stadt Wertheim gestellt wurden.[107] Bei der Amtszeit eines Schöffen wird in der [rechts-] historischen Forschung zwischen den Jahr- und Erbschöffen unterschieden. Erstere wurden von ihrer jeweiligen Gemeinde für die Dauer eines Jahres bestimmt und sobald diese ihre Amtszeit beendet hatten, präsentierten Schultheiß und Gemeinde am Zentgericht einen Nachfolger; dies war auch der Fall, sobald ein Schöffe während des Jahres verstarb oder aus anderen Gründen nicht im Stande war, seinen gerichtli-

---

102 Vgl. dazu exemplarisch SCHULTHEISS: Gerichtsverfassung und Verfahren, S. 256.
103 Vgl. GLÄSER: Die Mediatisierung der Grafschaft Wertheim, S. 37.
104 Vgl. dazu ausführlich SCHULTHEISS: Gerichtsverfassung und Verfahren, S. 262–266.
105 Vgl. exemplarisch StAWt G-Rep. 102 Nr. 5550 (Zentgericht 1597, Montag nach Laurenzi).
106 Vgl. BIRR: Konflikt und Strafgericht, S. 133.
107 Siehe auch das Kapitel III. 1.2 Der territoriale Umfang der Zent Wertheim und die Abgrenzung zum Stadtgericht.

chen Aufgaben nachzukommen.[108] Die sogenannten Erbschöffen hatten ihr Amt auf Lebenszeit beziehungsweise so lange inne, wie sie zur Ausübung ihrer Position fähig waren. Die Quellen des 15. und 16. Jahrhunderts verstehen unter dem Begriff des Erbschöffen also nicht etwa ein innerhalb einer Familie vererbbares oder mit einer bestimmten Hofstelle verknüpftes Amt, so wie es die Amtsbezeichnung in unserem heutigen Verständnis sicherlich intendiert.[109] In dem für die Arbeit herangezogenen Untersuchungszeitraum wurde das Wertheimer Zentgericht mit Erbschöffen besetzt[110], so war beispielsweise der Wertheimer Bürger Peter Paal im letzten Drittel des 16. Jahrhunderts zum Schöffen gewählt worden und in diesem Amt „bis in seines todt[s]"[111] tätig gewesen. Im Falle des Ablebens eines Schöffen schlugen Schultheiß und Gemeindemitglieder eines Ortes beziehungsweise der Rat der Stadt – vom Tod des Schöffen durch den Zentgrafen unterrichtet – mehrere für geeignet befundene Kandidaten vor, aus denen der Graf einen Nachfolger bestimmte und der dem Zentgrafen vor dem Amtsantritt einen Eid abzuleisten hatte.[112] In Bezug auf die persönliche Eignung eines Schöffen wird häufig ein einheitliches Ideal beschworen und so sind Eigenschaften wie beispielsweise Tüchtigkeit, Frömmigkeit, Ehrenhaftigkeit, ein guter Leumund und eine eheliche Geburt Voraussetzungen, die zur Besetzung des Amtes erfüllt sein mussten[113] und die gemeinhin eine Notwendigkeiten für die Annahme als Bürger oder Untertan waren. Das Schöffenamt war in Wertheim in der Zeit um 1600 nicht an den Besitz einer bestimmten Hofstätte oder an ein Amt geknüpft, so wie es im fränkischen Raum besonders vor der Zentgerichtsreformation des Fürstbischofs Gottfried Schenk

---

[108] Vgl. BIRR: Konflikt und Strafgericht, S. 146; zu den unterschiedlichen Modellen des Schöffenamtes siehe auch KNAPP: Die Zenten des Hochstifts Würzburg, Bd. 2, S. 236–238.

[109] Vgl. BIRR: Konflikt und Strafgericht, S. 146f. sowie KNAPP: Die Zenten des Hochstifts Würzburg, Bd. 2, S. 237.

[110] Zu den verschiedenen Möglichkeiten der Zusammensetzung von Jahr- und Erbschöffen auch an einem Zentgericht vgl. exemplarisch BIRR: Konflikt und Strafgericht, S. 148f., sowie KRAMER, Karl-Sigismund: Bauern und Bürger im nachmittelalterlichen Unterfranken. Eine Volkskunde auf Grund archivalischer Quellen (Beiträge zur Volkstumsforschung, Bd. IX). Würzburg 1984, S. 85.

[111] StAWt G-Rep. 102 Nr. 514 („Außspruch der Zentschopffen am Landgericht welcher Gestalt in abgange eines Wertheimischen Schöffen ein ander auß der Bürgerschafft zu wehlen").

[112] Vgl. StAWt G-Rep. 102 Nr. 514 („Außspruch der Zentschopffen am Landgericht welcher Gestalt in abgange eines Wertheimischen Schöffen ein ander auß der Bürgerschafft zu wehlen"); StAWt G-Rep. 57/1 Zentsachen Nr. 19 („Underthenige Supplikation an Ludwig").

[113] Vgl. exemplarisch BIRR: Konflikt und Strafgericht, S. 144, BATTENBERG, Friedrich: Dinggenossenschaftliche Wahlen im Mittelalter. Zur Wahl und Einsetzung von Schöffenkollegien und gerichtlichen Funktionsträgern, besonders vom 14. bis zum 16. Jahrhundert, in: Reinhard SCHNEIDER/Harald ZIMMERMANN (Hg.): Wahlen und Wählen im Mittelalter (Vorträge und Forschungen, Bd. 7). Sigmaringen 1990, S. 289–292.

von Limpurg im Jahre 1447 der Fall gewesen war,[114] sondern erfolgte anhand der persönlichen Auswahl.

Zu den vornehmlichen Aufgaben der Schöffen gehörte es, Urteile innerhalb des Gerichtsverfahrens zu fällen. Auf Antrag gaben sie auch Zwischenurteile ab, indem sie ein Verfahren einstellten und bis zu einem bestimmten Gerichtstermin vertagten, zum anderen entschieden die Schöffen über die Zulassung von Kundschaften. Im Wechselspiel mit dem Zentgrafen wirkten sie zudem an der formellen Hegung des Zentgerichtes mit[115] und dienten somit als kollektiver Gedächtnisspeicher und als Überlieferungsorgan für das Gerichtsverfahren – selbst über den Zeitpunkt hinaus, an dem diese Funktion aufgrund der Gerichtsbücher und -aufzeichnungen überflüssig geworden war.[116] Leider sind den Quellen in Bezug auf die Pflichten außerhalb des eigentlichen Verfahrens lediglich spärliche Informationen zu entnehmen. Zudem können im Untersuchungszeitraum nur einzelne Personen namhaft gemacht werden, die das Schöffenamt am Zentgericht bekleideten. Ihre Rolle, die sie im Zusammenhang mit dem innerdörflichen Zusammenleben oder bei Konfliktsituationen eingenommen haben könnten, bleibt somit weitgehend undurchsichtig. Dass die Schöffen auf die Einhaltung der allgemeinen Friedenswahrung Acht zu geben hatten, wird in den Quellen zumindest dezidiert betont: „Ein jeder Cent-Schöpfe muss genau auf [...] die öffentliche Sicherheit sein besonderes Augenmerk richten, und daher alles hindern und wehren, was zu deren Störung gereichen mögte."[117] Ähnlich heißt es an anderer Stelle: „Ueberhaupt soll er [der Schöffe] sich als ein ehrlicher Mann zeigen, und seines Orts alles beytragen, was zur Aufrechterhaltung der öffentlichen Ruhe und Wohlstands, der Zucht und Ordnung in seinem WohnOrte beytragen kann"[118]. Die Zentschöffen konnten im Gericht also auch Geschehnisse anzeigen, die in der gesamten Zent vorgefallen waren. Des Weiteren waren die Schöffen dazu angehalten, die näheren Umstände eines Zentfalles zu eruieren; es galt „Augenschein ein[zu]nehmen, Haussuchungen an[zu]stellen, Zeugen ab[zu]hören"[119]. Während die Wertheimer Zentschöffen letztere Aufgaben bis zu Beginn des 19. Jahrhunderts inne hatten, spielten sie bei der Urteilsfindung um das Jahr 1800 nur noch eine untergeordnete Rolle.[120] Über Jahrhunderte bilde-

---

[114] Vgl. zur Zentreformation von 1447: KNAPP, Hermann: Die Würzburger Zentgerichtsreformation 1447 (Quellen zur Geschichte des Strafrechts außerhalb des Carolinakreises). Mannheim o. J.

[115] Vgl. StaWt G-Rep. 102 Nr. 5550 („Behegung"), siehe Anhang: Textquelle 1.

[116] Vgl. dazu auch SCHULTHEISS: Gerichtsverfassung und Verfahren, S. 277.

[117] StAWt F-Rep. 231 Nr. 2590 („Instruction für die Cent-Schöpfen in der Graffschaft Wertheim"), Art. 3.

[118] StAWt F-Rep. 231 Nr. 2590 („Instruction für die Cent-Schöpfen in der Graffschaft Wertheim"), Art. 13.

[119] StAWt F-Rep. 231 Nr. 2590 („Instruction für die Cent-Schöpfen in der Graffschaft Wertheim"), Art. 6.

[120] Vgl. StAWt F-Rep. 231/2590 („Instruction für die Cent-Schöpfen in der Graffschaft Wertheim"), Art. 12.

ten die Schöffen jedoch allein in ihrer Eigenschaft als Schöffenstuhl ein neutrales Gremium in der Zent und dienten dazu, den Rechtsfrieden zu wahren.[121]

Die Zentverwandten
Stellt man sich den personellen Aufbau einer Zent in Form einer Pyramide vor, so bildeten die Zentverwandten eine der unteren und breiteren Schichten, die auch die letzte darstellte, die mit eigenem Namen belegt ist. Allerdings stellten die Zentverwandten nicht die endgültige Basis dar. Ein Zentverwandter war niemand von Geburt aus und ebenso die bloße Tatsache im Zentbezirk ortsansässig zu sein, reichte für eine entsprechende Zugehörigkeit nicht aus.[122] Über mögliche Voraussetzungen, die den Status eines Zentverwandten begründeten, schweigen die Wertheimer Quellen weitgehend. Fest steht jedoch, dass ein Zentverwandter in der Grafschaft Wertheim männlich und der Zent durch Eid verbunden und verpflichtet war.[123] Das aus dem letzten Drittel des 16. Jahrhunderts stammende Zentbuch listet für die Jahre 1586 bis 1611 alle diejenigen Untertanen auf, die an den geschworenen Gerichtstagen mithilfe einer entsprechenden Eidesformel an „die Zendt gelobet haben"[124]. Der von den Zentverwandten geleistete Schwur besagte, dass diese bei einer Geldbuße dazu verpflichtet waren, an den geschworenen Gerichtstagen am Zentgericht anwesend zu sein: „Undt ob es sich begebe, das euer einer sich vergesse undt nicht an die Rüge kömt, das soll er verbüssen bey der gerichtsbuß, undt schadt ihm an seines Ehren nicht, wan es verbüßt ist"[125]. Zudem oblag es den Zentverwandten nicht nur sämtliche Vorkommnisse, die zu den zentbaren Vergehen zählten, zur Rüge zu bringen, sondern gleichzeitig hatten sie auch die Funktion einer Art „Feuerwehr" inne: „Auch ob es in der Cent brennen würdt, so sollt ihr zulaufen undt getreulich helffen loschen"[126].

Die Aufgaben und Pflichten der Zentverwandten dienten in erster Linie der Rechtspflege, indem vor dem Zentgericht die von der Herrschaft sanktionierten oder von der Gemeinschaft als störend empfundenen Taten angezeigt wurden und so einer unparteiischen Verhandlung zugeführt werden konnten.[127] Gleichzeitig bestand so auch eine Bindung zwischen den Zentverwandten mit ihren Aufgaben,

---

[121] Vgl. SCHULTHEISS: Gerichtsverfassung und Verfahren, S. 284.
[122] Vgl. BIRR: Konflikt und Strafgericht, S. 130f.
[123] In der Forschung wird als Voraussetzung für die Ernennung eines Zentverwandten häufig auch eine Haushaltsvorstandschaft konstatiert, siehe: BIRR: Konflikt und Strafgericht, S. 131, die für Wertheim bisher in den Quellen nicht nachweisbar ist.
[124] StAWt G-Rep. 102 Nr. 5550 („Verzeichnus der jungen Nachbarn").
[125] StAWt G-Rep. 57/1 Zentsachen Nr. 19 („Erinnerung und eydt so von den [...] Underthanen so in der Cendt schwehren vorgehalten wirdt").
[126] StAWt G-Rep. 57/1 Zentsachen Nr. 19 („Erinnerung und eydt so von den [...] Underthanen so in der Cendt schwehren vorgehalten wirdt").
[127] Zur rechtlichen Einordnung dieser Pflichten vgl. WILLOWEIT, Dietmar: Vertragen, Klagen, Rügen. Reaktionen auf Konflikt und Verbrechen in ländlichen Rechtsquellen Frankens, in: Dieter RÖDEL/Joachim SCHNEIDER (Hg.): Strukturen der Gesellschaft im Mittelalter. Interdisziplinäre Mediävistik in Würzburg. Wiesbaden 1996, S. 215.

den Grafen von Wertheim als Inhabern der Gerichtsherrschaft und dem Zentgericht selbst.[128] Im Verlauf der Ausführungen wird schließlich noch erläutert werden, dass die Vernachlässigung der zentverwandtlichen Pflichten eher die Ausnahme als die Regel darstellte: Diesbezügliche Missachtungen und deren Ahndung wurden im Rahmen der Abhaltung eines Zentgerichtes protokolliert. Das Pflichtbewusstsein der aus den Wertheimer Dörfern stammenden Untertanen ist allerdings nicht nur auf deren Treue und Verbundenheit gegenüber ihrer Herrschaft zurückzuführen; an einem geregelten Zusammenleben im Sinne der allgemeinen Friedenswahrung musste – und das gilt es im Zuge der weiteren Untersuchungen aufzuzeigen – jedem einzelnen Bewohner in der Zent Wertheim gelegen sein.

1.5.3 Verfahren am Wertheimer Zentgericht

Die bisherigen Ausführungen haben dargelegt, dass ein Zentgericht sowohl die Kompetenzen eines Niedergerichtes besaß, als auch in weiten Teilen Hessens und Ostfrankens die des Hochgerichtes,[129] was auch auf das Wertheimer Zentgerichtes zutraf und im Kapitel 1.5.1 Der Zuständigkeitsbereich der Wertheimer Zent bereits zur Sprache kommt. Verfahrenstechnisch wurde gemäß dieser Kompetenzzuständigkeiten je nach Art und Schweregrad des Deliktes zwischen dem Malefizgericht und einem allgemeinen Verfahrensgang unterschieden. Da in der vorliegenden Arbeit diejenigen Konflikte im Mittelpunkt stehen, die im Rahmen des letzteren Verfahrens verhandelt wurden, wird dessen Beschreibung in den folgenden Ausführungen schwerpunktmäßig behandelt. Trotzdem soll auch der allgemeine Verfahrensgang nicht in allen Einzelheiten dargelegt werden, denn dies kann aufgrund des Umfangs nur Thema einer gesonderten Studie sein, und stellt zudem ein speziell rechtshistorisches Interesse dar.[130] Die folgenden Ausführungen konzentrieren sich deshalb lediglich auf die grundlegenden Modalitäten, die für die Konzeption und das weitere Verständnis der Arbeit von Bedeutung sind.

Der Ablauf des Gerichtsverfahrens während der Zeit um 1600
Eine detaillierte Beschreibung der Verfahrensabläufe ist in den Wertheimer Zentgerichtsbüchern nur für die Malefizgerichte überliefert.[131] Diese Tatsache birgt die Gefahr, anzunehmen, dass die peinlichen Gerichtstage damals zum gerichtlichen Alltag gehörten. Vielmehr ist aber davon auszugehen, dass der Ablauf dieses Verfahrens eben deshalb in genauester Weise festgehalten wurde, weil die Zentgerich-

---

[128] Vgl. dazu auch SCHULTHEISS: Gerichtsverfassung und Verfahren, S. 295f.
[129] Vgl. THEUERKAUF: Art. Zentgericht, in: HRG V, Sp. 1664; WELLER, Karl: Die Zentgerichtsverfassung im Gebiet des heutigen württembergischen Franken, in: Mainfränkisches Jahrbuch 4, AU75 (1952), S. 23.
[130] Eine überaus detaillierte Beschreibung der Verfahrensweisen eines Zentgerichtes findet sich bei SCHULTHEISS: Gerichtsverfassung und Verfahren, S. 327–422.
[131] Vgl. StAWt G-Rep. 103 Nr. 10, S. 12v-17v und StAWt G-Rep. 102 Nr. 5550 („Peinliches Verhor und Tortura"; „Wie man dem Ubelthetter den Rechtstage verkündigen solle").

1. Der institutionelle Rahmen: Das Wertheimer Zentgericht

te nur selten zusammentraten, um schwerwiegende Vergehen zu verhandeln, die mit Leib- oder Lebensstrafen geahndet wurden.[132] In Bezug auf die Urteilsfindung berief man sich bereits um 1550[133] nachweislich auf die Peinliche Gerichtsordnung[134] Kaiser Karls V.[135] und auch die Angaben hinsichtlich des Verfahrensablaufes in dem ab dem Jahr 1580 dokumentierten Zentbuch erinnern in ihren Bestimmungen stark an die Carolina.[136] Ab 1565 wurden die peinlichen Gerichtsverfahren und die Verfahren des sogenannten Landgerichtes getrennt voneinander protokolliert.[137] Eine mögliche Ursache hierfür könnte gewesen sein, dass die Wertheimer Grafen aufgrund der oben bereits erwähnten königlichen und kaiserlichen Privilegien[138] das Recht besaßen, in Kriminalfällen bei „handhafter" Tat ein verkleinertes Gericht in der Stadt abzuhalten – so konstatiert dies zumindest Kurt Zimmermann.[139] Dieses aus lediglich einem Richter und mindestens zwei Beisitzern bestehende Gericht soll für alle Untertanen der Grafschaft zuständig gewesen sein und diejenigen Straffälle verhandelt haben, die nicht ausdrücklich unter die Zentfälle zu ordnen waren. Die Grundlage dieser Hochgerichtsbarkeit sieht Zimmermann in der „aufgrund persönlichen Einsatzes verliehene[n] Blut- und Halsgerichtsbarkeit von Reichs wegen"[140], die neben der „überkommene[n], aus anderer Wurzel enstandene[r] und entwickelte[r] Form der Hochgerichtsbarkeit"[141] bestanden habe. Demnach sollen die Wertheimer Grafen sowohl die Hochgerichtsbarkeit als

---

[132] Vgl. BIRR: Konflikt und Strafgericht, S. 181.
[133] StAWt G-Rep 103 Nr. 17 („lorenz hofmann [...] sol gericht werden nach kaiserlicher ordnung mit dem strang vom leben zum todt und an galgen gehangt werden").
[134] Die Carolina von 1532 gilt als das erste gesamtdeutsche Strafgesetzbuch und sie war mit unterschiedlicher Verbindlichkeit etwa dreihundert Jahre lang in Kraft. Sie bestimmte während dieser Zeit das Strafrecht und die Strafrechtswissenschaft in Deutschland. Vgl. RADBRUCH, Gustav: Zur Einführung in die Carolina, in: DERS. (Hg.): Die Peinliche Gerichtsordnung Kaiser Karls V. von 1532 (Carolina), Stuttgart 1960, S. 3–22; SCHROEDER, Friedrich-Christian: Einleitung, in: Friedrich-Christian SCHROEDER (Hg.): Die Carolina. Die Peinliche Gerichtsordnung Kaiser Karls V. von 1532. (Wege der Forschung, Bd. 626). Darmstadt 1986, S. 1. Zur Bedeutung, zur Wirkungsgeschichte sowie zum Inhalt, vgl. u. a. MAIHOLD, Harald: „außer lieb der gerechtigkeyt vnd umb gemeynes nutz willen"- Die Constitutio Criminalis Carolina von 1532, in: Forum für juristische Bildung 2006, S. 76–86.
[135] Vgl. StAWt G-Rep. 103 Nr. 10, S. 24r.
[136] Vgl. StAWt G-Rep. 102 Nr. 5550 („Peinliches Verhor und Tortura"; „Wie man dem Ubelthetter den Rechtstage verkündigen solle") und im Vergleich: Die Peinliche Gerichtsordnung Kaiser Karls V. und des Heiligen Römischen Reiches von 1532 (Carolina). Herausgegeben und erläutert von Friedrich-Christian SCHROEDER. Stuttgart 2000, Art. 79. Artikel der Carolina werden im Folgenden aus der genannten Ausgabe zitiert.
[137] Vgl. StAWt G-Rep. 103 Nr. 17 und StAWt G-Rep. 102 Nr. 5550.
[138] Vgl. das Kapitel II. 2. Herrschaft, Verwaltung, Gesetzgebung und Kirche im Untersuchungszeitraum.
[139] Vgl. ZIMMERMANN: Obrigkeit, Bürgertum und Wirtschaftsformen im alten Wertheim, S. 39.
[140] Ebd.
[141] Ebd.

Zentherren sowie diejenige in ihrer Eigenschaft als Landesherren in einer Hand vereinigt haben.[142]

Aus dem Protokollbuch über die Malefizgerichte[143] ist ersichtlich, dass darin für die Jahre von 1565 bis 1607 die Abhaltung der Halsgerichte vornehmlich in Wertheim, aber auch vereinzelt die der Halsgerichte in Michelrieth festgehalten wurden. Die Protokollführung ist mit der in den allgemeinen Landgerichtsverfahren vergleichbar und verzeichnet neben den Niederschriften über die peinlichen Befragungen auch weitere Zeugenaussagen, Berichte über Festnahmen der Malefikanten sowie Urgichten, also Geständnisse, und schließlich auch die Urteile der einzelnen Strafverfahren. Als Richter und Urteiler fungierten in den Verhandlungen nachweislich der jeweilige Zentgraf und eine leider nicht weiter spezifizierte Anzahl von Schöffen.[144] Bei den Verfahren konnten zudem der Wertheimer Amtmann sowie Amtsankläger und -fürsprecher[145], oder Amtsprokurator[146] und Amtsfiskal[147] als Vertreter der Herrschaft anwesend sein. In den Malefizverfahren wurden vornehmlich Kapitalverbrechen wie Mord, Totschlag oder schwerer Diebstahl verhandelt[148] und damit Vergehen, die explizit unter die Zentfälle zu ordnen waren. Da eben auch die genannten Verbrechen am Zentgericht zu rügen waren, wurden Delikte, die eine Leibes- beziehungsweise Lebensstrafe zur Folge haben konnten, nicht im Zuge der Landgerichtsverfahren verhandelt. In diesen Fällen wurde ein peinliches Erkenntnisverfahren durchgeführt, das in ein förmliches Malefizgericht mündete. Des Weiteren urteilte das Gericht nicht nur über die Untertanen in der Wertheimer Grafschaft, sondern der Arm des Gesetzes erreichte beispielsweise auch Delinquenten aus Bamberg und Rothenfels, sofern diese in der Wertheimer beziehungsweise in der Michelriether Zent aufgegriffen worden waren.

Im Allgemeinen lässt sich für die Institution der Zentgerichte festhalten, dass diejenigen Verfahren den gerichtlichen Alltag ausmachten, in denen sich die Sanktionen vornehmlich auf Geldbußen beschränkten und deren Durchführung allen

---

[142] Vgl. ebd., S. 39; so auch bei GLÄSER, Sven: Die Mediatisierung der Grafschaft Wertheim, S. 37.
[143] StAWt G-Rep. 103 Nr. 17.
[144] Vgl. exemplarisch: StAWt G-Rep. 103 Nr. 17 („Peinlich Halßgericht Zue Wertheim Montag nach Martini 1600; Franz Lauer von Reicholzheim wegen an seinem Sohn Michel begangenen todtschlags").
[145] Vgl. exemplarisch StAWt G-Rep. 103 Nr. 17 („Peinlich Halßgericht gehalten Freytags den 17 Juni 1586").
[146] Vgl. zum Amt des Prokurators, der eine Partei vor Gericht vertritt, SELLERT, Wolfgang: Art. Prokurator, in: HRG, Bd. III (1984), Sp. 2032–2034.
[147] Vgl. StAWt G-Rep. 103 Nr. 17 („Peinlich Halßgericht gehaltten Zue Wertheim Montag Nach Walpurgis den 5. May 1595"). Der Amtsfiskal vertrat vor Gericht die Rechte des Landesherrn.
[148] Eine detaillierte Auswertung der Verfahren konnte aufgrund des Umfangs unterschiedlicher Protokollbücher (ca. 400 beschriebene Blätter: StAWt G-Rep. 103 Nr. 11, Nr. 13 und Nr. 17) im Rahmen dieser Arbeit nicht geleistet werden und muss daher Inhalt einer eigenständigen Untersuchung sein. Es ist geplant, diese in einer Anschlussstudie durchzuführen.

1. Der institutionelle Rahmen: Das Wertheimer Zentgericht 73

Beteiligten offenbar so sehr vertraut war, dass weder umfangreiche noch komplizierte Aufzeichnungen nötig gewesen waren.[149]

Die Regelmäßigkeit der Gerichtstage und die Hegung des Gerichtes
In dem für die Arbeit herangezogenen Untersuchungszeitraum waren die „gemeinen Gerichtstage", die im Fall des Zentgerichtes Wertheim als das sogenannte Landgericht[150] bezeichnet wurden, in vierteljährigem Turnus angesetzt. Von diesen waren jeweils zwei Gerichtstage als „geschworene Zent" oder „geschworener Montag"[151] bestimmt. Es war Pflicht der Zentmänner, an diesen Terminen bei Gericht anwesend zu sein.

Den Rahmen für den formellen Ablauf des Landgerichtes stellte die Behegung des Gerichtes dar.[152] Unter ihr ist das formelle Verfahren der Eröffnung von Gerichtsversammlungen zu verstehen.[153] Sie enthielt verfassungsrechtliche Elemente, welche die Gerechtigkeiten (Handhabung des Rechts) und Rechte des Gerichtsherrn beziehungsweise der Gerichtsherren betrafen. In der Funktion des Hegers stellte der Zentgraf die zentrale Figur des Gerichtes dar, so dass es vorkommen konnte, dass das gehegte Gericht ausfiel, sofern dieser nicht anwesend war.[154] In den Jahren von 1589 bis 1611 ist dies hinsichtlich der Wertheimer Zentgerichtsverhandlungen jedoch nicht der Fall gewesen.

Verfahrenseinleitung am Wertheimer Zentgericht
Die Verfahren am Wertheimer Landgericht wurden in der Regel durch Rüge eingeleitet. Im gerichtsspezifischen Kontext bedeutet das Verb „rügen", dass etwas vor Gericht zur Anzeige gebracht wird[155], das Substantiv „Rüge" dagegen drückt sowohl die Anzeige eines Vergehens vor Gericht, als auch das zu rügende Vergehen aus.[156] Das Rechtsinstitut der Rüge ist aber nicht nur auf die Zentgerichte be-

---

[149] Vgl. auch BIRR: Konflikt und Strafgericht, S. 181 f.
[150] Zur identischen Funktion von Land- und Zentgericht: Vgl. MERZBACHER: Art. Landgericht, in: HRG II, Sp. 1498.
[151] Als Gerichtstage werden in den Quellen genau die beiden Montage nach „Martini" (11.11.) beziehungsweise nach „Walpurgis" (1.5.) genannt. Vgl. StAWt G-Rep. 103 Nr. 10, S. 9. (Das Zentbuch der Jahre 1580 bis 1611 (= StAWt G-Rep. 102 Nr. 5550) beweist jedoch, dass bei den Zentgerichtstagen terminlich variiert wurde).
[152] Vgl. Textquelle 1 im Anhang: „Behegung".
[153] Vgl. KÖBLER, Gerhard: Art. Hegung, in: HRG II (1978), Sp. 36 f.
[154] Vgl. dazu auch SCHULTHEISS: Gerichtsverfassung und Verfahren, S. 361–364.
[155] Vgl. exemplarisch GRIMM, Jacob/GRIMM, Wilhelm: Art. Rüge, in: Deutsches Wörterbuch, Bd. 14. München 1984 (Nachdruck der EA von 1893), Sp. 1409–1411; SELLERT, Wolfgang: Art. Rügegericht, Rügeverfahren, in: HRG, Bd. IV, Sp. 1201 f.; SPIESS, Pirmin: Rüge und Einung dargestellt anhand süddeutscher Stadtrechtsquellen aus dem Mittelalter und der frühen Neuzeit (Schriftenreihe Pfälzische Gesellschaft zur Förderung der Wissenschaften, Bd. 82). Speyer 1988, S. 5.
[156] Vgl. exemplarisch GRIMM, Jacob/GRIMM, Wilhelm: Art. Rüge, in: Deutsches Wörterbuch, Bd. 14, Sp. 1409–1411; LEXER: Mittelhochdeutsches Wörterbuch, Bd. II „Rüge", Sp. 527; SELLERT: Art. Rügegericht, Rügeverfahren, Sp. 1201.

schränkt, sondern auch an Dorfgerichten kann eine Pflicht zur Rüge bestehen; demgegenüber hat es auch rügefreie Zentgerichte gegeben, beispielsweise die Zent Schwarzach.[157] Die Frage nach dem Ursprung von Rüge und Rügegericht und damit die nach dem Bestehen und der Art einer Traditionslinie aus fränkischer Zeit bis in das späte Mittelalter[158], kann und soll die vorliegende Arbeit nicht thematisieren.[159] Was im Einzelfall Gegenstand einer Rüge gewesen sein konnte und welche Schwierigkeiten sich bei den Kompetenzbeschreibungen ergaben, wurde bereits im vorherigen Kapitel beschrieben. Daher soll im Folgenden nun der Frage nach den Modalitäten der Rüge nachgegangen werden. Im Unterschied zur direkten Klage war das wesentliche Kennzeichen der Rüge die Anzeige eines Vergehens durch eine dritte, in der Regel unbeteiligte Person, die durch eine der betroffenen Parteien beauftragt sein konnte. Daneben bestand auch die Möglichkeit des Rügens durch die Obrigkeit. Die Verpflichtung zur Anzeige abweichenden Verhaltens auch ohne unmittelbare individuelle Betroffenheit konnte zumindest theoretisch für jedes Individuum einer Gemeinschaft im Interesse der Friedenswahrung bestehen.[160] Im Falle des Zentgerichtes Wertheim wurden alle der Zent durch Eid verbundenen Untertanen der Grafschaft darauf verpflichtet, bestimmte Delikte zur Rüge zu bringen, und auch die Schöffen des Zentgerichtes mussten eidlich bekunden, dass sie „acht habe[n] uff die rügen so [ihnen] von [ihren] nachbarn vorgedragen werden das [sie] die vor Gericht lautter für bringen wol[len]"[161]. Mit dem Begriff „nachbar" als rechtshistorischem Terminus wird unter anderem diejenige rechtstragende Personengruppe bezeichnet, die im Dorf für die Regelung der Probleme des Zusammenlebens verantwortlich war und diese war nicht deckungsgleich mit der gesamten Gemeinschaft.[162] Im Fall des Wertheimer Zentgerichtes rügten in den für die Untersuchung herangezogenen Rügeprotokollen ausschließlich männliche Personen – ein Befund, der für die Aktenüberlieferung aller Ortschaften zutreffend ist. Generell war für eine Gerichtsherrschaft die Möglichkeit gegeben, dass sie mit der Schaffung des Amtes des Rügers eine Kontrollposition innerhalb eines Dorfes einsetzte, die die zuvor von der Nachbarschaft sowie von

---

[157] Vgl. WILLOWEIT: Vertragen, Klagen, Rügen, S. 215.
[158] Vgl. auch BIRR: Konflikt und Strafgericht, S. 240.
[159] Informationen dazu unter anderem bei SELLERT: Art. Rügegericht, Rügeverfahren, Sp. 1201–1205; SIEGEL, Heinrich: Das pflichtmässige Rügen auf den Jahrdingen und sein Verfahren. Ein Beitrag zur Geschichte der Rechtsverfolgung in deutschen Landen (Sitzungsberichte der philosophisch-historischen Classe der kaiserlichen Akademie der Wissenschaften, Bd. 125). Wien 1982; SPIESS: Rüge und Einung; LANDWEHR: Gogericht und Rügegericht, S. 127–143; WILLOWEIT: Vertragen, Klagen, Rügen, S. 211–223.
[160] Vgl. KRUG-RICHTER, Barbara: Konfliktregelung zwischen dörflicher Sozialkontrolle und patrimonialer Gerichtsbarkeit. Das Rügegericht in der Westfälischen Gerichtsherrschaft Canstein 1718/19, in: Historische Anthropologie, Bd. 5 (1997), S. 215.
[161] StAWt G-Rep. 103 Nr. 10, S. 9r.
[162] Vgl. KRAMER, Karl-Siegfried: Art. Nachbar, Nachbarschaft, in. HRG, Bd. III (1984), Sp. 813.

1. Der institutionelle Rahmen: Das Wertheimer Zentgericht

herrschaftlichen Beamten wahrgenommenen Aufgaben übernahm[163] und die eine Art vorgerichtliche Instanz und eine offizielle Anlaufstelle für Klagen darstellte. Ob die Wertheimer Grafen ein solches Amt auch für bestimmte Dörfer innerhalb des Wertheimer Zentbezirkes etabliert hatten, muss aufgrund mangelnder Quellenhinweise allerdings fraglich bleiben.[164] In den Rügeprotokollen des Wertheimer Zentgerichtes werden häufig mehrere Personen genannt, die die Vergehen zur Anzeige brachten und die sich mitunter auch als Rüger oder Rügmeister betitelten. Daher ist die Einführung eines solchen Amtes in den wertheimischen Dörfern nicht ausgeschlossen und in der Zeit um 1600 war es scheinbar üblich, dass neben den Rügern auch die Nachbarschaft diese Funktion noch zusätzlich inne hatte.[165]

Welche Auswirkungen die Rügepraxis in Form einer dörflichen Sozialkontrolle auf die Dorfgemeinschaften hatte und ob sich aufgrund der Anzeige von Vergehen durch Dritte Besonderheiten hinsichtlich der Kriminalitätsrate ergaben, wird an späterer Stelle noch ausführlich untersucht.

Für die Beschreibung des Landgerichtsverfahrens bleibt schließlich festzuhalten, dass der Gerichtsschreiber zu Beginn einer jeden Verhandlung protokollierte, aus welchen Dörfern wie viele Rügen in mündlicher oder schriftlicher Form am jeweiligen Gerichtstag vorgebracht wurden.[166] Am Gerichtstag selbst und auch darüber hinaus wurden die schriftlichen Rügen vom beziehungsweise beim Zentgrafen verwahrt.[167]

Neben der Anzeigeform der Rüge durch neutrale Rügsleute, die in der Regel nicht Partei einer Tat waren[168], bestand auch die Möglichkeit, dass die betroffenen Parteien während eines Zentgerichtstermines direkt Klage erhoben.[169] Daneben konnte der Klagegegenstand auch zusätzlich noch in Form einer Rüge durch eine

---

[163] Im Verlauf des 17. Jahrhunderts war dies beispielsweise in einigen innerhalb der Zent Burghaslach gelegenen Dörfern der Fall. Vgl. SCHULTHEISS: Gerichtsverfassung und Verfahren, S. 287–296. Auch am Rügegericht der westfälischen Gerichtsherrschaft Canstein war das Amt des Rügers spätestens ab der Mitte desselben Jahrhunderts konstituiert gewesen. Vgl. KRUG-RICHTER: Konfliktregelung zwischen dörflicher Sozialkontrolle und patrimonialer Gerichtsbarkeit, S. 215.

[164] Quellen, die beispielsweise auf eine eidliche Verpflichtung des Rügers – wie es auch für die Schöffen der Fall gewesen war – oder andere Anhaltspunkte für die Einführung eines solchen Amtes hinweisen, fehlen im Falle des Wertheimer Zentgerichtes.

[165] Eine solche Praxis belegte Barbara Krug-Richter auch für das Rügegericht in der westfälischen Herrschaft Canstein. Ihre Untersuchung der Gerichtsakten aus den Jahren 1718/19 ergab, dass die persönliche Klage die von allen Beteiligten bevorzugte Form der Konfliktlösung darstellte. Insgesamt sind für die beiden Jahre nur wenig Fälle überliefert, in denen der dörfliche Rüger Vergehen einrügte, die im Vorfeld nicht durch die betroffenen Parteien zur Anzeige gebracht worden war. Vgl. KRUG-RICHTER: Konfliktregelung zwischen dörflicher Sozialkontrolle und patrimonialer Gerichtsbarkeit, S. 218.

[166] Vgl. dazu sämtliche Gerichtstermine, die im Zentbuch (G-Rep. 102 Nr. 5550) verzeichnet sind.

[167] Vgl. exemplarisch StAWt G-Rep. 102 Nr. 5550 (Zentgericht 1597, Montag nach Laurenzi).

[168] Vgl. SCHULTHEISS: Gerichtsverfassung und Verfahren, S. 376.

[169] Vgl. exemplarisch: StAWt G-Rep. 102 Nr. 5550 (Zentgericht 1598, Montag nach Trium Regum).

dritte Person zur Anzeige gebracht werden.[170] Rüge beziehungsweise Klage waren in der Zeit um 1600 unverzichtbare Voraussetzungen für die Eröffnung eines Verfahrens am Wertheimer Landgericht. Dies macht der Fall einer Hexereianschuldigung aus dem Jahr 1598 deutlich. Im Vorfeld des am Montag nach Martini abgehaltenen Landgerichts war Margretha Büttel aus Urphar von einer Magd aus Lindelbach der Hexerei beschuldigt worden. An besagtem Gerichtstermin erschien Paul Schürger aus Waldenhausen, der Anwalt[171] der Geschädigten, und bat das Gericht darum, seine Klientin verteidigen zu dürfen.[172] Seinem Anliegen wurde mit der Begründung, dass die Angelegenheit bisher noch nicht zur Rüge gebracht worden war, allerdings nicht statt gegeben, „die weil [...] solche sachen rüchbar gemachet und doch nicht wie recht [...] für dem land gericht mitt rüge fürbracht [...] [soll die Sache] zum nehern land gericht wie recht [ge]rüg[t] und vor[gebracht]"[173] werden. Der Fall Margretha Büttels wird im Rahmen der Untersuchung der Ehrendelikte noch einmal aufgegriffen werden.[174]

Beweiserhebung und Rechtsfindung
Die Beweiserhebung erfolgte mit Klage beziehungsweise Rüge oder mit Antwort des Beklagten auf die Klage oder die Rüge hin. Klage sowie Rüge und Antwort und mehrfache Reden und Widerreden folgten in einem geregelten und förmlichen Ablauf aufeinander.[175] Die Beweise der vorgebrachten Fälle wurden in der Regel in mündlicher Form in das Gerichtsverfahren eingebracht und dann gegebenenfalls vom Gerichtsschreiber protokolliert.[176]

---

[170] Vgl. dazu auch SCHULTHEISS: Gerichtsverfassung und Verfahren, S. 381 f.
[171] Die Funktion eines Anwalts ist in diesem Zusammenhang die eines Fürsprechers, seine Tätigkeit setzt die Anwesenheit der Partei voraus. Es wurde erwartet, dass er mit dem Prozessformalismus vertraut war, jedoch übte er sein Amt nicht hauptberuflich aus und eine universitäre juristische Bildung war keine Notwendigkeit. Vgl. BUCHDA, Gerhard: Art. Anwalt, in: HRG I (1971), Sp. 182–191; SCHULTHEISS: Gerichtsverfassung und Verfahren, S. 300–302.
[172] Injurienklagen einer geschädigten Partei im Fall von Hexereianklagen dienten in der Frühen Neuzeit auch der Abwehr von Hexereibeschuldigungen. Siehe dazu GERSMANN, Gudrun: Gehe hin und verthedige dich! Injurienklagen als Mittel der Abwehr von Hexereiverdächtigungen – ein Fallbeispiel aus dem Fürstbistum Münster, in: Sibylle BACKMANN u. a. (Hg.): Ehrkonzepte. Identitäten und Abgrenzungen (Colloquia Augustana 8). Berlin 1998, S. 237–269.
[173] StAWt G-Rep. 102 Nr. 5550 (Zentgericht 1598, Montag nach Martini).
[174] Vgl. das Kapitel III. 3.2 „Du liegst wie ein dieb und schelm": Ehrverletzungen am Zentgericht.
[175] Vgl. exemplarisch StAWt G-Rep. 102 Nr. 5550 (Zentgericht 1611, Montag nach Walpurgis); zudem auch SCHULTHEISS: Gerichtsverfassung und Verfahren, S. 385 f.
[176] Während die bereits im Vorfeld entstandenen Rügeprotokolle schriftlich fixiert wurden, hielt man die Aussagen einzelner Parteien während der Verhandlung nicht immer fest: „Ist kein clage und antwort fürkommen ohne mal sie zur den Rügen geredet und dagegen Exciprinto eingewandt haben.", StAWt G-Rep. 102 Nr. 5550 (Zentgericht 1597, Montag nach Laurenzi). Die offenbar während des Gerichtes getätigten Aussagen wurden in die-

Eine weitere Form der Beweiserhebung stellte die Einholung von Kundschaft im Zuge einer Zeugenbefragung dar. Eine solche Kundschaft konnte einerseits von den Schöffen eingefordert werden, indem sie verlangten, dass die klagende Partei einen bestimmten Schadensfall bis zum nächsten Zentgerichtstermin zu beweisen hatte. Zum Anderen bot sich für die betroffenen Parteien ebenfalls die Möglichkeit, ihre Darstellung des Geschehens nachzuweisen, indem sie das Gericht darum baten, von ihr genannte Zeugen für die Verhandlung zuzulassen, um ihre Aussagen ihrerseits durch deren Angaben zu untermauern: „dieweil beede theil sich uff kundschafft zihen, sollen sie sich zwischen hier und dem nehern Landgericht darmit gefast machen selbige vorstellen und abhoren lassen, die begerte Ladunge lest der schopff zue"[177].

Anders als im peinlichen Verfahren fanden im Rahmen der sogenannten Landgerichte keine Verhöre des Beklagten statt. In dem hierbei üblichen Klage- und Antwortsystem galt der Parteivortrag als Antwort.[178] Selbstverständlich war es auch möglich, dass ein von einer Partei beauftragter Anwalt die „Antwort" übernahm.

In der Zeit um 1600 oblag es fast ausschließlich dem Schöffenkollegium im „Gemeinen Gerichtsverfahren" das Recht für die dort verhandelten Fälle zu finden und aufgrund der ermittelten Tatsachen eine Entscheidung zu treffen.[179] Die Schöffen fällten das Urteil nach ihrem Gewissen und grundsätzlich ohne Einfluss des Zentherrn. Im Falle der Uneinigkeit der Schöffen über ein Urteil wurde nach dem Mehrheitsprinzip entschieden: „Ob es sich begebe das die schepffe ein urtel verfügen das solt er [der Schöffe] verschweigen biß so lang das sie es zur recht ein mehrtheil ein müttig werden."[180] Erst im Anschluss an die Beratung des Schöffenstuhls wurde das Urteil öffentlich verkündet. Im Falle einer weiterhin bestehenden Uneinigkeit des Kollegiums, aber auch bei schwierigen und komplizierten Sachlagen konnte ein Verhandlungsgegenstand auf den nächsten Gerichtstermin verschoben werden. Ebenso zutreffend war dies, wenn die Schöffen weitere Beweise erhoben oder „Kundschaft" eingeholt haben wollten.[181] Das zögerte den Prozess zwar hinaus, jedoch wird dadurch auch deutlich, dass die juristisch ungeschulten Schöffen die einfachen Fälle auf der Grundlage ihres Verstandes und Wissens entscheiden konnten, sobald es jedoch komplizierter wurde, mussten sie sich „bedenken" und weitere Erkundigungen einholen. Im Allgemeinen dienten die Entscheidungsmög-

---

sem Fall nicht protokolliert. Einzig die darauf folgenden Urteile sind schriftlich festgehalten.
[177] StAWt G-Rep. 102 Nr. 5550 (Zentgericht 1601, Montag nach Walpurgis: „Paul Dopf vs. Linhard Paal").
[178] Vgl. SCHULTHEISS: Gerichtsverfassung und Verfahren, S. 391.
[179] Vgl. StAWt F-Rep. 231 Nr. 2590 (Instruction für die Cent-Schöpfen in der Grafschaft Wertheim 1804).
[180] StAWt G-Rep. 103 Nr. 10, S. 9v; in ähnlicher Weise auch zu finden in StAWt G-Rep. 102 Nr. 5550 (Erinnerung Einem Newen Zendtschopffen vor dem aydt vorzulesen).
[181] Vgl. exemplarisch StAWt G-Rep. 102 Nr. 5550 (Zentgericht, 1611, Montag nach Walpurgis: „Dorothea Endreß vs. Regina Wolf").

lichkeiten dem Schöffenkollegium als Instrumentarium, um möglichst einfache und gerechte Urteile zu finden. Das Verfahren des „gemeinen Gerichtes" hatte vordergründig die Erhaltung des Friedens innerhalb der Zent zum Zweck.[182] Dies lässt sich am nachdrücklichsten anhand der Urteile nachvollziehen, die in besonderem Maße auf die Befriedung der sich gegenüberstehenden Parteien abzielten – und dies speziell im Fall der Ehrenhändel.[183] Bei einem Beleidigungsvergehen wurde in den Urteilen stets betont, dass die Ehre der betroffenen Partei nach Ableistung der Strafe – in der Regel wurde diese in Form einer Geldstrafe geleistet – wieder vollständig hergestellt sei und niemandem in der Folgezeit ein Nachteil daraus entstehen sollte.[184]

Instanzenzug und Appellationsinstanzen
Die Möglichkeit eines Rechtszuges an ein anderes Zentgericht wurde am Wertheimer Zentgericht in der Zeit um 1600 nicht praktiziert.[185] Andererseits ist jedoch einer Zentordnung für Michelrieth aus dem Jahr 1535 zu entnehmen, dass das Wertheimer Zentgericht als eine Art Appellationsinstanz für die Zent Michelrieth tätig gewesen sein muss: „Item wann die schöpfen am landgericht Michelriedt beschwert sein eines urtheils halben, das mögen sie holen zu Wertheim am landgericht, als am oberhofe, doch uf beder partheien costen"[186]. Ob ein ähnlicher Rechtszug auch für das Zentgericht in Remlingen existierte, ist anhand der verfügbaren Quellen allerdings nicht nachweisbar.[187]

Die Vorlage eines bestimmten Falles beim Zentherrn stellte eine weitere Verfahrensmöglichkeit des Schöffenkollegiums dar, indem es einen Fall an die Herrschaft „heim" verwies[188]: „dieweil Hans Locher Georg Schetzer ein Morder gescholten weissen ihn die schopffen me[inem] gne[digen] he[rrn] heim"[189]. Ob es sich hierbei um eine vollständige Abgabe zur Aburteilung durch den Zentherrn handelte oder dies eine richtige Berufung oder einen Appell im Sinne einer zweiten Instanz darstellt, ist nicht exakt zu eruieren. Möglich wäre ebenfalls, dass lediglich eine Unterbrechung zum Einholen eines Rats des Zentherrn festgelegt wurde.[190] Letztere

---

[182] Vgl. auch SCHULTHEISS Gerichtsverfassung und Verfahren, S. 400–402 und 422.
[183] Vgl. exemplarisch StAWt G-Rep. 102 Nr. 5550 (Zentgericht 1601, Montag nach Trium Regum: „Hans Herchenhan vs. Petter Keyser" wegen Injurien).
[184] Vgl. ebd.
[185] Vgl. dazu auch SCHULTHEISS: Gerichtsverfassung und Verfahren, S. 402–405.
[186] KNAPP: Die Zenten des Hochstifts Würzburg, Bd. I,2, S. 875.
[187] Vgl. ZIMMERMANN: Obrigkeit, Bürgertum und Wirtschaftsformen im alten Wertheim, S. 40.
[188] Im gerichtsspezifischen Kontext meint das Verb „heimweisen", dass ein Verfahren gegen eine Person ihrem heimischen Gericht oder überhaupt eine Partei dem zuständigen Gericht überwiesen wird. Vgl. DRW, Bd. 5, Sp. 649.
[189] StAWt G-Rep. 102 Nr. 5550 (Zentgericht 1601, Montag nach Trium Regum). Vgl. auch StAWt G-Rep. 102 Nr. 5550 (Zentgericht 1601, Montag nach Laurenzi: „Hans Rach vs. Hans Imhoff").
[190] Vgl. SCHULTHEISS: Gerichtsverfassung und Verfahren, S. 405.

Möglichkeit ist jedoch unwahrscheinlich, da dieser Fall in den darauf folgenden Gerichtssitzungen weder erneut verhandelt wurde, noch die Schöffen ein Urteil darüber sprachen.

Die Option gegen ein vom Wertheimer Zentgericht gefälltes Urteil in Revision zu gehen, war zwar prinzipiell gegeben, in der Praxis kam dies bezüglich der Verhandlungen in den Landgerichtsverfahren in dem für die Arbeit herangezogenen Untersuchungszeitraum allerdings nicht vor. Dies hängt unter anderem sicherlich damit zusammen, dass die verurteilte Partei einen Rechtsspruch allein aus Gebührengründen akzeptierte.[191] Im Kapitel 1.5.1 Der Zuständigkeitsbereich der Wertheimer Zent kam bereits zur Sprache, dass das gräfliche Hofgericht als Appellationsinstanz für die Gerichte der Stadt beziehungsweise der Grafschaftsdörfer fungierte. Im Fall des Wertheimer Zentgerichts ist lediglich ein Fall aus dem Jahr 1539 überliefert, bei dem am Hofgericht auf die Durchsetzung eines zentgerichtlichen Urteils bezüglich einer Injurie geklagt wurde.[192] Widersprüche an die gräfliche Kanzlei waren generell eher die Ausnahme als die Regel[193] und sind für die Urteile des Wertheimer Zentgerichtes in den Jahren von 1589 bis 1611 nicht überliefert. Dies trifft auch auf das Reichskammergericht zu, obwohl grundsätzlich unter Beachtung einer durch Reichsgesetz festgelegten Appellation die uneingeschränkte Möglichkeit bestand, sich gegen die Entscheidungen der reichsständischen Obergerichte an das Reichskammergericht zu wenden. In Bezug auf Strafsachen war die Appellation vor das Reichskammergericht ohnehin seit 1530 unzulässig.[194]

1.6 Der Bedeutungsverlust des Wertheimer Zentgerichtes und dessen Übernahme durch das Landamt

Zum allmählichen Bedeutungsverlust der Zentgerichte in der Grafschaft Wertheim hat offenbar das sogenannte gemeinschaftliche Landkommissariat beigetragen, das in der ersten Hälfte des 18. Jahrhunderts das zuständige Landamt für die gesamte Grafschaft war und mitunter auch als Landgericht bezeichnet wurde. Neben der Zuständigkeit für die gemeinschaftlich erhobene Schatzung, die Zahlungen der Grafschaft an den Fränkischen Reichskreis und die damit im Zusammenhang stehenden militärischen Leistungen für das Reich, war es zudem als Polizeibehörde und als erste Instanz der Grafschaft in zivilrechtlichen Streitigkeiten zuständig. Im Zuge der Gerichtstätigkeit besaßen die Kommissare auch Funktionen im Rahmen

---

[191] Vgl. dazu auch Schultheiss: Gerichtsverfassung und Verfahren, S. 409.
[192] Vgl. StAWt G-Rep. 102 Nr. 1590.
[193] Appellationen an die Kanzlei gegen Urteile des Stadtgerichtes sind lediglich in zwei Fällen, vgl. StAWt G-Rep. 102 Nr. 1124 (1620–1634) und Nr. 1783 (1593–1594), und gegen ein Urteil der Zent Kreuzwertheim in einem Fall – vgl. StAWt G-Rep. 102 Nr. 186 (1630), überliefert.
[194] Vgl. Weitzel, Jürgen: Zur Zuständigkeit des Reichskammergerichtes als Appellationsgericht, in: Zeitschrift der Savigny-Stiftung für Rechtsgeschichte – Germanistische Abteilung, Bd. 90 (1973), S. 232–235; Schultheiss: Gerichtsverfassung und Verfahren, S. 418.

des Wertheimer Zentgerichtes. Bereits um das Jahr 1680 ist hinsichtlich des Kommissariats und des Wertheimer Zentgerichtes ein Übergangszustand festzustellen, da die Kommissare an der Verhandlung der Zentfälle beteiligt waren. Zudem führten sowohl Zent-, als auch Stadtschreiber ein entsprechendes Protokoll.[195] Ein weiteres Indiz, das für die Beteiligung des gräflichen Kommissariats am Wertheimer Zentgericht spricht, ist ein Schreiben des fürstlichen Kommissars Vaconius vom 30. Januar 1699. Darin werden die Zentschöffen, Schultheißen und Bürgermeister der in der Zent Wertheim gelegenen Grafschaftsdörfer aufgefordert, seiner Einladung zur Abhaltung des Zent- und Landgerichtes im Wertheimer Zenthaus Folge zu leisten und ihre „Rugzettel" zur Verhandlung derselben vorzulegen.[196] Für eine gänzliche Übernahme der Zentgerichtsbarkeit durch die Ämter der Grafschaft spricht die Tatsache, dass sich die ursprünglich selbstständige Zentgerichtsbarkeit durch die Ausbildung und Verdichtung der Territorialherrschaft mit dieser vereinigte und der jeweilige Amtmann ohnehin häufig auch das Amt des Zentgrafen in Personalunion bekleidete.[197]

Das Amt des Zentschöffen existierte zwar am Ende des Alten Reiches noch, beschränkte sich jedoch vornehmlich auf Aufgaben im Bereich der Sicherung und Wahrung der innerdörflichen Ordnung, wie beispielsweise die dreimal jährlich in den Grafschaftsdörfern abzuhaltenden „Rug-Tage".[198] Ihre Funktion als unabhängige Urteiler im Gericht hatten die Schöffen sicherlich nicht erst im Jahre 1804 eingebüßt[199], sondern sie dürften diese bereits im Verlauf des 17. Jahrhunderts im Zuge der Übernahme der Zentgerichtsbarkeit durch die Landämter verloren haben.

2. Deliktkategorisierung und Deliktkontexte

Wer sich mit Kriminalität in der Vormoderne beschäftigt, muss sich gezwungenermaßen mit dem Problem der Kategorisierung der Delikte auseinander setzen.[200] Die Schaffung von Delikttypen stellt daher überwiegend einen Akt „forscherischer Willkür"[201] dar, denn eine absolute Gewissheit über die tatsächlichen normativen Grundlagen ist nicht gegeben und erschwert es somit, Deliktkategorien zu bestim-

---

[195] Vgl. StAWt G-Rep. 102 Nr. 5981 sowie R S 7 und F R 78 und MEIER, Robert: Vorwort Bestand Landkommissariat Wertheim F-Rep. 224; GLÄSER: Die Mediatisierung der Grafschaft Wertheim, S. 36.
[196] Vgl. StAWt F-Rep. 231 Nr. 2855 („Schreiben an die Centschöpffen Schultheisen und Bürgermeister").
[197] Vgl. GLÄSER: Die Mediatisierung der Grafschaft Wertheim, S. 37.
[198] Vgl. StAWt F-Rep. 102 Nr. 231 („Instruction für die Cent-Schöpfen in der Grafschaft Wertheim", Art. 3 und 4).
[199] Vgl. StAWt F-Rep. 102 Nr. 231 („Instruction für die Cent-Schöpfen in der Grafschaft Wertheim", Art. 12).
[200] Zur Problematik der Deliktkategorisierung vgl. SCHWERHOFF: Aktenkundig und gerichtsnotorisch, S. 59–61.
[201] SCHWERHOFF: Köln im Kreuzverhör, S. 469.

men. Raub beispielsweise kann sowohl unter die Eigentums- oder die Gewaltdelikte subsumiert werden.[202] Gleichwohl ist es unumgänglich eine Strukturierung vorzunehmen, um zum einen das Aktenmaterial zu systematisieren und zum anderen eine Vergleichbarkeit mit anderen kriminalitätshistorischen Forschungen zu ermöglichen.[203] Es gilt hierbei „zwischen der Skylla der zu starken Abstraktion, die der historischen Wirklichkeit nicht gerecht wird, und der Charybdis der Überdifferenzierung, der das Wesentliche aus dem Blick gerät, einen angemessenen Weg zu finden"[204].

In der vorliegenden Arbeit wird ein Mittelweg gewählt. Einerseits orientiert sich die Delikttypologisierung an in der Forschung bereits gängigen und angewandten Kategorien. So wird unterschieden zwischen Gewaltdelikten, Eigentumsdelikten, Vergehen gegen Sitte und Moral sowie gegen Kirche und Religion, Verstöße gegen obrigkeitliche Anordnungen, Schankvergehen und Ehrverletzungen.[205] Bei den Injurien kam es aufgrund des überaus hohen Anteils der Fälle zu einer weiteren und differenzierteren Unterteilung; es erfolgte eine zusätzliche Kategorisierung in Hinsicht auf die Art der Beleidigung. Zudem wurden – zugeschnitten auf dieses Forschungsprojekt und die herangezogenen Gerichtsakten berücksichtigend – zwei weitere Deliktgruppen gebildet, nämlich Störungen des öffentlichen Friedens, das sogenannte „über Frieden schlagen" und Vergehen, die in den Augen der Dorfbewohner sanktionswürdig waren, deshalb auch vor das Zentgericht gebracht wurden, aber für die es keine obrigkeitliche Normierung gegeben hatte.

Im Einzelnen ergaben sich somit die folgenden Zuordnungen:
– Zu den Gewaltdelikten zählen Körperverletzung, Schlägerei, versuchter Totschlag und Morddrohung sowie Streiterei und überfallartige Handlungen.
– Den öffentlichen Frieden störten diejenigen Personen, die in einer gewaltsamen Auseinandersetzung „über Frieden schlugen" und Deeskalierungsversuche durch Streitschlichter ignorierten. Das Eingreifen in eine solche Konfrontation bezeichneten die Zeitgenossen als „frieden bieten".
– Bei der Kategorie der Verbalinjurien wurde zusätzlich nach der Art der Beleidigung unterschieden.[206] Es erfolgte die Unterteilung in sexuelle Diffamierungen (Hure, Metze, Ehebrecherin, schwarzer Hurer, diebische Hure), Infragestellun-

---

[202] Vgl. hierzu auch EIBACH: Frankfurter Verhöre, S. 101.
[203] Vgl. SCHWERHOFF: Köln im Kreuzverhör, S. 469.
[204] FRANK: Dörfliche Gesellschaft und Kriminalität, S. 182.
[205] Diese Deliktkategorisierung findet sich in ähnlicher Weise unter anderem auch bei SCHWERHOFF: Köln im Kreuzverhör, S. 469f. sowie bei FRANK: Dörfliche Gesellschaft und Kriminalität, S. 183; EIBACH: Frankfurter Verhöre, S. 101 oder bei FRANKE: Von Schelmen, Schlägern, Schimpf und Schande, S. 104–106.
[206] Eine ähnliche Einteilung bezüglich der Art der Beleidigungen liegt auch bei FRANK vor: Dörfliche Gesellschaft und Kriminalität, S. 335 sowie FRANK, Michael: Ehre und Gewalt im Dorf der Frühen Neuzeit. Das Beispiel Heiden (Grafschaft Lippe) im 17. und 18. Jahrhundert, in: Klaus SCHREINER/Gerd SCHWERHOFF (Hg.): Verletzte Ehre. Ehrkonflikte in Gesellschaften des Mittelalters und der Frühen Neuzeit (Norm und Struktur 5). Köln u.a. 1995, S. 325.

gen der (moralischen) Integrität (Dieb, Lügner, Schelm, ehrvergessener Mann, loser Hudler, Straßenräuber, Mörder), Hexerei- oder Zaubereivorwürfe (Hexe, Hexer, Milchdiebin[207]), die Gleichsetzungen mit Tieren (Hund, Kuh, Viper) oder mit einer religiösen Minderheit (Jude).
– Unter die Eigentumsdelikte wurden Diebstahl, Betrug und Hehlerei gefasst. Aufgrund der geringen Anzahl in Bezug auf die Gesamtzahl der Delikte wurden auch Auseinandersetzungen im bäuerlichen Lebens- und Arbeitsbereich, also Sachbeschädigung, Besitzstörung und Grenzverletzung dieser Deliktgruppe zugeordnet.
– Die Vergehen gegen Sitte und Moral beinhalten die Delikte Sodomie[208], Ehebruch, Unzucht und Liederlichkeit.
– Zu den Verstößen gegen Religion und Kirche zählen Blasphemie, Fluchen und Wahrsagerei.
– Bei den Schankvergehen wurde ein falsches Maß im Zusammenhang mit dem Ausschank von Alkohol angewandt.
– Verstöße gegen die Obrigkeit oder Amtspersonen stellen das Nichtbefolgen entsprechender Anweisungen dar. Dies geschah beispielsweise durch die Beeinflussung von Zeugenaussagen oder Berichten der Rüger.
– Zudem gab es Verstöße, die in den Augen der Dorfbewohner ein Fehlverhalten darstellten und die sie nicht tolerieren wollten. Entsprechende Fälle wurden deshalb ans Zentgericht gebracht und dort auch abgeurteilt, obwohl es keine normative Gesetzesgrundlage dafür gegeben hat.

In den folgenden Ausführungen soll auf der Basis der in den Wertheimer Zentgerichtsakten registrierten Fälle die nähere Betrachtung der Kriminalität in der dörflichen Gesellschaft der Grafschaft Wertheim im Mittelpunkt stehen. Allerdings ist zu berücksichtigen, dass hierfür aufgrund methodischer Probleme, welche die Ergebnisse relativieren, nur ein bestimmter Teil der Kriminalität erfasst werden konnte: Einerseits wurden ja nur bestimmte Vergehen vor dem Zentgericht verhandelt und zusätzlich kommen Abgrenzungsschwierigkeiten zwischen verschiede-

---

[207] Der sogenannte Milchzauber konnte zwei unterschiedliche Formen der Ausübung beinhalten. Einerseits wurde dem vermeintlichen Täter vorgeworfen, durch Zauber das Versiegen der Milch hervorgerufen zu haben. Andererseits gab es die Vorstellung, dass sich eine Person durch den Diebstahl fremder Milch bereichern wollte. Dieser wurde in der Vorstellung der frühneuzeitlichen Menschen durch heimlich nächtliches Melken in Tiergestalt oder mithilfe des Teufels beziehungsweise durch das symbolische Melken eines in die Stallwand eingeschlagenen Axtstiels, aus dem dann die Milch floss, verübt. Vgl. Schild, Wolfgang: Die Maleficia der Hexenleut. (Schriftenreihe des Mittelalterlichen Kriminalmuseums Rothenburg ob der Tauber, Bd. I). Rothenburg ob der Tauber 1997, S. 18.

[208] In der Frühen Neuzeit beinhaltete der Tatbestand der Sodomie nicht nur sexuelle Praktiken mit Tieren, sondern unter anderem auch homosexuellen Geschlechtsverkehr. Vgl. Schwerhoff, Gerd: Art. Sittendelikte, in: Enzyklopädie der Neuzeit, Bd. 12. Stuttgart 2010, Sp. 48. Im Untersuchungszeitraum tauchte lediglich ein Fall auf, bei dem es um geschlechtlichen Umgang mit einem Schaf gegangen war.

2. Deliktkategorisierung und Deliktkontexte

nen Gerichtsinstanzen erschwerend hinzu.[209] Andererseits ist eine statistische Erfassung der Kriminalität eben nur anhand der aktenkundig gewordenen Delikte möglich, denn Dunkelfelder beziehungsweise Dunkelziffern sowie Formen der Infrajustiz bei der Konfliktlösung stellen in ihren Auswirkungen schließlich nur schwer zu bestimmende Verzerrungsfaktoren dar.[210] Die anschließenden Untersuchungen beschränken sich nicht darauf, eine Ansammlung von Daten, eine Zuordnung zu bestimmten Delikttypen und daraus abzuleitende rein statistische Häufigkeiten wiederzugeben. Vielmehr sollen die einzelnen Delikte in ihrem jeweiligen Kontext analysiert werden. Im Zusammenhang mit der jeweiligen Phänomenologie der Delikte, also der Bestimmung von Ausmaß und Formen sowie unter anderem von Tatort und Tatzeit, setzen sich die Ausführungen mit den Fragen nach dörflichen Kommunikations- und Handlungsräumen und deren Bedeutung in Bezug auf kriminelles und deviantes Verhalten auseinander. Welche Handlungsorte sind in der dörflichen Gesellschaft auszumachen, an denen spezifische Kommunikationsregeln existierten, unterschiedliche Kommunikations- und Interaktionsgelegenheiten vorherrschten und an denen soziale Kontrolle möglich war? Wann und unter welchen Umständen traten innere Spannungen zutage und mit welchen Konfliktlösungsmechanismen wurden diese zu beseitigen versucht? Kamen in dieser Hinsicht bestimmten Personenkreisen innerhalb einzelner Dörfer bestimmte Aufgaben und Funktionen zu, um ein friedliches Zusammenleben zu garantieren? Wie ist in diesem Zusammenhang die Bedeutung von Herrscher aber auch von Beherrschten in Form ihrer Zusammengehörigkeit als Gemeinde zu sehen?[211] Im Zuge dieser Untersuchung sind auch Aussagen über die Umsetzung von Herrschaft im Dorf möglich, denn es interessieren nicht nur die Strukturen obrigkeitlicher Herrschaftsformen, sondern auch die Umsetzung lokaler Herrschaftsformen, beispielsweise in Form der informellen Machtausübung lokaler Eliten, wird erforscht. Gab es vielleicht autonome Dorfgenossenschaften, die im Zuge von Strukturen der Selbstverwaltung bestimmten Konfliktpunkten vorbeugen beziehungsweise diese regulieren konnten? Durch welches Maß an Autonomie zeichneten sich diese aus und ergaben sich hierbei Veränderungen im Untersuchungszeitraum?

---

[209] Vgl. das Kapitel III. 1.5.1 Der Zuständigkeitsbereich der Wertheimer Zent.
[210] Vgl. FRANK: Dörfliche Gesellschaft und Kriminalität, S. 238; SCHWERHOFF: Aktenkundig und gerichtsnotorisch, S. 53–58.
[211] Herrschaft ist in diesem Sinne nicht als institutionelle Struktur oder als Ereignis, sondern vielmehr als ein kommunikativer und dynamischer Prozess zwischen Herrscher und Beherrschten zu verstehen. Vgl. FREIST, Dagmar: Staatsbildung, lokale Herrschaftsprozesse und kultureller Wandel in der Frühen Neuzeit, in: Ronald G. ASCH/Dagmar FREIST (Hg.): Staatsbildung als kultureller Prozess. Strukturwandel und Legitimation von Herrschaft in der Frühen Neuzeit. Köln 2005, S. 1–47; MEUMANN, Markus/PRÖVE, Ralf: Die Faszination des Staates und die historische Praxis. Zur Beschreibung von Herrschaftsbeziehungen jenseits teleologischer und dualistischer Begriffsbildungen, in: DIES. (Hg.): Herrschaft in der Frühen Neuzeit. Umrisse eines dynamisch-kommunikativen Prozesses (Herrschaft und soziale Systeme in der frühen Neuzeit, Bd. 2). Münster 2004, S. 11–49.

Ferner besteht ein zentrales Interesse am Verhalten derjenigen Personen, die in einen Konfliktfall oder in ein Vergehen involviert waren. Es gilt nach infrajustiziellen Konfliktlösungsmechanismen und nach Formen der Ritualisierung zu fragen. Konnten damit im Zusammenhang stehende lokale Traditionen und soziale Wert- und Normvorstellungen der Dorfbewohner neben den obrigkeitlichen Verordnungen zur Entschärfung beziehungsweise zur Lösung eines Konfliktes beitragen und ein friedliches Zusammenleben befördern?

Zudem interessiert, ob sich aufgrund der Anzeige von Vergehen durch Dritte im Vergleich zu anderen Untersuchungsbeispielen Unterschiede hinsichtlich der Kriminalitätsrate ergeben und somit am Wertheimer Zentgericht statistisch gesehen mehr Delikte zur Anzeige gebracht wurden. Hatte eben dieser Umstand auch Auswirkungen auf die Beziehungen der dörflichen Bevölkerung untereinander? Gelegentlich brachen latente Spannungen auf, fanden ihren Niederschlag in den Akten und förderten so auch bereits längere Zeit zurück liegende Auseinandersetzungen oder Verstöße zu Tage.[212] Schließlich soll ebenso der Frage nachgegangen werden, ob sich bei den Delikten eine schicht- und geschlechterspezifische Verteilung nachweisen lässt. Auch das soziale Profil der am Wertheimer Zentgericht auftretenden Personen soll im Rahmen der folgenden Untersuchungen einbezogen werden. Der lokal begrenzte methodische Bezugsrahmen der Arbeit erlaubt es beispielsweise auf Sozialprofile der Delinquenten zu schließen. Ist es möglich einzelne Problemgruppen innerhalb der Grafschaftsdörfer nachzuweisen und haben sich diesbezüglich vielleicht bestimmte Marginalisierungs- und Ausgrenzungsprozesse ergeben? Daneben spielt ebenfalls der regionale Einzugsbereich der in den Gerichtsakten aufgeführten Personen eine Rolle.

3. Delikte im Untersuchungszeitraum

Mit insgesamt 41,4 % stellten die Gewaltdelikte den größten Anteil der im gesamten Untersuchungszeitraum begangenen und am Wertheimer Zentgericht aktenkundig gewordenen Vergehen dar, während Verbrechen gegen das Eigentum 15,1 % der angezeigten Straftaten ausmachten. Weniger häufig (nur jeweils etwa 1 %) wurden Verstöße gegen Sitte und Moral und Vergehen gegen Kirche und Religion begangen. 1,1 % machten Delikte aus, bei denen obrigkeitliche Anweisungen missachtet wurden, oder die in den Augen der Dorfbewohner Fehlverhalten darstellten und die deshalb am Zentgericht gerügt wurden. Am seltensten kamen Schankvergehen vor (0,2 %), 6,0 % machten Störungen des öffentlichen Friedens aus. Die Kategorie der Ehrendelikte schlug mit insgesamt 33,9 % zu Buche und somit stehen Verbalinjurien an zweiter Stelle der am häufigsten begangenen Vergehen. In Summe mit den Gewaltdelikten macht dies immerhin beachtliche drei Viertel der Gesamtanzahl aller Delikte aus. Aufgrund der hohen Anzahl der Gewalt- und Ehr-

---

[212] Vgl. dazu auch FRANK: Dörfliche Gesellschaft und Kriminalität, S. 239.

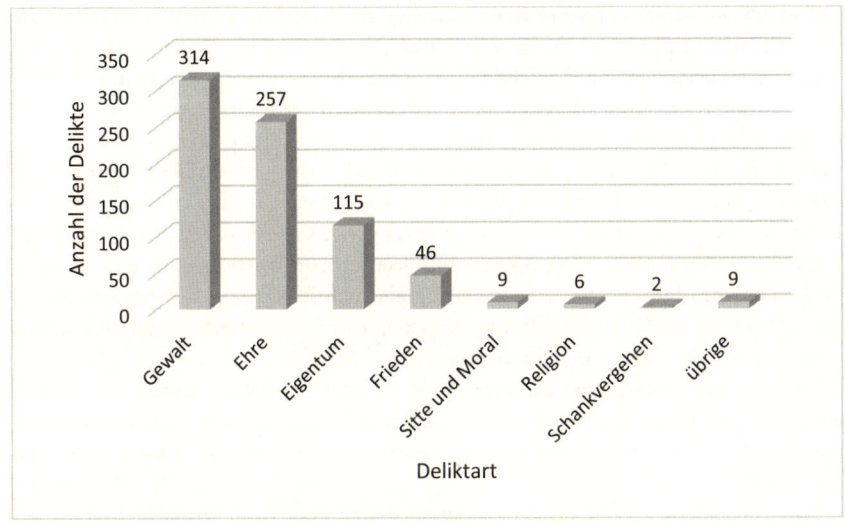

Diagramm 1: Gesamtanzahl der Delikte im Untersuchungszeitraum

verbrechen sollen diese Delikte in den folgenden Ausführungen etwas ausführlicher betrachtet werden als die übrigen Vergehen. Den Eigentumsdelikten wird ebenfalls ein eigenes Kapitel gewidmet, hinsichtlich der übrigen Deliktgruppen wurden lediglich Einzelfälle aktenkundig. Deshalb werden diese in einem gemeinsamen Kapitel untersucht.

3.1 „So ist ihm das blut aus dem kopff geloffen": Gewaltdelikte

In der Geschichtswissenschaft wurde Gewalt lange Zeit maßgeblich im Kontext von Herrschaft thematisiert und besondere Bedeutung hatten rechtstheoretische und rechtsphilosophische Fragen im Zusammenhang mit der Darstellung von Staatsentwicklung, Kriegsrecht und Widerstand.[213] Forschungsfragen wurden hauptsächlich dadurch beeinflusst, dass Gewalt im Sinne des Naturrechts als „naturrechtliche Gegebenheit" bzw. positiv-rechtlich „als historische Gewordenheit" verstanden wurde.[214]

Der mikrohistorische Blick auf die Gewaltdelinquenz versucht dem „sozialen Sinn" beziehungsweise der „sozialen Logik" von Gewalt nachzugehen und durch diese Analyserichtung die in den gerichtlichen Quellen hervortretende Gewalt als

---

[213] Vgl. ULBRICH, Claudia/JARZEBOWSKI, Claudia/HOHKAMP, Michaela: Einleitung, in: DIES. (Hg.): Gewalt in der Frühen Neuzeit. Beiträge zur 5. Tagung der Arbeitsgemeinschaft Frühe Neuzeit im VHD (Historische Forschungen, Bd. 81). Berlin 2005, S. 9.

[214] Vgl. BENJAMIN, Walter: Zur Kritik der Gewalt, in: DERS.: Zur Kritik der Gewalt und andere Aufsätze. Berlin[13] 2016.

Teil einer alteuropäischen Konflikt- und Streitkultur zu beschreiben, um über die Interpretation ihrer Funktionen und ihrer „Spielregeln" zu einem tieferen Verständnis zu gelangen. Eine solche Herangehensweise betont weniger den affektiven Charakter der Gewalt als vielmehr „die ritualisierte Dramaturgie gewalthaft eskalierender Konflikte"[215]. Zentrales Motiv der überwiegend männlichen Akteure und gleichzeitig Motor, der die Eskalation von Gewalt vorantreiben konnte, war dabei die Verteidigung der eigenen Ehre.[216] „Ehre" begreift die aktuelle Forschung nicht mehr als „eher statische moralisch-rechtliche Größe, sondern als historisch wandelbares, komplexes Regelsystem wechselseitiger Wertzumessung, das maßgeblich sowohl individuelle Selbstachtung als auch Rangvorstellungen und damit entsprechende Verhaltenserwartungen erzeugte"[217]. Die hierbei zum Ausdruck kommende Komplexität und Multifaktorialität der Ehre deutet an, dass die Suche nach der Essenz dessen, was Ehre ihrem Wesen nach ausmacht, kaum weiterführen dürfte und es daher umso sinnvoller ist, nach den Modi der Her- und Darstellung von Ehransprüchen und -behauptungen, deren Funktionen und Deutungsmustern zu fragen.[218]

Die Ehre spielte zweifelsfrei eine überaus bedeutende Rolle in der frühneuzeitlichen Gesellschaft, der es nicht nur um die materielle Absicherung des Lebens ging, sondern auch – und dies in besonderem Maße – um ein ehrenvolles Leben. Die Wahrung der Existenzsicherung und der sozialen Ehre waren nicht zu trennen, sondern bedingten einander.[219] Die soziale Ehre beziehungsweise der soziale Status eines Einzelnen war abhängig von einer Vielzahl von Faktoren und konnte somit nicht auf eine Dimension reduziert werden. Besitz und Vermögen spielten ebenso eine Rolle wie Arbeit und Beruf.[220] Der soziale Status stieg, je weniger eine Person mit körperlicher Arbeit zu tun hatte und „dreckige" Arbeiten galten als weniger ehrenvoll als „saubere" Berufe. Erstere Tätigkeiten grenzte das Handwerk weitgehend als unehrlich ab; obgleich ein Henker in materieller Hinsicht oftmals wesentlich besser gestellt war als ein gehobener Handwerker, stand er in der sozialen Hierarchie an unterster Stelle.[221] Gleichzeitig ist zu postulieren, dass Ehre ohne bestimmte mate-

---

[215] SCHWERHOFF: Aktenkundig und gerichtsnotorisch, S. 121.
[216] Vgl. ebd.
[217] WEBER, Wolfgang E. J.: Art. Ehre, in: Enzyklopädie der Neuzeit, Bd. 3. Stuttgart 2006, Sp. 77.
[218] Vgl. KESPER-BIERMANN, Sylvia/LUDWIG, Ulrike/ORTMANN, Alexandra: Ehre und Recht. Zur Einleitung, in: DIES. (Hg.): Ehre und Recht. Ehrkonzepte, Ehrverletzungen und Ehrverteidigungen vom späten Mittelalter bis zur Moderne (Editionen und Dokumentationen 5). Magdeburg 2011, S. 4; SCHREINER, Klaus/SCHWERHOFF, Gerd: Verletzte Ehre. Überlegungen zu einem Forschungskonzept, in: DIES. (Hg.): Verletzte Ehre. Ehrkonflikte in Gesellschaften des Mittelalters und der Frühen Neuzeit (Norm und Struktur 5). Köln u. a. 1995, S. 4.
[219] Vgl. VAN DÜLMEN: Kultur und Alltag in der Frühen Neuzeit, Bd. 2: Dorf und Stadt, S. 180f. sowie S. 194.
[220] Vgl. WEBER: Art. Ehre, Sp. 78f.
[221] Zur rechtlichen, sozialen und wirtschaftlichen Stellung der Henker in der Frühen Neuzeit, vgl. exemplarisch NOWOSADTKO, Jutta: Scharfrichter und Abdecker in der Frühen

rielle Ressourcen nicht zu gewinnen war, Besitz jedoch andererseits noch nicht gezwungenermaßen ehrenvollen Ruf oder die Möglichkeit zum sozialen Aufstieg begründete.[222] Der Status der frühneuzeitlichen Menschen war weiterhin abhängig vom Maß der politischen Einflussnahme und ebenso waren die Herkunft sowie die Familienzugehörigkeit dabei von Bedeutung. So waren beispielsweise die meisten Ämter vererbbar und „Eigentum" der Familie. Der Einzelne blieb im Allgemeinen nicht nur Zeit seines Lebens der Familientradition sowie der Familienehre verpflichtet, sondern auch seine berufliche Karriere und Tätigkeit verdankte er vornehmlich seiner Abstammung: Wer als Adliger geboren wurde, behielt in der Regel den Adelstitel und die damit verbundenen Privilegien und wer als Handwerkersohn auf die Welt kam, ging eben dieser beruflichen Tätigkeit nach.[223] Schließlich spielte das öffentliche Verhalten eine bedeutende Rolle für den sozialen Status und die Familie, der eigene Stand sowie die Öffentlichkeit erwarteten ein standesgemäßes Verhalten. Diese abverlangte ehrbare Verhaltensweise ist jedoch schwer auf einen Nenner zu bringen und sie umfasste sowohl moralische Ansprüche, ökonomisches Gebaren als auch die politische Einstellung, und je mehr jemand den ständischen Ansprüchen genügte, umso größer war seine Ehre.[224] Doch erst die Öffentlichkeit[225] konstituierte den Status der damaligen Menschen und nichts besaß einen Wert ohne die Anerkennung durch die Öffentlichkeit.[226] Beide Aspekte – die Ehre der Person und die Öffentlichkeit der Gemeinschaft – waren dicht miteinander verwoben: Die öffentliche Existenz einer Person wurde durch ihre Ehre bestimmt, und letztere beeinflusste wiederum Form und Grad der Inklusion der frühneuzeitlichen Menschen in die Kommunikationsgemeinschaft des Dorfes. Ehre strukturierte jedoch auch Erwartungen, die in Kommunikation verwandelt wurden, kam es zu einer Enttäuschung dieser Erwartungen, konnte dies eine Kommunikationssituati-

---

Neuzeit. Paderborn u. a. 1994; WILBERTZ, Gisela: Scharfrichter und Abdecker – Aspekte einer Sozialgeschichte vom 13. bis zum 16. Jahrhundert, in: Bernd-Ulrich HERGEMÖLLER (Hg.): Randgruppen der spätmittelalterlichen Gesellschaft. Warendorf ²1994, S. 121–156.

[222] Vgl. VAN DÜLMEN: Kultur und Alltag in der Frühen Neuzeit, Bd. 2: Dorf und Stadt, S. 181 f.

[223] Vgl. NOWOSADTKO, Jutta: Betrachtungen über den Erwerb von Unehre. Vom Widerspruch „moderner" und „traditionaler" Ehren- und Unehrenkonzepte in der frühneuzeitlichen Ständegesellschaft, in: Ludgera VOGT/Arnold ZINGERLE (Hg.): Ehre. Archaische Momente in der Moderne. Frankfurt am Main 1994, S. 238 f.; VAN DÜLMEN: Kultur und Alltag in der Frühen Neuzeit, Bd. 2: Dorf und Stadt, S. 182 f;

[224] Zu den „Hierarchien" der Ehre in der Frühen Neuzeit vgl. auch DEUTSCH, Andreas: Hierarchien der Ehre. Zur rechtlichen Dimension von Ehre und Unehrlichkeit in der Frühneuzeit, in: Sylvia KESPER-BIERMANN/Ulrike LUDWIG/Alexandra ORTMANN (Hg.): Ehre und Recht. Ehrkonzepte, Ehrverletzungen und Ehrverteidigungen vom späten Mittelalter bis zur Moderne (Editionen und Dokumentationen 5). Magdeburg 2011, S. 19–39.

[225] Zur komplexen Diskussion über den Charakter frühneuzeitlicher Öffentlichkeit vgl.: HOFFMANN, Carl: „Öffentlichkeit" und „Kommunikation" in den Forschungen zur Vormoderne. Eine Skizze, in: DERS./Rolf KIESSLING (Hg.): Kommunikation und Region (Forum Suevicum 4). Konstanz 2001, S. 69–112.

[226] Vgl. VAN DÜLMEN: Kultur und Alltag in der Frühen Neuzeit, Bd. 2: Dorf und Stadt, S. 183 f.

on unter Stress setzen.[227] In der Praxis bedeutete dies beispielsweise, dass Gewalttätigkeiten als Reaktion auf Ehrverletzungen und somit auf weitere Eskalationsstufen von Ehrhändeln verständlich gemacht werden können.[228]

Am Wertheimer Zentgericht machten die Gewaltvergehen im gesamten Untersuchungszeitraum insgesamt 41,4 % der zur Rüge gebrachten Delikte aus und waren somit – mit Ausnahme der Verbalinjurien – deutlich überrepräsentiert. In der in der Uckermark gelegenen Kleinstadt Strasburg waren Gewaltvergehen in Form von Körperverletzungen im Zeitraum von 1540 bis 1630 ebenfalls das am häufigsten zur Anzeige gebrachte Delikt. Der Anteil machte hier allerdings nicht knapp die Hälfte, sondern insgesamt 26 % aus.[229] Dieselbe Prozentzahl ermittelte Arne Kertelhein für Körperverletzungen während der Jahre von 1560 bis 1581 in Dithmarschen; übertroffen wurden die Gewaltdelikte dort allerdings von den Vergehen, die Pfand- und Kreditsachen betrafen.[230] In Köln gab es von 1575 bis 1588, so wie sie Gerd Schwerhoff eruiert hat, 37 Gewaltdelikte bei einer Gesamtzahl von 188 Fällen – demgegenüber kamen in Köln für den selben Zeitraum die Eigentumsdelikte mit 75 Delikten weitaus häufiger vor.[231] Mit 11,9 % (1680–1795) waren die Gewaltdelikte das dritthäufigste Vergehen in dem in der Grafschaft Lippe gelegenen Ort Heiden.[232] Diese an nur wenigen Beispielen demonstrierte Varietät von Ergebnissen veranschaulicht, dass unterschiedliche Verhaltensdispositionen sowie Faktoren wie regionale Besonderheiten, Untersuchungszeitraum, Zuständigkeiten und Praxis der Gerichtsinstitutionen und vor allem Unterschiede in der jeweiligen Deliktkategorisierung[233] der Forscher in Bezug auf die einzelnen Zahlen beachtet werden müssen.[234] Aufgrund der Tatsache, dass beim sogenannten „über Frieden schlagen" auch Gewalt angewandt wurde, ist diese Deliktgruppe im Zusammenhang mit den Gewaltvergehen für das Wertheimer Beispiel natürlich auch zu berücksichtigen. Addiert man die beiden Summen, so ergibt sich immerhin ein beachtliches Ergebnis von knapp 50 %.

Diese Zahlen lassen auf den ersten Blick auf ein großes Maß an Brutalität und Gewaltbereitschaft der frühneuzeitlichen Dorfbewohner in der Wertheimer Grafschaft schließen: Personen wurden „hart geschlagen", es wurde gebissen und getre-

---

[227] Vgl. SCHLÖGL, Rudolf: Anwesende und Abwesende. Grundriss für eine Gesellschaftsgeschichte der Frühen Neuzeit. Konstanz 2014, S. 190 f; SCHREINER, Klaus/SCHWERHOFF, Gerd: Verletzte Ehre, S. 9–12.
[228] Vgl. SCHREINER/SCHWERHOFF: Verletzte Ehre, S. 13 f.
[229] Vgl. FRANKE: Von Schelmen, Schlägern, Schimpf und Schande, S. 106.
[230] Vgl. KERTELHEIN, Arne: Alltag und Kriminalität. Die Brücheregister des Dithmarscher Mitteldrittels 1560–1581. Rostock 2003, S. 275.
[231] Vgl. SCHWERHOFF: Köln im Kreuzverhör, S. 466.
[232] Vgl. FRANK: Dörfliche Gesellschaft und Kriminalität, S. 240 f.
[233] Hier sei auf die Möglichkeit verwiesen, die Grenzverletzungen beispielsweise unter die Eigentumsdelikte zu subsumieren. Die Einteilung liegt auch der vorliegenden Arbeit zugrunde. Die Bildung einer eigenen Deliktgruppe wäre hierbei jedoch ebenfalls möglich gewesen und hätte sich dann auf die Anzahl der Eigentumsdelikte ausgewirkt.
[234] Vgl. dazu auch FRANK, Dörfliche Gesellschaft und Kriminalität, S. 240.

ten, die Kontrahenten bewarfen sich mit Gegenständen oder ließen nicht eher voneinander ab, bis Blut floss. Gerade die ländliche Bevölkerung in der Zeit um 1600 erscheint im Spiegel der Zentgerichtsakten als Gesellschaft für die das „Ausüben und Erdulden von Gewalt (...) zum Repertoire unreflektierter Verhaltensweisen"[235] gehörte. An dieser Stelle ist jedoch festzuhalten, dass das Überwiegen der gegen die persönliche Integrität gerichteten Vergehen in den Quellen weder ein spezifisch ländliches Phänomen in der Frühen Neuzeit darstellen musste und dass in den Gesellschaften vergangener Zeiten ein gewisses Maß an Gewalt als legitim empfunden wurde. Unter solche als legal empfundenen Gewaltformen konnten das Züchtigungsrecht eines Ehegatten, der Elternteile oder der Dienstherren[236] zählen sowie ritualisierte und symbolisierte Gewalt oder die Körper- und Todesstrafen der Obrigkeiten.[237] Folglich schlugen sich lediglich die illegitimen Gewaltformen in den Gerichtsquellen nieder, und es stellt sich die Frage, unter welchen Bedingungen Gewalt als illegitim empfunden wurde – sowohl von Seiten der Obrigkeit als auch von Seiten der Einwohner und Untertanen der wertheimischen Dörfer. Inwiefern ist hierbei von einem „Spannungsverhältnis zwischen der sozialen Kontrolle der Gewalt, die von den Gerichten intendiert war, und der sozialen Kontrolle durch Gewalt in der alltäglichen sozialen Praxis"[238] auszugehen? In gewaltsam ausgetragenen Konflikten, so Schwerhoff, stand stets auch die Erfüllung allgemeiner sozialer Normen zur Disposition und demnach können Injurien und physische Übergriffe als Sanktionierung perzipierter Normbrüche verstanden werden.[239]

Der frühneuzeitlichen dörflichen Gesellschaft kann also keineswegs ein grundsätzlicher gewaltsamer Charakter unterstellt werden, da Gewalt nicht um ihrer selbst willen, sondern in der Regel im Zusammenhang mit der Verteidigung der Ehre ausgeübt wurde[240], oder der unmittelbaren wie auch der prophylaktischen Verteidigung des Eigentums diente.[241] Die nähere Betrachtung der am Wertheimer

---

[235] MÜLLER-WIRTHMANN, Bernhard: Gewalt und Ehre im Dorf, in: Richard VAN DÜLMEN (Hg.): Kultur der einfachen Leute. Bayerisches Volksleben vom 16. bis zum 19. Jahrhundert. München 1983, S. 89.
[236] Vgl. hierzu beispielsweise: RUMMEL, Walter: Verletzung von Körper, Ehre und Eigentum. Varianten im Umgang mit Gewalt in Dörfern des 17. Jahrhunderts, in: BLAUERT, Andreas/SCHWERHOFF, Gerd (Hg.): Mit den Waffen der Justiz. Zur Kriminalitätsgeschichte des späten Mittelalters und der Frühen Neuzeit. Frankfurt am Main 1993, S. 86–114.
[237] Vgl. FRANKE: Von Schelmen, Schlägern, Schimpf und Schande, S. 109; MEUMANN, Markus/NIEFANGER, Dirk: Für eine interdisziplinäre Betrachtung von Gewaltdarstellungen des 17. Jahrhunderts. Einführende Überlegungen, in: DIES. (Hg.): Ein Schauplatz herber Angst. Wahrnehmung und Darstellung von Gewalt im 17. Jahrhundert. Göttingen 1997, S. 9f.
[238] SCHWERHOFF: Aktenkundig und gerichtsnotorisch, S. 126.
[239] Ebd.
[240] Die enge Verbindung zwischen Beleidigungen und Gewalt im Spätmittelalter und in der Frühen Neuzeit wurde in der Forschung immer wieder betont. Vgl. hierzu exemplarisch SCHWERHOFF: Aktenkundig und gerichtsnotorisch, S. 121–130.
[241] Vgl. hierzu RUMMEL, Walter: Verletzung von Körper, Ehre und Eigentum. Varianten im Umgang mit Gewalt in Dörfern des 17. Jahrhunderts, in: Andreas BLAUERT/Gerd

Zentgericht verhandelten Einzelfälle untermauert die in der Forschung vertretene Auffassung, wonach vornehmlich zwei Faktoren – verletzte Ehre und Alkohol – die eigentlichen Auslöser für Gewalttaten waren.[242] Nicht selten gingen demnach als ehrverletzend interpretierte Situationen gewaltsamen Auseinandersetzungen voraus. Eine direkt geäußerte Beleidigung konnte ebenso ein Auslöser für eine Gewalttat sein wie ein versteckt lancierter Hinweis oder Gestik und Mimik. So eskalierte beispielsweise im Jahr 1601 in Reicholzheim ein Konflikt zwischen den beiden Müllern Adam Otto und Hans Koch.[243] Die beiden hatten dort „mit einand ins wirtzhaus gezecht und [waren] einand zu streidt worden des malzeß halben"[244]. Im Verlauf der Auseinandersetzung stritten sich die Kontrahenten schließlich um die Frage, wer von beiden der bessere Vertreter ihres Handwerks sei und schließlich beschimpfte Adam Otto sein Gegenüber als Schelm. Als der Beleidigte daraufhin mit den Worten „strassen räuber" und „kinder mörder" konterte, waren die Grenzen des Zumutbaren offenbar eindeutig überschritten und der Konflikt wurde daher mit den Fäusten entschieden. In ähnlicher Weise vollzog sich im Jahr 1604 im Bettinger Wirtshaus ein Streit zwischen dem Urpharer Wirt Georg Neuff und dem Wertheimer Bäckersohn Hans Hoffmann.[245] Die Handgreiflichkeiten resultierten hierbei aus der folgenden Situation: Bis in die Nacht hinein hatte beim Spielen „einer dem andern daß gelt abgewonnen"[246]. Nachdem Hoffmann jedoch „nach dem Neufen gelt so er vor Ihm ligen gehabt unpillicher weis [...] gegrifen"[247], erhob sich zwischen den beiden ein Wortgefecht im Zuge dessen sie sich gegenseitig als Schelme beschimpften, und schließlich schlug Neuff seinem Gegenüber so hart auf den Kopf, dass dieser sich eine blutende Wunde zuzog. Erstaunlicherweise begannen die Kontrahenten im Anschluss erneut gemeinsam zu spielen, was vorerst auch in friedlicher Weise gelang. Doch es sollte nur eine Frage der Zeit bleiben bis die Beiden abermals mit Worten aneinander gerieten und Hoffmann dem Wirt ebenfalls ins Gesicht schlug, so dass ihm die Nase anschwoll.[248]

Die beiden geschilderten Fälle zeigen, dass die Ehre der Tatbeteiligten eindeutig verletzt worden war. Wollte der durch Gesten oder Worte Herabgesetzte verhindern, dass der Verdacht entstand, die Vorwürfe seien möglicherweise wahr, musste er darauf eine Reaktion zeigen. Zur Wiederherstellung der Ehre boten sich dem Beleidigten verschiedene Möglichkeiten. Die Option eines formalen Gerichtsprozesses war lediglich eine unter mehreren, und andere Arten von Konfliktregelung

---

SCHWERHOFF (Hg.): Mit den Waffen der Justiz. Zur Kriminalitätsgeschichte des späten Mittelalters und der Frühen Neuzeit. Frankfurt am Main 1993, S. 86–114.

[242] Vgl. auch FRANK: Dörfliche Gesellschaft und Kriminalität, S. 243; THAUER: Gerichtspraxis in der ländlichen Gesellschaft, S. 298.
[243] Vgl. zu dem im Folgenden beschriebenen Fall StAWt G-Rep. 102 Nr. 534 („Hans Koch vs. Adam Otto").
[244] StAWt G-Rep. 102 Nr. 534 („Hans Koch vs. Adam Otto").
[245] Vgl. StAWt G-Rep. 102 Nr. 537 („Georg Neuff vs. Diecken Becken Sohn").
[246] StAWt G-Rep. 102 Nr. 537 („Georg Neuff vs. Diecken Becken Sohn").
[247] StAWt G-Rep. 102 Nr. 537 („Georg Neuff vs. Diecken Becken Sohn").
[248] Vgl. ebd.

3. Delikte im Untersuchungszeitraum

und Normkontrolle gingen der gerichtlichen Lösung voraus beziehungsweise liefen parallel dazu. Die Verteidigung der Ehre durch Gewalt war die Reaktion, die zumindest vom männlichen Geschlecht im Untersuchungszeitraum häufiger gewählt wurde. Mitunter verliefen derartige Konfrontationen recht spektakulär, wie beispielsweise im Jahr 1604, als Leonhard Schürger aus Bettingen seinem Stiefvater Hans Hohe im Wirtshaus bei der Zech einen Finger abgebissen hatte.[249] Der Rüger Veit Hefner berichtete zu diesem Vorfall, dass die oben genannten Herren friedlich mit vier weiteren Männern aus Bettingen sowie aus benachbarten Dörfern im Wirtshaus zusammengesessen waren und miteinander getrunken hatten. Mögliche Gründe, warum die beiden Streithähne aneinander gerieten, sind dem Rügeprotokoll leider nicht zu entnehmen; aber es ist protokolliert, dass Schürger und Hohe „über Einand gefallen [...] und viel Gleßer geworfen"[250] hätten. Der Wirt gebot den beiden schließlich Einhalt, doch kurze Zeit später entbrannte die gewaltsame Auseinandersetzung erneut, und Leonhard Schürger stürzte sich zusammen mit seinem Bruder Hans auf den Stiefvater, so dass sie „uff einand über Hans Hohe gelegen"[251]. Doch damit war es noch nicht genug: Leonhard Schürger, so gab der Rüger zu Protokoll, hatte „Hans Hohe bei einem finger gehabt [und] Ihm den selbigen [...] halben von der hand abgebissen"[252]. Immerhin, so wurde betont, habe Schürger seinem Stiefvater „den finger nicht ganz herunder gebießen"[253]. Erstaunlicherweise wird der abgebissene Finger im Urteil der Schöffen nicht erwähnt. Hans Hohe und seine Stiefsöhne erhielten aufgrund der Schlägerei jeweils eine Geldstrafe und die beiden Brüder wurden an die Herrschaft verwiesen, da sie „über Frieden geschlagen" hatten.[254]

Zog sich einer der Kontrahenten eine derartige Verletzung zu, so konnte er seinen Gegner vor dem Zentgericht auf Schadensersatz verklagen. 1589 erhielt Claus Reisig aus Lindelbach zum Beispiel sechs Gulden von Georg Wiel aus Urphar, um die Baderkosten zu begleichen, die ihm aufgrund einer von Wiel zugefügten Verletzung entstanden waren.[255] Gewalt wurde, so verdeutlichen es die bisherigen Fallbeispiele, auf vielfältige Weise ausgeübt. Die Gegner schlugen und bissen sich oder warfen sich gegenseitig auf den Boden. Häufig schreckten die Kontrahenten in einer handfesten Auseinandersetzung auch nicht zurück, von Waffen Gebrauch zu machen. Zum Einsatz kam hierbei beinahe alles, was in der entsprechenden Situation greifbar war. Im Wirtshaus waren es beispielsweise Gläser und Krüge, im Bereich der bäuerlichen Arbeitswelt setzte man auch Dreschflegel oder Spatenstiele ein. Selbst vor dem Einsatz eines Beils scheute man sich nicht, eher selten zog einer der Kontrahenten ein Messer. Im Sommer des Jahres 1605 verletzte Jakob Hemme-

---

[249] Vgl. StAWt G-Rep. 102 Nr. 537 („Leonhard Schürger vs. Hans Schürger vs. Hans Hohe").
[250] Ebd.
[251] Ebd.
[252] Ebd.
[253] Ebd.
[254] Vgl. StAWt G-Rep. 102 Nr. 5550 (Zentgericht 1604, Montag nach Trium Regum).
[255] Vgl. StAWt G-Rep. 102 Nr. 5550 (Zentgericht 1590, Montag nach Trium Regum).

rich aus Bestenheid die beiden Männer Georg Götz und Cuntz Düning mit einem Beil am Kopf.[256] Debes Löhr hatte in diesem Fall zu Protokoll gegeben, dass er am Abend auf ein Geschrei in der Nähe von Jakob Gressens Haus aufmerksam geworden war und er dem Lärm deshalb gefolgt sei. Auf dem Weg dorthin begegnete er Jakob Hemmerich und am Tatort traf er schließlich auf die beiden verletzten Männer, die aussagten, dass Hemmerich ihnen die blutigen Wunden am Kopf „mit dem beyel"[257] zugefügt habe. Cuntz Düning, so berichtete der Rüger, äußerte zudem seine Sorge um Georg Götz, da er sagte: „ich glaub jörg der hefner werde sterben"[258]. Das Zentgericht verurteilte alle drei zu einer Geldbuße.[259] Bezeichnenderweise verletzten die Streitgegner ihre Kontrahenten, wie auch hier im Fallbeispiel, auffallend oft am Kopf.[260] Dies geschah häufig auf so schwere Weise, dass stark blutende Verletzungen die Folge waren. Sicherlich muss man den Tätern in diesem Zusammenhang nicht unbedingt eine Tötungsabsicht unterstellen. Ihr Ziel dürfte es vielmehr gewesen sein, den Gegner außer Gefecht zu setzen.

Schläge ins Gesicht konnten zudem eine symbolische Bedeutung haben. Ein Schlag auf den Mund sollte das Gesichtsteil strafen, das ehrmindernde Worte ausgesprochen hatte. Eine Ohrfeige sollte die betroffene Person demütigen. Auch mit dem Angriff auf andere Gliedmaßen konnte man eine bestimmte Absicht bezwecken. So war Hans Hohe aufgrund des abgebissenen Fingers in der konkreten Situation erst einmal wehrlos und zudem war seine Arbeitsfähigkeit in der nächsten Zeit, vielleicht sogar dauerhaft, eingeschränkt.[261] Als besonders schlimmen Angriff auf seine Männlichkeit empfand Georg Keyser aus Höhefeld im Jahr 1597 eine Attacke von Peter Hoffmann, dem Wagenbucher Hofbauern. Dieser „Schelm", so beschwerte sich der Geschmähte, hatte ihn, als sie im Wirtshaus miteinander gezecht hatten, zuerst als „lose[n] hudler"[262] beschimpft und ihm anschließend sogar an seinen „grossen hoden gegriffen"[263]. Georg Keyser fühlte sich dadurch aller Wahrscheinlichkeit nach in seiner Männlichkeit angegriffen.

Nicht immer verliefen die Auseinandersetzungen so spektakulär wie in den oben beschriebenen Fällen und nicht immer verteidigte man seine Ehre mit Gewalt. So berichtete der Reicholzheimer Michel Altmann in einem Gerichtsprotokoll aus dem Jahr 1602, dass er im Haus des Schultheißen Peter Kaltenhauser zufällig Zeuge einer Auseinandersetzung zwischen dem Amtsträger und dem ebenfalls aus Reicholzheim stammenden Hans Schmied gewesen war.[264] In einem Streitgespräch hat-

---

[256] Vgl. StAWt G-Rep. 102 Nr. 538 („Jakob Hemmerich vs. Cuntz Düning und Georg Götz").
[257] Ebd.
[258] Ebd.
[259] Vgl. StAWt G-Rep. 102 Nr. 5550 (Zentgericht 1605, Montag nach Martini).
[260] Diese Beobachtung findet sich auch bei FRANK: Dörfliche Gesellschaft und Kriminalität, S. 247 f.
[261] Vgl. auch FRANK: Dörfliche Gesellschaft und Kriminalität, S. 248.
[262] StAWt G-Rep. 102 Nr. 5539 („Georg Keyser vs. Peter Hoffmann").
[263] Ebd.
[264] Vgl. zu dem im Folgenden geschilderten Fall StAWt G-Rep. 102 Nr. 536 („Hand Schmied vs. Peter Kaltenhauser").

ten die Beiden über die Höhe eines Geldbetrages debattiert, den der Schultheiß seinem Kontrahenten noch schuldig geblieben war. Schließlich beschuldigte Hans Schmied Peter Kaltenhauser offenbar grundlos des Betrugs, womit Ersterer die Ehre des Schultheißen eindeutig in Frage gestellt hatte. Kaltenhauser forderte Michel Altmann daraufhin auf, den Vorfall zu „mercken, und für[zu]bringen, wie es hir gehort"[265]. Die Schöffen am Wertheimer Zentgericht forderten in ihrem Urteil Hans Schmied dazu auf, entweder zu beweisen, dass Peter Kaltenhauser tatsächlich ein Betrüger sei, oder seine unbedachten Worte mit einer Geldstrafe zu verbüßen, damit „niemand der ehren nachtheilig" sei.[266]

Sicherlich darf in der oben geschilderten Situation auch nicht unberücksichtigt bleiben, dass der Reicholzheimer Schultheiß einer der beiden Kontrahenten gewesen war und er die Angelegenheit als Amtsperson nicht gewaltsam zu lösen beabsichtigte. Die Selbstkontrolle als Bestandteil ständischen Verhaltens war in den oberen Ständen stärker ausgeprägt als in unteren Schichten. Beispielsweise hatte ein Adliger bezüglich seines sozialen Status mehr zu verlieren als ein Tagelöhner oder Fuhrleute.[267] Generell bedeutete die Zugehörigkeit zur dörflichen Oberschicht allerdings nicht gleichzeitig eine geringere Beteiligung an kriminellen Handlungen.[268]

In vielen Fällen, so wurde es bereits angedeutet, spielte der Ort, an dem eine Auseinandersetzung stattfand, eine bedeutende Rolle. Dies trifft auch auf den Zeitpunkt einer Straftat zu. Gerade für die Gewaltverbrechen ist sowohl eine Analyse der jeweiligen Lokalität als auch die Angabe der Tatzeit aufschlussreich, da Aggressionen zum Beispiel besonders im Zusammenhang mit Alkoholeinfluss ausgeübt wurden. In den folgenden Ausführungen soll daher gezeigt werden, dass die dörfliche Gesellschaft unterschiedliche Orte an die Erwartung bestimmter Verhaltensdispositionen knüpfte. Es ist in diesem Zusammenhang also nach Typen und Funktionen öffentlicher Räume im Zusammenhang mit den Gewaltdelikten zu fragen. Zudem interessieren die unterschiedlichen Tatzeiten. Hierbei geht es nicht nur darum, rein statistische Ergebnisse darzustellen, sondern auch auf diesbezügliche Norm- und Wertvorstellungen der Dorfbewohner einzugehen.

Gerichtliche Quellen der Frühen Neuzeit lassen keinen Zweifel an der signifikanten Korrelation zwischen Wirtshausbesuch, Alkoholkonsum und Gewaltverbrechen. Gaststuben waren wurden von ihren Nutzern, Obrigkeiten und Betreibern sozial mitgestaltet und konstruiert.[269] Aus diesem Grund wurde und wird die

---

[265] StAWt G-Rep. 102 Nr. 536 („Hans Schmied vs. Peter Kaltenhauser").
[266] Vgl. StAWt G-Rep. 102 Nr. 5550 (Zentgericht 1603, Montag nach Trium Regum).
[267] Vgl. VAN DÜLMEN: Kultur und Alltag in der Frühen Neuzeit, Bd. 2: Dorf und Stadt, S. 184.
[268] Vgl. dazu das Kapitel III. 5. Personen vor Gericht.
[269] Vgl. KÜMIN, Beat: Friede, Gewalt und öffentliche Räume – Grenzziehungen im alteuropäischen Wirtshaus, in: Claudia ULBRICH u. a. (Hg.): Gewalt in der Frühen Neuzeit. Beiträge zur 5. Tagung der Arbeitsgemeinschaft Frühe Neuzeit im VHD (Historische Forschungen, Bd. 81). Berlin 2005, S. 139.

besondere Rolle, die dem Wirtshaus als Ort gewaltsamer Konfrontationen zukam, stets auch in der historischen Kriminalitätsforschung in den Blick genommen. Tavernen, Schenken, Wirtshäuser oder Krüge spielten im Leben der frühneuzeitlichen Menschen in der Stadt, aber auch in den Dörfern eine zentrale Rolle. An diesen Orten stellten weder der soziale Status, noch das Geschlecht grundsätzliche Ausschlusskriterien dar, und auch wenn sich in den Gasthäusern sicherlich oft dieselben Nachbarn getroffen haben, so war das Publikum hier prinzipiell eher gemischt. Als kommunikative Zentren ermöglichten sie so einen Austausch zwischen Innen und Außen oder zwischen bäuerlichen und städtischen Kreisen.[270] Hier traf man sich nach dem Kirchgang, es wurde der neueste Dorfklatsch ausgetauscht, es wurden Feste gefeiert oder mit Kartenspiel und anderen Vergnügungen eine Abwechslung vom Alltag gesucht.[271] Die Gasthäuser waren zudem Orte, an denen Alkohol, in den Wertheimer Wirtshäusern handelte es sich laut Zentgerichtsakten um Wein, ausgeschenkt und konsumiert wurde, und die Konstellation trinkender Menschen auf engem Raum führte eben leicht auch zu gewalttätigen Konflikten. Doch auch die Tatsache, dass die Wirtshäuser ein Treffpunkt unterschiedlichster sozialer Gruppierungen waren, trug dazu bei, dass latente oder offene soziale und wirtschaftliche Konflikte sowie persönliche Spannungen unter Bekannten oder Nachbarn ausbrechen konnten. Zudem bestand an diesen Orten die Möglichkeit, dass sich unbekannte Personen zufällig begegneten und miteinander in Streit gerieten. Die Konfrontation mit dem Fremden und Andersartigen und das Aufeinanderprallen verschiedener Verhaltensnormen machten die Gasthäuser im Zusammenspiel mit der enthemmenden Wirkung des Alkohols zu Bühnen gewalttätiger Auseinandersetzungen.[272] So fanden zum Beispiel in Heiden 62,1 % der Gewaltdelikte vor oder in einem Wirtshaus statt.[273] Auch in Köln wurde in weit über der Hälfte der Fälle Alkoholkonsum als Auslöser für eine Gewalttat angegeben.[274] Für Frankfurt ermittelte Joachim Eibach einen Wert von 22,2 %, weitere 11,1 % der Gewaltvergehen fanden auf offener Straße nach dem Besuch eines Wirtshauses statt.[275] Damit sind auch in Frankfurt die meisten Gewaltdelikte im Zusammenhang mit Alkoholkonsum verübt worden. Daneben dominieren in

---

[270] Vgl. RAU, Susanne/SCHWERHOFF, Gerd: Öffentliche Räume in der Frühen Neuzeit. Überlegungen zu Leitbegriffen und Themen eines Forschungsfeldes, in: DIES. (Hg.): Zwischen Gotteshaus und Taverne. Öffentliche Räume in Spätmittelalter und Früher Neuzeit (Norm und Struktur. Studien zum sozialen Wandel in Mittelalter und Früher Neuzeit). Köln 2004, S. 27.
[271] Vgl. auch RAU, Susanne/SCHWERHOFF, Gerd: Frühneuzeitliche Gasthaus-Geschichte(n) zwischen stigmatisierenden Fremdzuschreibungen und fragmentierenden Geltungserzählungen, in: Gert MELVILLE/Hans VORLÄNDER (Hg.): Geltungsgeschichten. Über Stabilisierung und Legitimierung institutioneller Ordnungen. Köln/Weimar/Wien 2002, S. 181.
[272] Vgl. SCHWERHOFF: Köln im Kreuzverhör, S. 297.
[273] Vgl. FRANK: Dörfliche Gesellschaft und Kriminalität, S. 248.
[274] Vgl. SCHWERHOFF: Köln im Kreuzverhör, S. 294.
[275] Vgl. EIBACH: Frankfurter Verhöre, S. 221.

der Stadt am Main öffentliche Orte, wie Straßen oder Plätze, als Tatort mit 31,0%.[276] Auch in den Wertheimer Grafschaftsdörfern sind besonders die offene Straße und das Wirtshaus Schauplätze der Gewalt. Unterschiede ergeben sich hier hinsichtlich der Ergebnisse aus Heiden und Köln. Zwar fand der Großteil der Gewaltvergehen ebenfalls in den Gaststuben statt, die Anzahl der Fälle beträgt jedoch nicht über 50%. Die folgende Tabelle zeigt die unterschiedlichen Schauplätze von Gewaltdelikten:

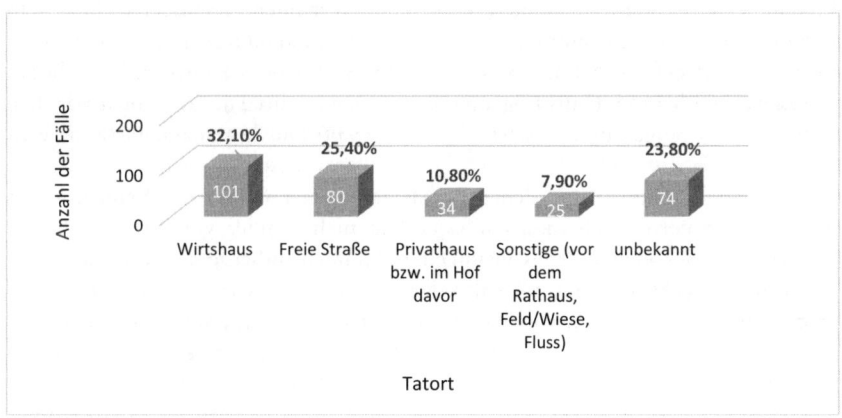

Diagramm 2: Tatorte der Gewaltdelikte

In die Statistik wurden auch diejenigen Fälle miteinberechnet, die sich in den Privathäusern der sogenannten Heckenwirte abspielten. Diese erhielten das Recht, Alkohol nicht das ganze Jahr hindurch, aber für einen bestimmten Zeitraum auszuschenken.[277] In den Rügeprotokollen finden sich immer wieder Hinweise darauf, dass es in den Dörfern unterschiedliche „Hecken" gegeben hat.[278] Für die Obrigkeit waren die Gasthäuser sicherlich oft ein Dorn im Auge, denn darin verprassten die Untertanen ihr Geld, das sie entweder in Alkohol investierten oder beim Spielen einsetzten. Nicht selten resultierten genau aus dieser Kombination dann auch handfeste Auseinandersetzungen, wie beispielsweise im Jahr 1604 in Dertingen. Im Ort waren etliche Dorfbewohner nach dem sonntäglichen Kirchgang im Wirtshaus zusammengesessen und Linhard Nam sowie Georg Kranz würfelten miteinander um Geld.[279] Ein Fremder, so berichtete der Rüger Hans Seubert, hätte die beiden gefragt, ob sie ihn mitspielen lassen würden. Obwohl Georg Kraft anschließend eine niedrigere Zahl würfelte als der Fremde, nahm er das Geld an sich, wo-

---

[276] Vgl. ebd.
[277] Vgl. GRIMM, Jacob/GRIMM, Wilhelm: Art. Heckenwirt, in: Deutsches Wörterbuch, Bd. 10. München 1984 (Nachdruck der EA von 1877), Sp. 749.
[278] Vgl. exemplarisch StAWt G-Rep. 102 Nr. 539 („Wilhelm Hörner vs. Kilian Rapolt"): „ungefehr uf lichtmeß zeit, sey Linhart Nam wirt gewesen".
[279] Vgl. StAWt G-Rep. 102 Nr. 537 („Georg Kranz vs. Der Fremde").

raufhin sich der Unbekannte verständlicherweise beschwerte. Hans Löger aus Dertingen sprang sogleich für seinen Nachbarn in die Bresche und behauptete, dass alles mit rechter Ordnung zugegangen sei. Dies hatte zur Folge, dass der Fremde Löger am Kragen packte. Zusammen verwiesen die Dertinger Männer den Fremden schließlich nach draußen, doch nachdem dieser die Gaststube erneut betreten hatte, warf Georg Kranz ihn auf den Boden und der Fremde zog sich dabei eine blutende Wunde zu.[280] In dem geschilderten Fall wurden Georg Kraft und der Fremde jeweils zu einer Geldbuße verurteilt.[281] Fremden gegenüber verhielt man sich offensichtlich nicht zwangsläufig distanziert, doch im Konfliktfall zeigte man Gemeinschaftsgefühl und hielt zusammen. Obwohl Georg Kranz im Unrecht gewesen war, schlug sich Hans Löger auf dessen Seite, wurde deshalb sogar von dem Fremden angegangen und riskierte, in eine gewaltsame Auseinandersetzung hineingezogen zu werden.

Die Obrigkeit versuchte solchen Problemen immer wieder mit Verordnungen entgegenzusteuern, doch dies war sicherlich nicht immer von Erfolg gekrönt. Trinkverbote versuchten den Konsum einzudämmen, außerdem wurde darin auch auf Folgen wie Müßiggang, Gewalt oder Totschlag verwiesen.[282] So verbot beispielsweise Graf Georg II. von Wertheim im Jahr 1525 in unterschiedlichen Verordnungen unter anderem den Besuch von Kirchweihfesten, außer diese fanden im eigenen Dorf statt, sowie den Konsum von Alkohol in der Öffentlichkeit.[283] Kurze Zeit später lockerte der Graf auf Ersuchen der Untertanen sein Verbot allerdings wieder: „weil aber solch gebott als für ain straff geacht, und wir reglich von unsern unterthanen ersucht werden, das gebot widerumb abzuschaffende, so wöllen wir unser geboth messigen […] und also ain Ider unser hinterses, mag an den feyertagen In ain offen wirtshaus, zum wein sitzen doch soll die zech und gesellschafft nit lenger weren dan vier stund nemblich von zwölff horen, biß zu vier horen, auch mag ain Ider unser untherthan, bey frembden leuten, mit dem er kauff hendel oder ander gesellschafftens halb zuthun auch am Werktag ain Zech drincken."[284]

Ihre Rechte sahen die Untertanen in den Grafschaftsdörfern durch die Verordnungen offensichtlich eingeschränkt und supplizierten daher an ihren Landesherrn. Dass ihr Anliegen von Erfolg gekrönt war, beweist, dass die Wertheimer Untertanen ihre Ziele gegenüber der Obrigkeit durchaus durchzusetzen vermochten.

---

[280] Vgl. ebd.
[281] Vgl. StAWt G-Rep. 102 Nr. 5550 (Zentgericht 1604, Montag nach Martini).
[282] Vgl. allgemein STOLLEIS, Michael: „Von dem grewlichen Laster der Trunkenheit" – Trinkverbote im 16. und 17. Jahrhundert, in: Gisela VÖLGER/Karin VON WELCK (Hg.): Rausch und Realität. Drogen im Kulturvergleich. Materialienbände zu einer Ausstellung des Rautenstrauch-Joest-Museums für Völkerkunde der Stadt Köln, Bd. 1. Reinbek 1982, S. 177 und 186.
[283] Vgl. StAWt G-Rep. Nr. 57/1 Ordnung und Verordnungen Nr. 56 Zutrinken, Wucher, Bede. Inwiefern diese Verordnung im Zusammenhang mit dem Bauernkrieg steht, kann an dieser Stelle nicht beantwortet werden. Es ist sicher denkbar, dass größere Zusammenkünfte der Untertanen vermieden werden sollten.
[284] Ebd.

Die Ortsangaben Feld und Wiese, Fluss sowie vor dem Rathaus weisen auf Konfliktsituationen hin, die sich entweder aus dem Arbeitsbereich der ländlichen Gesellschaft oder dem öffentlichen Leben innerhalb des Dorfes ergaben und machen den geringsten Prozentsatz aus. So gingen beispielsweise 1596 Peter Düning und Georg Zwer aus Grünenwört mit den Fäusten aufeinander los, weil sie sich gegenseitig die besten Plätze zum Fische fangen streitig gemacht hatten.[285] Relativ selten gibt es Hinweise, dass Gewaltdelikte in oder vor einem Privathaus ausgetragen wurden. Natürlich ist hier eine Dunkelziffer zu berücksichtigen, da Auseinandersetzungen von Familienangehörigen nicht immer ihren Weg vor Gericht fanden. Eine durchaus hohe Anzahl der Gewaltverbrechen spielte sich schließlich auf offener Straße ab. In den Augen der Dorfbewohner wurde ein tätlicher Angriff an diesem Ort oft schlimmer empfunden als etwa im Wirtshaus. Bei einem Disput im Jahr 1598 zwischen dem Müller aus Bettingen und einem Müllerknecht aus Dertingen gab der Rüger Hans Schnepper zu Protokoll, dass Ersterer mit einer Wagenladung Korn zum Tor hinaus gefahren sei, als er vom Müllerknecht aufgehalten wurde.[286] Der Knecht forderte den Bettinger dazu auf, ihn zu seinem Meister zu begleiten. Der Angesprochene sah darin jedoch keine Notwendigkeit und antwortete dem Knecht: „hab er [der Knecht] aber mangel, so wöl er mit ihm hinein zum schulteßen."[287] Diese Option kam für den Dertinger nicht in Frage, denn er hielt das Pferd des Bettinger Müllers am Zügel fest und versuchte ihn vom Reittier herunterzuziehen. Damit ging der Knecht offenbar zu weit, denn der Rüger sah sich genötigt, in die Auseinandersetzung einzugreifen. Hans Schnepper berichtete, dass er „herbei gelauffen und zum knecht gesagt du hast nit recht daß du einen uf freyer straßen angreiffst"[288]. Der Müllerknecht ließ daraufhin vom Bettinger Müller ab und das Zentgericht verurteilte beide Männer zu einer Geldstrafe.[289] Lässt man die Dunkelziffer bei den Gewaltdelikten in Privathäusern außer Acht, so war Gewalt ein Phänomen, das an öffentlichen Plätzen stattfand. Ein Grund hierfür ist in der Internalisierung der frühneuzeitlichen Wert- und Normvorstellungen zu sehen, die den häuslichen Bereich als einen geschützten Friedensbereich ansahen.[290] Obwohl man gewaltsame Konflikte in der Öffentlichkeit austrug, empfand Hans Schnepper den Angriff des Knechts auf offener Straße offensichtlich als „rechtswidrig". Dies hat sicher in gewisser Weise auch damit zu tun, dass der Knecht in der sozialen Hierarchie eine niedrigere Position einnahm als der Müller. Der Angriff eines Knechts auf einen Handwerksmeister wurde hierbei als besonderer Affront angesehen. Aber in den Rügeprotokollen wird in Bezug auf die tätlichen Angriffe auf offener Straße immer wieder betont, dass diese als besonders schwerwiegend

---

[285] Vgl. StAWt G-Rep. 102 Nr. 5537 („Peter Düning vs. Georg Zwer").
[286] Vgl. StAWt G-Rep. 102 Nr. 5536 („Müller aus Bettingen vs. Müllerknecht aus Dertingen").
[287] Ebd.
[288] Ebd.
[289] Vgl. StAWt G-Rep. 102 Nr. 5550 (Zentgericht 1598, Montag nach Laurenzi).
[290] Vgl. auch SCHWERHOFF: Köln im Kreuzverhör, S. 298.

empfunden wurden. Eine solche Attacke verglich man sogar mit der Tat eines Mörders oder Straßenräubers. So beschwerte sich beispielsweise im Jahr 1603 Wolf Ziegler aus Wertheim darüber, dass er von Lorenz Gunther „auf freier strasen dar nider geschlagen [worden war] wie ein mörter und ein strasenreuber"[291]. Dass Lorenz Gunther seinen Kontrahenten auf der Straße angegriffen hatte, wog für diesen offenbar besonders schwer, denn es war ein Ort, der für das gesamte Dorf einsehbar war. Deshalb konnten potenziell alle Bewohner Zeuge der Schmach werden, die Ziegler zugefügt wurde. Die Bewohner der Wertheimer Grafschaftsdörfer missbilligten eine solche Handlung vehement. Das Zentgericht machte hier bei der Urteilsfindung keine Unterschiede. Wolf Ziegler und Lorenz Gunther wurden beiderseits zu einer Geldstrafe verurteilt, zudem sollte Ziegler „gepürlich bescheinen das ihme Lorenz [...] uff freier stras darnieder geschlagen wie ein Mörder und strassenräuber"[292]. Der Vergleich mit einem Mörder stellte für Lorenz Gunther natürlich auch eine schlimme Ehrverletzung dar.[293] In dem von Hans Schnepper gerügten Fall wurde der Müllerknecht ebenfalls nicht zu einer härteren Strafe verurteilt als sein Streitgegner.

Ähnlich übrigens wie bei den tätlichen Angriffen auf offener Straße konnte die Schwere eines Vergehens in den Augen der Dorfbewohner anders wahrgenommen werden, wenn dieses zu einer bestimmten Tatzeit begangen wurde. Überliefert ist in diesem Zusammenhang unter anderem ein Eigentumsdelikt, das an entsprechender Stelle aufgegriffen werden soll.[294]

In den meisten Fällen ist den Wertheimer Zentgerichtsakten leider kein Hinweis auf die Tatzeit der Gewaltdelikte zu entnehmen. Doch bevorzugte Zeitpunkte für Schlägereien waren der Abend beziehungsweise die Dunkelheit sowie Tage, an denen Festlichkeiten stattgefunden hatten oder Markt abgehalten worden war. Bei solchen Gelegenheiten war sicherlich auch das ein oder andere Glas Alkohol im Spiel gewesen. Wenn viele Menschen an einem Ort in geselliger Runde zusammenkamen, barg dies natürlich mehr Konfliktpotenzial. Zudem war der Abend diejenige Tageszeit, zu der sich größtenteils das gesellschaftliche Leben im Dorf abspielte oder zu der man ins Wirtshaus ging. Die Dunkelheit konnte Schutz vor Entdeckungen oder gar zur Flucht bieten.[295] Im Hinblick auf die Gewaltdelikte ergibt sich für den Wertheimer Zentgerichtsbezirk im Untersuchungszeitraum das folgende Bild:

---

[291] StAWt G-Rep. 102 Nr. 536 („Wolf Ziegler vs. Lorenz Gunther").
[292] Vgl. StAWt G-Rep. 102 Nr. 5550 (Zentgericht 1603, Montag nach Philippi).
[293] Der Fall wird im Kapitel 3.2 („Du liegst wie ein dieb und schelm": Ehrverletzungen am Zentgericht) noch einmal kurz aufgegriffen.
[294] Vgl. das Kapitel III. 3.3 „sie hett bey der nacht ein batzen vol trauben gestohlen": Eigentumsdelikte.
[295] Vgl. auch FRANK: Dörfliche Gesellschaft und Kriminalität, S. 249.

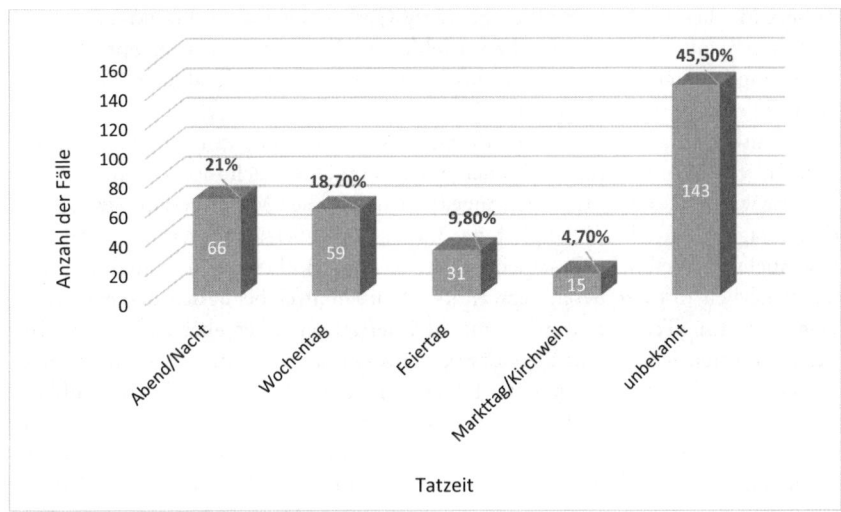

Diagramm 3: Tatzeiten der Gewaltdelikte

Um absolut verlässliche Aussagen bezüglich des Zusammenhangs zwischen den Gewaltdelikten und den jeweiligen Tatzeiten machen zu können, dürfte natürlich die Zahl der unbekannten Angaben nicht so hoch sein. Der Abend beziehungsweise die Nacht waren unter anderem auch in Frankfurt[296] oder Köln[297] der bevorzugte Zeitpunkt für Schlägereien. Im Unterschied zu Heiden, wo ein Großteil der Gewaltdelikte an Fest- oder Feiertagen stattgefunden hatte[298], ist der Anteil in den Wertheimer Grafschaftsdörfern hier geringer. Gewaltsame Auseinandersetzungen fanden in den Ortschaften auch tagsüber auf der Straße statt. Der These Schwerhoffs, nach der Gewaltdelikte in gewisser Weise ein „Freizeitphänomen" darstellten[299] und die auch für das Heidener Beispiel zutreffend ist[300], kann in Bezug auf die Wertheimer Ergebnisse demnach nicht uneingeschränkt zugestimmt werden. Immerhin liegt die Anzahl der Gewaltvergehen, die an Wochentagen begangen wurden, in den Grafschaftsdörfern deutlich höher als die an Feier- oder Festtagen. Auch in Frankfurt waren Schlägereien und Körperverletzungen in der zweiten Hälfte des 18. Jahrhunderts keine übliche Begleiterscheinung von Sonn- oder Feiertagen mehr.[301] Ob die saisonale Verteilung der Gewaltdelinquenz in den Wertheimer Dörfern entsprechend dem Zyklus der Agrargesellschaft mit der Hauptarbeitszeit im Sommer und arbeitsarmen Phasen im Winter übereinstimmt, so wie es

---

[296] Vgl. EIBACH: Frankfurter Verhöre, S. 222.
[297] Vgl. SCHWERHOFF: Köln im Kreuzverhör, S. 300.
[298] Vgl. FRANK: Dörfliche Gesellschaft und Kriminalität, S. 249.
[299] Vgl. SCHWERHOFF: Köln im Kreuzverhör, S. 300.
[300] Vgl. FRANK: Dörfliche Gesellschaft und Kriminalität, S. 249.
[301] Vgl. EIBACH: Frankfurter Verhöre, S. 224.

Robert Muchembled für ländlich geprägte Gerichtsbezirke in Frankreich festgestellt hat[302], muss aufgrund konkreter fehlender Angaben in den Rügeprotokollen leider fraglich bleiben. Es wäre genauso denkbar, dass die Fallzahlen in den Erntemonaten rückläufig gewesen sind.[303]

Gewaltkriminalität wurde, und daran hat sich bis heute nicht viel geändert, vorwiegend von Männern verübt. Frauen wurden im Untersuchungszeitraum weitaus seltener wegen Gewaltverbrechen angeklagt als Männer. Mit insgesamt zwölf Täterinnen lag ihr Anteil hier lediglich bei 3,8 %. Doch auch als Opfer von Aggressionen taucht das weibliche Geschlecht relativ selten, nämlich nur sechsmal, auf. Dies hat sicherlich mit der bereits erwähnten Dunkelziffer bezüglich der häuslichen Gewalt zu tun. Tätliche Angriffe auf die Ehefrau gelangten eher zufällig vor Gericht und offensichtlich auch nur dann, wenn sich die Gewalttat nicht in den eigenen vier Wänden zugetragen hatte. 1605 rügen Hans Oberdorf und Hans Rühl aus Reicholzheim einen Vorfall, der sich zwischen Hans Imhoff und seiner Ehefrau abgespielt hatte.[304] Imhoffs Frau, so gaben die Rüger zu Protokoll, war in Rühls benachbarten Hof gelaufen und schrie dort Mordio.[305] Auch die Kinder der Familie Imhoff hätte man schreien gehört. Kurz darauf sei Hans Imhoff zu seiner Frau gekommen, hätte sie aufgefordert daheim zu bleiben und sie anschließend sogar „geschmissen"[306]. Das Zentgericht verurteilte den Übeltäter zu einer Geldstrafe, weil er „seine eigene haußfrau geschlagen [hatte], da sie mordio geschrien"[307]. Für die männlichen Täter ist schließlich festzuhalten, dass keine bestimmte Berufsgruppe besonders gewalttätig gewesen ist. Bauern ebenso wie die Handwerker wurden straffällig.

Im gesamten Untersuchungszeitraum wurden am Wertheimer Zentgericht insgesamt 314 Gewaltdelikte aktenkundig, die Zahlen waren von 1604 bis 1608 gestiegen. Jedoch unterscheidet sich die Anzahl der Gewaltdelikte in den unterschiedlichen Jahren nur unwesentlich. Der höchste Wert kann für das Jahr 1604 verzeichnet werden, in diesem wurden insgesamt 32 Gewaltvergehen aktenkundig. Mit einer Gesamtzahl von fünf Fällen ist beispielsweise im Jahr 1590 eine eher niedrige Summe festzustellen. Für das Jahr 1604 ist im Übrigen die höchste Kriminalitätsrate im gesamten Untersuchungszeitraum zu postulieren. Der Frage nach möglichen Gründen hierfür soll in einem gesonderten Kapitel nachgegangen werden.

---

[302] Vgl. MUCHEMBLED, Robert: Anthropologie de la violence dans la France moderne (XVe–XIIIe siécle), in: Revue de Synthese, Ive S. No.1, 108 (1987), S. 41.
[303] Dies ist beispielsweise für die Stadt Siegen im 18. Jahrhundert festzustellen. Vgl.: PLAUM, Bernd: Strafrecht, Kriminalpolitik und Kriminalität im Fürstentum Siegen 1750–1810 (Beiträge zur Geschichte der Stadt Siegen und des Siegerlandes 9). St. Katharinen 1990, S. 198.
[304] Vgl. StAWt G-Rep. 102 Nr. 538 („Hans Imhoff vs. Ehefrau").
[305] Zur Funktion des Mordioschreiens siehe das Kapitel III. 6. Die Ritualisierung von Konflikten: Spielregeln innerhalb der dörflichen Gesellschaft.
[306] StAWt G-Rep. 102 Nr. 538 („Hans Imhoff vs. Ehefrau").
[307] StAWt G-Rep. 102 Nr. 5550 (Zentgericht 1605, Montag nach Philippi).

3. Delikte im Untersuchungszeitraum

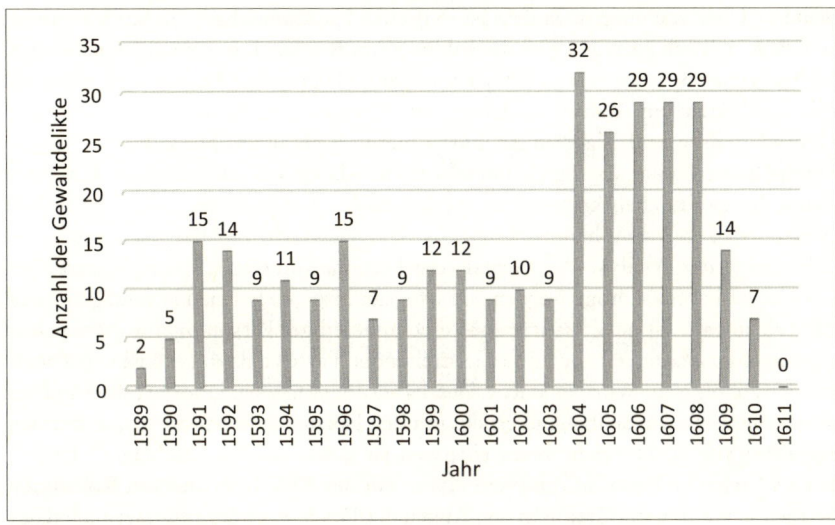

Diagramm 4: Anzahl der Gewaltdelikte im Untersuchungszeitraum

Erklärungsmodelle, die einen Anstieg von Gewaltdelikten zu begründen versuchen, sind unterschiedlich. So formulierte Beattie auf der Basis seiner Untersuchungsergebnisse beispielsweise die These, dass Gewaltdelikte im Gegensatz zu Eigentumsdelikten nicht in Abhängigkeit zu ökonomischen Rahmenbedingungen stehen.[308] In seiner Arbeit über die Stadt Brüssel stellte Fernand Vanhemelryck dagegen einen proportionalen Zusammenhang zwischen Lebensmittelpreisen und Gewaltverbrechen fest. Ähnliche Ergebnisse ermittelte Michael Frank auch für das Heidener Beispiel. Während die Getreidepreise in den 1770er Jahren stiegen, sank die Zahl der registrierten Gewaltdelikte.[309] Um für das Wertheimer Beispiel verlässliche Aussagen in diesem Zusammenhang zu machen, müssten weitere Untersuchungszeiträume zum Vergleich herangezogen werden. Das kann die Arbeit aufgrund mangelnder Studien leider nicht leisten. Im Allgemeinen nahmen die Gewaltverbrechen gegen Ende der Frühen Neuzeit deutlich ab.[310] Ob dies in Wertheim auch der Fall gewesen ist und welche Gründe es hierfür gab[311], dafür bedarf es

---

[308] Vgl. BEATTIE: The criminalitiy of women, S. 101.
[309] Vgl. FRANK: Dörfliche Gesellschaft und Kriminalität, S. 255.
[310] Vgl. hierzu beispielsweise EIBACH: Frankfurter Verhöre, S. 279–286 oder WALZ, Rainer: Hexenglaube und magische Kommunikation im Dorf der Frühen Neuzeit. Die Verfolgungen in der Grafschaft Lippe (Forschungen zur Regionalgeschichte, Bd. 9). Paderborn 1993, S. 247–254.
[311] Zu möglichen Gründen für den Rückgang der Gewaltdelikte im 18. und zu Beginn des 19. Jahrhunderts vgl. u.a. EIBACH: Frankfurter Verhöre, S. 279–286 oder FRANK: Dörfliche Gesellschaft und Kriminalität, S. 256.

weiterer Untersuchungen. Zudem ist in diesem Zusammenhang darauf hinzuweisen, dass sich Schätzungen und die Bildung von Korrelationen zu allgemeinen sozioökonomischen Daten und Entwicklungen, wie etwa die Berechnung von Kriminalitätsraten im Zusammenhang mit Bevölkerungsentwicklung oder von Getreidepreisen und Eigentumsdelikten methodisch als problematisch erweisen. Häufig mangelt es an entsprechenden Vergleichsdaten, oder diese stellen sich angesichts der zahlreichen krisen- und wechselhaften Entwicklungen in der Frühen Neuzeit als kontingent heraus.[312]

Im Zuge der Analyse der Gewaltvergehen muss zusätzlich eine weitere Deliktgruppe berücksichtigt werden: Das sogenannte „über Frieden schlagen". Für zahlreiche Fälle ist nachweisbar, dass eine unbeteiligte Person in eine gewaltsame Auseinandersetzung eingriff und die streitenden Parteien dazu aufforderte, voneinander abzulassen. Wurden solche Deeskalierungsversuche ignoriert oder gingen die Kontrahenten anschließend erneut mit den Fäusten aufeinander los, so wurden die Täter vom Zentgericht verurteilt, weil sie „uber frieden geschlagen" hatten. Dieses Verhalten kann im Zusammenhang mit der Ritualisierung von Konflikten betrachtet werden und stellte in den Augen der Dorfbewohner gewissermaßen das Überschreiten einer Grenze dar. An späterer Stelle wird dieser Aspekt noch einer ausführlicheren Betrachtung unterzogen.[313]

Im Vergleich mit den anderen Deliktgruppen im Untersuchungszeitraum machten die Störungen des öffentlichen Friedens 6 % aus. Addiert man die Anzahl der „regulären" Gewaltvergehen noch hinzu, so ergibt sich hier eine beachtliche Summe von 47,4 %. Trotzdem relativiert die Tatsache, dass man Schlägereien nicht ohne Weiteres akzeptierte, diese Zahlen. Außerdem ist zu beachten, dass gerade die hohe Anzahl dieser Deliktgruppe verdeutlicht, dass die Anwendung von Gewalt von der dörflichen Gemeinschaft nicht einfach hingenommen wurde, da man diese Fälle ja am Zentgericht zur Rüge brachte, gerade weil man ein gewisses Maß an Gewalt eben nicht tolerierte. Im gesamten Untersuchungszeitraum wurde nur ein einzelner Fall aktenkundig, bei dem man die anwesenden Personen explizit darauf hingewiesen hatte, sich nicht in eine handfeste Auseinandersetzung einzumischen. Im Sommer des Jahres 1592 gab der Rüger Simon Beyer aus Dertingen zu Protokoll, dass sich der Maurergeselle Michel Müller sowie ein Steinmetz mit Namen Heinz „vor dem oberen thor gefordert und dan einander geschmissen [hatten]"[314]. Beide Kontrahenten, so betonte Beyer, waren Fremde und hatten ihren Wohnsitz nicht innerhalb des Zentgerichtbezirks. Der alte Hans, der ebenfalls Zeuge der Schlägerei gewesen war, sagte: „Es soll keiner hand anlegen. Man soll sie eynander schmeissen lassen."[315] Erst als Michel Müller laut aufschrie, weil der Steinmetz ihm in den Finger gebissen hatte und der alte Hans sich daraufhin mit einem Maurerhammer

---

[312] Vgl. HÄRTER: Strafrechts- und Kriminalitätsgeschichte der Frühen Neuzeit, S. 136.
[313] Vgl. das entsprechende Kapitel III. 6. Die Ritualisierung von Konflikten: Spielregeln innerhalb der dörflichen Gesellschaft.
[314] StAWt G-Rep. 102 Nr. 6479 („Michel Müller vs. Steinmetz Heinz").
[315] Ebd.

auf die Duellanten stürzte, griff Simon Beyer ein, riss die Gegner auseinander und teilte ihnen mit, dass sie ihre Händel am Wertheimer Zentgericht auszutragen haben.[316] Dieses verurteilte Michel Müller und den Steinmetz Heinz jeweils zu einer Geldstrafe.[317]

Eine Aufforderung, so wie sie der alte Hans ausgesprochen hatte, findet sich sonst in keinem anderen Rügeprotokoll. Da die Streitgegner in dem beschriebenen Fall Fremde gewesen waren, wurde der dörfliche Friede offensichtlich nicht merklich gestört und man sah erst einmal keine Veranlassung, eine Auseinandersetzung zu verhindern. Ob den beiden Fremden in der Folgezeit aufgrund ihrer Konfrontation irgendwelche Nachteile entstehen konnten, musste Simon Beyer und den alten Hans keineswegs interessieren. Sie waren keine Mitglieder der Dorfgemeinschaft, für die es sich vielleicht nicht lohnte, sich einzusetzen. Den Biss in den Finger tolerierten die Zeugen aber nicht. Als zudem die Gefahr bestand, dass mit dem alten Hans eine einheimische Person in die Schlägerei involviert wurde, sorgte der Rüger für Frieden und führte den Vorfall einer gerichtlichen Lösung zu. Überschritt der Einsatz von Gewalt ein bestimmtes Maß, war es offensichtlich nicht von Bedeutung, um wen es sich bei den Tätern handelte, und die Umstehenden griffen in die Auseinandersetzung ein.

Im Jahr 1598 artete in Lindelbach eine verbale Auseinandersetzung in eine Schlägerei aus, als einige Männer aus unterschiedlichen Grafschaftsdörfern am Kirchweihtag bei der Zech zusammen gesessen waren.[318] Die Rüger gaben hierbei zu Protokoll, dass Adam Burck aus Urphar und David Schetzlein erst mit Worten und schließlich auch mit den Fäusten aneinander geraten waren. Der Köhler aus Dertingen versuchte die beiden sogleich auseinanderzubringen und hielt Adam Burck am Arm fest. Dieser war so sehr in Rage geraten, dass er einem der Rüger[319] mit der blutenden Hand auf die Backe schlug, woraufhin der Wirt schließlich Einhalt gebot und für Frieden sorgte. David Schetzlein setzte sich anschließend auf die Bank, wurde aber von dem ebenfalls anwesenden Claus Reisig „mit der büchgsen zwey mall uf die backen"[320] geschlagen. Der Angegriffene empörte sich verständlicherweise über diese Tat und warf die Frage in den Raum, ob die Handlung Reisigs etwa Frieden bedeuten solle?[321] Das Zentgericht verurteilte die bei der Schlägerei beteiligten Personen zu einer Geldstrafe, Claus Reisig wurde sogar an die Herrschaft verwiesen, weil er „mit einer büchsen über frieden geschlagen"[322] hatte. Das angeführte Fallbeispiel zeigt, dass die frühneuzeitliche Gesellschaft eben nicht nur konfliktträchtig und konfliktbereit war, sondern auch versöhnungsfähig und aus-

---

[316] Vgl. ebd.
[317] Vgl. StAWt G-Rep. 102 Nr. 5550 (Zentgericht 1592, Montag nach Laurenzi).
[318] Vgl. StAWt G-Rep. 102 Nr. 5536 (Rügeprotokoll von Hans Kullmann, Georg Wiel und Michael Kraft).
[319] Leider ist nicht ersichtlich, welcher der drei Rüger hier gemeint ist.
[320] Ebd. Mit „büchgsen" ist ein Gewehr gemeint.
[321] Vgl. ebd.
[322] StAWt G-Rep. 102 Nr. 5550 (Zentgericht 1598, Montag nach Laurenzi).

gleichswillig.[323] David Schetzlein und Adam Burck reagierten auf den Schlichtungsversuch des Wirtes. Die Öffentlichkeit nahm den Einsatz von Gewalt nicht ohne Weiteres hin, die damaligen Menschen wollten schlichten und versöhnen, um beispielsweise zu verhindern, dass eine aggressive Auseinandersetzung eskalierte und unabsehbare Folgen nach sich zog.

Anders als dies zum Teil bei den Ehrdelikten der Fall gewesen war[324], wurden sowohl die „regulären" Gewaltvergehen als auch das „über Frieden schlagen" von Drittpersonen zur Anzeige gebracht, ohne dass eine der betroffenen Parteien einen Rüger damit beauftragt hätte. Damit unterscheiden sich die Wertheimer Ergebnisse unter anderem von denen, die Michael Frank für Heiden eruiert hat. Über den gesamten Untersuchungszeitraum kommen hier die Gewaltdelikte überwiegend durch Privatklagen an das Gogericht. Lediglich in den Jahren zwischen 1740 und 1753 stellte Frank eine deutliche Zunahme der Anklagen „ex officio" fest.[325] Veränderungen in der Form der Anklageerhebung interpretiert die Forschung als Ausdruck eines zunehmenden staatlichen Disziplinierungsinteresses. Einen entscheidenden Wandel sieht Müller-Wirthmann vom 16. zum 18. Jahrhundert. Während in früherer Zeit der Großteil der Klagen privat erfolgte, seien die Anklagen im 18. Jahrhundert überwiegend auf obrigkeitlichen Antrag hin erhoben worden.[326] Einen vermehrten Zugriff der Obrigkeit auf das alltägliche Leben der Untertanen kann Frank demnach nicht feststellen.[327]

In Wertheim erfolgen die Anzeigen der Gewaltdelikte durch Rüge. Diese Verfahrenseinleitung ist im Zusammenhang mit dem Wertheimer Zentgericht allerdings das übliche, und per obrigkeitlicher Anweisung sind die Gerichtsuntertanen bereits im 16. Jahrhundert aufgefordert, Schlägereien anzuzeigen. Der spezielle Aufbau sowie die besonderen Strukturen des Zentgerichts spielen in dieser Hinsicht eine wichtige Rolle.[328] Die dörfliche Gesellschaft ist in diese Strukturen miteingeschlossen. Als Schöffen oder Zentverwandte ist ein nicht unbedeutender Anteil der dörflichen Gesellschaft Teil der Institution des Zentgerichtes. Deshalb bewertete die „staatliche" Ordnungsmacht Gewalt nicht völlig anders, als es die dörfliche Gesellschaft tat, wie es beispielsweise Michael Frank konstatiert.[329] Er kommt zu dem Ergebnis, dass der Staat im lokalen Rahmen zwei Ziele eingelöst sehen wollte: Ruhe und Ordnung. Eine solche Einengung des Verhaltensspielraums war laut Frank für die Dorfbevölkerung jedoch lebensfremd, da das symbolische Kapital der Ehre immer wieder verteidigt werden musste – und dies notfalls auch

---

[323] Vgl. hierzu auch ENDERS, Lieselott: Nichts als Ehr', Lieb's und Gut's. Soziale Konflikt- und Ausgleichspotenzen in der Frühneuzeit, in: Axel LUBINSKI/Thomas RUDERT/Martina SCHATTKOWSKY (Hg.): Historie und Eigen-Sinn. Festschrift für Jan Peters zum 65. Geburtstag. Weimar 1997, S. 160f.
[324] Vgl. dazu das nachfolgende Kapitel.
[325] Vgl. FRANK: Dörfliche Gesellschaft und Kriminalität, S. 254.
[326] Vgl. MÜLLER-WIRTHMANN: Gewalt und Ehre im Dorf, S. 106f.
[327] Vgl. FRANK: Dörfliche Gesellschaft und Kriminalität, S. 254.
[328] Auf diese wird im Ergebniskapitel genauer eingegangen.
[329] Vgl. FRANK: Dörfliche Gesellschaft und Kriminalität, S. 256.

mit Gewalt.[330] Das Einhalten von Ruhe und Ordnung lag aber auch stark im Interesse der ländlichen Bewohner. Die Rügeprotokolle vermitteln den Eindruck, dass die Toleranzschwelle gegenüber der Anwendung von Gewalt in den Wertheimer Dörfern doch recht niedrig und das Unrechtsempfinden der Dorfbevölkerung daher entsprechend hoch war. Natürlich verteidigten die Bewohner der Grafschaft ihre angegriffene Ehre im Akutfall auch mit Gewalt, da eine geschmähte Person ja eine Reaktion auf die Ehrminderung zeigen musste. Die dörfliche Gemeinschaft griff in der Regel jedoch in eine gewaltsame Auseinandersetzung ein und „bot Frieden". Schlichtungsversuche hatten in den überwiegenden Fällen auch Erfolg.[331] In der konkreten Situation war die Gefahr dann damit eigentlich gebannt, trotzdem erfolgte die Anzeige am Zentgericht durch Dritte. Und dies eben auch deshalb, weil die Dorfgemeinschaft ebenfalls Ruhe und Ordnung innerhalb ihres Ortes als Ziele verfolgte.

3.2 „Du liegst wie ein dieb und schelm": Ehrverletzungen am Zentgericht

Die Bedeutung der Ehre für die frühneuzeitliche Gesellschaft wurde im vorigen Kapitel zur Gewaltdelinquenz bereits thematisiert. Es wurde aufgezeigt, dass die Anwendung von Gewalt häufig aus Ehrverletzungen resultierte, weil der gute Leumund und das Ansehen der gekränkten Person angegriffen worden war. Somit folgte der Gewalt der Worte nicht selten eben auch körperliche Gewalt.

Als einen der „Schlüsselbegriffe, die zum Verständnis des Funktionierens von Ordnungssystemen [...] verhelfen"[332] bewertete Karl Sigismund Kramer den Begriff der Ehre. Laut Kramer bildete der Leumund in der dörflichen Gesellschaft eine wichtige Orientierungshilfe zur Herstellung von Konformität. Abweichungen oder Verletzungen des gesetzten Ordnungsrahmens konnten die betreffende Person ins Gerede bringen, ihren Ruf und ihre Ehre mindern. Das Maß, das dem Einzelnen bezüglich des gesellschaftlichen Ansehens entgegengebracht wurde, bestimmte auch dessen Rangordnung in der Hierarchie des lokalen Sozialsystems. Deshalb musste Jeder auf den Erhalt der persönlichen Ehre achten, um nicht ins soziale Abseits gedrängt oder im Extremfall von der Gesellschaft ausgeschlossen zu werden. Das waren die Folgen, wenn durch die Verletzung der persönlichen Ehre die soziale Kommunikationsfähigkeit eingeschränkt war.[333] Im Sinne des „sozialen Kapitals", einem eher materiell gefassten Ehrbegriff, stellte die Ehre die Grundlage der eigenen Existenz dar. In den Vorstellungen der frühneuzeitlichen Gesellschaft konnte Ehre durch bestimmte Handlungen und Ereignisse vermehrt, aber ebenso gemindert werden. Dies erklärt auch die gezielten Angriffe auf die Ehre eines Kontrahenten, die in den Wertheimer Auseinandersetzungen zu beob-

---

[330] Vgl. ebd., S. 256.
[331] Vgl. konkretere Ausführungen im Kapitel III. 6.1 Die Überschreitung einer Grenze: „Uber friedt schmeissen".
[332] KRAMER: Grundriss einer rechtlichen Volkskunde, S. 24.
[333] Vgl. ebd., S. 46 f.; zudem auch FRANK: Dörfliche Gesellschaft und Kriminalität, S. 333 f.

achten sind, sowie die entsprechenden Gegenreaktionen.[334] In der ländlichen Gesellschaft wurden Konflikte um Ressourcen daher auch oder bevorzugt im Medium der Ehre ausgetragen, um den eigenen Zielen zusätzliche Erfolgschancen zu verschaffen, indem man das Ansehen des Gegners zu beschädigen versuchte. Somit konnte man soziopsychisch besonders effektive Prozesse der Beschämung, Scham und Schande auslösen.[335]

Der besondere Stellenwert der Ehre für die frühneuzeitliche dörfliche Gesellschaft wird auch durch eine hohe Anzahl der am Zentgericht zur Anklage gebrachten Ehrdelikte verdeutlicht. Mit insgesamt 33,9 % stehen sie an zweiter Stelle der meistbegangenen Vergehen im Untersuchungszeitraum. Die herausragende Bedeutung der Ehre in der Gerichtspraxis verdeutlich zudem die Tatsache, dass die Gewaltdelikte oftmals die Fortsetzung der Ehrkonflikte darstellten.[336]

In der Gesamtschau ergeben sich für die Wertheimer Grafschaftsdörfer die folgenden Ergebnisse:

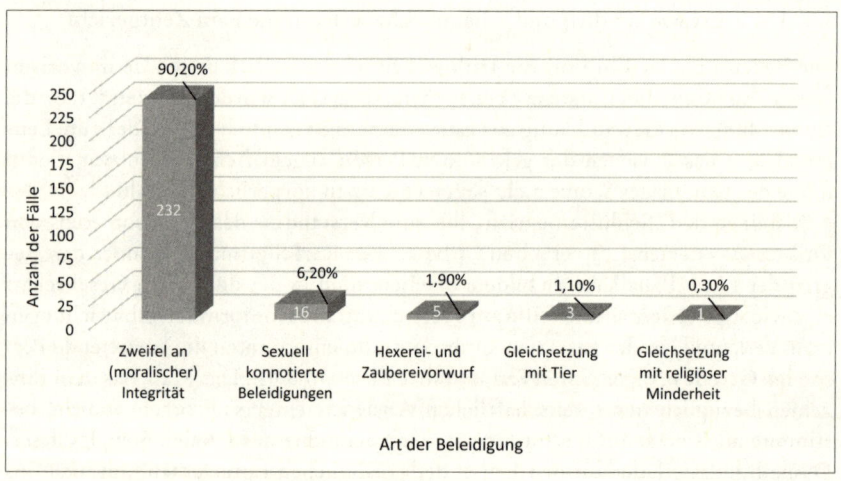

Diagramm 5: Art und Anzahl der Verbalinjurien

Mit Abstand am häufigsten gebrauchten die Dorfbewohner der Grafschaft Wertheim die Worte „dieb" und „schelm". Die Bedeutung des Wortes „schelm" bezeichnet laut Zedlers Universallexikon einen „unredlichen, ehrlosen Menschen"[337]. Während Begriffe wie Dieb, Straßenräuber oder Lügner die Gescholtenen mit eindeutigen Assoziationen in Verbindung bringen und für uns heute auch noch be-

---

[334] Vgl. dazu auch FRANK: Dörfliche Gesellschaft und Kriminalität, S. 334.
[335] Vgl. WEBER: Art. Ehre, Sp. 79.
[336] Ähnliche Ergebnisse auch bei FRANK: Dörfliche Gesellschaft und Kriminalität, S. 335.
[337] ZEDLER, Johann Heinrich: Großes vollständiges Universallexikon, Bd. 34. Leipzig/Halle 1742, Sp. 1198.

3. Delikte im Untersuchungszeitraum

kannte Ausdrücke darstellen, sind die Bedeutungen der Wörter Schelm und Hudler sicherlich nur noch wenig geläufig. Laut Wörterbuch der Gebrüder Grimm wurde der Begriff „schelm" ursprünglich für geschundenes Vieh, im allgemeineren Sinn schließlich für Aas oder Kadaver gebraucht. Aus dieser Bedeutung entwickelten sich im Mittelhochdeutschen und mehr noch im älteren Neuhochdeutschen die Begriffe verworfener Mensch, Betrüger, Dieb, Verführer oder Verräter.[338] Das Wort Hudler beschreibt eine Person, die ein lumpiges äußeres Erscheinungsbild hatte oder der stümperhafte Arbeit nachgesagt wurde, und war seit dem 16. Jahrhundert eine weit verbreitete Begrifflichkeit.[339]

In den verbalen Auseinandersetzungen finden sich häufig Aneinanderreihungen unterschiedlicher Schimpfwörter und die Bezeichnungen als „dieb" und „schelm" wurden in der Regel aufeinander folgend verwendet. Offenbar versuchte man so, ähnlich einem Kartenspieler, Trumpf auf Trumpf auszuspielen, so dass die Gegenseite keinen Stich mehr zu machen vermochte.[340] Beliebt waren in den Wertheimer Grafschaftsdörfern auch verschärfende Attribute wie „loser hudler" oder „schwarzer Schelm", diese wurden verwendet, um die Ehrminderung noch zusätzlich zu vergrößern. Die beiden Begriffe Dieb und Schelm gebrauchten die Dorfbewohner oft im Zusammenhang mit dem Vorwurf der Lüge. Sah sich einer der Kontrahenten mit einer Anschuldigung konfrontiert, so gab er seinem Gegenüber oft zur Antwort, dass er mit seiner Aussage lüge wie ein Dieb und Schelm. So beschuldigte beispielsweise Hans Schmied aus Reicholzheim im Jahr 1602 den neuen Schultheißen des Ortes, Peter Kaltenhauser, dass er ihn „umb ein gulden"[341] betrogen habe. Kaltenhauser verteidigte sich und antwortete Hans Schmied: „wan ir das redt, das ich euch bescheiß, so ligst du wie ein schelm und dieb."[342] Mit einem Straßenräuber oder Mörder wurde eine Person verglichen, wenn diese in einem Streitfall Gewalt anwandte und das als ein besonderes Unrecht empfunden wurde. So hatte sich Wolf Ziegler aus Wertheim 1603 ja darüber beschwert, dass er von Lorenz Gunther „auf freier strasen dar nider geschlagen [worden war] wie ein mörter und ein strasenreuber"[343]. Die unterschiedlichen Verwendungen der Beleidigungen lassen Rückschlüsse auf die Normen der ländlichen Gesellschaft zu. Weil Ziegler das Vorgehen seines Kontrahenten als besonders schmachvoll empfand, fielen seine Scheltworte auch entsprechend ehrmindernd aus.

Üblich war es zudem, Beleidigungen zu steigern, um die Ehre des Gescholtenen Schritt für Schritt zunehmend zu schmälern. Von solch einem Fall berichtete im Jahr 1595 der Rüger Merten Weimar aus Dertingen. Hans Rapolt und Hans Segner waren hierbei in Streit geraten und Letzterer wurde von seinem Kontrahenten als

---

[338] Vgl. GRIMM, Jacob/GRIMM, Wilhelm: Deutsches Wörterbuch, Bd. 14. München 1984 (Nachdruck der EA von 1893), Sp. 2506–2511.
[339] Vgl. GRIMM, Jacob/GRIMM, Wilhelm: Deutsches Wörterbuch, Bd. 10, Sp. 1865–1867.
[340] Vgl. KRAMER: Grundriss einer rechtlichen Volkskunde, S. 48.
[341] StAWt G-Rep. 102 Nr. 536 („Hans Schmied vs. Peter Kaltenhauser").
[342] Ebd.
[343] StAWt G-Rep. 102 Nr. 536 („Wolf Ziegler vs. Lorenz Gunther").

Schelm beschimpft.[344] Segner reagierte darauf, indem er Rapolt „zum straich mit dem beyhel uf den Rücken [schlug]"[345]. Eine ernste Verletzung war dabei jedoch nicht entstanden. Die Beiden, so berichtete der Rüger, wollten ihre Zankereien nicht beenden, Rapolt betitelte Segner nun als ehrlosen Schelm. Dieser konterte, indem er seinen Kontrahenten mit der gleichen Beleidigung schmähte, woraufhin Rapolt ihn als ehrlosen Dieb und Schelm bezeichnete. Segner beauftragte Merten Weimar schließlich damit, den Vorfall am Zentgericht zu rügen.[346] Das Maß des Zumutbaren war ganz offensichtlich überschritten worden. Beide Männer wurden zu einer Geldstrafe verurteilt.[347] Segner nahm die Buße dabei in Kauf, es ging schließlich um die Wiederherstellung seiner Ehre, die in mehrfacher Weise verletzt worden war.

Hexerei- und Zaubereivorwürfe wurden im Untersuchungszeitraum lediglich fünfmal aktenkundig.[348] Da es bezüglich der Hexenverfolgungen in der Grafschaft Wertheim nur vereinzelte Forschungsarbeiten gibt und diese „aus verschiedenen Gründen eine eingehendere Behandlung verdient hätten[349]", soll die Deliktgruppe der Hexerei- und Zaubereivorwürfe etwas ausführlicher betrachtet werden. Außerdem ist dies angebracht, da in diesem Zusammenhang auch das Verhältnis zwischen älteren lokalen Gerichten, wie dem Zentgericht und der Wertheimer Kanzlei, in den Blick genommen werden kann. Die Frage, ob die Wertheimer Kanzlei bei der Abwicklung der Hexenprozesse möglicherweise auch in Konkurrenz zu den traditionellen fränkischen Zentgerichten stand, ist bislang nur teilweise beantwortet.[350] Da die Gerichtsverfassung innerhalb der Grafschaft um 1600 bislang noch kaum erforscht ist, lassen sich über Kompetenzen und Instanzenzug bislang nur vage Aussagen machen.[351] Die folgenden Ausführungen können in dieser Hinsicht aber doch einige Einblicke geben.

Hexenverfolgungen erreichten in Wertheim während der Verfolgungswelle in den Jahren 1629 bis 1634 ihren Höhepunkt. In der Zeit davor wurden erste Nachrichten über Hexereivorwürfe in der Grafschaft aus dem Jahr 1578 aus Freuden-

---

[344] Vgl. StAWt G-Rep. 102 Nr. 5538 („Hans Rapolt vs. Hans Segner").
[345] Ebd.
[346] Vgl. ebd.
[347] Vgl. StAWt G-Rep. 102 Nr. 5550 (Zentgericht 1596, Montag nach Trium Regum).
[348] Mit Hexenverfolgungen in der Grafschaft Wertheim beschäftigte sich zuletzt Robert Meier in unterschiedlichen Aufsätzen. Eine Sammlung seiner Forschungen veröffentlichte er schließlich in einem Gesamtwerk: MEIER, Robert: Hexenprozesse im Hochstift Würzburg. Von Julius Echter (1573–1617) bis Philipp von Ehrenberg (1623–1631). Würzburg 2019, hier besonders S. 45–49.
[349] Quellen zur Hexenverfolgung im Staatsarchiv Wertheim: https://www.landesarchiv-bw.de/web/47897 (zuletzt abgerufen:7.11.2022).
[350] Für die Würzburger Zent Remlingen beantwortete dies Robert MEIER: Hexenprozesse im Hochstift Würzburg, S. 475–482.
[351] Vgl. Quellen zur Hexenverfolgung im Staatsarchiv Wertheim: https://www.landesarchiv-bw.de/web/47897 (zuletzt abgerufen: 7.11.2022).

3. Delikte im Untersuchungszeitraum 109

berg bekannt.[352] Dort kam es auch zwischen den Jahren 1590 und 1592 zu einer ersten Verfolgungswelle, für die insgesamt zwölf Hinrichtungen nachweisbar sind.[353] Bis zum Jahr 1629 wurden in der Wertheimer Grafschaft keine Hexenprozesse geführt, die mit einem Todesurteil geahndet wurden. In verschiedenen Orten mehrten sich um das Jahr 1600 jedoch immer wieder Stimmen, die eine Verfolgung vermeintlicher Hexen verlangten, und die Angst vor den „Teufelsdienerinnen" führte auch in der Grafschaft Wertheim zu Hexereibezichtigungen. Diese mündeten laut Meier in den entsprechenden Jahren meist jedoch nicht in Hexenprozessen, sondern führten zu Injurienklagen, mit denen sich die Beschuldigten gegen die erhobenen Vorwürfe wehren konnten,[354] in der Hexenfrage behielt man laut Meier in dieser Zeit vorerst einen kühlen Kopf.[355] Die Hexerei- und Zaubereivorwürfe am Wertheimer Zentgericht fanden also zu einem Zeitpunkt statt, zu dem diese für die betroffenen Personen hätten lebensgefährlich werden können. Wie lassen sich die Wertheimer Zentgerichtsfälle in diesem Zusammenhang einordnen und wie endeten die entsprechenden Verfahren für die betroffenen Personen?

Im Kern wurden die Hexenprozesse als Inquisitionsprozesse geführt, die im gesamten Strafrecht der Frühen Neuzeit zum Einsatz kamen.[356] Das Delikt der Hexerei fiel daher in den Zuständigkeitsbereich der Hochgerichte und konnte von den Zentgerichten im Zuge der Malefizverfahren verhandelt werden. In den Jahrzehnten um 1600 unterlag die Kriminalgerichtsbarkeit in ganz Franken einem Strukturwandel und die Zentgerichte verloren ihre Zuständigkeit für schwere Delikte an die von studierten Juristen besetzten Zentralbehörden. Für die Tätigkeit der Zent Remlingen hat Robert Meier diese Phase des Wandels unter anderem anhand der dort geführten Hexenprozesse nachvollzogen und so beteiligte sich die Würzburger Kanzlei[357] bereits 1601 an den Untersuchungen der Remlinger Fälle.[358] Auch in den Hexereifällen regelte Würzburg den Prozess, nachdem es über die Verhaftun-

---

[352] Vgl. MEIER, Robert: Art. Wertheim, in: Gudrun GERSMANN/Katrin MOELLER/Jürgen-Michael SCHMIDT (Hg.): Lexikon zur Geschichte der Hexenverfolgung, in: historicum. net, https://www.historicum.net/purl/jdzqp/ (zuletzt abgerufen: 7.11.2022).
[353] Vgl. WEISS, Elmar: Grafschaft Wertheim, in: Sönke LORENZ (Hg.): Hexen und Hexenverfolgung im deutschen Südwesten. Aufsatzband zur Ausstellung des Landesmuseums Karlsruhe (Volkskundliche Veröffentlichungen des Badischen Landesmuseums Karlsruhe, Bd. 2/2). Stuttgart 1994, S. 282–292; MEIER, Robert: Hexenverfolgungen in der Grafschaft Wertheim in den Jahren 1629–1634, in: Markus MERGENTHALER/ Margarethe KLEIN-PFEUFFER (Hg.): Hexenwahn in Franken. Katalogband zur Ausstellung im Knauff-Museum Iphofen. Dettelbach 2014, S. 202–207.
[354] Vgl. MEIER: Hexenprozesse im Hochstift Würzburg, S. 47.
[355] Vgl. MEIER: Hexenverfolgung im Kondominat, S. 72.
[356] Vgl. SCHWERHOFF, Gerd: Art. Hexenprozess, in: Enzyklopädie der Neuzeit, Bd. 5. Stuttgart/ Weimar 2007, S. 442.
[357] Zur Würzburger Kanzlei vgl. BONGARTZ, Josef: Gericht und Verfahren in der Stadt und im Hochstift Würzburg. Die fürstliche Kanzlei als Zentrum der (Appellations-) Gerichtsbarkeit bis 1618. (Quellen und Forschungen zur Höchsten Gerichtsbarkeit im Alten Reich, Bd. 74). Wien u. a. 2020.
[358] Vgl. MEIER: Hexenprozesse im Hochstift Würzburg, S. 475–482.

gen, die durch die Zent durchgeführt wurden, informiert worden war. In Würzburg entschied man meist ebenso über den Einsatz der Folter. Für die Situation in der Zent Remlingen, so konstatiert Meier, kann festgehalten werden, dass der Verfolgungswille aus der Bevölkerung kam und nicht etwa wie es für die fränkischen Hochstifte weithin unterstellt wurde, „von oben". Die Hexenprozesse an der Zent Remlingen unterschieden sich in ihrem Ablauf nicht von anderen Strafprozessen an diesem Gericht.[359]

Die Hexereivorwürfe, die im Untersuchungszeitraum am Wertheimer Zentgericht zur Anzeige gebracht wurden, verhandelte das Gericht nicht im Rahmen eines Malefizverfahrens. In zwei Auseinandersetzungen, die 1596 in Bettingen und 1604 in Höhefeld stattgefunden hatten, wurde der jeweilige Kontrahent für die Vorwürfe des Milchdiebstahls und der Hexerei zu einer Geldbuße verurteilt. In letzterem Fall beispielsweise hatte die Bäuerin vom Lengfurter Hof die Frau von Hans Kraft aus Höhefeld beschuldigt, dass sie ihr eine Suppe gegeben habe nach deren Verzehr die Geschädigte eine Zeit lang gelähmt gewesen sei.[360] In drei weiteren Fällen, in denen es um Hexereivorwürfe ging, wurde das Urteil vertagt. Im Jahr 1593 beschimpfte Christoph Meißner aus Lindelbach sowohl Hans Oberdorf als auch dessen Frau als Milchdiebe.[361] Seine Anschuldigungen sollte er laut Urteil der Schöffen am nächsten geschworenen Gerichtstermin beweisen, der Fall wurde allerdings nicht mehr aufgegriffen.[362] Anders verlief es in einem Fall aus dem Jahr 1598. In einem Rügeprotokoll berichteten Endres Schmitt, der Büttner aus Dertingen, sowie Wendel Strauß, ein ortsansässiger Maurer, dass sie Heinrich Schetzer auf der Straße „zwey oder dreymall [...] du Zauberey hexen, du Milch diebin"[363] hätten schreien hören. Auf die Frage Wendel Strauß', wem die Anschuldigungen Schetzers denn gelten würden, antwortete dieser, dass ihn das nichts angehe.[364] Weitere Nachforschungen veranlasste das Zentgericht hierbei nicht mehr.

Ab November des Jahres 1598 wurde am Zentgericht über einen längeren Zeitraum hinweg ein Hexereifall verhandelt. Montag nach Martini erschien Paul Schürger aus Waldenhausen als Anwalt von Margretha Büttel aus Urphar vor Gericht und bat die Schöffen darum, eine Klage gegen Hans Sprengers Tochter aus Lindelbach vorzubringen, die seine Mandantin offenbar der Hexerei bezichtigt hatte. Die Schöffen jedoch gaben dem Gesuch Schürgers vorerst nicht statt, da der Vorfall am Zentgericht noch nicht zur Rüge gebracht worden war und verlegten die Verhandlung auf den nächsten Gerichtstermin.[365] An den folgenden Verhandlungsterminen wurde der Fall immer wieder aufgegriffen. Paul Schürger betonte hier

---

[359] Vgl. ebd., S. 99f.
[360] Vgl. StAWt G-Rep. 102 Nr. 537 („Ehefrau von Hans Kraft vs. Bäuerin vom Lengfurter Hof").
[361] Vgl. StAWt G-Rep. 102 Nr. 6471 („Hans Oberdorf und Frau vs. Christoph Meißner").
[362] Vgl. StAWt G-Rep. 102 Nr. 5550 (Zentgericht 1603, Montag nach Walpurgis).
[363] StAWt G-Rep. 102 Nr. 5536 (Rügeprotokoll von Endres Schmitt und Wendel Strauß).
[364] Ebd.
[365] Vgl. StAWt G-Rep. 102 Nr. 5550 (Zentgericht 1598, Montag nach Martini).

unter anderem während einer Verteidigung, dass Margretha unschuldig sei und Anna Sprenger „solche atrocisima injurios felschlich"[366] angegeben hätte und ihre Anschuldigung „höchster unwarheit"[367] entsprechen würden. In dem Bewusstsein, dass ein solch schweres Verbrechen „mit dem abscheulichsten tod, nach dem 109 artikel[368] mit dem feuer zu straffen were, so hoffen die cleger, das die beclagte [...] zu[m] [...] beweisthumb der rechten nach sollen angewiesen werden"[369]. Diese Forderung Schürgers war natürlich ein kluger Schachzug gewesen, denn die rein „geistigen" Merkmale der gelehrten Hexenlehre, Teufelspakt, Teufelsbuhlschaft, Besenflug, Hexensabbat und Verwandlung, waren ja nicht nachweisbar.[370] Im Fall von Margretha Büttel ging es aber offenbar um Schadenszauber, den diese gegen Hans Heym aus Urphar, bei dem Anna Sprenger als Magd gearbeitet hatte, verübt haben sollte.[371] Letztendlich konnte ihr dieser jedoch nie nachgewiesen werden und die Schöffen verwiesen den Fall im Jahr 1600 nach knapp zwei Verhandlungsjahren schließlich an die Herrschaft: „ist der bescheid daß die beschwerte Parthey ihre sachen bey der wolge[borenen] unserer gn[edigen] herrschaft anbringen und daselbsten außführen solle."[372]

Welche Ergebnisse lassen sich aus den Hexereivorwürfen am Wertheimer Zentgericht festhalten? Im Fall von Margretha Büttel gingen diese und ihr Anwalt Paul Schürger offensiv vor, um durch eine Injurienklage die Vorwürfe gegen Margretha aus der Welt zu schaffen. Das konnte in der Frühen Neuzeit ein wirksames Mittel sein, um Hexereibeschuldigungen abzuwehren.[373] Die Anschuldigungen gegen Büttel blieben im Untersuchungszeitraum die einzigen ihrer Art, die das Zentgericht über einen längeren Zeitraum beschäftigten, alle anderen Zaubereivorwürfe konnten mithilfe von Beleidigungsklagen abgewehrt werden. Dies war für die Zeit um 1600 keine Selbstverständlichkeit. Entsprechende Rahmenbedingungen, wie etwa eine verfolgungswillige Obrigkeit oder ungünstige Witterungsverhältnisse[374],

---

[366] StAWt G-Rep. 102 Nr. 5550 (Zentgericht 1599, Montag nach Philippi und Jacobi).
[367] Ebd.
[368] Paul Schürger verweist hier auf die Carolina.
[369] StAWt G-Rep. 102 Nr. 5550 (Zentgericht 1599, Montag nach Philippi und Jacobi).
[370] Zum Delikt der Hexerei und dessen Veränderung hin zum sogenannten kumulativen Hexenbegriffs vgl. u. a. BEHRINGER, Wolfgang: Hexen und Hexenprozesse in Deutschland. München 2006, besonders Kapitel 1 und 2; eine gute Zusammenfassung der Veränderung des Tatbestandes findet sich auch bei MAIHOLD, Harald: „Was aber bey der Nacht vnd haimblichen Orten geschicht/ sein schwaerlich zu probieren" – Die Hexenprozesse und das Strafrecht in der frühen Neuzeit, in: Forum für juristische Bildung 2009, S. 28–41; 50–61.
[371] Vgl. StA Wt G-Rep. 102 Nr. 5550 (Zentgericht 1599, Montag nach Martini).
[372] StAWt G-Rep. 102 Nr. 5550 (Zentgericht 1600, Montag nach Trium Regum).
[373] Vgl. GERSMANN, Gudrun: Gehe hin und verthedige dich! Injurienklagen als Mittel der Abwehr von Hexereiverdächtigungen – ein Fallbeispiel aus dem Fürstbistum Münster, S. 237–269.
[374] Zum Zusammenspiel unterschiedlicher Voraussetzungen für die Verfolgungswellen vgl. MAIHOLD: Die Hexenprozesse und das Strafrecht in der frühen Neuzeit, S. 28–41 und S. 50–61.

hätten dazu führen können, dass die beschuldigten Personen mit dem Tod bestraft worden wären. Alle der Hexerei Angeklagten wurden keiner peinlichen Befragung unterzogen, offen bleibt jedoch, wie der Fall von Margretha Büttel endete. Das Zentgericht ging hierbei genauso vor, wie es auch für andere Vergehen im Untersuchungszeitraum der Fall gewesen war: Wurde eine Sachlage komplizierter, so verwiesen die Schöffen diese an die Herrschaft. Ob die Hexenprozesse in der Grafschaft Wertheim unter Umständen zu einer stärkeren herrschaftlichen Durchdringung des Territoriums, also zur Festigung der Zentralverwaltung, genutzt wurden, ist im Zuge dieser Untersuchungen nicht beantwortbar. Für die allgemeinen Verfahren am Wertheimer Zentgericht ist für den Untersuchungszeitraum zumindest der Eindruck festzustellen, dass das Zentgericht hierbei nicht in einem Konkurrenzverhältnis zur herrschaftlichen Kanzlei stand. In späterer Zeit führten die Kanzleiräte gemeinsam mit dem Zentgrafen und dem Wertheimer Stadtschreiber Blutgerichtsprozesse durch, auch Zentschöffen waren bei Malefizprozessen anwesend.[375] Zentgerichtliches Personal war allerdings bereits gegen Ende des 16. Jahrhunderts in hochgerichtlichen Verfahren zugegen.[376]

Die Verhandlung der Hexereiinjurien im Untersuchungszeitraum zeigt, dass das Zentgericht in den Augen der Untertanen eine Institution darstellte, die die richtige Anlaufstelle für ihre Belange war und deren streitschlichtende Funktion sie schätzten.

Nur ein einziger Fall ist im Untersuchungszeitraum überliefert, bei dem die Ehre des Gescholtenen durch die Gleichsetzung mit einer religiösen Minderheit verletzt werden sollte. Georg Schetzer aus Dertingen wurde zu einer Geldstrafe verurteilt, weil er seinen Bruder Heinrich Schetzer sowie Georg Eyrich, den Müller zu Homburg, als Juden beschimpft hatte.[377] Was genau Georg Schetzer seinen beiden Kontrahenten mit dieser Beleidigung unterstellen, und ob er ihnen vielleicht Betrug oder ähnliches vorwerfen wollte, ist anhand des Quellenmaterials leider nicht nachvollziehbar. Wie viele Juden in der Frühen Neuzeit tatsächlich in der Stadt und in der Grafschaft Wertheim lebten, ist nicht genau zu beantworten.[378] In den Ortschaften Urphar und Dertingen zumindest waren Juden ansässig. In der Stadt Wertheim verhielt man sich gegenüber dieser religiösen Minderheit eher ablehnend und Beschwerden richteten sich in der Regel gegen den Wucher.[379] Sicherlich war die Einstellung gegenüber den Juden auch in den anderen Ortschaften der Grafschaft von Distanziertheit geprägt. Jedoch ist es durchaus auch bemerkenswert,

---

[375] Vgl. MEIER: Hexenverfolgung im Kondominat, S. 76 f.
[376] Vgl. die Protokolle in StAWt G-Rep. 102 Nr. 103.
[377] Vgl. StAWt G-Rep. 102 Nr. 5536 („Georg Schetzter vs. Heinrich Schetzer und Georg Eyrich") sowie G-Rep. 102 Nr. 5550 (Zentgericht 1598, Montag nach Laurenzi).
[378] Vgl. zum Thema Juden in Stadt und Grafschaft Wertheim während der Frühen Neuzeit KLEINEHAGENBROCK, Frank: Juden in Stadt und Grafschaft Wertheim, S. 203–224; STRETZ, Torben: Juden in Franken zwischen Mittelalter und Früher Neuzeit. Die Grafschaften Castell und Wertheim im regionalen Kontext (Forschungen zur Geschichte der Juden, Abt. A 26). Wiesbaden 2016.
[379] Vgl. KLEINEHAGENBROCK: Juden in Stadt und Grafschaft Wertheim, S. 216.

dass in keinem anderen Fall im gesamten Untersuchungszeitraum, in dem es um Betrugsvorwürfe oder Eigentumsdelikte ging, das Wort „Jude" als Beleidigung verwendet wurde, obwohl diejenigen Verleumdungen in den Dörfern dominierten, die sich auf Diebstahlsbezichtigungen bezogen.

Nicht nur Beleidigungen durch die direkte Verwendung von Scheltworten konnten als Angriffe auf die Ehre empfunden und vor Gericht gebracht werden, sondern auch feinsinnige Anspielungen und Verdächtigungen.[380] Nach den Diebstahlsverleumdungen folgten in Wertheim an zweiter Stelle die Vorwürfe sexueller Normverstöße. So hatte Debes Löhr aus Bestenheid 1596 seinen eigenen Sohn durch einen Unzuchtsvorwurf in Verruf gebracht.[381] 1606 brachte Barbara Heckelmann aus Reicholzheim Elisabeth Kühn ins Gerede, die sie als Hure bezeichnet hatte. Der Ehemann der Gescholtenen hatte den Vorfall bei den beiden Schöffen Zacharias Friedel und Claus Ruel zur Anzeige gebracht. Diese rügten den Fall schließlich am Zentgericht.[382] Auch derartige Gerüchte und Anspielungen konnten den guten Ruf einer Person enorm schädigen, deshalb zeigte man auch sie am Zentgericht an. Häufig wurde in diesen Fällen eine dritte Person damit beauftragt, die Schmähworte zur Rüge zu bringen. Da Ehrenhändel und die damit verbundene Minderung des Ansehens im innerdörflichen Rahmen häufig nicht mehr gelöst werden konnten beziehungsweise die Ehre vielleicht dauerhaft geschädigt war, fungierte hier das Zentgericht als Vermittlungsinstanz, um die Ehre der Betroffenen wiederherzustellen.[383]

Für einen Angriff auf die Ehre war die Herstellung von Öffentlichkeit ausschlaggebend, denn erst durch die Anwesenheit eines Publikums wurde die Ehrverletzung wirksam. In den Rügeprotokollen finden sich deshalb in der Regel entsprechende Hinweise auf diese notwendigen Rahmenbedingungen: Die Beleidigungen wurden etwa auf offener Straße ausgesprochen, im Wirtshaus, in Anwesenheit von Dritten oder auf öffentlichen Veranstaltungen und Festivitäten. Der Angegriffene musste sich bei solchen Gelegenheiten wehren, Passivität wäre hier einem Schuldeingeständnis gleichgekommen.[384] Zur Wiederherstellung der Ehre boten sich dem Beleidigten in der Regel zwei Möglichkeiten: Entweder ließ er die Fäuste sprechen, oder er führte den Vorfall einer gerichtlichen Lösung zu. Im letzteren Fall sollte die befleckte Ehre durch richterliche Anweisung wiederhergestellt werden und die Schöffen betonten bezüglich der Injurien in ihren Urteilen stets, dass keiner der beiden Parteien daraus ein Nachteil entstehen sollte. Schimpfworte jeglicher Art hatte die beleidigende Person mit einer Geldstrafe zu verbüßen und es solle „dan Niemand an Ehren nachtheilig sein"[385]. Dies verdeutlicht die immen-

---

[380] Vgl. dazu auch FRANK: Dörfliche Gesellschaft und Kriminalität, S. 336.
[381] Vgl. StAWt G-Rep. 102 Nr. 5537 („Debes Löhr Senior vs. Debes Löhr Junior").
[382] Vgl. StAWt G-Rep. 102 Nr. 539 („Elisabeth Kühn vs. Barbara Heckelmann").
[383] Vgl. auch FRANK: Dörfliche Gesellschaft und Kriminalität, S. 237 f.
[384] Vgl. ebd., S. 238.
[385] Vgl. exemplarisch StAWt G-Rep. 102 Nr. 5550 (Zentgericht 1606, Montag nach Trium Regum).

se Bedeutung, die die Wiederherstellung der Ehre für die betroffenen Personen haben musste.

Die Ehre einer Person konnte nicht nur durch Worte angegriffen werden, sondern Demütigungen wurden auch durch Mimik und Gestik vollzogen. So galt beispielsweise das Herunterschlagen der Mütze als tückischer Angriff auf die Ehre. Auch das Entblößen des Gesäßes sollte den Kontrahenten in einer Auseinandersetzung schmähen.[386] Solche Handlungen sind in den Zentgerichtsakten natürlich nur schwer zu fassen, jedoch finden sich mitunter Hinweise darauf in den Quellen. Als Thomas Heybach aus Dertingen Hans Michel aus Sachsenhausen im Jahr 1605 während eines gemeinsamen Umtrunks den „hut abgeschlagen"[387] hatte, reagierte dieser, indem er Heybach so hart ins Gesicht schlug, dass dieser blutete.[388]

Ähnlich wie im Fall der Hexerei- und Zaubereivorwürfe waren von sexuell konnotierten Schimpfworten sowie von Beleidigungen durch Tiervergleiche überwiegend Frauen betroffen. Die Geschlechter unterschieden sich hinsichtlich der Bereiche, die die Ehre tangierten, und die verschiedenen Ehrfelder hatten für Männer und Frauen unterschiedliches Gewicht und standen zum Teil in Konkurrenz zueinander oder schlossen sich aus.[389] So war der klassische Ehrverletzungsvorwurf gegen Frauen spätestens seit dem Spätmittelalter der Begriff „Hure", derjenige gegen Männer „Lügner" und „Dieb".[390] Diese Feststellung ist auch für Wertheim zutreffend. Während die Beleidigung als „Hurer" oder „Ehebrecher" gegenüber Männern lediglich vereinzelt ausgesprochen wurde, waren sexuelle Verunglimpfungen neben den Hexerei- und Zaubereivorwürfen diejenigen Scheltworte, die man üblicherweise dem weiblichen Geschlecht anhängte. Die Hälfte der sexuellen Normverstöße wurden im Untersuchungszeitraum Frauen nachgesagt und auch von Beleidigungen durch Tiervergleiche war das weibliche Geschlecht häufiger betroffen.[391] Mit der Bezeichnung „Viper" wollte David Schetzlein aus Dietenhan seiner Kontrahentin wahrscheinlich vorwerfen, die Unwahrheit zu sagen beziehungsweise Falschheit unterstellen.[392] Tiervergleiche scheint Schetzlein offensichtlich gerne als Scheltworte verwendet zu haben, denn 1597 verurteilte das Zentge-

---

[386] Von solchen Fällen berichtet unter anderem FRANK: Dörfliche Gesellschaft und Kriminalität, S. 341.

[387] StAWt G-Rep. 102 Nr. 538 („Thomas Heybach vs. Hans Michel").

[388] Vgl. ebd.

[389] Vgl. BURGHARTZ, Susanna: Geschlecht – Körper – Ehre. Überlegungen zur weiblichen Ehre in der Frühen Neuzeit am Beispiel der Basler Ehegerichtsprotokolle, in: Klaus SCHREINER/Gerd SCHWERHOFF (Hg.): Verletzte Ehre. Ehrkonflikte in Gesellschaften des Mittelalters und der Frühen Neuzeit (Norm und Struktur. Studien zum sozialen Wandel in Mittelalter und Früher Neuzeit 5). Köln/Weimar/Wien 1995, S. 226.

[390] Vgl. BURGHARTZ, Susanna: Leib, Ehre und Gut. Delinquenz in Zürich Ende des 14. Jahrhunderts. Zürich 1990, S. 127 f.

[391] Rainer Walz stellt bezüglich der Beleidigungen durch Tiervergleiche abweichende Ergebnisse fest, in lippischen Beleidigungsprozessen überwogen Männer in Bezug auf Tierbeschimpfungen. Vgl. WALZ: Schimpfende Weiber, S. 186 f. und S. 197; DERS.: Hexenglaube und magische Kommunikation im Dorf der Frühen Neuzeit, S. 434.

[392] Vgl. StAWt G-Rep. 102 Nr. 533 („David Schetzlein vs. Linhard Behems Frau").

3. Delikte im Untersuchungszeitraum 115

richt ihn zu einer Geldstrafe[393], weil er die Gattin von Enders Fiederlein aus Bettingen während einer verbalen Auseinandersetzung als „Sakramentskuh" betitelt hatte.[394] Auf welche Normabweichung er in diesem Fall mit seinem Vergleich anspielen wollte, ist leider nicht rekonstruierbar.

Der Anteil an Täterinnen war bei Ehrverletzungen am größten. Am häufigsten wurde das weibliche Geschlecht aufgrund von Beleidigungen angeklagt.[395] Das Wertheimer Ergebnis stellt in diesem Zusammenhang keinen Einzelfall dar. Auch am Heidener Gogericht war der Anteil der Frauen in dieser Deliktkategorie mit 34,1 % am größten[396], und Otto Steffen konstatiert in seiner Untersuchung über die niedere Gerichtsbarkeit im Fürstbistum Minden um 1600 ebenfalls, dass der Frauenanteil bei den Verbalinjurien verglichen mit allen anderen Delikten besonders hoch gewesen ist.[397] Zu erklären ist dieser Umstand damit, dass Frauen ihre Ehre auf andere Weise verteidigten als Männer. Während sie hierbei überwiegend Gewalt einsetzten, griff das weibliche Geschlecht eher auf die Macht der Worte zurück.[398]

Gemessen an der Anzahl der Gesamtdelikte einzelner sozialer Gruppierungen kann nicht festgestellt werden, dass die Vertreter unterer Schichten eine höhere Verletzungsschwelle besaßen und sich daher im Fall einer Beleidigung weniger stark in ihrer Ehre verletzt fühlten. Hierzu stellt Ruth E. Mohrmann beispielsweise eine abweichende These in ihrer Untersuchung zum Volksleben in Wilster im 16. und 17. Jahrhundert auf, wonach die Kategorie der Ehre bei den Unterschichten weniger ausgeprägt gewesen sei und insofern eine höhere Verletzungsschwelle vorgelegen habe.[399] In Wertheim wog für Knechte und Mägde die Minderung ihres Ansehens genauso schwer wie für einen Bauern und die gesellschaftlichen Konsequenzen dürften die selben gewesen sein.[400]

Die Analyse der Anzahl der Ehrdelikte im gesamten Untersuchungszeitraum ist aufgrund der relativ kurzen Zeitspanne nur bedingt aussagekräftig und wird im Zusammenhang mit den anderen Deliktgruppierungen noch einmal aufgegriffen. Für die Verbalinjurien ergibt sich das folgende Bild:

---

[393] Vgl. StAWt G-Rep. 102 Nr. 5550 (Zentgericht 1597, Montag nach Laurenzi).
[394] Vgl. StAWt G-Rep. 102 Nr. 5539 („David Schetzlein vs. Enders Fiederleins Frau").
[395] Vgl. hierzu die entsprechenden Ausführungen im Kapitel III. 5.5 Frauen vor Gericht.
[396] Vgl. FRANK: Dörfliche Gesellschaft und Kriminalität, S. 341.
[397] Vgl. STEFFEN, Otto: Straftaten der bäuerlichen Bevölkerung im 17. Jahrhundert, in: Beiträge zur Heimatkunde der Städte Löhne und Bad Oeynhausen 5 (1978), S. 39–51.
[398] Vgl. u. a.: BURGHARTZ: Leib, Ehre und Gut, S. 152 f.; DINGES, Martin: Weiblichkeit in Männlichkeitsritualen? Zu weiblichen Taktiken im Ehrenhandel in Paris im 18. Jahrhunderts, in: Francia 18 (1991), S. 71–98.
[399] Vgl. MOHRMANN, Ruth E.: Volksleben in Wilster im 16. und 17. Jahrhundert (Studien zur Volkskunde und Kulturgeschichte Schleswig-Holsteins 2). Neumünster 1977, S. 232 f.
[400] Zu diesem Ergebnis kommt auch FRANK für das Heidener Beispiel. Er verallgemeinert seine Ergebnisse sogar für den ländlichen Bereich. Vgl. FRANK: Dörfliche Gesellschaft und Kriminalität, S. 342 f.

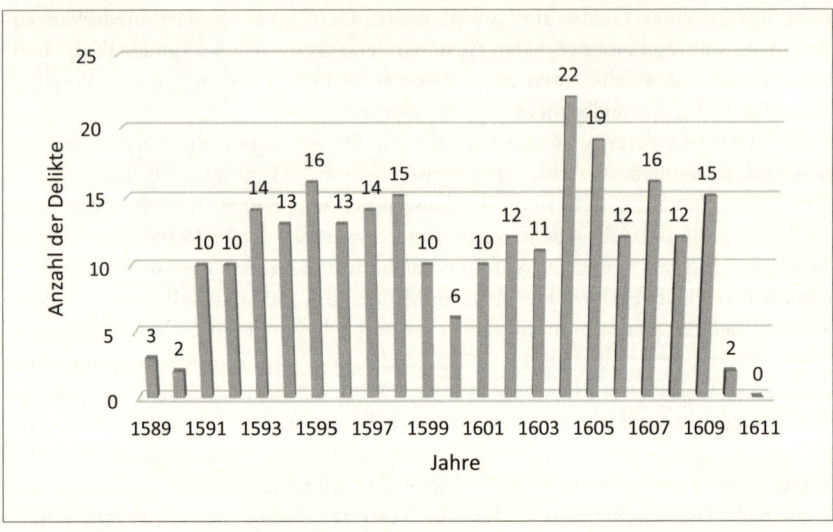

Diagramm 6: Ehrdelikte im Untersuchungszeitraum

Für die Jahre von 1591 bis 1609 bleiben die Zahlen überwiegend konstant, die meisten Ehrdelikte wurden in den Jahren 1604 und 1605 begangen.

Zusammenfassend lässt sich festhalten, dass eine Beleidigung gleich welcher Art stets eine Ehrminderung für die betroffenen Personen darstellte und sowohl den Dorfbewohnern als auch der Obrigkeit an der Wiederherstellung der Ehre gelegen war. Der soziale Frieden im Dorf sollte gewahrt werden. Das Zentgericht stellte hierbei eine vermittelnde Instanz dar, indem es die Fälle prüfte, entsprechende Beweise verlangte, die Täter gegebenenfalls bestrafte und die Ehre der bei den Händeln beteiligten Parteien öffentlich wiederherstellte. Ehrenrelevante Wert- und Normvorstellungen der dörflichen Gesellschaft stimmten daher mit dem obrigkeitlichen Ordnungskonzept, das auch durch das Wertheimer Zentgericht vertreten wurde, überein.

3.3 „sie hett bey der nacht ein batzen vol trauben gestohlen": Eigentumsdelikte

Die Eigentumsdelikte, die im Untersuchungszeitraum am Wertheimer Zentgericht verhandelt wurden, machen in der Summe 15,1 % aus und stellen somit das dritthäufigste, zur Anzeige gebrachte Vergehen dar. Im Zusammenhang mit den Eigentumsdelikten geht es in den folgenden Ausführungen nicht um schwere Straftaten wie beispielsweise Raubüberfälle, sondern um kleinere Diebstähle, um Betrugs- und Hehlereivorwürfe, die von den Mitgliedern der dörflichen Gesellschaft verübt wurden. Auch Auseinandersetzungen im bäuerlichen Lebens- und Arbeitsbereich, also etwa Sachbeschädigung und Grenzverletzung wurden dieser De-

3. Delikte im Untersuchungszeitraum

liktgruppe zugeordnet. In diesem Kapitel soll Eigentumsdelinquenz auch nicht im Rahmen von Interpretationen wie etwa der „Violence au vol"-These untersucht werden, nach der sich Kriminalität im 18. Jahrhundert „von einer spontan-cholerischen Gewaltdelinquenz [violence] zu einer kontrolliert-kalkulierbaren Eigentumsdelinquenz [vol]"[401] gewandelt habe. Unterschiedliche Studien könnten diese These stützen, genauso aber auch widerlegen.[402] Die These wirft eine ganze Reihe von Problemen auf, denn wo die Zahl der Eigentumsdelikte zunimmt, muss die Gewaltkriminalität nicht gleichzeitig verschwinden.[403] Ob die Wertheimer Ergebnisse diese Forschungsinterpretation untermauern könnten oder nicht, kann schon aufgrund der Zeitspanne des Untersuchungszeitraums nicht analysiert werden. Zudem hängt das Größenverhältnis zwischen Diebstahl und Gewalt auch mit der Untersuchungsregion sowie mit den Kompetenzen und der Verfahrenspraxis der jeweiligen Gerichtsinstitution zusammen.[404] Um die historische Entwicklung von Kriminalität zu deuten, müssen neben sozioökonomischen und politischen auch kulturelle, mediale und rechtliche Faktoren und Rahmenbedingungen einbezogen werden. Die jeweilige Gewichtung bleibt natürlich hierbei umstritten.[405]

In den folgenden Ausführungen soll es darum gehen, Eigentumskriminalität in der Lebenswelt der ländlichen Gesellschaft zu verorten. Neben allgemeinen Informationen zu den unterschiedlichen Ausprägungen der Deliktgruppe, wird auch den Fragen nachgegangen, was etwa ein Diebstahlsvorwurf für den Einzelnen bedeutete, und welche Folgen sich daraus für die betroffene Person im sozialen Gefüge der Dorfgemeinschaft ergeben konnten.

Im Hinblick auf die Eigentumsdelikte enthielt die Carolina ausführliche Anweisungen. Allein beim Diebstahl unterschied sie zwischen dem heimlichen, öffentlichen, kleinen und großen Diebstahl[406] und sie regelte zudem Feld-, Holz-, Fisch- und Kirchendiebstähle[407]. Abhängig von der Schwere des Delikts, den Umständen der Tat und der Person des Täters konnten die Vergehen mit Geldbußen, dem Pranger oder Leib- und Lebensstrafen geahndet werden. Das Wertheimer Zentgericht hielt sich bei den Eigentumsdelikten im Allgemeinen an die Vorgaben der Peinlichen Halsgerichtsordnung. Verbrechen wie Diebstahl oder Betrug wurden sowohl in den Landgerichts- als auch in den Malefizverfahren verhandelt. Welcher Verfahrensgang gewählt wurde, hing auch hier von den oben genannten Umständen ab. So wurde Lorenz Hoffmann aus Hochhausen 1565 aufgrund eines Diebstahlverdachts am 27. Dezember in Haft genommen und am nächsten Tag gütlich und pein-

---

[401] EIBACH: Frankfurter Verhöre, S. 289.
[402] Vgl. hierzu FRANK: Dörfliche Gesellschaft und Kriminalität, S. 257 sowie die entsprechenden Fußnoten.
[403] Vgl. SCHWERHOFF: Köln im Kreuzverhör, S. 344 f.
[404] Vgl. hierzu auch SCHWERHOFF: Köln im Kreuzverhör, S. 345.
[405] Vgl. auch zur Forschungsproblematik der „violence-au-vol-These": HÄRTER, Karl: Strafrechts- und Kriminalitätsgeschichte der Frühen Neuzeit, S. 161 f.
[406] Vgl. Carolina: Art. 157, 158, 160.
[407] Vgl. ebd. Art. 167–169, 171.

lich befragt. Er gestand gleich mehrere Vergehen dieser Art und außerdem noch Hehlerei. Das Zentgericht verhängte das Todesurteil durch den Strang über den Übeltäter.[408]

In den allgemeinen Verfahren wurde der Großteil der Eigentumsdelikte vertagt, um Zeugen zu den entsprechenden Vorwürfen zu hören oder Beweise vorbringen zu lassen. Dies war in 73,9 % der Fälle das vorläufige Urteil. Nur selten griff das Zentgericht in diesem Zusammenhang die Verhandlung erneut auf. In 82,3 % der Streitfragen lassen sich den Zentgerichtsakten keinerlei Hinweise mehr für eine erneute Verhandlung entnehmen, entsprechende Anklagen wurden demnach offensichtlich fallen gelassen oder konnten nicht bewiesen werden.

Die Geldbußen schlugen hinsichtlich der Urteile bei Eigentumsdelikten mit insgesamt 14,7 % nieder, zwölfmal (10,4 %) verwies man die Delikte gleich an die Herrschaft, einmal (0,8 %) wurde ein Fall an das Feldgericht weitergegeben. Die Urteilsfindung des Zentgerichts zeigt, dass auch in den Landgerichtsverfahren Eigentumsdelikte keine Bagatelle darstellten. Die Verrückung von Grenzsteinen beispielsweise, die im Untersuchungszeitraum neunmal vor Gericht landete, konnte laut Carolina eine Leib- oder Lebensstrafe nach sich ziehen.[409] Die Schöffen am Zentgericht wollten bei den Eigentumsvergehen keine Risiken eingehen und die Tatumstände sollten möglichst genau aufgeklärt werden. Die meisten Zeugenbefragungen fanden daher im Zusammenhang mit den Eigentumsdelikten statt. Interessant im Hinblick auf die Urteilsfindung wäre es natürlich, wenn die Zentgerichtsprotokolle Angaben über die genaue Höhe der Geldstrafen machen würden.[410] Laut Bußkatalog wäre Diebstahl mit drei, die Versetzung von Grenzsteinen mit vier Gulden zu ahnden.[411] Im Vergleich zu anderen Deliktarten sind die Bußgelder bei den Eigentumsvergehen demnach mit die höchsten.[412]

Nach allgemein gebräuchlicher Definition ist für den Tatbestand der Eigentumskriminalität kennzeichnend, „daß dem Eigentümer eine Sache entweder entzogen, sie beschädigt bzw. zerstört wird"[413]. Welche Strukturen lassen sich diesbezüglich aus den Zentgerichtsakten ableiten? Kategorisiert man die in den Quellen beschriebenen Eigentumsdelikte, so ergeben sich folgende Tatbestände: Betrug und Hehlerei sowie kleine Diebstähle und Sachbeschädigung. Am häufigsten wurde am Zentgericht der einfache Diebstahl zur Anzeige gebracht (71,3 %). Die Bandbreite der Diebesgüter ist hier relativ groß. Sie reicht von Nahrungsmitteln und Feldfrüchten, über Tiere, wie Hühner oder Schafe, bis hin zu Kleidungsstücken und Arbeitsgerä-

---

[408] Vgl. StAWt G-Rep. 103 Nr. 17 (Wertheimer Malefizbuch, Fall: Lorenz Hoffmann). Hoffmann wurde am 27. Dezember 1565 in Haft genommen und am nächsten Tag einer gütlichen und peinlichen Befragung unterzogen.
[409] Vgl. Carolina: Art. 114.
[410] Vgl. dazu auch das Kapitel III. 4. Urteile am Wertheimer Zentgericht.
[411] Vgl. StAWt G-Rep. 102 Nr. 514 (Taxa deren unser gnedigen herrschafft heimgewisenen Centbussen).
[412] Vgl. das Kapitel III. 4. Urteile am Wertheimer Zentgericht.
[413] KÜRZINGER, Joseph: Art. Eigentums- und Vermögenskriminalität, in: Günther KAISER u. a. (Hg.): Kleines kriminologisches Wörterbuch. Heidelberg ²1985, S. 85.

ten. Häufig wurde zur Rüge gebracht, dass Getreide, Rüben, Trauben und Obst gestohlen worden seien. Dies war beispielsweise im Jahr 1603 der Fall, zu dem der Rüger Claus Dinkel zu Protokoll gab, dass er mit einigen seiner Nachbarn von Kembach nach Dietenhan gegangen war und der Müller Linhard Keyser die Anwesenden noch zu einem Umtrunk aufgefordert hätte.[414] Am Tag darauf sei Christoph Gotzelmann zu ihm ins Haus gekommen und habe gesagt: „ob ichs [gemeint ist Claus Dinkel] nit gehörrt hab, der müller hab ihn ein korn dieb geheissen."[415] Der Rüger verneinte die Frage allerdings. In der Folge versammelten sich Dinkel, der Müller sowie Gotzelmann im Haus des Schultheißen, um die Angelegenheit zu klären. Linhard Keyser versuchte sich zu verteidigen und sprach zu Gotzelmann: „wan ich euch schon so geheisen hette so hett ich auch nicht unrecht gethan."[416] Der Angesprochene gab dem Müller daraufhin zur Antwort, dass er ihn selbst für den Korndieb halte, so lange bis er ihm den Diebstahl nachgewiesen habe.[417] Die Aufforderung zum Beweis war in der frühneuzeitlichen dörflichen Gesellschaft ein probates Mittel, um Anschuldigungen zurückzuweisen beziehungsweise die Ehre zu bewahren. Ein als Dieb Beschimpfter verlangte also den Beweis des Diebstahls oder er reagierte durch Retorsion, das bedeutet, er gab den Vorwurf zurück. In diesem Fall war demnach die Grundform der Retorsion: Ich halte dich für einen Dieb, so lange bis du mir bewiesen hast, dass ich einer bin.[418] Die Schöffen am Zentgericht forderten Linhard Keyser auf, seine Vorwürfe zu beweisen, Christoph Gotzelmann verwiesen sie weiter an die Herrschaft, „weil er zum Müller Linhard Keyser gesagt er halte ihn für ein korn dieb so lang und vil biß er ihn beweise"[419].

In den Wertheimer Grafschaftdörfern wurden überwiegend Gegenstände gestohlen, die entweder für den Verzehr oder den Gebrauch bestimmt waren. Geld oder Wertgegenstände stellten im ländlichen Bereich eher untypische Diebesgüter dar. Die Ergebnisse decken sich mit den Untersuchungen von Michael Frank und Peter Wettmann-Jungblut. Auch in Heiden beziehungsweise im vorindustriellen Baden waren die Diebe kaum an Geld und Wertgegenständen interessiert.[420] Der situative Kontext der Tat war oft ähnlich: Man erbeutete überwiegend das, was man gerade in die Hände bekam. So wurde Hans Ruel aus Bestenheid im Jahr 1608 an die Herrschaft verwiesen, weil er „einen hasen uff dem jagen aus dem garn gelöst, den selbigen in sein weingarten getragen [...] einen grossen stein daruff gelegt,

---

[414] Vgl. StAWt G-Rep. 102 Nr. 536 („Linhard Keyser vs. Christoph Gotzelmann").
[415] Ebd.
[416] Ebd.
[417] Ebd.
[418] Vgl. auch: WALZ, Rainer: Agonale Kommunikation im Dorf der Frühen Neuzeit, in: Westfälische Forschungen 42 (1992), S. 223.
[419] StAWt G-Rep. 102 Nr. 5550 (Zentgericht 1603).
[420] Vgl. FRANK: Dörfliche Gesellschaft und Kriminalität, S. 260f.; WETTMANN-JUNGBLUT, Peter: „Stelen inn rechter hungersnoddt". Diebstahl, Eigentumsschutz und strafrechtliche Kontrolle im vorindustriellen Baden 1600–1850, in: Richard VAN DÜLMEN (Hg.): Verbrechen, Strafen, soziale Kontrolle (Studien zur historischen Kulturforschung III). Frankfurt am Main 1990, S. 164.

und den selben [nach] anderhalb stunden wieder geholtt"[421] hatte. Unwahrscheinlicher war es, größeres Diebesgut zu erbeuten. Jakob Hickler aus Bestenheid hatte der Frau von Enders Steinbach 1596 vorgeworfen, auf dem Hasselberg ein Schaf gestohlen und dieses anschließend nach Hasloch verkauft zu haben. Die Beschuldigung erwies sich aber offenbar als unberechtigt.[422]

Die Anklagen, die aufgrund von Hehlerei- und Betrugsvorwürfen am Zentgericht erhoben wurden, standen im Untersuchungszeitraum an zweiter Stelle (24,2 %). In der Regel wurde den Tätern hierbei vorgeworfen, die geschädigte Partei um Geldbeträge betrogen zu haben, die entweder nicht in vollem Umfang beziehungsweise gar nicht geleistet[423], oder die unberechtigterweise zu hoch angesetzt worden waren.[424] In einem Fall hatte Paul Schürger aus Waldenhausen beispielsweise seinem Nachbarn Hans Stall unterstellt, er habe „waß kaufft und doch nicht bezahlen können"[425]. Daneben finden sich häufig auch Betrugsvorwürfe, die eine falsche Platzierung von Grenzmarkierungen, etwa auf dem Acker oder im Wald beinhalteten.[426] Diese Delikte wurden aber auch vom Feldgericht verhandelt. Das muss an dieser Stelle bezüglich der Zahlen natürlich beachtet werden. Nur drei Fälle rügte man am Zentgericht aufgrund von Sachbeschädigungen (2 %). Im Jahr 1601 stand Peter Keyser unter dem Verdacht, dem Wirt Hans Hörner aus Höhefeld in der Nacht ein Fenster eingeschlagen zu haben.[427] Am selben Tag waren die beiden Männer im Vorfeld der Tat in der Gaststube Hörners in eine gewaltsame Auseinandersetzung involviert gewesen.[428] Wahrscheinlich hatte Keyser das Fenster aus Wut und Rache beschädigt. Er gestand die Tat vor dem Zentgericht und wurde von den Schöffen zu einer Geldstrafe verurteilt.[429] Das Einschlagen der Fenster stellte oftmals eine Form eines Rügebrauchs[430] dar. Damit sollte in der dörflichen Öffentlichkeit Kritik am Verhalten des Geschädigten signalisiert werden, weshalb er in seinem häuslichen Frieden gestört und er gleichsam aus dem Haus herausgefordert wurde.[431] Hinter Sachbeschädigungen, die im Untersuchungszeitraum allerdings recht selten vorkamen, standen oftmals schwelende Konflikte, die in einer symbolischen Form ausgetragen werden konnten.[432]

---

[421] StAWt G-Rep. 102 Nr. 5550 (Zentgericht 1606, Montag nach Philippi).
[422] Vgl. StAWt G-Rep. 102 Nr. 5550 (Zentgericht 1596, Montag nach Trium Regum).
[423] Vgl. exemplarisch StAWt G-Rep. 102 Nr. 5536 (Rüge Georg Hörners aus Urphar).
[424] Vgl. exemplarisch StAWt G-Rep. 102 Nr. 534 („Hans Schmied vs. Peter Kaltenhauser").
[425] Vgl. StAWt G-Rep. 102 Nr. 5536 („Paul Schürger vs. Hans Stall").
[426] Vgl. StAWt G-Rep. 102 Nr. 5432 („Veit Harnisch vs. Hans Heym").
[427] Vgl. StAWt G-Rep. 102 Nr. 533 (Rüge Veit Ditmers).
[428] Vgl. StAWt G-Rep. 102 Nr. 533 (Rüge Wilhelm Hörners und Rüge Cuntz Baumanns).
[429] Vgl. StAWt G-Rep. 102 Nr. 5550 (Zentgericht 1601, Montag nach Trium Regum).
[430] Mit Rügebräuchen sanktionierte die spätmittelalterliche und frühneuzeitliche Gesellschaft abweichendes Verhalten und moralische Vergehen. Rügepraktiken waren ein Instrument sozialer Kontrolle und dienten der Überwachung der Moral innerhalb der Gesellschaft. Vgl. auch HERING TORRES, Art. Charivari, Sp. 649 f.
[431] Zur Ritualisierung des Herausforderns aus dem Haus, vgl. das Kapitel III. 6.3 Der Schutz des Privaten: Das Herausfordern aus dem Haus.
[432] Vgl. FRANK: Dörfliche Gesellschaft und Kriminalität, S. 263.

3. Delikte im Untersuchungszeitraum

In einem anderen Fall waren Nutztiere das Objekt gewaltsamer Übergriffe. Schweine oder Hühner, die unbeaufsichtigt umherliefen, konnten beispielsweise in die Scheune oder den Garten eines Nachbarn eindringen und dort Schaden verursachen. Der Geschädigte richtete seine Wut dann gelegentlich gegen die Tiere und misshandelte diese sogar so sehr, dass sie starben. Das Vieh wurde geschlagen, getreten und manchmal auch zu Tode gehetzt.[433] Dieses Schicksal ereilte im Jahr 1606 die Hühner von Linhard Elblig aus Reicholzheim. Die Vögel waren, so berichtete der Rüger Hans Imhoff, in die nachbarliche Scheune von Linhard Lauer eingedrungen, woraufhin dieser mit einem großen Stein auf die Hühner einschlug. Dabei verendeten zwei der Tiere.[434] Die Schöffen verurteilten Lauer zu einer Geldstrafe, weil er die jungen Hühner erst gejagt und schließlich zwei davon erschlagen hatte.[435]

In den wenigsten Fälle enthalten die Rügeprotokolle hinsichtlich der Eigentumsdelikte genaue Angaben zum Zeitpunkt der Tat. Oftmals entstand etwa ein Diebstahlsvorwurf erst im Nachhinein und die Quellen enthalten dann keine näheren Erläuterungen zur Tat. Berücksichtigt man die wenigen Angaben, so ergibt sich für den gesamten Untersuchungszeitraum das folgende Bild:

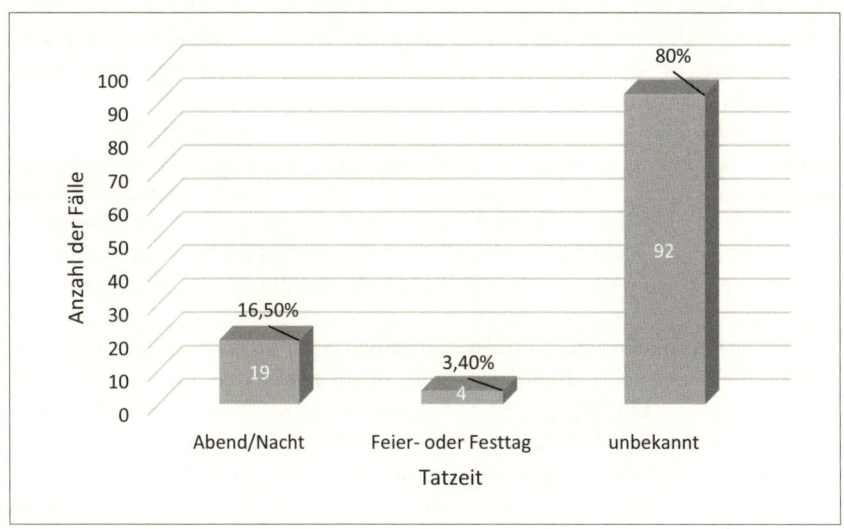

Diagramm 7: Tatzeiten der Eigentumsdelikte

Natürlich wurden in diesem Zusammenhang überwiegend Diebstähle am Abend beziehungsweise in der Nacht begangen, da der Schutz der Dunkelheit die Entdeckungsgefahr reduzierte. So beschuldigte die Ehefrau Georg Kerners aus Lindelbach 1603 die Gemahlin von Hans Uhl, dass diese in der Nacht Trauben gestohlen

---
[433] Vgl. ebd., S. 262.
[434] Vgl. StAWt G-Rep. 102 Nr. 539 („Linhard Elblig vs. Linhard Lauer").
[435] Vgl. StAWt G-Rep. 102 Nr. 5550 (Zentgericht 1606, Montag nach Martini).

und die Früchte zu ihrem Vater in den Keller getragen habe. Der Rüger Kilian Hauck war Zeuge des Vorwurfs geworden und rügte den Fall dann am Zentgericht.[436] Ob ein Diebstahl von Feld- und Gartenfrüchten bei Tag oder bei Nacht begangen wurde, konnte unterschiedlich geahndet werden. Auch die Carolina berücksichtigte hierbei die Umstände der Tat.[437] Interessanterweise versuchten die Dorfbewohner die Schwere ihres Vergehens abzumildern, indem sie in diese Richtung argumentierten. Andreas Burckenberg aus Reicholzheim gab 1603 zu Protokoll, dass er mit anderen Männern auf der Straße gestanden war, als der Pfarrer von Dörlesberg zu ihnen kam und Linhard Weber anklagte, unberechtigterweise ein Kornbündel vom Zehnthaufen genommen zu haben.[438] Der Beschuldigte stritt den Vorwurf keineswegs ab, erwiderte, dass er sich mit den Bündeln offenbar verzählt hätte und fügte dem noch hinzu: „es ist doch bei tag geschehen."[439] Der Pfarrer aber entgegnete ihm: „wan einer ein ding bey tag nimpt ist er Ehren so wol genomen, ops bei nacht."[440] Die Schöffen verurteilten Linhard Weber zu einer Geldstrafe, „weil er auß Irthumb und ohn ersichten [...] eine bürten korn vom zehend hauffen genomen"[441] hatte. In den Augen Webers wog der Vorwurf des Pfarrers offenbar nicht so schwer, denn das Korn hatte er ja nicht heimlich und im Schutz der Dunkelheit entwendet. In seinen Vorstellungen wäre damit sicherlich eine Art Heimtücke verbunden gewesen. Das Beispiel zeigt auch, dass die Dorfbewohner erstaunlich gut über obrigkeitliche Norm- und Gesetzgebung informiert waren.

Feier- oder Festtage konnten dazu genutzt werden, um beispielsweise einen Diebstahl zu begehen, wenn die Dorfbewohner aller Wahrscheinlichkeit nach nicht zuhause waren.[442] So beschuldigte beispielsweise Hans Reisig aus Lindelbach Hans Wolz aus Bettingen, ihm am Pfingstmarkttag des Jahres 1606 vier Zuber, also große Holzgefäße, gestohlen zu haben.[443] Das Zentgericht forderte Reisig dazu auf, seine Vorwürfe zu beweisen,[444] eine weitere Verhandlung fand allerdings nicht mehr statt.

Die Rügeprotokolle geben über die Tatmotive leider kaum Auskunft. Es finden sich beispielsweise keine Hinweise darüber, ob die Diebstähle aufgrund von Hungerleiden oder der Linderung von Not begangen wurden. Über Hans Ruel aus Bestenheid ist demnach nicht bekannt, ob dieser den Hasen gestohlen hatte, weil er am Existenzminimum leben musste. Bei den Tätern lässt sich auch nicht feststellen, ob Einzelpersonen in mehreren Fällen angeklagt wurden und Diebstähle begingen, weil sie sich anders nicht zu helfen wussten, um zu überleben. In Heiden war bei-

---

[436] Vgl. StAWt G-Rep. 102 Nr. 536 („Ehefrau Hans Uhl vs. Ehefrau Georg Kerner").
[437] Vgl. Carolina, Art. 167.
[438] Vgl. StAWt G-Rep. 102 Nr. 536 (Rüge von Andreas Burckenberg).
[439] Ebd.
[440] Ebd.
[441] StWAt G-Rep. 102 Nr. 5550 (Zentgericht 1603, Montag nach Laurenzi).
[442] Vgl. dazu auch FRANK: Dörfliche Gesellschaft und Kriminalität, S. 265.
[443] Vgl. StAWt G-Rep. 102 Nr. 539 („Hans Reisig vs. Hans Wolz").
[444] Vgl. StAWt G-Rep. 102 Nr. 5559 (Zentgericht 1606, Montag nach Laurenzi).

3. Delikte im Untersuchungszeitraum

spielsweise das Gesinde unter den Tätern auffallend oft vertreten und die Angehörigen der oberen Schichten begingen erwartungsgemäß selten Eigentumsdelikte.[445] Knechte und Mägde wurden in den Wertheimer Dörfern im Untersuchungszeitraum überhaupt nicht wegen Diebstahl, Betrug oder Sachbeschädigung angeklagt. Demgegenüber wurde unterschiedlichen Schultheißen siebenmal Betrug vorgeworfen, keiner der Amtsträger jedoch in den entsprechenden Fällen verurteilt.[446] Bei den meisten Auseinandersetzungen, in denen Frauen als geschädigte Partei auftraten, handelte es sich um Eigentumsdelikte.[447] In acht dieser Fälle erwies sich der Vorwurf als unberechtigt, beziehungsweise die Frauen konnten nicht nachweisen, dass die Angeklagten die ihnen vorgeworfenen Diebstähle tatsächlich begangen hatten. Vielleicht erhoben Frauen solche Anschuldigungen, ähnlich wie es bei den Hexereivorwürfen der Fall gewesen sein konnte[448], auch aufgrund schwelender Konflikte. Anders als Männer zeigten sie ihre Kritik der Öffentlichkeit dann nicht dadurch, dass sie beispielsweise Fenster einschlugen, sondern auf eine perfidere Art und Weise: Durch den Vorwurf eines Diebstahls.[449] Dieser konnte das Ansehen einer Person innerhalb der dörflichen Gesellschaft deutlich mindern. Wer als Dieb oder Betrüger in Verruf geriet, an dem hafteten solche Anschuldigungen zum Teil noch für eine lange Zeit, selbst wenn die Vorwürfe sich als unwahr herausstellten.

So wurde Linhard Beyer aus Höhefeld von Veit Ditmer 1589 als Kelchschmelzer beschimpft, der Zentschöffe Wilhelm Hörner hatte den Fall am Zentgericht gerügt.[450] Bereits ein Jahr zuvor musste sich Beyer mit dem Vorwurf auseinandersetzen, Kirchengut beschädigt und einen Kelch eingeschmolzen zu haben. Seine angebliche Tat soll allerdings schon einige Jahre zurückgelegen haben.[451] Damals wurden insgesamt neun Zeugen zu den Anschuldigungen befragt. Wilhelm Hörner gab beispielsweise zu Protokoll, dass der damalige Pfarrer gesagt habe: „Er wollte den kelch also nit anemen, er wer nit wie zuvor."[452] Claus Fink berichtete, dass der Beschuldigte vor etwa sechs Jahren im Wirtshaus auf die Frage, „ob man das silber auch vom goldt underscheiden und schmilzen köndte"[453], geantwortet habe, dass ihm der Versuch einmal misslungen sei. Als Schmied kannte sich Beyer

---

[445] Vgl. FRANK: Dörfliche Gesellschaft und Kriminalität, S. 267.
[446] Vgl. das Kapitel III. 5. Personen vor Gericht.
[447] Vgl. das Kapitel III. 5.5 Frauen vor Gericht.
[448] Vgl. RUMMEL, Walter: „So mögte auch eine darzu kommen, so mich belädiget." Zur sozialen Motivation und Nutzung von Hexereianklagen, in: Rita VOLTMER (Hg.): Hexenverfolgung und Herrschaftspraxis. Trierer Hexenprozesse. Quellen und Darstellungen, Bd. 7. Trier 2005, S. 205–228.
[449] Diebstahlsverleumdungen aufgrund von Misstrauen ermittelte Rainer Walz in lippischen Dörfern. Ein Übergewicht der Frauen stellte der Autor hierbei allerdings nicht fest. Vgl. WALZ: Schimpfende Weiber, S. 181 und S. 195.
[450] Vgl. StAWt G-Rep. 102 Nr. 6478 („Linhard Beyer vs. Veit Ditmer").
[451] Vgl. StAWt G-Rep. 102 Nr. 6473 („Linhard Beyer vs. Veit Ditmer").
[452] Ebd.
[453] Ebd.

mit dem Schmelzen von Metallen aus, ein Umstand, der ihn mit Sicherheit verdächtig machte. Der damalige „Gotteshausmeister" sagte schließlich aus, er habe den Kelch seinem Nachfolger Enders Dittmann überlassen, doch als er sein Amt nach dessen Tod wieder aufgenommen und nach dem Kirchengut gefragt habe, konnte ihm damals niemand eine Antwort darauf geben. Kurze Zeit später, so berichtete der Kirchendiener weiter, sei Linhard Beyer in sein Haus gekommen und habe den Kelch seiner Frau überlassen und als er ihn daraufhin in das Haus des Schultheißen gebracht habe, so sagte auch dieser, er könne den Kelch so nicht annehmen.[454] Letztendlich konnte Beyer die Tat nicht nachgewiesen werden[455], das Zentgericht verurteilte ihn aber zu einer Geldbuße, da er „den Kelch ettliche Zeit verhalten und [dies] nicht geoffenbart"[456] hatte. In Verruf geraten war er jedoch trotzdem, noch über ein Jahr später wurde er in einer Auseinandersetzung mit dem Vorwurf konfrontiert, ein Kelchschmelzer zu sein.[457]

Dass ein (unberechtigter) Diebstahlsvorwurf in den Augen der Dorfbewohner kein Kavaliersdelikt war, zeigt sich mitunter auch an den heftigen Reaktionen, die ein Beschuldigter in diesem Zusammenhang zeigen konnte. Dem jungen Hans Erbach aus Bestenheid wurde 1597 von Hans Rühls Ehefrau vorgeworfen, sich an den Kirschen des Ehepaars bedient zu haben.[458] Offenbar hatte der vermeintliche Übeltäter seine Leiter unter den Obstbaum gestellt, weshalb Rühls Frau ihn als Kirschdieb beschimpfte. Erbach verteidigte sich vehement und drohte seiner Kontrahentin: „wan du redst das ich dir under deyn kirschen seyn gewest oder meyn leyttern darunder hab getragen so leugstu als ein diebisch huren [...], ich schlag dich mitt dem beyel das du umb felst."[459] Die Schöffen forderten Rühls Gattin auf, ihre Vorwürfe am Zentgericht zu beweisen, vertagten den Fall und verhandelten diesen aber nicht mehr.[460]

Zusammenfassend lässt sich festhalten, dass für das Zentgericht und die Dorfbewohner Eigentumsdelikte keine Bagatellvergehen darstellten. Dies zeigt sowohl die Urteilspraxis der Schöffen als auch der Umgang mit entsprechenden Verstößen innerhalb der dörflichen Gesellschaft. Anklagen wurden wahrscheinlich auch dazu genutzt, um dem Ruf eines vermeintlichen Täters zu schaden. Diebstähle mussten im Untersuchungszeitraum nicht unbedingt aus Armut begangen werden. Aufgrund der oben beschriebenen Probleme sind den Ausführungen hier leider Grenzen gesetzt. Die Eigentumsdelikte hatten in den Jahren 1592 und 1604 eine Spitze erreicht, Teuerungen aufgrund schlechter Ernten und damit im Zusammenhang stehende Hungersnöte sind in Wertheim für die Zeit um 1600 nicht überliefert.[461]

---

[454] Ebd.
[455] Vgl. StAWt G-Rep. 102 Nr. 5550 (Zentgericht 1590, Montag nach Trium regum).
[456] Vgl. ebd.
[457] Vgl. StAWt G-Rep. 102 Nr. 6478 („Linhard Beyer vs. Veit Ditmer").
[458] Vgl. StAWt G-Rep. 102 Nr. 5539 („Hans Rühls Ehefrau vs. Hans Erbach Junior").
[459] Ebd.
[460] Vgl. StAWt G-Rep. 102 Nr. 5550 (Zentgericht 1597, Montag nach Laurenzi).
[461] Für das Frühjahr 1616 sind Fröste und Unwetter für die Grafschaft Wertheim sowie auch

3. Delikte im Untersuchungszeitraum

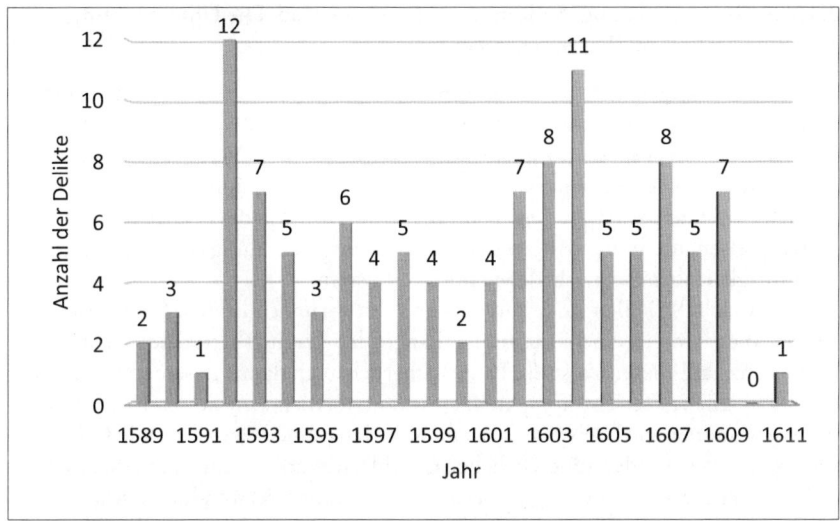

Diagramm 8: Gesamtzahl der Eigentumsdelikte im Untersuchungszeitraum

Der Anstieg der Eigentumsvergehen in diesem Zusammenhang ist deshalb eher unwahrscheinlich. Die Anzahl der Gesamtdelikte ist in diesem Zusammenhang jedoch auch zu gering, um hier verlässliche Aussagen zu treffen. Die begangenen Diebstähle sind eher somit zu begründen, dass Gelegenheit eben Diebe machte. Bot sich zufällig die Möglichkeit und fühlte man sich unbeobachtet, so griff man zu. Neid und andere latente Spannungen waren hierfür mit Sicherheit oftmals die Auslöser. Der Nachbar besaß vielleicht die größeren Birnen, ertragreichere Rüben, die volleren Reben oder mehr Ackerfläche, um Getreide zu ernten. Weil man den Mitmenschen diese Umstände mitunter missgönnte, versuchte man sich eben auf deren Kosten zu bereichern – auch mit dem Wissen, dass ein solches Vergehen kein geringfügiges war.

---

für benachbarte Territorien nachweisbar. In dieser Zeit forderten die Einwohner unterschiedlicher Ortschaften dann die Verfolgung vermeintlicher Hexen, die man für die schlechten Wetterverhältnisse verantwortlich machte. In der Walpurgisnacht, so lauteten unter anderem die Beschwerden, hätte der Teufel mit seinen Helferinnen für Frost gesorgt, um somit den Menschen zu schaden. Vgl. Meier: Hexenprozesse im Hochstift Würzburg, S. 41–57. Ob in diesem Zusammenhang beispielsweise auch Eigentumsdelikte zunahmen, kann aufgrund fehlender Studien leider nicht beantwortet werden.

3.4 Von Gotteslästerung, Sodomie und falschem Maß: Die Untersuchung von Einzelfällen am Wertheimer Zentgericht

Die Vergehen gegen Sitte und Moral, Religion und Kirche sowie Schankvergehen kamen im Untersuchungszeitraum nur vereinzelt vor und wurden äußerst selten am Zentgericht verhandelt. Zudem wurden einige wenige Vergehen aktenkundig, die sich nur sehr schwer einer bestimmten Deliktgruppe zuordnen lassen. Hierbei handelt es sich um Verstöße gegen obrigkeitliche Anordnungen, aber auch um Verhaltensweisen, die in den Augen der Dorfbewohner ahndungswürdig waren, von der Obrigkeit aber nicht schriftlich normiert waren.

Die Einzelfälle sollen in den folgenden Ausführungen in dem Sinn Beachtung finden, indem sie in einem zusammenhängenden Kapitel betrachtet werden. Die geringe Anzahl dieser Verstöße hängt sicherlich auch damit zusammen, dass hier unterschiedliche Gerichtskompetenzen verantwortlich sein konnten. Im Eid der Zentverwandten wird beispielsweise nicht verlangt, dass Vergehen wie Gotteslästerung, Ehebruch oder außerehelicher Geschlechtsverkehr am Zentgericht zu rügen sind. Hier ist lediglich von Notzucht und von der Verwendung eines falschen Maßes oder Gewichts die Rede.[462] Je nach Schwere der Tat konnten diese Vergehen mit Leib- und Lebensstrafen geahndet werden[463] und wurden aber dann nicht in den allgemeinen Verfahren des Zentgerichts verhandelt. Wie gingen die Schöffen also mit den entsprechenden Rügen um?

Mehr als andere Deliktgruppen stellt die Sittendelinquenz ein modernes Konstrukt der historischen Kriminalitätsforschung dar, um vergleichbare Analysen vorzunehmen. Einschlägige Vergehen beinhaltet bereits die Carolina[464], in der Frühen Neuzeit erscheinen sie meist als „fleischliche Verbrechen", also als sexuelle Devianz.[465] Erst in der ersten Hälfte des 19. Jahrhunderts wird in den Strafgesetzbüchern von Angriffen auf die Sittlichkeit gesprochen.[466] Verstöße gegen Sitte und Moral wurden in den Jahren von 1589 bis 1611 nur neunmal am Zentgericht zur Rüge gebracht. Die niedrige Anzahl darf aber keineswegs mit der Annahme verbunden werden, dass sexuelle Devianz in der Zeit um 1600 nur ein geringes Problem darstellte. Ganz im Gegenteil: 1607 schrieb der Wertheimer Graf, Ludwig III. von Löwenstein, einen Brief an den Pfarrer der Stadt, in dem er sich darüber beschwerte, dass „das laster ehebruchs hurerei und unzucht allzu gemein werde"[467]

---

[462] Vgl. StAWt G-Rep. 102 Nr. 57/1 Zentsachen: Eidesformel (Erinnerung und eydt so von den Underthanen so in der Cendt schwehren vorgehalten wirdt) bzw. das Kapitel III. 1. Der institutionelle Rahmen: Das Wertheimer Zentgericht.

[463] Vgl. Carolina, Art. 113 und 119.

[464] Vgl. Carolina, Art. 116–123.

[465] Vgl. dazu auch AMMERER, Gerhard/FRITZ, Gerhard/TAUCHEN, Jaromír (Hg.): Sexualität vor Gericht. Deviante geschlechtliche Praktiken und deren Verfolgung vom 14. bis zum 19. Jahrhundert. Wien 2019.

[466] Vgl. SCHWERHOFF, Gerd: Art. Sittendelikte, in: Enzyklopädie der Neuzeit, Bd. 12. Stuttgart 2010, Sp. 46–48.

[467] StAWt G-Rep. Nr. 57/1 Ordnung und Verordnungen in Kirchen- und Schulsachen.

3. Delikte im Untersuchungszeitraum

und er dem Pfarrer deshalb anordne, ihm die Namen der Übeltäter bekannt zu machen, damit sie nicht mit „gewöhnlichen praktigen [...], [sondern] mit schärpfung der straffen"[468] gerichtet werden können. Eine Konjunktur in der Verfolgung von Sittendelikten scheint es im späten 16. und im 17. Jahrhundert im Allgemeinen gegeben zu haben.[469] Sexualität sollte auf die Institution der Ehe[470] beschränkt sein und die Obrigkeiten bemühten sich um eine umfassende soziale Kontrolle der Eheanbahnung[471], in den protestantischen Herrschaftsgebieten stärker als in den katholischen.[472] Die christliche Sittenlehre und die darin enthaltenen Vorstellungen von Ehe, Sexualität und Familie waren grundlegender Bestandteil des herrschaftlichen Ordnungskonzeptes und in Wertheim unter anderem auch in den Policeyordnungen der Grafschaft festgelegt. Darin sind beispielsweise Abschnitte über Unzucht, Kuppelei oder heimliche Verlöbnisse enthalten und es werden Anweisungen gegeben, wie entsprechende Übertretungen zu behandeln seien.[473]

In vier Fällen handelte es sich bei den am Wertheimer Zentgericht angezeigten Vergehen gegen Sitte und Moral um den Vorwurf von Unzucht, in einem Fall um die Unterstellung, Balthasar Arnolds Frau aus Waldenhausen hätte ein uneheliches Kind geboren.[474] In allen Streitfragen vertagten die Schöffen das Urteil und verlangten entsprechende Beweise für die Anschuldigungen. Lediglich zweimal wurden die Verhandlungen wieder aufgegriffen und die Kontrahenten der vermeintlichen Täter wurden jeweils zu einer Geldstrafe verurteilt, weil sie ihre Unterstellungen nicht beweisen konnten. Thomas Schürger aus Waldenhausen erhielt sogar eine doppelte Buße, weil er nicht am Zentgericht erschienen war, um entsprechende Be-

---

[468] Ebd.
[469] Vgl. SCHWERHOFF: Art. Sittendelikte, Sp. 47.
[470] Zur Ehe als Basis häuslichen Wirtschaftens in der Frühen Neuzeit, vgl. exemplarisch BECK, Rainer: Frauen in der Krise. Ehe und Ehescheidung in der ländlichen Gesellschaft, in: Richard VAN DÜLMEN (Hg.): Dynamik der Tradition. Frankfurt am Main 1992, S. 137–212; FREITAG, Winfried: Haushalt und Familie in traditionellen Gesellschaften. Konzepte, Probleme und Perspektiven der Forschung, in: Geschichte und Gesellschaft 14 (1988), S. 5–37. Zur Thematik „Ehe und Sexualität" vgl. exemplarisch BECK: Illegitimität und voreheliche Sexualität auf dem Land; BURGHARTZ, Susanna: Rechte Jungfrauen oder unverschämte Töchter? Zur weiblichen Ehre im 16. Jahrhundert, in: Karin HAUSEN/Heide WUNDER (Hg.): Frauengeschichte – Geschlechtergeschichte (Geschichte und Geschlechter, Bd. 1). Frankfurt am Main u. a. 1992, S. 73–183.
[471] Vgl. für Wertheim die Verordnung von Graf Georg über Ehehandlungen aus dem Jahr 1530: SEHLIG, Emil: Die evangelischen Kirchenordnungen des XVI. Jahrhunderts, Bd. 11, Bayern, Teil 1: Franken. Markgrafschaft Brandenburg-Ansbach-Kulmbach, Reichsstädte Nürnberg, Rothenburg, Schweinfurt, Weissenburg, Windsheim, Grafschaften Castell, Rieneck und Wertheim, Herrschaft Thüngen. Tübingen 1961. Darin wird festgelegt, dass jede Ehe vor dem Pfarrer und im Beisein des Schultheißen sowie zweier Schöffen vertraglich abgesichert werden soll, zudem werden heimliche Ehehandlungen unter Strafe gestellt; vgl. S. 716f.
[472] Vgl. SCHWERHOFF: Art. Sittendelikte, Sp. 47.
[473] Vgl. StAWt G-Rep. 57/1 Ordnungen und Verordnungen Nr. 34 („Wucher, Ehegelübdt, Unzucht, Müßiggang, füllerei, spilen).
[474] Vgl. StAWt G-Rep. 102 Nr. 5550 (Zentgericht 1607, Montag nach Martini).

weise gegen Arnolds Frau vorzubringen und weil er die Ehre seiner Kontrahentin durch seine Aussage verletzt hatte.[475] Vom Vorwurf der Unzucht beziehungsweise des Ehebruchs waren besonders Frauen betroffen. In nur einem Fall aus dem Jahr 1597 wurde Hans Schmied aus Dertingen vorgeworfen, dass er die Nacht bei einer fremden Magd in Kembach verbracht hätte.[476] Die Schöffen vertagten den Fall und verlangten entsprechende Beweise vom Dienstherrn der Magd, der der Aufforderung jedoch nicht mehr nachkam.[477]

Zu den Sittendelikten zählte auch die Sodomie. In der Frühen Neuzeit handelte es sich hierbei um sämtliche sexuellen Handlungen, die nicht der (ehelichen) Fortpflanzung dienten und besonders um homosexuelle Liebesbeziehungen. Aber auch der Geschlechtsverkehr mit Tieren sowie Masturbation und Analverkehr wurden als Sodomie bezeichnet. Vor allem in ländlichen Regionen verfolgte man die sogenannte „Bestialität".[478] Auch in Wertheim gelangte im Untersuchungszeitraum im Jahr 1601 ein Fall von Sodomie ans Zentgericht. In diesem Zusammenhang wurde Georg Amendt aus Dietenhan beschuldigt, ein Schaf geschändet zu haben.[479] Für ein solches Vergehen, mit dem sich der Täter außerhalb der göttlichen und weltlichen Ordnung stellte, galt eigentlich die schärfste Strafandrohung.[480] Die Carolina sah hier, wie auch im Fall von Zauberei, den Tod durch Verbrennen vor.[481] Am Wertheimer Zentgericht landete der Fall, weil Linhard Reißer aus Dietenhan ihn dort zur Rüge gebracht hatte. Er berichtete, es sei wahr, dass Claus Dinkel Georg Amendt im Verlauf einer verbalen Auseinandersetzung „schaffsschänder"[482] genannt habe. Das Rügeprotokoll enthält keine Hinweise darauf, dass Georg Amendt Reißer beauftragt hätte, den Fall am Zentgericht zu rügen, um sich so – ähnlich wie man es bei Hexereianschuldigungen handhaben konnte – durch eine Injurienklage zu verteidigen. Die Schöffen gingen mit der Anschuldigung sehr pragmatisch um und regelten den Fall genauso, wie sie es auch in anderen Streitfragen taten: Claus Dinkel sollte beweisen, dass Georg Amendt „ein schaff geschändet"[483] habe, andernfalls erwartete ihn eine Geldbuße. Ziel und Zweck war auch hier die Wiederherstellung der Ehre der betroffenen Personen. In dieser Sache fand keine weitere Verhandlung statt, wie hätte Claus Dinkel solch ein Verbrechen auch nachweisen können?

Die übrigen Fälle, die unter die Sittendelikte subsumiert wurden, haben lediglich indirekt etwas mit sexueller Devianz zu tun, ließen sich anderen Deliktgrup-

---

[475] Vgl. StAWt G-Rep. 102 Nr. 5550 (Zentgericht, 1608, Montag nach Trium Regum).
[476] Vgl. StAWt G-Rep. 102 Nr. 5539 (Rüge von Hans Gotzelmann und Enders Fiderling).
[477] Vgl. StAWt G-Rep. 102 Nr. 5550 (Zentgericht 1597, Montag nach Laurenzi).
[478] Vgl. Schwerhoff: Art. Sittendelikte, Sp. 48.
[479] Vgl. StAWt G-Rep. 102 Nr. 534 („Claus Dinkel vs. Georg Amendt").
[480] Vgl. SCHWERHOFF: Art. Sittendelikte, Sp. 48.
[481] Vgl. Carolina, Art. 116.
[482] StAWt G-Rep. 102 Nr. 534 („Claus Dinkel vs. Georg Amendt").
[483] StAWt G-Rep. 102 Nr. 5550 (Zentgericht 1601, Montag nach Martini).

3. Delikte im Untersuchungszeitraum

pen jedoch noch schwieriger zuordnen.[484] 1596 wurde beispielsweise die Frau von Debes Löhr aus Bestenheid zu einer Geldbuße verurteilt, weil sie gesagt hatte, dass sie sich ein Licht in ihr Gesäß stecken werde und es abbrennen lassen wolle.[485] Im Zusammenhang mit dem Hexensabbat gab es in der damaligen Zeit die Vorstellung, dass der Hexentanz mit einem Licht, das man sich in den genannten Körperteil steckte, beleuchtet wurde.[486] Ob hier jedoch tatsächlich auf die Teilnahme am Tanz angespielt wurde, ist eher unwahrscheinlich. Warum hätte sich Debes Löhrs Ehefrau selbst einem Hexereiverdacht aussetzen sollen? In einer anderen Streitfrage wurde Georg Rebholz aus Dertingen 1607 vom Zentgericht belangt, da er seine Blase während einer Auseinandersetzung im Wirtshaus am Bein von Steffen Heußler entleert hatte. Der Übeltäter wurde vom Zentgericht mit einer Geldstrafe belangt.[487]

Fälle, in denen Frauen beispielsweise die Einhaltung eines Eheversprechens einforderten, da sie aufgrund von vorehelichem Geschlechtsverkehr schwanger geworden waren, verhandelte das Zentgericht im Untersuchungszeitraum nicht. Im nordeuropäischen Raum war in den Augen der ländlichen Gesellschaft vielfach nicht die kirchliche Trauung, sondern ein Verlöbnis die entscheidende gesellschaftliche Legitimation zur Zeugung von Nachwuchs. Wenn sich die Partner die Ehe versprochen hatten, so sah man kein Hindernis mehr für die Aufnahme sexueller Kontakte.[488] Frauen klagten in diesem Zusammenhang häufig, um zu erreichen, dass entweder ein Eheversprechen eingelöst oder eine Entschädigung geleistet werden sollte. Der Gang vor Gericht konnte zwar eine materielle Belastung in Form einer Geldstrafe darstellen, bot der Betroffenen aber auch die Möglichkeit, ihre Ehre zu schützen.[489] Solche Streitfälle wurden im Untersuchungszeitraum vornehmlich von der Wertheimer Kanzlei verhandelt. Auch über Unzuchtsvergehen und Vergewaltigungen urteilte die Kanzlei nachweislich vom Beginn des 16. bis zum Ende des 18. Jahrhunderts.[490]

Äußerst selten, nämlich lediglich sechsmal, wurden am Zentgericht auch Vergehen gegen Kirche und Religion zur Rüge gebracht. In diesen Fällen ging es um Gotteslästerung und Flüche sowie um Wahrsagerei beziehungsweise um die Anwendung magischer Praktiken. Gotteslästerung definierten Theologen und Juristen seit dem 13. Jahrhundert als Beleidigung Gottes und nach allgemeiner Auffassung reagierte der Allmächtige ganz ähnlich wie ein in seiner Ehre verletzter Mensch. Als Reaktion auf Blasphemie drohte göttlicher Zorn, der sowohl den Ein-

---

[484] Vgl. das Kapitel III. 2. Deliktkategorisierung und Deliktkontexte. Die Problematik bezüglich der Deliktkategorisierung wurde in der vorliegenden Arbeit bereits angesprochen.
[485] Vgl. StAWt G-Rep. 102 Nr. 5550 (Zentgericht 1596, Montag nach Martini).
[486] Vgl. WALZ: Agonale Kommunikation, S. 230.
[487] Vgl. StAWt G-Rep. 102 Nr. 5550 (Zentgericht 1607, Montag nach Philippi).
[488] Vgl. MITTERAUER: Ledige Mütter, S. 55.
[489] Vgl. FRANK: Dörfliche Gesellschaft und Kriminalität, S. 328.
[490] Vgl. StAWt G-Rep. 102 Kanzlei (Consistorialia).

zeltäter als auch eine Gemeinschaft treffen konnte, die das frevelhafte Verhalten duldete.[491] Nicht alle Arten von Religionsvergehen waren ursächlich mit der konfessionellen Lage im 16. Jahrhundert verknüpft und Gesetze gegen Blasphemie finden sich seit dem 15. Jahrhundert in fast allen städtischen oder territorialen Polizeiordnungen und waren ab 1495 Bestandteil der Reichsgesetzgebung.[492] Auch in Wertheim enthalten unterschiedliche Verordnungen Bestimmungen, die Vergehen wie Gotteslästerung oder Schwüre auf den Namen Gottes verurteilten und laut Polizeiordnung „am gute und leibe gestrafft werden"[493] konnten. Dass sich die Polizeiordnung im Zusammenhang mit Blasphemie inhaltlich auch auf Alkoholkonsum bezieht, ist wahrscheinlich der Tatsache geschuldet, dass entsprechende Übertretungen häufig in angetrunkenem Zustand begangen wurden. So berichtete Linhard Löffler aus Dertingen im Jahr 1600, dass etliche Männer dort im Wirtshaus zusammen getrunken und das Lied „eyn feste burgk"[494] angestimmt hatten.[495] Endres Heym aus Urphar entehrte den Namen Gottes dabei, da er „ein feste wurscht ist unser gott"[496] gesungen hatte. Die Anwesenden tadelten daraufhin ihren Zechkumpanen und weil Enders Heym die Gotteslästerei nicht beendete, griff ihn Michel Schwall aus Wertheim mit den Fäusten an und Heym zog sich dabei eine blutende Wunde am Kopf zu. Hans Eckart aus Dertingen stieß den Übeltäter zudem aus dem Wirtshaus hinaus, dieser landete mit dem Kopf auf einem Sack und blieb dort liegen, „alß wen er dohtt wer"[497]. Das Zentgericht verurteilte die drei Kontrahenten aufgrund ihrer gewaltsamen Auseinandersetzung jeweils zu einer Geldstrafe und Enders Heym wurde zusätzlich mit einer Gerichtsbuße belangt, weil er den Namen Gottes verspottet hatte.[498] Straftaten wie Blasphemie wurden häufig im Zusammenhang mit anderen Delikten begangen und die Verurteilung aufgrund bloßer Gotteslästerung kam nur selten vor. In Köln waren beispielsweise

---

[491] Vgl. SCHWERHOFF, Gerd: Art. Gotteslästerung, in: Enzyklopädie der Neuzeit, Bd. 2. Stuttgart 2005, Sp. 1053; DERS.: Blasphemare, Dehonestare et maledicere deum. Über die Verletzung der göttlichen Ehre im Spätmittelalter, in: Klaus SCHREINER/DERS. (Hg.): Verletzte Ehre. Ehrkonflikte in Gesellschaften des Mittelalters und der frühen Neuzeit. Köln u. a. 1995, S. 268 f.
[492] Vgl. SCHWERHOFF: Köln im Kreuzverhör, S. 246.
[493] Vgl. StAWt G-Rep. 57/1 Ordnung und Verordnungen Nr. 36 „Sauffen und Gotteslesterungen"). Die Verordnung stammt aus dem 16. Jahrhundert aus der Amtszeit Graf Michaels.
[494] Gemeint ist hier das Kirchenlied „Ein feste Burg ist unser Gott", das von Luther verfasst und komponiert wurde und die Vertonung des 46. Psalms darstellt. Die Äußerungen Endres Heyms stellten demnach nicht nur eine Verballhornung des Liedtextes von Luther, sondern gleichzeitig auch die Entehrung des Wort Gottes dar. Zum Stellenwert der Kirchenmusik in der frühneuzeitlichen Grafschaft sowie zu deren Funktion und Bedeutung vgl. KLEINEHAGENBROCK, Frank: Kirchenmusik in der frühneuzeitlichen Grafschaft Wertheim, S. 81–100.
[495] Vgl. StAWt G-Rep. 102 Nr. 533 (Rüge Linhard Löfflers).
[496] Ebd.
[497] Ebd.
[498] Vgl. StAWt G-Rep. 102 Nr. 5550 (1601, Montag nach Trium Regum).

in den meisten Fällen Gewalt und Ehebruch die Ursachen für eine Bestrafung, das Fluchen gegen Gottes Namen oder die Sakramente allein taucht in den Quellen nur vereinzelt als eigenständiger Tatbestand auf.[499] In einem weiteren Fall aus Bettingen wurde Philipp Flöß auch im Zusammenhang mit einer gewaltsamen Konfrontation zu einer Geldbuße verurteilt, weil er „ursach zu solchem hader gegeben [...] und Gottes namen schwerlich gelestert und geschendet"[500] hatte. Lediglich einmal wurde im Untersuchungszeitraum ein Täter aufgrund „seines fluchen und gotteslestern"[501] verurteilt, ohne dass das Delikt im Zusammenhang mit einem anderen Vergehen begangen worden war. Blasphemische Äußerungen wie Flüche oder Schwüre konnten wichtige Bestandteile in Konfliktsituationen darstellen, um die Macht und Furchtlosigkeit eines Kontrahenten zu demonstrieren. Gotteslästerung galt als eine deutlich männliche Verhaltensweise, und die Menschen bezogen den Schöpfer oft ganz selbstverständlich in ihre Ehrenhändel mit ein und nur in wenigen Fällen können blasphemische Äußerungen als Beleg für den Unglauben des Sprechers gewertet werden. Die meisten Täter kamen daher mit einer Geldbuße davon, mit denen auch die „regulären" Injurien geahndet wurden.[502]

Der Glaube an abergläubische Praktiken, wie Wahrsagerei, die Anwendung von Segenssprüchen oder die Beschwörung des Teufels, war in der frühneuzeitlichen Bevölkerung weit verbreitet.[503] Ähnlich wie volkstümliche Vorstellungen von Magie blieben diese für lange Zeit im Gedächtnis der Menschen verankert. Selbst die radikale Aufklärung hatte Mühe, den „angstverkrampften Volksglauben und die dämonologische Theorie in befreiendes Gelächter aufzulösen"[504]. Umso überraschender erscheint es, dass ein solcher Fall lediglich einmal im Untersuchungszeitraum vorkam – abgesehen von den Vorwürfen wegen Hexerei oder Zauberei.[505] Im Jahr 1600 brachten Claus Friedrich und Christoph Gotzelmann zur Rüge, dass sich Michael Horn, Jakob Klein und Hans Gotzelmann im Wirtshaus in Dietenhan über die Verwendung einer Art Schutzamulett gegen den Teufel unterhalten hatten.[506] Michael Horn berichtete in dem Gespräch, dass er vor kurzem offenbar ein gutes Geschäft mit Fuhrleuten getätigt hatte, woraufhin ihm Hans Gotzelmann zu bedenken gab: „was wers wen du alles hast und wers darnach des Teuffels was hülfs es dich."[507] Jakob Klein beteuerte anschließend, dass er Michael Horn vom Teufel erlöst hätte, weil er ihm einen Taler gegeben hatte, der den Besitzer beschützen

---

[499] Vgl. SCHWERHOFF: Köln im Kreuzverhör, S. 247.
[500] StAWt G-Rep. 102 Nr. 5550 (Zentgericht 1598, Montag nach Martini).
[501] StAWt G-Rep. 102 Nr. 5550 (Zentgericht 1607, Montag nach Martini).
[502] Vgl. SCHWERHOFF: Art. Gotteslästerung, Sp. 1054 f.
[503] Zu Hexerei- und Zaubereivorstellungen vgl. beispielsweise SCHILD, Wolfgang: Die Maleficia der Hexenleut. (Schriftenreihe des Mittelalterlichen Kriminalmuseums Rothenburg ob der Tauber, Bd. I). Rothenburg ob der Tauber 1997, S. 9–44.
[504] BEHRINGER: Hexen und Hexenprozesse in Deutschland, S. 407.
[505] Vgl. Kapitel III. 3.2. „Du liegst wie ein dieb und schelm": Ehrverletzungen am Zentgericht.
[506] Vgl. StAWt G-Rep. 102 Nr. 533 (Rüge von Claus Friedrich und Christoph Gotzelmann).
[507] Ebd.

sollte.[508] Die Schöffen am Zentgericht verurteilten die drei Männer zu einer Geldbuße: „Hans Gotzelmann von didenhan, Jacob Klein und Michael Horn sollen ein ieder sein unverkorene wort und nichtswerdigen strit wegen des königsthaler bößen verheissung und andern gehabe ein ieder mit einer gerichtsbuß verbüssen."[509]

Verstöße gegen das dritte Gebot, die vornehmlich im Zusammenhang mit der Sonntagsentheiligung standen[510], wurden am Zentgericht in der Zeit um 1600 kein einziges Mal zur Rüge gebracht. In Heiden beispielsweise stellten diese aber den Großteil der Vergehen gegen Kirche und Religion dar und die Dorfbewohner gingen dort lieber ihrer Arbeit nach, trieben Handel oder verrichteten Garten- und Feldarbeit, anstatt Feiertage zu heiligen.[511] Durch Eid waren die Wertheimer Untertanen nicht verpflichtet, derartige Verfehlungen vor das Zentgericht zu bringen. Es ist davon auszugehen, dass andere Gerichte der Grafschaft, mit Sicherheit vornehmlich das Konsistorium, sich mit den entsprechenden Vergehen beschäftigten. Die Unterschiede zwischen Heiden und Wertheim heben aber hervor, wie sehr Kriminalität und Kriminalisierung auch von der jeweiligen Gerichtsverfassung abhängig gewesen sind.

Eine dritte Deliktart, die nur einen äußerst geringen Anteil der Verbrechen im Untersuchungszeitraum ausmachte, sind die Schankvergehen. Obwohl die Verwendung eines falschen Maßes dezidiert zu den zu rügenden Vergehen zählte[512], wurden lediglich zwei Fälle aktenkundig. 1605 rügte Michel Friedel, dass er zusammen mit seinem Gesellen in Reicholzheim eine Kanne Wein geordert hatte und sie feststellen mussten, dass diese kleiner als die anderen ausgeschenkten Krüge gewesen war. Erst als sie das Maß und die Größe der unterschiedlichen Gefäße miteinander verglichen, erhielten sie laut Aussage Friedels von Claus Schreiner eine größere Kanne.[513] Die Schöffen vertagten den Fall vorerst[514] und verwiesen ihn schließlich an die Herrschaft.[515] Der andere Fall trug sich 1608 in Dietenhan, in der Heckenwirtschaft von Matthias Oberdorf, zu.[516] Enders Oberdorf war dort zu Gast gewesen und beschwerte sich, dass „der wirdt Im die kanden nicht vol [ge]geben"[517] habe. Als die anderen Gasthausbesucher auf die Anschuldigungen nicht reagierten, sprach Enders Oberdorf den anwesenden Schultheißen aus Dietenhan

---

[508] Vgl. ebd.
[509] StAWt G-Rep. 102 Nr. 5550 (Zentgericht 1601, Montag nach Trium Regum).
[510] Alle Sonntage zählten laut Wertheimer Kirchenordnung zu den Feiertagen; an diesen wurde stets die Messe gehalten. Vgl. SEHLING: Die evangelischen Kirchenordnungen des XVI. Jahrhunderts, S. 713 und S. 716.
[511] Vgl. FRANK: Dörfliche Gesellschaft und Kriminalität, S. 296 und 299.
[512] Vgl. das Kapitel III. 1.5.1 Der Zuständigkeitsbereich der Wertheimer Zent: Welche Delikte kommen vor das Zentgericht?
[513] Vgl. StAWt G-Rep. 102 Nr. 538 (Rüge von Michel Friedel).
[514] Vgl. StAWt G-Rep. 102 Nr. 5550 (Zentgericht 1605, Montag nach Philippi).
[515] Vgl. ebd. (Zentgericht 1605, Montag nach Laurenzi).
[516] Vgl. StAWt G-Rep. 57/1 Zentsachen Nr. 16 („Matthias Oberdorf vs. Enders Oberdorf").
[517] Ebd.

3. Delikte im Untersuchungszeitraum

an und sagte: „du sitzt darbey und leitts daß der wirt ungerechte maß uf setzt."[518] Der Angesprochene leerte den Weinkrug daraufhin aus, gab ihn dem anwesenden Linhard Keyser zur Verwahrung und versicherte Enders Oberdorf, das Gefäß eichen zu lassen. Dieser bestand darauf, dass die Kontrollmessung in Dertingen vorgenommen werden sollte, was schließlich auch geschah. Die Behauptung Enders Oberdorfs stellte sich als falsch heraus.[519] Das Zentgericht verwies den Fall an die Herrschaft, da Enders Oberdorf den Wirt unberechtigterweise bezichtigt hatte, ein falsches Maß zu verwenden.[520] In den beiden Fällen reagierten die Schöffen, wie sie es bei schwierigeren Streitfragen stets im Untersuchungszeitraum taten: Sie leiteten die Angelegenheit an den Grafen weiter. Die Verwendung eines falschen Maßes sollte laut Carolina unter der Voraussetzung bestimmter Umstände hart bestraft werden. Das Urteilsspektrum konnte von Leibesstrafen, über Landesverweisung bis hin zum Tod durch Rädern reichen.[521] Da diese Urteilspraxis in den allgemeinen Verfahren nicht üblich war, führte das Zentgericht die Fälle einer anderen Gerichtsinstanz zu.

Zuletzt soll in den folgenden Ausführungen noch auf die Verstöße eingegangen werden, die sich den übrigen Deliktgruppierungen nicht eindeutig zuordnen lassen. Es handelte sich hierbei um insgesamt neun Fälle, die in Bezug auf die Gesamtdelinquenz einen Prozentsatz von 1,1 % ausmachen. Die einzelnen Vergehen waren bezüglich der Verhaltensweisen insgesamt doch recht unterschiedlich. Einerseits tangierten sie in einem gewissen Maß obrigkeitliche Normvorstellungen, andererseits handelte es sich um Verstöße, die die Dorfbewohner nicht tolerieren wollten und für die es im eigentlichen Sinne keine normative Gesetzesgrundlage gab. Deshalb soll bei der Behandlung dieser Verstöße nicht nur der Frage nachgegangen werden, welche Verhaltensformen diese Deliktgruppe im Einzelnen charakterisierten, sondern es interessiert außerdem, ob in diesem Zusammenhang Reibungspunkte zwischen Obrigkeit und Untertanen auszumachen sind.

In sechs Fällen hatte das Wertheimer Zentgericht mit der Beeinflussung von Zeugenaussagen zu tun, beziehungsweise mit Vorfällen, in denen versucht wurde, Berichte der Rüger zu manipulieren. Im Jahr 1603 versuchte Christoph Gotzelmann aus Dietenhan, Claus Dinkel dazu zu drängen zu bezeugen, dass Linhard Keyser ihm [Gotzelmann] Korndiebstahl vorgeworfen habe.[522] Laut Aussage Dinkels hatte Gotzelmann den Schultheißen gebeten, ihn eidlich zu einer Aussage gegen Linhard Keyser zu verpflichten. Dies verweigerte der Rüger jedoch: „darüber er [Gotzelmann] [...] den schudesen gebetten er soll mich [Dinkel] mit eides pflichten ahn nehmen, das ichs sage, welches ich mich geweigert."[523] Christoph Gotzelmann wurde aufgrund seines Versuchs, eine Zeugenaussage von Dinkel zu erhalten, vom

---

[518] Ebd.
[519] Vgl. ebd.
[520] Vgl. StAWt G-Rep. 102 Nr. 5550 (Zentgericht am 8. Mai 1609).
[521] Vgl. Carolina, Art. 113.
[522] Vgl. StAWt G-Rep. 102 Nr. 536 („Christoph Gotzelmann vs. Linhard Keyser").
[523] Ebd.

Zentgericht zu einer Geldstrafe verurteilt.[524] In einer anderen Auseinandersetzung aus dem Jahr 1599 versuchte eine der involvierten Parteien ebenso, die Aussagen des Rügers zu beeinflussen.[525] Wendel Strauß aus Dertingen, der Zeuge der Konfrontation geworden war, während er „am Tor gehütet hatte"[526], berichtete hierzu folgendes: Hans Seuberts Ehefrau hatte die Gattin von Caspar Rühl auf offener Straße als diebische Hure beschimpft. Kurze Zeit später sei die Gescholtene zu Strauß gekommen und habe ihn aufgefordert, sich den Vorfall zu merken und anzuzeigen. Der Hüter erwiderte daraufhin, dass ihn die Streitereien der beiden Frauen nichts angingen. Die Reaktion Strauß' missfiel Rühls Ehefrau, denn sie drohte ihm damit, zum Schultheißen zu gehen und sich über ihn zu beschweren.[527] Wendel Strauß hingegen blieb von der Ehefrau unbeeindruckt, er wollte sich offenbar keine Vorschriften machen lassen. Das Zentgericht verurteilte Rühls Ehefrau zu einer Gerichtsbuße, weil sie „dem rüger vorschreiben woll[te] was er vorbringen und reden [habe] solle[n]"[528]. Dass die Gattin Claus Rühls den Vorfall am Zentgericht zur Rüge gebracht haben wollte, ist sicherlich verständlich. Die Ehefrau Hans Seuberts hatte die Ehre der Geschmähten durch ihre Scheltworte eindeutig verletzt und die Geschädigte musste ihr Ansehen daher verteidigen. Dass Jemand, der in seiner Ehre verletzt worden war, eine dritte Person damit beauftragte, die Beleidigung zu rügen, war im Zusammenhang mit den Ehrendelikten kein unübliches Vorgehen. Sogar der Vater von Rühls Frau suchte Wendel Strauß auf und bat ihn, den Vorfall am Zentgericht anzuzeigen.[529] Umso erstaunlicher ist es, dass der Hüter sich weigerte, die Forderungen von Tochter und Vater zu erfüllen. Wahrscheinlich fühlte er sich in seiner Autorität als Rüger angegriffen, da andere ihm Vorschriften machen wollten. Mit Sicherheit rügte Wendel Strauß den Vorfall aus diesem Grund am Zentgericht, und nicht, um die Ehre der Geschädigten wiederherzustellen. Das Urteil der Schöffen zeigt, dass auch das Zentgericht das Vorgehen von Claus Rühls Frau nicht akzeptierte.

In einem weiteren Fall, der dieser Deliktgruppe zuzuordnen ist, wurde Konrad Walken aus Dertingen zu einer Geldbuße verurteilt, weil er 1593 einem Mordgeschrei auf der Straße nicht nachgegangen war.[530] 1607 belangten die Schöffen Georg Götz aus Bestenheid, weil er im Zuge einer Schlägerei „nit hatt wollen fried helffen machen"[531]. Alle hier beschriebenen Fälle wurden am Zentgericht zur Rüge gebracht, weil sich die Täter in den Augen der Dorfbewohner falsch verhalten hatten. Keines der in diesem Zusammenhang begangenen Vergehen stellte ein Delikt dar,

---

[524] Vgl. StAWtG-Rep. 102 Nr. 5550 (Zentgericht 1603, Montag nach Philippi).
[525] Vgl. StAWt G-Rep. 102 Nr. 5540 („Hans Seuberts Ehefrau vs. Caspar Rühls Ehefrau").
[526] Zur Funktion und zur Ausübung von Wachaufgaben vgl. das Kapitel III. 7.1 Von „Hütern" und „Wächtern" in den Grafschaftsdörfern.
[527] Vgl. StAWt G-Rep. 102 Nr. 5540 („Hans Seuberts Ehefrau vs. Caspar Rühls Ehefrau").
[528] StAWt G-Rep. 102 Nr. 5550 (Zentgericht 1599, Montag nach Martini).
[529] Vgl. StAWt G-Rep. 102 Nr. 5540 („Hans Seuberts Ehefrau vs. Caspar Rühls Ehefrau").
[530] Vgl. StAWt G-Rep. 102 Nr. 5550 (Zentgericht 1593, Montag nach Walpurgis).
[531] StAWt G-Rep. 102 Nr. 5550 (Zentgericht 1607, Montag nach Martini).

3. Delikte im Untersuchungszeitraum

das zur Anzeige am Zentgericht verpflichtet hätte. Besonders die letzten beiden Fälle enthalten Verhaltensweisen, die im Zusammenhang mit informellen Wert- und Normvorstellungen der dörflichen Bevölkerung zu sehen sind.[532] Dass jemand einem Mordgeschrei nicht folgte, um einer in Not geratenen Person, die eventuell benötigte Hilfe zu leisten, oder dass man den Versuch verweigerte, eine gewaltsame Auseinandersetzung zu deeskalieren, war für die Dorfbewohner offensichtlich nicht tolerierbar und diese Handlungen stellten für sie Verfehlungen dar, die es zu ahnden galt. Das Zentgericht reagierte hier auf den Verfolgungswillen der Untertanen. Es hätte die Fälle jedoch auch abweisen können. Das kam im Untersuchungszeitraum durchaus vor. Dies geschah unter anderem im Jahr 1593 und betraf eine Rüge, in der Claus Reisig aus Lindelbach beschuldigt wurde, mit seinen Kindern Birnen gestohlen zu haben.[533] In diesem Fall verhängten die Schöffen kein Urteil, es wurde lediglich vermerkt, dass die Rüge Claus Reisig betreffe, jedoch abgewiesen und an der Zent nicht angenommen worden war.[534] Leider sind den Quellen hier keine Hinweise darauf zu entnehmen, warum die Sache nicht verhandelt wurde. Es ging dabei um Diebstahl, also um ein zu rügendes Delikt, und laut Rügeprotokoll hatten zwei Zeugen, Georg Wiehl und Linhard Flegler, die Familie beim Pflücken der Birnen beobachtet.[535] Dies zeigt einerseits, dass Rechtsnorm und Rechtspraxis auch im Fall des Wertheimer Zentgerichts voneinander abweichen konnten; andererseits beweist es – und das ist mit Sicherheit der interessantere Umstand, dass das Zentgericht die dörflichen Wert- und Normvorstellungen widerspiegelte, indem es die oben beschriebenen Fälle annahm und aburteilte.

Wie lassen sich die unterschiedlichen Vergehen nun auf einen Nenner bringen? Die Beeinflussung von Zeugenaussagen oder von Berichten der Rüger waren Verstöße, die nicht nur einer Streitpartei schaden konnten, sondern auch nicht im Interesse der Herrschaft lagen. Personen, die am Zentgericht als Zeugen oder Kundschafter auftraten, waren eidlich dazu verpflichtet, die Wahrheit zu sagen. Sie waren angehalten, die „lauter grundlichen warheit [zu] sagen [und durch ihre Aussagen] keinem Theil weder zur lieb oder leidt, weder umb gunst, neid oder haaß"[536] zu schaden oder zu helfen. Demnach widersetzten sich die Täter in diesem Zusammenhang auch obrigkeitlichen Anweisungen. In der Regel machten diese Verbrechen eher geringe Anteile an der Gesamtdelinquenz eines Untersuchungsbeispiels aus. Wolfgang Behringer stellte für Kurbayern beispielsweise in der ersten Hälfte des 17. Jahrhunderts lediglich eine Zahl von 6 % fest[537], Michael Frank ermittelte für

---

[532] Vgl. dazu das Kapitel III. 6. Die Ritualisierung von Konflikten: Spielregeln innerhalb der dörflichen Gesellschaft.
[533] Vgl. StAWt G-Rep. 102 Nr. 6471 (Rüge Georg Wiehls).
[534] Vgl. ebd.
[535] Vgl. ebd.
[536] StAWt G-Rep. 102 Nr. 5550 (Form der Erinnerung des Eydes zu Kundtschafft und Zeugniß).
[537] Vgl. BEHRINGER: Mörder, Diebe, Ehebrecher, S. 99 und 110.

Heiden ebenfalls einen kleinen Wert (4 %).[538] Ordnet man falsche Zeugenaussagen und den Versuch, Berichte der Rüger zu manipulieren, den Verstößen gegen obrigkeitliche Anweisungen zu, so ergibt sich für das Wertheimer Beispiel lediglich ein Prozentsatz von 0,7 %. Die niedrigen Zahlen bestätigen hierbei den Eindruck, dass den Untertanen offensichtlich nicht daran gelegen war, die Norm- und Gesetzgebung der Herrschaft zu unterminieren. Abgesehen davon, widersprach es auch der dörflichen Vorstellung, sich wie im Fall von Wendel Strauß dahingehend einzumischen, dass man Personen wie dem Hüter Vorschriften hinsichtlich der Erfüllung seiner Aufgaben zu machen hatte. Dies stand eher Funktionsträgern wie dem Schultheißen zu, aber nicht den einfachen Dorfbewohnern. Die Analysen der in diesem Kapitel zuletzt durchgeführten Einzelfälle zeigt, dass Wert- und Normvorstellungen der Obrigkeit sich mit denen der Untertanen ergänzen konnten und sich nicht unbedingt konträr gegenüberstehen mussten.[539] Die Aburteilung von Fällen, die in den Augen der ländlichen Gesellschaft als Übertretungen gegen deren Wert- und Normvorstellungen angesehen wurden, beweist einerseits, dass das Zentgericht die Anliegen der Untertanen ernst nahm und andererseits, dass die Institution Zent in der Zeit um 1600 durch die dörfliche Bevölkerung Legitimierung erfuhr.

3.5 Zusammenfassung

Die Untersuchung der Vergehen erfolgte bisher im Rahmen einzelner Deliktgruppen. Natürlich interessiert auch die Frage, welche Aussagen in der Zusammenschau gemacht werden können. In den folgenden Ausführungen sollen vornehmlich Gewalt-, Ehren- und Eigentumsdelikte Beachtung finden. Die geringe Anzahl der übrigen Vergehen lässt es nicht zu, Angaben über Entwicklungsmuster, gleich welcher Art, zu machen.

Betrachtet man die zur Rüge gebrachten Verstöße aller im Zentgerichtsbezirk liegenden Ortschaften, so war die Kriminalitätsrate in den Jahren von 1604 bis 1608 angestiegen.

---

[538] Vgl. FRANK: Dörfliche Gesellschaft und Kriminalität, S. 289.
[539] Diese Feststellung trifft nicht nur auf das Wertheimer Beispiel zu: Die Ordnungsvorstellungen der Territorialherren und der bäuerlichen (und städtischen) Gemeinden mussten grundsätzlich nicht von Gegensätzen geprägt sein. So wird in der Forschung auf die Tatsache verwiesen, dass die Sicherung von Herrschaftsakzeptanz auf einem „Aushandlungsprozess" zwischen Herrschern und Beherrschten basierte und dass dies stets neu definiert und den Gegebenheiten angepasst werden musste. Vgl. exemplarisch HIRBODIAN, Sigrid: Recht und Ordnung im Dorf. Zur Bedeutung von Weistümern und Dorfordnungen in Spätmittelalter und Frühneuzeit, in: Kurt ANDERMANN/Oliver AUGE: Dorf und Gemeinde. Grundstrukturen der ländlichen Gesellschaft in Spätmittelalter und Frühneuzeit (Kraichtaler Kolloquien 8). Epfendorf 2012, S. 45–63, hier besonders S. 63; BRAKENSIEK, Stefan: Herrschaftsvermittlung im alten Europa. Praktiken lokaler Justiz. Politik und Verwaltung im internationalen Vergleich, in: DERS./Heide WUNDER (Hg.): Ergebene Diener ihrer Herren? Herrschaftsvermittlung im alten Europa. Köln u. a. 2005, S. 1–21.

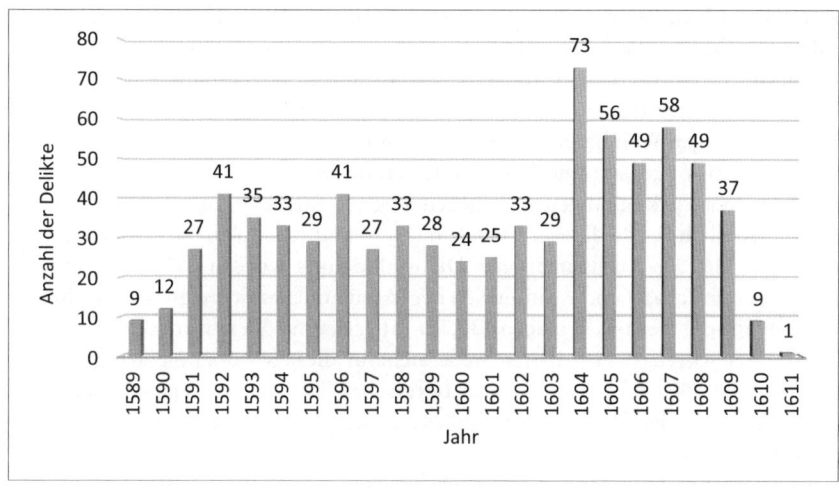

Diagramm 9: Zeitliche Verteilung aller Delikte im Untersuchungszeitraum

Die Berücksichtigung der Entwicklungsmuster der Einzeldelikte weicht in diesem Zusammenhang nur leicht ab. Während für die Gewaltdelikte beziehungsweise für die Störungen des öffentlichen Friedens sowie für die Verbalinjurien die Anzahl der Fälle in den oben genannten Jahren ebenfalls am höchsten ist[540], sind für die Eigentumsdelikte leicht abweichende Ergebnisse festzustellen. Diese verzeichnen ihren maximalen Wert mit zwölf Fällen im Jahr 1592, 1604 wurden jedoch auch elf Vergehen am Zentgericht gerügt. Für die Jahre 1607 und 1608 ist ein kaum wahrnehmbarer Anstieg zu verzeichnen.[541] In den Zentgerichtsakten selbst finden sich leider keine Hinweise, welche die Aufwärtsbewegung bezüglich der Kriminalitätsrate erklären. Natürlich verbietet es sich, die ermittelten Ergebnisse überzuinterpretieren, jedoch sollen an dieser Stelle trotzdem unterschiedliche Erklärungs- und Deutungsansätze thematisiert werden, die hierbei eine Rolle gespielt haben könnten.

Einerseits kämen die Auseinandersetzungen zwischen Würzburg und Wertheim im Rahmen der Würzburger Fehde als eine Ursache besonders für die Gewaltvergehen in Frage. In der Zeit um 1600 verübten bischöfliche Truppen im Wertheimer Grafschaftsgebiet immer wieder Überfälle, Gewalttätigkeiten und Plünderungen der Bevölkerung. Die damit im Zusammenhang stehende Erfahrung mit kriegsähnlichen Zuständen löste Unsicherheiten in der frühneuzeitlichen Gesellschaft

---

[540] Vgl. Diagramm 4 im Anhang und Diagramm 6 im Kapitel III. 3.2 „Du liegst wie ein dieb und schelm": Ehrverletzungen am Zentgericht.
[541] Vgl. Diagramm 8 im Anhang: Verteilung der Eigentumsdelikte im Untersuchungszeitraum.

aus[542] und könnte zu sozialen Spannungen geführt oder bereits bestehende Konflikte verschärft haben. Diese entluden sich dann auch in der Bevölkerung durch ein gesteigertes Aggressionspotenzial in Form von Verbal- sowie Realinjurien. Tatsächlich wurde das Dorf Dertingen[543] 1604 und 1605 mehrere Male geplündert und die dortigen Weinberge verwüstet.[544] Im Jahr 1604 ereigneten sich in Dertingen ausnahmslos gewaltsame Auseinandersetzungen, diese machen 11,2 % aller im Zentgerichtsbezirk begangenen Vergehen im genannten Zeitraum aus, mehr Delikte sind lediglich für die Dörfer Höhefeld (14 %) und Reicholzheim (19,7 %) festzustellen.[545] Mit der Ausnahme eines Diebstahldelikts wurden 1605 in Dertingen ebenfalls nur Verbal- und Realinjurien begangen, und damit ereigneten sich hier in diesem Jahr die meisten Vergehen (30,3 %) aller der zur Wertheimer Zent zugehörigen Ortschaften.[546] An dritter Stelle steht in diesem Zusammenhang Urphar (10,7 %), das 1605 auch von den würzburgischen Truppen heimgesucht wurde.[547] Neben einem Beleidigungsdelikt handelte es sich hier ebenfalls ausnahmslos um Gewaltverbrechen.

Ähnliche Ergebnisse lassen sich auch für das Jahr 1607 feststellen. Die meisten Delikte geschahen in Dertingen (20,6 %) und Bettingen (13,7 %)[548] und damit in denjenigen Dörfern, die in diesem Jahr besonders unter den Einfällen Würzburgs gelitten hatten.[549] 1608 steht Dertingen an zweiter Stelle (18,3 %) aller in diesem Jahr begangenen Vergehen im Wertheimer Zentgerichtsbezirk.[550] Mit Sicherheit darf man hinsichtlich des Anstiegs der Kriminalitätsrate in den genannten Jahren die Ereignisse im Rahmen der Würzburger Fehde nicht außer Acht lassen.[551] Eine

---

[542] Zu Kriegserfahrungen und deren Auswirkungen auf die frühneuzeitlichen Menschen vgl. u. a. KLEINEHAGENBROCK, Frank: Die Grafschaft Hohenlohe im Dreißigjährigen Krieg. Eine erfahrungsgeschichtliche Untersuchung zu Herrschaft und Untertanen (Veröffentlichungen der Kommission für geschichtliche Landeskunde in Baden-Württemberg, Reihe B: Forschungen, Bd. 153). Stuttgart 2003.
[543] Für Dertingen beanspruchte Wertheim nachweislich den Zehnten, allerdings besaß Würzburg ein kleines Partiallehen. Dieses stellte für Julius Echter offenbar einen Grund dar, den gesamten Zehnten an Früchten und Wein zu verlangen und könnte die schweren Heimsuchungen des Dorfes durch die Würzburger Truppen erklären. Vgl. NEU: Die Fehde des Würzburger Fürstbischofs Julius gegen die Grafen von Löwenstein-Wertheim in den Jahren 1598–1617, S. 473.
[544] Vgl. ebd., S. 483 sowie EHMER: Geschichte der Grafschaft Wertheim, S. 141.
[545] Vgl. Diagramm 14 im Anhang: In den Dörfern begangene Delikte 1604.
[546] Vgl. Diagramm 15 im Anhang: In den Dörfern begangene Delikte 1605.
[547] Vgl. NEU: Die Fehde des Würzburger Fürstbischofs Julius gegen die Grafen von Löwenstein-Wertheim in den Jahren 1598–1617, S. 483.
[548] Vgl. Diagramm 16 im Anhang: In den Dörfern begangene Delikte 1607.
[549] Vgl. NEU: Die Fehde des Würzburger Fürstbischofs Julius gegen die Grafen von Löwenstein-Wertheim in den Jahren 1598–1617, S. 484.
[550] Vgl. Diagramm 17 im Anhang: In den Dörfern begangene Delikte 1608.
[551] Die Tatsache, dass besonders die Dörfer Dertingen, Urphar und Bettingen von den Würzburger Truppen heimgesucht wurden, könnte auch damit im Zusammenhang stehen, dass diese nahe am fürstbischöflichen Einflussgebiet lagen und über eine Anhöhe miteinander verbunden waren beziehungsweise sind.

3. Delikte im Untersuchungszeitraum

Korrelation zwischen den Gewalttätigkeiten der bischöflichen Truppen und denen der betroffenen Dorfbewohner ist jedoch nicht immer festzustellen. Als Referenz mögen an dieser Stelle die Jahre 1600 und 1602 dienen. In diesen war die Anzahl der Vergehen im gesamten Zentgerichtsbezirk im Allgemeinen gering. Dieser Befund ist besonders für Dertingen zutreffend, obwohl das Dorf in den beiden Jahren offenbar ganz besonders schwer von den Würzburger Überfällen betroffen gewesen ist.[552] 1602 steht Dertingen im Vergleich mit anderen Ortschaften, in denen Vergehen begangen wurden, sogar an letzter Stelle[553], ein durchaus niedriger Wert wurde zudem für das Jahr 1600 ermittelt.[554] Einfluss auf Kriminalität und Devianz konnten auch noch andere Faktoren haben. Weitere mögliche Ursachen sollen daher im Folgenden thematisiert werden.

Zu Druck innerhalb der dörflichen Gesellschaft konnten auch Migrationsbewegungen führen. Gründe für die Auswanderung in der Frühen Neuzeit sind insbesondere im Zusammenhang mit der Religionsausübung zu sehen. Menschen wanderten wegen ihres persönlichen Bekenntnisses aus oder wurden von ihrer Obrigkeit zur Auswanderung gezwungen.[555] Dieses Schicksal ereilte in der Zeit um 1600 auch Protestanten aus dem Hochstift Würzburg, die im Zuge gegenreformatorischer Maßnahmen des Fürstbischofs Julius Echter (1572–1617) vertrieben wurden und zum Teil in die Grafschaft Wertheim geflohen und dort als Untertanen angenommen worden waren. In der Grafschaft verschärfte sich die Situation, da zu Beginn des 17. Jahrhunderts Untertanen und Einwohner zahlreicher Orte unter die Herrschaft Julius Echters gelangten und der Fürstbischof die Herrschaftsübernahme mit massiven gegenreformatorischen Maßnahmen begleitete. In der Folge suchten etliche ehemals wertheimische Untertanen in verbliebenen Wertheimer Orten Aufnahme.[556] Die Glaubensflüchtlinge erfuhren in Wertheim zeitweise Privilegien, indem sie etwa von Abgaben befreit waren oder diese gekürzt wurden.[557] Dieser Umstand sowie der aus der Zuwanderung im Allgemeinen resul-

---

[552] Vgl. NEU: Die Fehde des Würzburger Fürstbischofs Julius gegen die Grafen von Löwenstein-Wertheim in den Jahren 1598–1617, S. 476 und S. 482 sowie EHMER: Geschichte der Grafschaft Wertheim, S. 140 f.
[553] Vgl. Diagramm 18 im Anhang: In den Dörfern begangene Delikte 1602.
[554] Vgl. Diagramm 19 im Anhang: In den Dörfern begangene Delikte 1600.
[555] Vgl. ASCHE, Matthias: Glaubensflüchtlinge und Kulturtransfer. Perspektiven für die Forschung aus der Sicht der sozialhistorischen Migrations- und der vergleichenden Minderheitenforschung, in: Michael NORTH (Hg.): Kultureller Ausgleich. Bilanz und Perspektiven der Frühneuzeitforschung. Köln u. a. 2009, S. 89; KLEINEHAGENBROCK, Frank: Konfessionell bedingte Migration im Süden des Alten Reiches, in: Reinhard BAUMANN/Rolf KIESSLING (Hg.): Mobilität und Migration in der Region. Konstanz/München 2013 [Forum Suevicum 10], S. 105–126.
[556] Vgl. KLEINEHAGENBROCK: Konfessionell bedingte Migration im Süden des Alten Reiches, S. 114 f.
[557] Vgl. ebd., S. 118.

tierende Migrationsdruck wären weitere mögliche Ursachen für die Zunahme der Delikte in den Wertheimer Grafschaftsdörfern.[558]

Auch die klimatischen Verhältnisse stellten die Menschen in der Frühen Neuzeit vor Herausforderungen. Die kleine Eiszeit war eine global nachweisbare Abkühlungsperiode, deren Beginn bereits ins frühe 14. Jahrhundert datiert wird und die bis zum Ende des 19. Jahrhunderts andauerte. Phasenweise waren die Folgen extremer Kälte so gravierend, dass die Menschen sogar in ihren Betten erfroren und auch das Vieh im Stall verendete.[559] Das Kältephänomen führte unter anderem immer wieder zu Missernten, da die Anbauprodukte in kalten Jahren nicht heranreiften, auch Veränderungen der Fauna bemerkten die Zeitgenossen: Fischer beklagten beispielsweise geringere Fischbestände.[560] Eine Folge des Klimawandels war zudem die vermehrte Verfolgung vermeintlicher Hexen. Einige der wichtigsten Probleme der Menschen waren in der kleinen Eiszeit zusammengefasst: Kinderlosigkeit, Tierseuchen, wiederkehrende Missernten, oft unbekannte Krankheiten, Kühe, die zu wenig Milch gaben, späte Fröste oder langanhaltende Regenfälle. Für dieses „teuflische" Unheil suchte man nach Sündenböcken.[561] Kurzum: Die Folgen der kleinen Eiszeit verunsicherten die frühneuzeitliche Gesellschaft, ein Umstand, der sich durchaus auf die Kriminalitätsrate in den Wertheimer Grafschaftsdörfern ausgewirkt haben könnte. Tatsächlich waren die klimatischen Bedingungen in den Jahren, in denen in Wertheim ein Anstieg der Delikte zu verzeichnen ist, eher ungünstig. In den Jahren 1604 und 1605 zeichnete sich der jährliche Witterungsgang in Mitteleuropa im Allgemeinen eher ohne niederschlagsbedingte Auffälligkeiten aus, in beiden Jahren gab es im Frühjahr allerdings einen Kälteeinbruch.[562] Der Sommer 1607 war im Süden Deutschlands eher feucht, der Winter des Jahres 1608 fiel dort lang und sehr kalt aus; auch die witterungsbedingten Verhältnisse im Sommer waren eher schlecht.[563]

Im Gegensatz zu den Jahren 1604, 1607 und 1608 fiel für das Jahr 1605 auf, dass es immer wieder zu Auseinandersetzungen im Zusammenhang mit einer Land-

---

[558] Eine Zunahme von Spannungen zu Beginn des 17. Jahrhunderts führten beispielsweise auch Keith Wrightson und David Levine bezüglich der Gemeinde Terling auf starkes Bevölkerungswachstum zurück. Die Autoren weisen nach, dass die wohlhabenden Dorfbewohner, die sich durch die Dorfarmut bedroht sahen, eingeschaltet hatten. Der krisenhaften Situation versuchte die dörfliche Elite zudem durch informelle Beschränkungen von Eheschließungen ärmerer Dorfbewohner entgegenzusteuern. Vgl. WRIGHTSON, Keith/LEVINE, David: Poverty and piety in an English village, Terling 1525–1700. New York u.a. 1979, S. 133 und S. 176.
[559] Vgl. GLASER: Klimageschichte Mitteleuropas, S. 195.
[560] Vgl. BEHRINGER: Kulturgeschichte des Klimas, S. 129–131; GLASER: Klimageschichte Mitteleuropas, S. 195.
[561] Vgl. BEHRINGER: Kulturgeschichte des Klimas, S. 175.
[562] Vgl. GLASER: Klimageschichte Mitteleuropas, S. 133f.
[563] Vgl. ebd., S. 134.

scheidung[564] oder einem Geleit[565] gekommen war. Bei diesen Ereignissen wurde häufig gemeinsam gezecht, es kam zu Streitereien[566], die dann oft in einer Schlägerei endeten.[567] Auch Uneinigkeiten hinsichtlich von Besitzständen während einer Landscheidung führten zu Betrugsvorwürfen und Beleidigungen.[568] Allerdings sind die Fälle, der im Rahmen dieser Geschehnisse vorkommenden Delikte nicht für einen überproportionalen Anstieg der Kriminalitätsrate verantwortlich, sie machen einen prozentualen Anteil von 18,6 % aus. Addiert man die Anzahl dieser Vergehen jedoch zu denjenigen eines durchschnittlichen Jahres[569], so machen sich die oben beschriebenen Umstände durchaus bemerkbar.

Zieht man die unterschiedlichen Ortschaften als Vergleichsbasis heran, so ergibt sich das folgende Bild:[570]

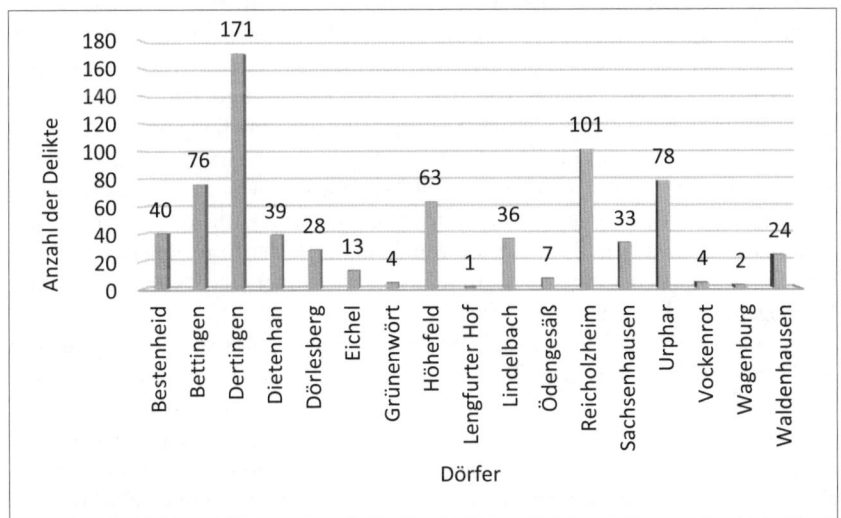

Diagramm 10: Gesamtdelikte aller Dörfer im Untersuchungszeitraum

---

[564] Bei der Landscheidung wurden Flur- und Grenzbegehungen sowie -festsetzungen unternommen. Vgl. Art. Landesscheide, in: DRW 8 (1991), Sp. 606 f.
[565] Die Wertheimer Grafen besaßen das Geleitrecht entlang des Mains von Marktheidenfeld bis Bürgstadt, zudem auch an der für den Fernhandel wichtigen Straßenverbindung von Frankfurt nach Nürnberg. Vgl. KLEINEHAGENBROCK: Würzburg contra Wertheim, S. 159.
[566] Vgl. beispielsweise StAWt G-Rep. 102 Nr. 538 („Lorenz Stark vs. Linhard Löffler").
[567] Vgl. beispielsweise StAWt G-Rep. 102 Nr. 538 („David Schetzlein vs. Christoph Schetzlein" sowie „Hans Michel vs. Thomas Heybach").
[568] Vgl. StAWt G-Rep. 102 Nr. 538 („Michel Hüler vs. Lorenz Teufel").
[569] Durchschnittliche Jahre stellen etwa die Jahre 1594 und 1602 mit jeweils 33 Delikten oder die Jahre 1591 und 1597 mit 27 Delikten dar. Vgl. dazu Diagramm 9 im Kapitel III. 3.5.
[570] Die Tabelle berücksichtigt nur die im Wertheimer Zentgerichtsbezirk gelegenen Ortschaften.

Hierbei ist natürlich zu berücksichtigen, dass die Delikte entsprechend dem Ort des Geschehens erfasst wurden. Beging beispielsweise eine Person aus Urphar eine Straftat im benachbarten Dietenhan, so wurde der entsprechende Verstoß auch für Dietenhan registriert. Trotzdem steht die Anzahl der Fälle in engem Zusammenhang mit der Bevölkerungsdichte der jeweiligen Ortschaften. Gemessen an der Einwohnerzahl fanden demnach die meisten Fälle in Dertingen (171), Reicholzheim (101), Urphar (78) und Bettingen (76) statt. In diesen Dörfern lebten in der Zeit um 1600 auch die meisten Menschen.[571] Dem entsprechend wurde aus diesen Orten auch der Großteil der Vergehen zur Rüge gebracht. Es gibt keine Hinweise darauf, dass äußere Einwirkungen oder Einflüsse für die höheren Kriminalitätsraten verantwortlich waren.

Da für den Ort Höhefeld für die Zeit um 1600 eine Liste der einzelnen Haushaltungen vorliegt und hierbei auch Vermögenswerte berücksichtigt werden[572], soll für die Einwohner des Dorfes an dieser Stelle eine exemplarische Auswertung hinsichtlich des Zusammenhangs von sozialer Schichtung und Kriminalität erfolgen.[573] Entsprechend der von Langguth vorgenommen Einteilung wurde zwischen Vollbauern, Bauern um Lohn, Häckern und der untersten Gruppierung, der unter anderem die Tagelöhner angehörten, unterschieden.[574] Was die Vermögenswerte betrifft, so orientieren sich die Angaben an der von Langguth verwendeten Schatzungsliste aus dem Jahr 1595. Für die von den Höhefelder Einwohnern im Untersuchungszeitraum begangenen Delikte ergibt sich unter Berücksichtigung ihrer Vermögenslage das folgende Bild[575]:

Die für den Ort Höhefeld ermittelten Ergebnisse weichen von den allgemeinen Beobachtungen, die bezüglich der Einzeldelikte sowie der Täterprofile festgestellt werden konnten, nicht merklich ab. Der Großteil der Delikte wurde im Untersuchungszeitraum von Bauern und Handwerkern begangen, also denjenigen Schichten, die in Höhefeld mit den Vollbauern sowie den Bauern um Lohn und der Häcker gleichzusetzen beziehungsweise vergleichbar sind. Die untere Schicht, in die Knechte, Mägde und Tagelöhner subsumiert werden können, war nicht überproportional vertreten und erstaunlicherweise waren deren Mitglieder nicht als Täter in Eigentumsdelikten angeklagt. Gerade hier würde man am ehesten Vergehen wie Diebstahl erwarten, da die Angehörigen dieser Gruppierung existentielle Sorgen

---

[571] Vgl. dazu Kapitel II. 4. Entwicklungen der Bevölkerung und der Gesellschaft in der Frühen Neuzeit.
[572] Vgl. LANGGUTH: Häcker und Bauern – Höhefelds Einwohner um 1600, S. 68–129.
[573] Die Einteilung der Bevölkerung in einer Art Schichtmodell ist natürlich mit Problemen verbunden. Zwar ist soziale Ungleichheit ein Charakteristikum jeder Gesellschaft, aber die Festlegung von Schichtgrenzen erfolgt bis zu einem gewissen Grad willkürlich. Letztendlich reduzieren entsprechende Modelle die Komplexität sozialer Wirklichkeit auf ein „Oben, Mitte und Unten". Aber es werden auch analytische Voraussetzungen geschaffen, um Kriminalität beispielsweise unter dem Gesichtspunkt sozialer Ungleichheit zu betrachten. Vgl. auch: FRANK: Dörfliche Gesellschaft und Kriminalität, S. 150–152.
[574] Vgl. ebd., S. 62f.
[575] Für die prozentualen Angaben vgl. auch die Tabelle 3 im Anhang.

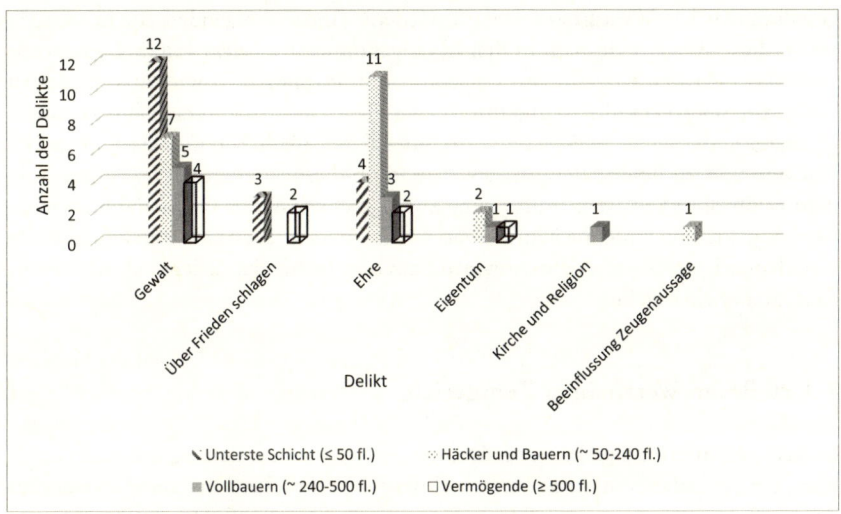

Diagramm 11: Delikte und Schichtenzugehörigkeit in Höhefeld

haben mussten. Gewalt und Ehrendelikte sind jedoch die am häufigsten begangenen Verbrechen der Menschen, die in Höhefeld und in den übrigen Grafschaftsdörfern zu den Ärmsten zählten. Mit Betrug oder Diebstahlsvorwürfen sahen sich eher die betuchteren Dorfbewohner konfrontiert, die häufig eben auch wichtige Ämter bekleideten und als Schultheißen oder Bürgermeister fungierten. In Höhefeld gehörte der Schultheiß Wendel Herchenhan zu den reichsten Bauern im Ort. Er wurde 1589 von Veit Ditmer aus Höhefeld beschuldigt, betrogen zu haben.[576] Solche Anschuldigungen gegen Amtspersonen beziehungsweise vermögende Bauern verliefen häufig im Sand und wurden wahrscheinlich aus Neid oder Missgunst ausgesprochen. Insofern decken sich im Untersuchungszeitraum die Höhefelder Ergebnisse auch in diesem Zusammenhang mit denen aus den anderen Dörfern.[577]

Wohl wissend, dass die oben beschriebenen Entwicklungsmuster nur bedingt aussagekräftig sind, so sollten sie doch der Vollständigkeit halber aufgeführt werden. Vielmehr kann die Analyse der Wertheimer Zentgerichtsakten Einblicke in die Verfasstheit und die Lebenswelt der dörflichen Gesellschaft geben. In der Struktur der Delikte, dem Umgang und den Reaktionen der Bevölkerung mit Kriminalität und Devianz sowie den informellen und außergerichtlichen Lösungsmechanismen zur Regulierung von Streitigkeiten spiegeln sich gesellschaftliche Normen, Dispositionen sozialer Kontrolle, innere Spannungen sowie Auswirkungen

---

[576] Vgl. StAWt G-Rep. 102 Nr. 6478 („Wendel Hergenhan vs. Veit Ditmer").
[577] Vgl. dazu die Kapitel III. 5. Personen vor Gericht und III. 3.3 „sie hett bey der nacht ein batzen vol trauben gestohlen": Eigentumsdelikte.

gesellschaftlicher Wandlungsprozesse wieder.[578] In den folgenden Ausführungen sollen diese Aspekte deshalb in den Blick genommen werden. Hierbei gilt es sowohl Formen der Konfliktritualisierung und Infrajustiz sowie Ausprägungen dörflicher Selbstverwaltung und informeller Herrschaft zu untersuchen, um damit gleichzeitig die Wert- und Normvorstellungen der dörflichen Gesellschaft zu beleuchten und zu überprüfen, inwieweit und ob diesbezüglich ein Spannungsverhältnis zur obrigkeitlichen Auffassung auszumachen ist. Um die oben beschriebenen Aspekte zu untersuchen, ist es vorab jedoch auch notwendig, auf die Urteilspraxis des Zentgerichts sowie auf soziale Profile der Täter und ihrer Konfliktpartner einzugehen.

4. Urteile am Wertheimer Zentgericht

Ebenso wie die Untersuchung der Delikte, ist die Thematisierung der Strafverfolgung ein zentraler Bestandteil kriminalitätsgeschichtlicher Forschung. Besonders das komplexe Geschehen rund um Schafott und Galgen übt in diesem Zusammenhang eine gewisse Faszination aus, ebenso wie die Figur des Scharfrichters. Beide Aspekte sind bis heute zentrale Bestandteile der Forschung und es werden aufschlussreiche interepochale Vergleiche gezogen.[579] Auch die Relevanz der Geldstrafe ist für das Spätmittelalter herausgearbeitet worden, diese wurde jedoch für die Jahrhunderte danach weniger gründlich untersucht. Hierbei, so konstatiert Gerd Schwerhoff, wäre stärker als bisher die niedere Gerichtsbarkeit in den Blick zu nehmen und zu analysieren.[580] Die Urteilspraxis in den allgemeinen Verfahren am Wertheimer Zentgericht kann hierfür als Beispiel dienen.

Im Kapitel 1.5.3 *Beweiserhebung und Rechtsfindung* kommt bereits zur Sprache, dass die Schöffen als Laienrichter einfache und gerechte Urteile fällten und die Verfahren am Zentgericht die Erhaltung des öffentlichen Friedens zum Ziel hatten.[581] Dem entsprechend ist das Repertoire unterschiedlicher Urteile auch sehr begrenzt, dies ist natürlich auch der Tatsache geschuldet, dass eben nur bestimmte Vergehen am Zentgericht verhandelt wurden. In den im Untersuchungszeitraum insgesamt 758 aktkundig gewordenen Fällen wurde in der Regel eine Geldstrafe verhängt. Bestimmte Auseinandersetzungen wurden an die Herrschaft beziehungsweise an

---

[578] Vgl. FRANK: Dörfliche Gesellschaft und Kriminalität, S. 346.
[579] Vgl. SCHWERHOFF: Kriminalitätsgeschichte – eine kurze Standortbestimmung, S. 14. Unter anderem werden hier genannt: NOWOSADTKO, Jutta: Hinrichtungsrituale: Funktion und Logik öffentlicher Exekutionen in der Frühen Neuzeit, in: Sigrid SCHMITT/Michael MATHEUS (Hg.): Kriminalität und Gesellschaft in Spätmittelalter und Neuzeit (Mainzer Vorträge, Bd. 8). Stuttgart 2005, S. 71–94; MATSCHUKAT, Jürgen: Gewalt und Gesellschaftsordnung. Die Todesstrafe als Gegenstand sozial- und kulturhistorischer Forschungen in Westeuropa und den USA, in: Archiv für Sozialgeschichte 45 (2005), S. 625–644.
[580] Vgl. ebd., S. 14.
[581] Vgl. dazu das Kapitel III. 1.5.3 *Beweiserhebung und Rechtsfindung*.

4. Urteile am Wertheimer Zentgericht

das für das entsprechende Vergehen zuständige Gericht verwiesen.[582] In Bezug auf die Urteilspraxis kam es auch immer wieder vor, dass die Verhandlung vertagt wurde, um unter anderem noch Zeugenbefragungen durchzuführen, so dass an einem der folgenden Gerichtstermine ein Urteil gefällt werden konnte. Nur selten fehlen in den Aufzeichnungen der eigentlichen Gerichtsverhandlungen Hinweise darauf, dass ein Fall nicht mehr aufgegriffen wurde und gewissermaßen im Sand verlief. Gelegentlich enthalten die Zentgerichtsprotokolle ausführliche Informationen über die Zeugenbefragungen oder zusätzlich eingeholte Informationen auf deren Grundlage dann das entsprechende Urteil gefällt wurde.

An dieser Stelle lohnt sich natürlich der Blick auf die konkreten Zahlen. Geldstrafen wurden im Untersuchungszeitraum insgesamt 466-mal verhängt und machten damit etwa 61 % aller Urteile aus. 200-mal wurde ein Urteil vertagt, 90-mal verwiesen die Schöffen einen Fall an die Herrschaft und jeweils einmal wurde ein Fall an das Feldgericht beziehungsweise an das Hofgericht weitergeleitet.[583] Die Urteilspraxis der Schöffen beschränkte sich in der Zeit um 1600 auf diese Strafmöglichkeiten, Leib- oder Lebensstrafen waren in den allgemeinen Verfahren ohnehin nicht üblich.

Die klare Dominanz der Geldstrafen kann zum einen damit erklärt werden, dass die Untersuchung ja nicht diejenigen Verbrechen berücksichtigt, die Leibes- oder Lebensstrafen nach sich zogen. Vergehen, die mit einer Schand- oder Ehrenstrafe geahndet wurden, verhandelte das Zentgericht zwar, diese verhängte das Gericht im gesamten Untersuchungszeitrum in den allgemeinen Verfahren allerdings nicht. Das Gogericht Heiden beispielsweise wandte derartige Strafen vornehmlich bei Eigentumsdelikten (40,6 %), aber auch bei Gewaltvergehen (12,5 %) an.[584] Betroffen von den Schand- und Ehrenstrafen waren laut Frank besonders die Unterschichten, da deren Mitglieder im Gegensatz zu betuchteren Delinquenten nicht in der Lage waren, eine Pfahlstrafe beispielsweise mit Geld abzulösen. Frank verweist in diesem Zusammenhang auf die soziale Ungerechtigkeit des frühneuzeitlichen Strafsystems.[585] Auch Martin Scheutz kommt in seiner Untersuchung zur Kriminalität am Hof- und Landgericht Gaming im steirisch-österreichischen Grenzgebiet zu ähnlichen Ergebnissen. Bis zur Mitte des 18. Jahrhunderts dominierten dort die Unzuchtsdelikte auf niedergerichtlicher Ebene. Besonders arme Delinquenten erhielten eine Schandstrafe, da sie eine Geldbuße nicht bezahlen konnten.[586]

Gerechtigkeit war für die Schöffen am Zentgericht ja ein zentrales Kriterium bezüglich der Urteilsfindung. Die Neigung des Zentgerichts zur fairen Beilegung der Streitfälle resultierte sicherlich daraus, dass die Grundlagen des künftigen Zusammenlebens intakt bleiben sollten. Zudem ist hierbei anzunehmen, dass die enge

---

[582] Im gesamten Untersuchungszeitraum ist lediglich ein Fall bekannt, der an das Feldgericht verwiesen wurde.
[583] Vgl. Diagramm 20 im Anhang: Anteil der Urteile im Untersuchungszeitraum.
[584] Vgl. FRANK: Dörfliche Gesellschaft und Kriminalität, S. 196.
[585] Vgl. ebd., S. 197.
[586] Vgl. SCHEUTZ: Alltag und Kriminalität, S. 494.

Verzahnung des zentgerichtlichen Personals mit der dörflichen Gesellschaft eine Ursache für diese Herangehensweise war.[587] Dies sind sicherlich Gründe dafür, die die eklatant hohe Anzahl der Geldstrafen erklären. Wenn keine Schand- und Ehrenstrafen verhängt wurden, so mussten diese auch nicht ausgelöst werden. Zudem zielten die Geldstrafen nicht auf die persönliche Ehre des Einzelnen ab, daher bestand so auch nicht die Gefahr, dass die Delinquenten durch lebensnormierende Konsequenzen, wie sie beispielsweise aus Schand- und Ehrenstrafen resultieren konnten, bedroht waren. Die Tatsache, dass man in den Urteilen der Injurien stets betonte, dass nach Ableistung der Strafe keiner einen Nachteil bezüglich der persönlichen Ehre haben solle[588], zeigt, dass auch das Zentgericht kein Interesse daran hatte, Einzelne diesbezüglich dauerhaft zu schädigen.

Zum anderen sind die Geldbußen aber sicherlich auch im Zusammenhang mit dem fiskalischen Interesse der Obrigkeit zu sehen. Neben ordnungs- und machtpolitischen Intentionen der Herrschaft bezüglich der Gerichtshoheit auf lokaler Ebene lässt sich die Dominanz der Geldstrafen auch mit dem Bestreben obrigkeitlicher Kapitalbildung erklären.[589] Für die Jahre 1598 bis 1599[590] sowie für das Jahr 1607[591] waren die herrschaftlichen Einkünfte der vom Zentgericht verhängten Bußgelder überprüfbar.[592] Diese konnte die Obrigkeit einnehmen, wenn das Zentgericht einen Fall an die Herrschaft verwiesen hatte oder, wenn eine Verhandlung aufgrund der Bringschuld von Beweisen durch die Gegenseite vertagt, jedoch nicht mehr aufgegriffen wurde, da entsprechende Nachweise nicht geliefert worden waren. Die jeweiligen Kontrahenten büßten die offenbar unberechtigt erhobenen Vorwürfe dann mit einer Geldstrafe.[593] Über die konkrete Verwendung der Gelder geben die Quellen vereinzelt Hinweise. So wurden die Einnahmen unter anderem für die Besoldung des Nachrichters verwendet, der für seine Arbeit jährlich zwölf Gulden erhielt.[594] Im Rechnungsjahr 1593 bis 1594 erhielt der Wirt des Gasthauses „Rose" einen Gulden und 18 Denar für die Versorgung einer gefange-

---

[587] Ähnliche Vermutungen bezüglich der Urteilspraxis des städtischen Rats in Strasburg in der Uckermark äußert Ellen Franke. Aussöhnung und Vergleich hatten Vorrang gegenüber einer harten Bestrafung. Dieser Umstand, so die Autorin, hinge aller Wahrscheinlichkeit nach mit der engen Verbindung der rathäuslichen Obrigkeit mit der städtischen Gesellschaft zusammen. Vgl. FRANKE: Von Schelmen, Schlägern, Schimpf und Schande, S. 129f.
[588] Vgl. exemplarisch StAWt G-Rep. 102 Nr. 5550 (Zentgericht 1598, Montag nach Trium Regum; Fall „Hans Heinrich").
[589] Vgl. dazu auch FRANK: Dörfliche Gesellschaft und Kriminalität, S. 188.
[590] StAWt G-Rep. 102 Nr. 5465.
[591] StAWt G-Rep. 102 Nr. 7454.
[592] Die Rechnungen der übrigen Jahre sind entweder nicht erhalten oder sie befinden sich in noch nicht für den Nutzer registrierten Aktenmaterial.
[593] Vgl. StAWt G-Rep. 102 Nr. 5465 (Wertheimer Zentrechnungen).
[594] Vgl. StAWt G-Rep. 102 Nr. 5465 („Rechnung von Petri 1589 bis Petri 1590" und „Rechnung Petri 1591 bis 1592").

nen Diebin.⁵⁹⁵ Einen Anteil der eingenommenen Bußgelder gab der Zentgraf Sebastian Nohe im Jahr 1607 beispielsweise dazu aus, um die im Auftrag der Herrschaft unternommenen Reisen zu finanzieren und Kosten für Verpflegung und Unterkunft zu begleichen.⁵⁹⁶ Den Großteil der Bußgelder nahm jedoch das Zentgericht selbst ein, offenbar hatte dieses eine eigene Buchführung, die leider nicht überliefert ist. Deshalb können bezüglich der Verwendung der eigenommenen Bußgelder leider keine Aussagen getroffen werden.⁵⁹⁷

Im Fall der Geldstrafen unterschied das Zentgericht zwischen Gerichtsbußen und den sogenannten Blutbußen, die im Unterschied zu den Gerichtsbußen bei schwerwiegenderen Vergehen, wie beispielsweise einer gewaltsamen Auseinandersetzung, verhängt wurden und dementsprechend höher waren. Über die konkreten Beträge schweigen die Aufzeichnungen der Zentgerichtsverhandlungen leider, jedoch lassen sich aus den überlieferten Zentrechnungen⁵⁹⁸ sowie aus einer undatierten Quelle glücklicherweise Informationen darüber entnehmen.⁵⁹⁹ In dieser sind einige der am Zentgericht zu rügenden Vergehen aufgelistet und mit einer Art Bußkatalog versehen. Für die Beleidigung als „dieb" oder „schelm" ist ein Strafmaß zwischen zwei und vier Gulden zu verhängen. Mit jeweils drei Gulden wurde die Beleidigung als „Bößwicht", „Ehebrecher" oder „Hurer", „Hexe" oder „Milchdieb" sanktioniert. Mit vier Gulden Bußgeld musste man rechnen, wenn man eine Person als „Mörder" beschimpfte. Das sogenannte „über frieden schlagen" konnte mit zwei, drei oder vier Gulden bestraft werden, ein wohl zu Unrecht erhobenes Mordgeschrei sanktionierte man mit zwei bis drei Gulden. Für das „Mordgeschrei mit volgen" war ein Strafmaß von vier Gulden vorgesehen, wobei hierbei davon auszugehen ist, dass das Geschrei dann eine weitere Straftat nach sich zog. Des „diebstals verdechtige" erhielten eine Geldbuße von drei Gulden. Schließlich werden „Steinverrücker" mit vier Gulden bestraft, dies gilt auch für den Fall dass jemand in einer Auseinandersetzung ein „wehr", also eine Waffe, einsetzte. Ein Blick in die überlieferten Zentrechnungen zeigt, dass sich die Herrschaft hinsichtlich der verwiesenen Fälle an den oben genannten Beträgen orientierte, und tendenziell die höheren Gebühren als Strafmaß ansetzte.⁶⁰⁰

Andererseits berücksichtigte man bezüglich der Höhe des Strafmaßes jedoch auch die persönlichen Umstände eines Angeklagten.⁶⁰¹ Für die von David Schetz-

---

[595] Vgl. StAWt G-Rep. 102 Nr. 5465 („Rechnung von Petri 1593 bis Petri 1594"). Ob die Gefangene auch im Gasthaus verwahrt wurde oder der Wirt lediglich für deren Versorgung aufgekommen ist, kann leider nicht festgestellt werden.
[596] Vgl. StAWt G-Rep. 102 Nr. 7454.
[597] Es wäre möglich, dass entsprechende Aufzeichnungen verloren gegangen sind, oder sich in bisher noch nicht gesichtetem Aktenmaterial befinden.
[598] Vgl. StAWt G-Rep. 102 Nr. 5465 (Rechnungen der Wertheimer Zent).
[599] Vgl. StAWt G-Rep. 102 Nr. 514 („Taxa unser gnedigen herrschafft heimgewiesenen Centbussen").
[600] Vgl. StAWt G-Rep. 102 Nr. 5465 (Rechnungen der Wertheimer Zent).
[601] Leider enthält lediglich eine Zentrechnung entsprechende Angaben StAWt G-Rep. 102 Nr. 5465 („Verzeignung der Zent buß so m[einem] g[nedigen] Herrn heim gewisen uff

lein aus Dietenhan ausgesprochenen Scheltworte gegen seinen Nachbarn Georg Amend wurde der Täter 1595 beispielsweise zu einer Strafe von lediglich zwei Gulden verurteilt, da er laut Buchführung arm gewesen sei und viele Kinder zu ernähren habe.[602] Auch Jakob Hickler aus Bestenheid mutete man aufgrund eines unberechtigten Hehlereivorwurfs kein hohes Strafmaß zu, denn – so lautet die Begründung in der Zentrechnung – er musste sich als „ein dag lohner"[603] verdingen und deshalb stand ihm weniger Barvermögen zur Verfügung als beispielsweise einem Vollbauern. Dahingegen verurteilte man unter anderem Veit Hefner aus Bettingen und Caspar Oberdorf aus Dietenhan aufgrund unberechtigter Diebstahlsvorwürfe jeweils zu einer Strafe von vier Gulden, weil beide offenbar „vermoglich"[604] gewesen sind.

Auffallend ist in den Rechnungen auch, dass Frauen für eine Beleidigung oder unberechtigte Diebstahls- und Betrugsvorwürfe mit einem geringeren Strafmaß belegt wurden als Männer. Sofern Männer aufgrund entsprechender Vergehen an die Herrschaft verwiesen wurden, zahlten sie oftmals vier Gulden[605], wohingegen Frauen stets mit nur zwei Gulden[606] bestraft wurden. Auch der Knecht von Philipp Kapfen aus Dertingen wurde im Rechnungsjahr 1593/1594 lediglich mit einem Gulden bestraft, weil er „über Frieden geschlagen" hatte.[607] Anhand der überlieferten Zentrechnungen lässt sich nicht nachweisen, dass man bei Wiederholungstätern ein höheres Strafmaß ansetzte als bei Einzeltätern, jedoch ist zu berücksichtigen, dass lediglich die an die Herrschaft verwiesenen Fälle kontrolliert werden konnten. Ähnliche Ergebnisse hinsichtlich des Umgangs mit Geldbußen sind jedoch sicherlich auch für das Zentgericht selbst anzunehmen. Den Schöffen ging es in der Regel nicht darum, Einzelpersonen dauerhaft zu schaden oder diese wirtschaftlich in den Ruin zu treiben.

Da verschiedene Scheltworte mit unterschiedlich hohen Bußgeldern geahndet wurden, ist es möglich, Rückschlüsse auf die Norm- und Wertvorstellungen der damaligen Menschen zu ziehen. So wurde beispielsweise durch die Beleidigung als Bösewicht, Hurer oder Ehebrecher das Ehrempfinden der frühneuzeitlichen Menschen offensichtlich weniger stark verletzt, als gegebenenfalls durch die Worte Dieb und Schelm oder durch die Beleidigung als Mörder. Bei Gewalt- und Eigentumsdelikten wurden offenbar die höchsten Geldstrafen verhängt. In dieser Sanktionspraxis spiegeln sich sicherlich nicht nur die obrigkeitlichen Normvorstellungen wider. Die Reglementierung von Gewalt- und Eigentumsvergehen lag zum einen

---

   beden zenten wertheim und michel Ridt von petry anno [15]95 bis [15]96 wertheimer zent mondag nach walburgi").
[602] Vgl. ebd.
[603] Ebd.
[604] Ebd.
[605] Vgl. exemplarisch StAWt G-Rep. 102 Nr. 5465 (Rechnung von Petri 1593 bis Petri 1594 sowie Rechnung von Petri 1596 bis Petri 1597).
[606] Vgl. exemplarisch StAWt G-Rep. 102 Nr. 5465 (Rechnung von Petri 1593 bis Petri 1594 sowie Rechnung von Petri 1595 bis Petri 1596).
[607] Vgl. StAWt G-Rep. 102 Nr. 5465 (Rechnung von Petri 1593 bis Petri 1594).

im Interesse der Herrschaft, da die Obrigkeit darin besondere Gefährdungspotenziale für die staatlichen Ordnungsvorstellungen sehen konnte. Gewalt schürte Gegengewalt und störte somit den innerdörflichen Frieden, dessen Gewährleistung, so zeigt es gemeinhin das Verhalten der Dorfbewohner in einer Auseinandersetzung[608], auch von den Untertanen gewünscht war. Delikte, wie etwa Diebstahl oder das Umsetzen eines Grenzsteines, stellten nicht nur die herrschaftliche, sondern ebenso die in der Vorstellung der dörflichen Gesellschaft vorherrschende Eigentumsnorm in Frage.[609]

In insgesamt 147 Fällen verhängte das Zentgericht eine Geldstrafe aufgrund von Verbalinjurien, 17-mal war ein Diebstahlsdelikt Ursache für das fiskalische Urteil. Der Tatbestand des „über Frieden schlagens" wurde siebenmal mit einer Geldbuße geahndet, viermal verhängten die Schöffen ein solches Urteil aufgrund von Verstößen gegen Kirche und Religion, dreimal ging es um Vergehen gegen Sitte und Moral. Neunmal wurde eine Person aufgrund eines Verstoßes gegen obrigkeitliche Anordnungen beziehungsweise aufgrund von Übertretungen, die die dörfliche Gesellschaft als solche ansah, mit einer Geldstrafe belangt. Damit stellten die Gewaltvergehen die Deliktgruppe dar, bei der die Schöffen mit Abstand am häufigsten eine Geldstrafe verhängten. Insgesamt war dies 278-mal der Fall. Für den gesamten Untersuchungszeitraum ist folglich festzuhalten, dass Gewaltdelikte meistens mit einer Geldbuße geahndet wurden.[610]

Hinweise darauf, dass eine Geldstrafe ein einschneidendes Ereignis für einzelne Personen sein konnte, so wie es beispielsweise Michael Frank in seiner Untersuchung schildert, sind zumindest für das Zentgericht Wertheim sowie den hier zugrunde liegenden Untersuchungszeitraum nicht nachweisbar. Das Gogericht in Heiden hatte eine Frau aufgrund mehrerer Diebstähle zu einer Geldstrafe von 20 Reichstalern verurteilt. Diese Summe entsprach laut Frank etwa einem Gegenwert von 720 Roggenbroten beziehungsweise einem in der zweiten Hälfte des 18. Jahrhunderts üblichen Lohn, für den ein Knecht etwa zwei Jahre lang hätte arbeiten müssen[611] und damit einem Betrag, den die Angeklagte nicht aufbringen konnte. Hinweise für die Reduzierung der Geldbuße konnten, so Frank, nicht gefunden werden und aus der Tatsache, dass der Name der betroffenen Person in den Dorfakten nicht mehr auftaucht, schließt der Autor, dass die Familie wohl geflohen war.[612]

Hohe Bußgeldforderungen mussten allerdings nicht zwangsläufig die Existenz der kleinen Leute vernichten.[613] Zudem, so legen es auch die Untersuchungen Gun-

---

[608] Vgl. dazu das Kapitel III. 6.1. Die Überschreitung einer Grenze: „Über fridt schmeissen".
[609] Vgl. dazu auch FRANK: Dörfliche Gesellschaft und Kriminalität, S. 187.
[610] Vgl. Diagramm 21 im Anhang: Mit Geldbußen sanktionierte Delikte im Untersuchungszeitraum.
[611] Vgl. FRANK: Dörflich Gesellschaft und Kriminalität, S. 189 sowie VERDENHALVEN, Fritz: Alte Maße, Münzen und Gewichte aus dem deutschen Sprachgebiet. Neustadt an der Aisch 1968, S. 14.
[612] Vgl. FRANK: Dörfliche Gesellschaft und Kriminalität, S. 191.
[613] Vgl. SCHWERHOFF: Köln im Kreuzverhör, S. 138.

ter Gudians bezüglich der städtischen Gerichtsbarkeit im mittelrheinischen Raum während des Spätmittelalters nahe, hatte die Obrigkeit auch ein Interesse daran, die Täter nicht allzusehr wirtschaftlich zu schwächen.[614] Führt man sich die offensichtlich am Wertheimer Zentgericht verhängte Höhe der Bußgelder vor Augen, so dürfte das angewandte Strafmaß die bäuerliche Gesellschaft in der Regel nicht in den Ruin getrieben haben. Im benachbarten Hochstift Würzburg galt für die Jahre von 1633 bis 1793, dass ein Reichstaler der Summe von etwa 1,8 Gulden entsprach, der Gulden wiederum war circa 5,6 Pfund wert.[615] Der durchschnittliche Tageslohn für einen ungelernten Arbeiter[616] betrug in Würzburg knapp ein Pfund. Geht man von ähnlichen Verhältnissen in der Wertheimer Grafschaft für den Beginn des 17. Jahrhunderts aus, so hätte etwa ein Knecht knapp 17 Tageslöhne aufbringen müssen, um eine Geldstrafe von etwa drei Gulden abzubezahlen. Zum weiteren Vergleich sei an dieser Stelle darauf verwiesen, dass der Malter Roggen, diese Maßeinheit entsprach etwa einem Eimer, zu dieser Zeit etwa drei Gulden wert war.[617] Im Vergleich mit dem Beispiel aus Heiden ist die hier aufzubringende Geldsumme sicherlich überschaubar und würde vermutlich auch Niemanden dazu zwingen, das Dorf zu verlassen. Da die meisten verbalen Auseinandersetzungen jedoch eine gewaltsame Konfrontation zur Folge hatten und das Zentgericht die entsprechenden Vergehen, also die Beleidigung sowie den Gewaltakt einzeln aburteilte und jeweils eine separate Geldbuße verhängte, musste eine Person so schon mal bis zu acht Gulden zahlen.

In diesem Zusammenhang stellt sich natürlich auch die Frage, wie konsequent die Geldstrafen tatsächlich eingefordert wurden. Die Informationen über die vom Zentgericht tatsächlich eingezogenen Geldstrafen sind äußerst spärlich. Zumindest der Blick in die Zentrechnungen, welche die durch die Herrschaft eingenommenen Bußgelder verzeichnen, beweist, dass entsprechende Strafen tatsächlich auch bezahlt wurden.[618] Dies zeigt, dass die dörfliche Gesellschaft die Urteile des Zentgerichts ernst nahm und akzeptierte. Gleichzeitig besaß die Obrigkeit im Untersuchungszeitraum aber durchaus auch Methoden, um die Zahlung der Geldbußen zu erwirken. Weil Hans Lauer aus Reicholzheim seinen Nachbarn Hans Imhoff im Jahr 1596 unberechtigterweise des Diebstahls bezichtigt und seine Geldstrafe nicht geleistet hatte, sollte er „mit dem thurm 2 tag gezüchtiget[619] wer-

---

[614] Vgl. GUDIAN, Gunter: Geldstrafrecht und peinliches Strafrecht im späten Mittelalter, in: Rechtsgeschichte als Kulturgeschichte. Festschrift für Adalbert Erler zum 70. Geburtstag. Aalen 1976, S. 280.
[615] ELSAS, Moritz: Umriß einer Geschichte der Preise und Löhne in Deutschland, Bd. 1. Leiden 1936, S. 66 f., 127, 132, 156, 453–458.
[616] Andere Berufe sind leider nicht angegeben.
[617] Vgl. ELSAS, Moritz: Umriß einer Geschichte der Preise und Löhne in Deutschland, S. 66 f. 127, 132, 156, 453–458.
[618] Vgl. StAWt G-Rep. 102 Nr. 5465 (Wertheimer Zentrechnungen).
[619] Vor der Aufklärung wurden Haftstrafen in der Regel unter die Körperstrafen subsumiert, da die Verwahrung in Verliesen und Türmen aufgrund der dort vorherrschenden

den"[620]. Das Beispiel Lauers blieb in den Jahren 1589 bis 1599 eine Ausnahme, alle anderen Bußen gingen im Zeitraum von 1589 bis 1599 tatsächlich bei der Herrschaft ein.[621]

Dass Urteile aber nicht immer konsequent vollzogen wurden, das beweist der Fall der beiden Hofbauern des Lengfurter- und des Schafhofs. Über einen größeren Zeitraum hinweg musste sich das Zentgericht mit dem Fernbleiben der beiden Bauern auseinandersetzen. Am Gerichtstermin, der Montag nach Laurenzi im Jahr 1597 stattgefunden hatte, wurden die beiden betroffenen Personen aufgrund ihres Fehlverhaltens zu einer Gerichtsbuße verurteilt: Da sie am Gericht „nicht erschienen sindt, solen sie solche vergessenheit ein ieder mit einer gerichtsbuß verbüssen, und sich uf nechst kommendes geschworenen Landgericht redtlich einstellen, und die schuldige Zendtpflicht, wie von alters herkommen, leisten"[622]. Der Urteilsspruch der Schöffen sowie die Aufforderung, bei Gericht zu erscheinen, hinterließen bei den Hofbauern offensichtlich nur wenig Eindruck, denn sie erschienen zum angesetzten Termin weder am Zentgericht, noch beglichen sie ihr Bußgeld.[623] Ein Jahr später, als das Zentgericht im Jahr 1598 Montag nach Laurenzi tagte, erschien dort schließlich der Anwalt Michel Gressmann im Auftrag des Grafen, um sich der leidigen Sache mit den Hofbauern anzunehmen: „Michel Gressman der wolgeb[orenen] unserer g[n]edigen herrschafft Wertheim abgeordneter anwald erscheint vor behegtem gericht und begert an Zendgraffen den landknecht zu fragen ob nicht den hofbauren [...] zum 2 und dritten mal sey herein geboten und citiret worden."[624] Der Zentgraf bejahte diese Frage und fügte hinzu, dass die Bauern schon mehrmals dazu aufgefordert worden waren, am Zentgericht zu erscheinen. Der gräfliche Anwalt machte daraufhin deutlich, dass er eine erneute „Citation" der Hofbauern wünsche, woraufhin sie „durch den Zendknecht vociret worden aber niemand erschienen [ist]"[625]. In Folge ordnete Michel Gressmann an, dass „solch ungehorsam und frefentliches außbleibens an ihnen zu strafen seye von rechts wegen"[626]. In den Zentgerichtsakten wird bezüglich dieses Vorfalls schließlich Folgendes protokolliert: „In sachen Michel Greßmans [...] und wieder die hoffbauren zur Lengfurt, und Schafhoffen, beclagte, lest er der Schöpff bey deme, Montags Nach Laurentii und nach Martini, jüngst verwichenem [15]97 Jahrs, ertheilten bescheid abermals bewenden"[627].

Kälte und Finsternis äußerst hart und körperlich schädigend war. Vgl. LIEBERWIRTH, Rolf: Art. Haftstrafe, in: HRG II (1978), Sp. 1900.
[620] StAWt G-Rep. 102 Nr. 5465 (Verzeichnus deren Buessen so an beeden Landgerichten Wertheim und Michelriedt dieses Jahr Me[inem] gn[edigen] he[rrn] heim gewisen).
[621] Vgl. StAWt G-Rep. 102 Nr. 5465 (Wertheimer Zentrechnungen).
[622] StAWt G-Rep. 102 Nr. 5550 (Zentgericht 1597, Montag nach Laurenzi).
[623] VGl. StAWt G-Rep. 102 Nr. 5550 (Zentgericht 1597, Montag nach Martini).
[624] StAWt G-Rep. 102 Nr. 5559 (Zentgericht 1598, Montag nach Laurenzi).
[625] Ebd.
[626] Ebd.
[627] Ebd.

An den darauffolgenden Gerichtsterminen wird der Fall der Hofbauern nicht mehr aktenkundig. Offenbar waren die beiden Bauern ihrer Pflicht nachgekommen und sind am nächsten geschworenen Gerichtstermin an der Zent erschienen. Die Vehemenz, mit der der gräfliche Anwalt aufgetreten war, hatte scheinbar dazu beigetragen, dass die Hofbauern ihr bisheriges „frefentliches" Verhalten überdachten. Ob sie auch ihre Geldstrafe beglichen haben, lässt sich leider nicht mit völliger Gewissheit sagen; das Fallbeispiel jedoch verdeutlicht, dass bezüglich der Urteile zwischen Rechtsnorm und Rechtspraxis eine Kluft bestehen konnte. An dieser Stelle muss allerdings auch betont werden, dass der Vollzug des Urteils im Fallbeispiel sicherlich aus der Verweigerungshaltung der Betroffenen resultierte, und nicht auf scheinbar obrigkeitliche Nachlässigkeit zurückgeführt werden kann. Das Beispiel der beiden Hofbauern bleibt im Untersuchungszeitraum zwar keine Ausnahme, insgesamt kam es jedoch äußerst selten vor, dass ein Untertan verurteilt wurde, weil er seiner Pflicht, an den „geschworenen" Gerichtstagen anwesend zu sein, nicht nachgekommen war.[628] Bei solch einem Verhalten musste die Obrigkeit natürlich reagieren, um gerade im Bereich der Rechtspflege ihre Legitimation als Ordnungsmacht nicht zu verlieren. Andererseits zeigt die Tatsache, dass der Schöffe das gefällte Urteil bestätigte und keine schärferen Sanktionen gegen die Bauern anwandte auch, dass man nicht darauf aus war, durch rigoroses Handeln noch unkalkulierbarere Gegenreaktionen hervorzurufen.[629]

Gelegentlich hörte das Zentgericht auch Zeugenaussagen, um sich ein besseres Bild vom Hergang oder den Umständen einer Tat machen zu können. Im Zusammenhang mit dem Urteil einer Geldbuße sagten im Untersuchungszeitraum insgesamt 13-mal Dritte als Zeugen aus. Hierbei lässt sich jedoch keine bestimmte Deliktgruppe ausmachen, bei der besonders häufig Zeugenaussagen gehört wurden. Tendenziell sagten aber vornehmlich bei Eigentumsdelikten Zeugen am Zentgericht aus.[630] Die Hinzuziehung von Dritten lag in der Regel im Interesse der Tatbeteiligten, um dem Gericht Beweise zu liefern, die entweder die eigene Unschuld bestätigten oder einem Vorwurf zusätzliches Gewicht verleihen konnten.

Wurde in einem Fall kein Urteil gefällt und die Verhandlung auf den nächsten Gerichtstermin vertagt[631], ging es in den meisten Fällen um Diebstahls- oder Betrugsvorwürfe sowie um Vorwürfe, die im Zusammenhang mit Unredlichkeit und Ehrlosigkeit standen. Insgesamt 161-mal vertagten die Schöffen Fälle aufgrund der genannten Vorwürfe. 17-mal wurden Vergehen auf den nächsten Gerichtstermin verschoben, weil es um schwere Gewaltdelikte oder sogar um Anklagen wie Mord und Totschlag ging. In insgesamt zehn Fällen sollte erst einmal nachgewiesen werden, dass ein Mordgeschrei nicht unnötig erhoben worden war, bevor ein Urteil

---

[628] Vgl. StAWt G-Rep. 102 Nr. 5550 (Zentgericht 1608, Montag nach Trium Regum), Täter: Thomas Schürger aus Waldenhausen.
[629] Vgl. dazu auch FRANK: Dörfliche Gesellschaft und Kriminalität, S. 190.
[630] Vgl. das Kapitel III. 3.3 „sie hett bey der nacht ein batzen vol trauben gestohlen": Eigentumsdelikte.
[631] Vgl. Diagramm 22 im Anhang: Anzahl der vertagten Delikte im Untersuchungszeitraum.

4. Urteile am Wertheimer Zentgericht 153

gefällt wurde, und in neun Fällen vertagten die Schöffen die Verhandlung aufgrund des Vorwurfs von Hurerei oder Ehebruch. Auch als sich Margretha Büttel aus Lindelbach im Jahr 1598 mit dem Vorwurf der Hexerei konfrontiert sah und ihr Fall am Zentgericht zur Rüge gebracht wurde, fällte das Gericht vorerst kein Urteil[632], genauso auch im Jahr 1600 als David Schetzlein aus Dietenhan Linhard Behems Frau als Viper bezeichnete.[633] Schließlich sollte auch Claus Dinkel aus Dietenhan einen Vorwurf gegenüber Georg Amend beweisen, den er der Sodomie bezichtigte oder seine beleidigenden Worte mit einer Geldstrafe verbüßen.[634]

Verhandlungen wurden beispielsweise auch vertagt, um Zeugen vor das Zentgericht zu laden und ihre Aussagen zu hören. Dies geschah im Zusammenhang mit der Verschiebung eines Urteils jedoch lediglich 32-mal im Untersuchungszeitraum. Ähnlich wie es im Zusammenhang mit den Geldbußen festgestellt wurde, gab es auch hier keine bestimmten Delikte, die für die Befragung von Zeugen prädestiniert waren. In den wenigsten Fällen nahm das Zentgericht eine Verhandlung wieder auf, denn nur selten wird eine vertagte Auseinandersetzung aufgrund der Befragung von Zeugen an den darauffolgenden Gerichtsterminen wieder aktenkundig. In lediglich 28 Fällen beschäftigte sich das Zentgericht erneut mit den Vergehen und verhängte hierbei schließlich 20-mal Geldbußen. Insgesamt viermal wurde ein Fall an die Herrschaft verwiesen, dabei ging es zweimal um den Vorwurf einer Marksteinverrückung, einmal schenkte ein Wirt seinen Wein angeblich in einer zu kleinen Weinkanne aus, und schließlich gestand Georg Keyser aus Lindelbach einen Vogeldiebstahl bei Hans Hoffmann aus Bettingen und erhielt deshalb das entsprechende Urteil. In insgesamt drei Fällen wurde ein Anklagepunkt fallen gelassen, und in einer Streitfrage endete die Verhandlung mit einem Freispruch. Hans Eckard aus Reicholzheim hatte in diesem Fall im Jahr 1604 seinen Nachbarn Philipp Reuss vorgeworfen, dass er jemanden[635] dazu beauftragt habe, seiner Mutter Gewalt anzutun und ihn dafür mit einem Taler entlohnt habe.[636] Das Zentgericht nahm sich der Sache erneut an, verurteilte Hans Eckard schließlich zu einer Geldstrafe, da sich der Vorwurf gegen Philipp Reuss nicht bewahrheitet hatte.[637]

In 90 Fällen leiteten die Schöffen einen Streitfall an die Wertheimer Grafen weiter, 36-mal geschah dies, weil „über Frieden geschlagen" wurde. In ebenfalls 36 Fällen waren Betrugs- und Diebstahlsvorwürfe beziehungsweise Aussagen, die die Integrität einer Person in Frage stellten, Gründe für den Verweis an die Herrschaft. Siebenmal wurde einem Angeklagten eine Mordabsicht vorgeworfen, viermal ging es um das unberechtigte Erheben eines Mordgeschreis. In drei Fällen wurde dem Angeklagten vorgeworfen, Grenzsteine verrückt zu haben, zweimal ging es in den an die Herrschaft verwiesenen Auseinandersetzungen um die Anwendung grober

---

[632] Vgl. StAWt G-Rep. 102 Nr. 5550 (Zentgericht 1599, Montag nach Trium Regum).
[633] Vgl. StAWt G-Rep. 102 Nr. 5550 (Zentgericht 1601, Montag nach Trium Regum).
[634] Vgl. StAWt G-Rep. 102 Nr. 5550 (Zentgericht 1601, Montag nach Martini).
[635] Name leider unleserlich.
[636] Vgl. StAWt G-Rep. 102 Nr. 5550 (Zentgericht 1604, Montag nach Walpurgis).
[637] Vgl. StAWt G-Rep. 102 Nr. 5550 (Zentgericht 1604, Montag nach Laurenzi).

Gewalt, jeweils einmal um einen Ehebruchsvorwurf sowie um die Verwendung eines falschen Maßes. Zu Zeugenbefragungen kam es in diesem Zusammenhang nur dreimal, in zwei Fällen waren Grenzsteinvergehen Verhandlungsgegenstand und einmal wurde das Gerichtspersonal beschimpft mit den Worten, es sei „des Henkers wert".[638] Den Zentrechnungen der Jahre 1589 bis 1599 ist zu entnehmen, dass die Herrschaft die entsprechenden Vergehen in der Regel auch mit einer Geldstrafe ahndete, im Jahr 1596 verurteilte sie zwei Delinquenten jedoch zu einer Turmstrafe. Hans Marckhardt aus Dertingen wurde vom Zentgericht an die Herrschaft verwiesen, weil er H.[639] Körner aus Dertingen unberechtigterweise beschuldigt hatte, einen Juden erschlagen zu haben. Seine Scheltworte sollte er deshalb „mit dem thurm[640] verbüssen"[641]. David Schetzlein aus Dietenhan sollte eine viertägige Turmstrafe absitzen, weil er „über Frieden geschlagen" hatte.[642] Mögliche Gründe, warum die Herrschaft in diesen beiden Fällen eine Haft- und keine Geldstrafe verhängte, können den Quellen leider nicht entnommen werden. Im Fall von David Schetzlein ist das Urteil wahrscheinlich damit zu erklären, dass man ihn aufgrund seiner ärmlichen Verhältnisse[643] nicht zusätzlich durch eine Geldbuße in finanzielle, womöglich auch existenzielle Schwierigkeiten bringen wollte.

Im Jahr 1593 wurde ein einziger Fall aus Bettingen vom Zentgericht ans Feldgericht verwiesen, in dem Georg Guttjar aus Bettingen und der Müller aus Urphar[644] eine Auseinandersetzung austrugen, in der es um die Tannenbäume Guttjars ging.[645] Ein Jahr zuvor leiteten die Schöffen eine Anklage sogar an das Hofgericht weiter, in der einem Krämer aus Usingen[646] Diebstahl vorgeworfen wurde.[647] Die Weiterleitung ans Hofgericht hängt hier sicherlich damit zusammen, dass der Krämer kein Untertan der Wertheimer Grafen gewesen ist und nicht im Zentgerichtsbezirk ansässig war.

Eine Entwicklung bezüglich der Urteilspraxis in den Blick zu nehmen, macht an dieser Stelle sicherlich nur wenig Sinn. Das der Arbeit zugrunde liegende Quellenmaterial wurde für die Zeit von 1589 bis 1611 in seiner Gesamtheit erfasst und es wurde nicht etwa mit Stichproben gearbeitet, anhand derer ein längerer Unter-

---

[638] StAWt G-Rep. 102 Nr. 5535. Vgl. Diagramm 23 im Anhang: Anzahl der an die Herrschaft verwiesenen Delikte.
[639] Vorname leider unleserlich.
[640] Über die Dauer der Turmhaft werden leider keine Angaben gemacht.
[641] StAWt G-Rep. 102 Nr. 5465 (Verzeichnus deren Buessen so an beeden Landgerichten Wertheim und Michelriedt dieses Jahr Me[inem] gn[edigen] he[rrn] heim gewisen).
[642] Vgl. ebd.
[643] StAWt G-Rep. 102 Nr. 5465 („Verzeignung der Zent buß so m[einem] g[nedigen] Herrn heim gewisen uff beden zenten wertheim und michel Ridt von petry anno [15]95 bis [15]96 wertheimer zent mondag nach walburgi").
[644] Der Name des Müllers wird leider nicht genannt.
[645] Vgl. StAWt G-Rep. 102 Nr. 6471 („Georg Guttjar vs. Müller aus Urphar").
[646] Die Stadt Usingen liegt in der Nähe von Darmstadt, im heutigen Hessen und gehörte im Untersuchungszeitraum zur Herrschaft der Nassauer Grafen.
[647] Vgl. StAWt G-Rep. 102 Nr. 6479 (Fall des „Krämers aus Uisingen").

suchungszeitraum ins Auge gefasst werden konnte.[648] Die Bandbreite unterschiedlicher Urteile war in der Zeit um 1600 ohnehin äußerst gering und schwerwiegendere Vergehen verwiesen die Schöffen an den Wertheimer Grafen weiter. Dies hing jedoch mit der Art des Deliktes zusammen und nicht etwa mit Veränderungen, die beispielsweise die Verwaltung betrafen. So konstatiert Michael Frank für die Strafpraxis am Heidener Gogericht, dass gegen Ende des 18. Jahrhunderts eine auffallende Steigerung der Freiheitsstrafen zu verzeichnen ist und diese im Zusammenhang mit den im gleichen Zeitraum festzustellenden Bemühungen der Administration bezüglich der Verbesserung der Gefängnisstruktur gesehen werden könnte.[649] Gefängnisstrafen waren im 16. und 17. Jahrhundert ohnehin eher ungewöhnlich, in dieser Zeit wurden Gefangene nur selten in Türmen oder Kerkern eingesperrt, um sie zu bestrafen.[650]

Vielmehr lohnt es sich sicher im Zusammenhang mit der Urteilsfindung am Wertheimer Zentgericht das Beispiel der beiden Hofbauern noch einmal aufzugreifen, weil anhand der in diesem Fall angewandten Verfahrenspraxis Aussagen zum Verhältniss von Herrschaft und Gerichtspersonal gemacht werden können. Einerseits zeigt das Auftreten des gräflichen Anwalts Michel Gressmann, dass die Obrigkeit großen Wert darauf legte, dass die durch Eid mit dem Zentgericht und damit auch dem Grafen als obersten Gerichtsherrn verbundenen Untertanen ihren Pflichten auch nachkamen. Es lässt sich zwar nicht mehr rekonstruieren, ob Gressmann auf Bitten des Gerichtspersonals am Zentgericht erschienen ist, oder ob dies auf Initiative der Herrschaft geschah, aber das Eingreifen des gräflichen Anwalts hatte den Forderungen des Gerichts offensichtlich mehr Gewicht verliehen. Andererseits behielt es sich die Obrigkeit vor, direkt in das Verfahren einzugreifen, da die Entscheidungsfindung eindeutig in den Händen der Schöffen lag und dies von der Herrschaft auch akzeptiert wurde. Im Fall der Hofbauern fällte der Schöffe das Urteil ohne Zutun Michel Gressmanns und ohne dass hierfür beispielsweise eine Empfehlung durch den Grafen ausgesprochen worden war: „lest er der Schöpff[es] bey deme [...] ertheilten bescheid abermals bewenden."[651] Dies zeigt, dass die Obrigkeit den Kompetenzen des Gerichtspersonals vertraute, auch wenn es sich im Falle der Schöffen um Laienrichter handelte, und dass im Gegenzug das Auftreten des gräflichen Anwalts nicht als Eingriff in die Rechte des Gerichtspersonals angesehen wurde.

---

[648] Mit Stichproben über einen längeren Zeitraum arbeiteten beispielsweise Gerd Schwerhoff, SCHWERHOFF: Köln im Kreuzverhör, sowie auch Michael Frank, FRANK: Dörfliche Gesellschaft und Kriminalität.
[649] Vgl. FRANK: Dörfliche Gesellschaft und Kriminalität, S. 212–214.
[650] Vgl. SCHILD, Wolfgang: Art. Gefängnis, in: LdM, Bd. IV (1989), Sp. 1168f. Zur Funktion und Anwendung von Zuchthausstrafen vgl. auch SCHÄFER-RICHTER, Uta: Hinter Schloss und Riegel: An der Wiege zur Freiheitsstrafe – das „Zucht- und Tollhaus" zu Celle in seinen Gründungsjahren (1706–1732). Göttingen 2018, hier besonders S. 26–45.
[651] StAWt G-Rep. 102 Nr. 5550 (Zentgericht 1598, Montag nach Laurenzi).

4.1 Zusammenfassung

Zusammenfassend lässt sich zur Urteilspraxis am Wertheimer Zentgericht festhalten, dass Geldstrafen den Alltag in der Sanktionspraxis ausmachten und, dass das Repertoire bezüglich der Entscheidungsfindung recht beschränkt war. Im Fall des Zentgerichts gibt es im Untersuchungszeitraum keine Hinweise auf die Benachteiligung der unteren sozialen Schichten oder auf deren existenzielle Bedrohung aufgrund einer zu hohen Geldbuße. Ganz im Gegenteil wurden die Schöffen dem Ruf gerecht, dass sie möglichst einfache und gerechte Urteile fällten. Wurde jedoch die Sachlage komplizierter oder handelte es sich in den Augen der Richter um schwerwiegendere Vergehen, so vertraute man auf die herrschaftliche Kompetenz und verwies die entsprechenden Fälle an die Obrigkeit. Ungewöhnlich harte Urteile wurden am Wertheimer Zentgericht nicht gefällt, solche hätten zum Beispiel eine Aushöhlung der Legitimität der Justiz durch die lokale Gesellschaft zur Folge haben können. Die zu strenge Bestrafung einzelner Dorfbewohner hätte mit großer Sicherheit eine Mobilisierung und feindselige Haltung der Nachbarschaft ausgelöst.[652] Die Zentgerichtsprotokolle vermitteln den Eindruck, dass die Bewohner der Wertheimer Grafschaftsdörfer die Richtersprüche akzeptierten, denn die Urteiler stammten ja auch aus ihren eigenen Reihen, was ihrer Autorität und ihrem Ansehen in den Augen der Dorfbewohner zweifellos zu Gute kam.[653] Für die Dorfgesellschaft stellte das Zentgericht keine Einrichtung dar, die vorwiegend repressiv und lebensnormierend auf die Menschen einwirkte. Das Zentgericht wurde auch zur Lösung innerdörflicher Konflikte herangezogen, Spannungen und Auseinandersetzungen, die von den Dorfmitgliedern nicht eigenständig gelöst werden konnten oder sollten, versuchte man mithilfe des Gerichts zu schlichten. Daher war das Zentgericht für die dörfliche Gesellschaft vornehmlich ein Instrument, das sie zur Wiederherstellung und zur Wahrung des dörflichen Friedens nutzten.[654]

5. Personen vor Gericht

In den für den Untersuchungszeitraum herangezogenen Rügeprotokollen wurden insgesamt 906 Personen aktenkundig, die entweder als Täter, Angehöriger der Gegenseite, als Streitschlichter, als Rüger oder als Zeuge in den Quellen auftauchen. Die folgenden Ausführungen versuchen, das soziale Profil dieser Personengruppen in den Blick zu nehmen und der Frage nachzugehen, ob bestimmte gesellschaftliche Gruppen überproportional in den Prozessen vertreten waren und, ob sich da-

---

[652] Vgl. auch FRANK: Dörfliche Gesellschaft und Kriminalität, S. 217.
[653] Ähnliche Überlegungen bei WILLOWEIT, Dietmar: Genossenschaftsprinzip und altständische Entscheidungsstrukturen in der frühneuzeitlichen Staatsentwicklung. Ein Diskussionsbeitrag, in: Staatsbildung und Jurisprudenz. Spätmittelalter und Frühe Neuzeit. Gesammelte Aufsätze 1974–2002, Bd. 2. Stockstadt am Main, 2009, S. 134.
[654] Vgl. dazu auch FRANK: Dörfliche Gesellschaft und Kriminalität, S. 217.

raus Schlussfolgerungen bezüglich der innerdörflichen Beziehungen ergaben. Des Weiteren interessieren natürlich auch geschlechterspezifische Unterschiede im Hinblick auf die unterschiedlichen Delikttypen und es stellt sich die Frage, welche Rolle Frauen im Zuge einer Auseinandersetzung beispielsweise als Streitschlichterinnen oder Zeuginnen hatten.

Die Beantwortung dieser Fragen wird jedoch durch den Umstand erschwert, dass Forschungen über die sozialen Verhältnisse der ländlichen Bevölkerung in der Grafschaft immer noch ein Desiderat sind. Eine Ausnahme in der Aufsatzliteratur stellt die Arbeit über den Ort Höhefeld von Erich Langguth dar[655], auch wenn hier stark personengeschichtliche Interessen verfolgt werden. Zudem geben ebenso die Zentgerichtsakten selbst nur selten Auskunft über Berufe oder Vermögensstand einzelner Personen, nur in bedingtem Maße konnte hier mit Hilfe anderer Archivalien Abhilfe geschaffen werden, die beispielsweise den Viehbesitz einzelner Bewohner im Wertheimer Zentgerichtsbezirk auflisten.[656] Diese Angaben sind meines Erachtens allerdings nur begrenzt aussagekräftig. Trotzdem soll an dieser Stelle etwas Licht ins Dunkel gebracht werden, durchaus in dem Bewusstsein, dass sich hierbei lediglich Tendenzen nachzeichnen lassen. Eine Unterscheidung der unterschiedlichen beruflichen Tätigkeitsfelder lässt sich allerdings recht gut nachvollziehen und die Ausübung eines bestimmten Berufs hing in der Frühen Neuzeit ja auch mit sozialem Status und Ehrbarkeit zusammen. Deshalb orientieren sich die folgenden Ausführungen an eben diesen Kriterien. Die beschränkte Aussagekraft, welche die Zentgerichtsakten bezüglich der sozialen Verhältnisse der Dorfgesellschaft besitzen, wird jedoch durch den Detailreichtum hinsichtlich anderer Aspekte, wie etwa der Schilderung ritualisierter Konfliktlösungsstrategien oder informeller Normvorstellungen, ausgeglichen. Diese werden an anderer Stelle noch in ausführlicherer Weise Thema dieser Arbeit sein.[657]

5.1 Kriminalität in den Wertheimer Grafschaftsdörfern: Ein „Vorrecht" unterer Schichten?

Die Annahme, dass strafwürdige Vergehen beinahe ausschließlich von Angehörigen der unteren Gesellschaftsschichten verübt wurden, ist bereits gegen Ende der 1980er Jahre von James A. Sharpe revidiert worden[658] und auch die Studie von Frank, die sich mit der Ausübung von Kriminalität in der dörflichen Gesellschaft beschäftigt, kommt zu ähnlichen Ergebnissen. In der Ortschaft Heiden waren die

---
[655] Vgl. LANGGUTH: Häcker und Bauern – Höhefelds Einwohner um 1600.
[656] Mit ähnlichen Problemen sah sich auch Gerd Schwerhoff in seiner Untersuchung zur Kriminalität der Stadt Köln konfrontiert. Vgl. SCHWERHOFF: Köln im Kreuzverhör, S. 174 f.
[657] Vgl. das Kapitel III. 6. Die Ritualisierung von Konflikten: Spielregeln innerhalb der dörflichen Gesellschaft.
[658] Vgl. SHARPE: Crime and delinquency in an Essex parish 1600–1640.

Vollmeier[659] im Vergleich zu den Unterschichten[660] im Allgemeinen bei den Angeklagten deutlich überrepräsentiert.[661] Andere Ergebnisse ermittelte beispielsweise Gerd Schwerhoff in seiner Studie über Köln. Angehörige der Oberschicht, unter die hier Adelige und reiche Kaufleute subsumiert wurden[662], kamen nur in Ausnahmefällen mit der städtischen Strafjustiz in Berührung. Kommentiert wird diese Feststellung von Schwerhoff mit den Worten, dass die Justicia in Köln keine besonders gutsitzende Augenbinde besaß und ihr Arm auch nicht sehr weit nach oben reichte.[663]

Welche Aussagen lassen sich über die Bewohner des Wertheimer Zentgerichtsbezirks treffen? Im Allgemeinen war auch in der ländlichen Gesellschaft der Grafschaft Kriminalität kein „Vorrecht" der Armen oder weniger angesehenen Personengruppen. Selbst kirchliche Vertreter waren in handgreifliche Auseinandersetzungen involviert, wenn auch eher selten. So war beispielsweise der Prior[664] von Bronnbach[665] im Jahr 1593 in eine Schlägerei verwickelt, bei der er sich sogar mit einem Hammer bewaffnet hatte.[666] Unter anderem berichtete der Rüger Georg Keyser aus Lindelbach in diesem Fall, dass es während eines Schiedsgerichts in der

---

[659] Für die soziale Stellung auf dem Land war im Wesentlichen der bäuerliche Besitz ausschlaggebend. Die oberste Klasse bildeten die Voll- und Halbmeier mit einer Besitzgröße von über 15 ha., gefolgt von den Groß- und Mittelköttern (10 bis 15 ha.). Vgl. FRANK: Dörfliche Gesellschaft und Kriminalität, S. 68.

[660] Dazu zählt Frank Hoppenplöcker, Straßenkötter, Einlieger, Gesinde und Juden. Kleinkötter, Hoppenplöcker und Straßenkötter repräsentierten die Schicht der Kleinbauern mit einem Besitz unter 2 ha. Für die Subsistenzsicherung waren sie auf Nebenerwerb angewiesen. Die sogenannten Einlieger wohnten zur Miete und pachteten Land. Sie waren nicht in das grundherrliche System eingebunden, da sie keine Besitzrechte über Grund und Boden hatten. In der Regel waren die Einlieger zusätzlich auf heimgewerbliche Produktion und Wanderarbeit angewiesen. Vgl. FRANK: Dörfliche Gesellschaft und Kriminalität, S. 68f.

[661] Vgl. FRANK: Dörfliche Gesellschaft und Kriminalität, S. 220.

[662] Vgl. SCHWERHOFF: Köln im Kreuzverhör, S. 184.

[663] Vgl. SCHWERHOFF: Köln im Kreuzverhör, S. 205.

[664] Das Kloster Bronnbach ist eine ehemalige Zisterzienser-Abtei. In dieser Ordensgemeinschaft war der Prior der Vertreter des Abtes, der dem Kloster vorstand. Vgl. FELTEN, Franz J.: Art. Priorat, in: LdM, Bd. 7 (1999), Sp. 215–218. Im Jahr 1593 dürfte Sebastian Udalrici (Ulrich) Prior des Kloster Bronnbachs gewesen sein. Dieser wurde 1602 nach dem Tod von Abt Wigand Mayer zu dessen Nachfolger gewählt. Aufgrund wirtschaftlicher Probleme des Klosters und des offenbar zweifelhaften Lebenswandels Abt Sebastians, wurde dieser 1615 im Auftrag von Fürstbischof Julius Echter suspendiert und zum Rücktritt bewegt. Vgl. SCHERG, Leonhard: Der Anteil des Ordens an der Wiederherstellung der tauberfränkischen Zisterzienserabtei Bronnbach zwischen 1573 und 1654, in: Helmut FLACHENECKER/Stefan KUMMER/Monika SCHAUPP (Hg.): Forschungen zur Bau- und Ausstattungsgeschichte von Kloster Bronnbach (Veröffentlichungen des Historischen Vereins Wertheim, Bd. 9). Wertheim 2014, S. 86–88.

[665] Zur Geschichte des Kloster Bronnbachs vgl. MÜLLER, Peter (Hg.): Kloster Bronnbach 1153–1803. 650 Jahre Zisterzienser im Taubertal. Wertheim 2003.

[666] Vgl. StAWt G-Rep. 102 Nr. 6471 („Prior von Bronnbach vs. Veit Ditmer vs. Enders Endersen vs. Hans Hörner").

Ortschaft Höhefeld zu einer gewaltsamen Auseinandersetzung zwischen den drei Männern Enders Endersen, Veit Ditmer sowie Hans Hörner aus Höhefeld und dem Bronnbacher Prior gekommen war, im Zuge derer der Würdenträger nicht davor zurückschreckte, einen Hammer einzusetzen.[667] Die Übeltäter wurden vom Zentgericht gleichermaßen zu einer Geldbuße verurteilt.[668]

In einem anderen Fall aus Dörlesberg sah sich der ortsansässige protestantische Pfarrer im Jahr 1605 sogar mit einem Mordvorwurf konfrontiert.[669] Die Rüger Bernhard Löhr, Georg Grimm und Claus Beyer berichteten in diesem Zusammenhang, dass sie mit Hans Metzler zusammen gestanden waren und dieser ihnen erzählt habe, dass der Pfarrer seinen Sohn angeblich habe umbringen wollen: „der pfarher hatt mir mein sun wollen ermorden."[670] Claus Beyer fragte Metzler daraufhin, ob er sich bewusst sei, welche böse Anschuldigung dies für den Pfarrer bedeuten würde. Dieser bejahte schließlich die Frage und kündigte an, dass er auch den Seelsorger selbst mit seinem Vorwurf konfrontieren werde. Kurz darauf kam dieser tatsächlich zu der Gruppe der vier Männer hinzu und auf die Worte Metzlers, er [der Pfarrer] habe seinen „sun nechten wollen ermorden"[671], versuchte der Pfarrer die Situation zu entschärfen, indem er seinen Kontrahenten direkt ansprach: „Hans thut gemach Last die leut reden so darbey gewest, euer sun ist mir lang nach gelauffen."[672]

Was genau war hier im Vorfeld passiert? In einem anderen Rügeprotokoll, das im Zusammenhang mit diesem Fall verfasst wurde, berichtete Stefan Mussig, dass er selbst, der Pfarrer Linhard Baumann und ihre beiden Ehefrauen auf dem Heimweg nach Dörlesberg gewesen seien, nachdem sie den Markt in der Stadt Wertheim besucht haben.[673] Die beiden Frauen sowie auch die beiden Männer waren jeweils in separate Gespräche vertieft, als die Gattin des Pfarrers plötzlich stehen blieb und den anderen mitteilte: „ich gehe nicht weitter es sind leut vor uns und sind beiseits in die hecken gangen"[674]. Linhard Baumann wollte seine Frau offensichtlich beruhigen, forderte Stefan Mussig dazu auf, ihm „sein Wehr"[675] zu geben und versprach den Anwesenden, dass er sie schützen wolle. Nachdem sie ein kleines Wegstück weiter gegangen waren, traf die Gruppe schließlich auf Hans Metzler Junior, der sich neben die Straße gesetzt hatte. Der Pfarrer, so lautete die Aussage Mussigs, sprach den Wegelagerer daraufhin mit „hartten worten"[676] an und fragte ihn, warum er ihm den Weg verwehre und weshalb er auf ihn warte. Metzler antwortete

---

[667] Vgl. ebd.
[668] Vgl. StAWt G-Rep. 102 Nr. 5550 (Zentgericht 1593, Montag nach Martini).
[669] Vgl. StAWt G-Rep. 102 Nr. 538 (Hans Metzler vs. Linhard Baumann, Pfarrer" (Rüger: Löhr, Grimm, Beyer).
[670] Ebd.
[671] Ebd.
[672] Ebd.
[673] Vgl. StAWt G-Rep. 102 Nr. 538 (Hans Metzler vs. Linhard Baumann" (Rüger Mussig)).
[674] Ebd.
[675] Ebd. Es handelt sich hierbei offenbar um ein Messer.
[676] Ebd.

daraufhin, dass er nicht auf den Geistlichen, sondern auf seine Gesellen warten würde. Daraufhin „sind rüger und der pfarher ire strassen gezogen bis in das Sachsenhauser feld"[677], dabei wurden sie von Metzler verfolgt, woraufhin Linhard Baumann ihn erneut fragte, warum er auf ihn gewartet habe. Der junge Hans Metzler antwortete ihm, „was er [ihn] zu fragen hab er frag nach keinem man nichts"[678]. Schließlich gingen die beiden Kontrahenten mit den Waffen aufeinander los, wobei der Pfarrer Hans Metzler ins Feld zurückdrängte und sie in der Folge voneinander abließen. Stefan Mussig gab letztlich noch zu Protokoll, dass er daraufhin mit dem Pfarrer und den beiden Ehefrauen heim nach Dörlesberg gegangen sei.[679] Das Zentgericht forderte Hans Metzler Senior dazu auf, seine Vorwürfe zu beweisen, ansonsten hätte er seine Tat entsprechend zu verbüßen: „Hans Metzler zur dörleßberg soll zur Nehern Centh uff den Pfarrer, Linhard Bauman deselbsten mit recht erweisen das er ihme seinen sohn wöllen ermorden [...] oder solle es gegen mei[nen] gn[edigen] he[rrn] verbüssen."[680] Der Fall wurde in den darauf folgenden Verhandlungen nicht mehr aufgegriffen, so dass Hans Metzler für seine offenbar haltlose Anschuldigung sicherlich eine Geldstrafe zu zahlen hatte. Linhard Baumann war im Untersuchungszeitraum jedoch auch in vier Fällen selbst Täter und dreimal in eine gewaltsame Auseinandersetzung verwickelt, in einer Streitfrage wurde er wegen Beleidigung belangt. Auch der Pfarrer aus Bettingen, Melchior Leuser, erhielt zweimal eine Geldstrafe, weil er einmal Enders Berg als Schelm und in einer anderen Auseinandersetzung Hans Ebert als Betrüger beschimpft hatte. In insgesamt sieben Fällen wurde in den Jahren von 1589 bis 1611 ein Pfarrer beziehungsweise der Prior des Klosters Bronnbach als Täter aktenkundig. Kriminelles Verhalten bleibt in dieser Berufsgruppe also eher die Ausnahme. Am spektakulärsten jedoch darf wohl der Fall des Bronnbacher Priors gelten, der nicht davor zurückgeschreckt war, einen Hammer als Waffe einzusetzen.

Doch auch andere Amtspersonen wurden im Untersuchungszeitraum als Täter aktenkundig. Insgesamt konnten aus den unterschiedlichen Ortschaften, die im Wertheimer Zentgerichtsbezirk lagen, zwanzig Personen namentlich identifiziert werden, die das Amt des Schultheißen bekleideten. Vierzehn von ihnen waren Täter, neun davon waren sogar in mehreren Fällen gesetzesbrüchig. Am häufigsten, nämlich jeweils insgesamt fünfmal, waren Linhard Paal aus Ödengesäß und Hans Teufel aus Dertingen in eine Auseinandersetzung involviert, beide waren jeweils dreimal an einer gewaltsamen Konfrontation beteiligt und in zwei Fällen wurde der Dertinger Schultheiß aufgrund von „Scheltworten" belangt.[681] Die Beleidigung als Schelm, die er gegen Christoph Helmich aus Höhefeld ausgesprochen hatte, musste er mit einer Geldstrafe büßen und weil er seinen Kontrahenten zudem als

---

[677] Ebd.
[678] Ebd.
[679] Ebd.
[680] StAWt G-Rep. 102 Nr. 5550 (Zentgericht 1605, Montag nach Martini).
[681] Vgl. StAWt G-Rep. 57/1 Zentsachen Nr. 16 („Hans Teufel vs. Christoph Helmich").

Dieb bezichtigt hatte, verwiesen ihn die Schöffen an die Herrschaft.[682] Weil sich Linhard Paal und Peter Paal im Jahr 1608 gegenseitig „Dieb" und „Schelm" genannt hatten, wurden die beiden zu gleichen Teilen mit einer Geldbuße bestraft. Letzterer hatte im Zuge der Auseinandersetzung dem Schultheiß zudem vorgeworfen, ein Betrüger zu sein.[683] Die Schöffen vertagten das Urteil[684], griffen die Anschuldigung jedoch nicht mehr auf, woraus zu schließen ist, dass sich die Vorwürfe offensichtlich als haltlos erwiesen hatten. Möglich wäre es jedoch auch, dass die Funktion Linhard Paals als Gemeindevorsteher, dazu geführt hatte, dass Peter Paal keine weitere Verhandlung des Falles mehr angestrebt. In diesem Zusammenhang stellt sich natürlich die Frage, ob man es sich leisten konnte, die Aufklärung einer Tat, die von einer eher einflussreicheren Persönlichkeit wie dem Schulheißen begangen wurde, als Gegenseite weiterhin zu verfolgen. Aufgrund seiner sozialen Stellung stand dem Dertinger Schultheiß sicherlich ein breites Netz von Verwandten und Freunden zur Verfügung, das zugunsten der eigenen Person aktiviert werden konnte. Zudem akkumulierte der Schultheiß in seiner Funktion als Schnittstelle zwischen Herrschaft und Gemeinde ein spezielles Wissen, das ihm im Fall einer Auseinandersetzung zu einem Informationsvorsprung und damit zu Vorteilen verhelfen konnte. Als Teil der Sozialgemeinschaft des Dorfes kannte der Schultheiß die Verhältnisse in der Gemeinde besser als beispielsweise der Amtmann, und als Amtsträger war er über die Verhältnisse im Amt besser unterrichtet als die einfachen Dorfbewohner. Dies eröffnete Spielräume für eigenverantwortliches, aber auch eigennütziges Handeln.[685] Jedoch wurden ebenso im Fall Linhard Baumanns, dem Pfarrer aus Dörlesberg, keine Zeugen von Hans Metzler vor Gericht gebracht, wenngleich man davon ausgehen kann, dass eine Mordanschuldigung in diesem Fall sicherlich übertrieben gewesen ist.

In insgesamt 32 Fällen waren Schultheißen als Täter angeklagt.[686] Hierbei waren sie 14-mal in eine gewaltsame Konfrontation involviert, zehnmal hatten die Amtsträger eine Beleidigung ausgesprochen, siebenmal sahen sie sich mit Betrugsvorwürfen konfrontiert und in einem Fall hatte Hans Heydt aus Reicholzheim „über Frieden geschlagen" und wurde deshalb an die Herrschaft verwiesen. Auch ihre „Scheltworte" hatten die Schultheißen jeweils mit einer Geldstrafe zu verbüßen. In den Fällen jedoch, in denen es um den Vorwurf von Eigentumsdelikten ging, wurden die Verhandlungen ausnahmslos vertagt, es fanden keine Zeugenbefragungen statt und keiner der Schultheißen wurde aufgrund der erhobenen Anklagen verurteilt. Dies konnte, musste allerdings nicht unbedingt mit dem sozialen Status der Schultheißen zusammenhängen. Im Jahr 1604 beschuldigte Hans Erbach, der Schultheiß von Bestenheid, seinen Amtskollegen aus Grünenwört, Peter Düning,

---

[682] Vgl. StAWt G-Rep. 102 Nr. 5550 (Zentgericht 1609, Montag, 13. August).
[683] Vgl. StAWt G-Rep. 102 Nr. 5945 („Linhard Paal vs. Peter Paal").
[684] Vgl. StAWt G-Rep. 102 Nr. 5550 (Zentgericht 1608, Montag, 2. Mai).
[685] Vgl. TROSSBACH, Werner/ZIMMERMANN, Clemens: Die Geschichte des Dorfes, S. 90f.
[686] Vgl. Diagramm 24 im Anhang: Anteil der von Schultheißen begangenen Delikte.

dass er und seine Nachbarn ihm „einen lochbaum"[687] ab gehauben"[688] haben. Anlass der Anschuldigung war eine Art Ortsbegehung, bei der sich die Schultheißen aus Reicholzheim, Bestenheid und Grünenwört mit „ettlichen nachbarn" im Schreinstal getroffen hatten. Bei dieser Zusammenkunft äußerte Peter Düning seine Vorwürfe, wobei jedoch bereits im Rügeprotokoll darauf hingewiesen wurde, dass er dies nicht hätte beweisen können: „so hatt er es nicht können beweißen."[689] Die Schöffen am Wertheimer Zentgericht forderten Düning daher auf, seine Anschuldigungen glaubhaft zu machen oder eine entsprechende Geldstrafe zu zahlen.[690] Die Verhandlung wurde, wie oben bereits erwähnt, nicht mehr aufgenommen. Vorwürfe, die im Zusammenhang mit Eigentumsdelikten geäußert wurden, waren tatsächlich schwer nachzuweisen und dies nicht nur in solchen Fällen, in denen eine Person mit hohem Ansehen unter Anklage stand. Das zeigt, dass die entsprechende Verfahrenspraxis aller Beteiligten nicht unbedingt mit der sozialen Stellung des Täters zusammenhängen musste.

Gelegentlich wurden auch Mitglieder des Schöffenkollegiums am Zentgericht angeklagt. In insgesamt elf Fällen mussten sich diese selbst vor Gericht verantworten, dreimal wurden einzelne Schöffen aufgrund von „Scheltworten" zu einer Geldbuße verurteilt. In vier Streitfragen waren die Amtsträger in eine gewaltsame Auseinandersetzung verwickelt und erhielten dafür ebenfalls eine Geldstrafe, in zwei Fällen wurde Hans Hergenhan aus Höhefeld sogar an die Herrschaft verwiesen, weil er „über Frieden geschlagen" hatte. Es sei an dieser Stelle jedoch angemerkt, dass bei allen Injurien Alkohol im Spiel gewesen war, da sich die Konflikte entweder im Wirtshaus oder „bei der Zech" abgespielt hatten. Der Schöffe Andreas Fleischmann aus Sachsenhausen wurde am Zentgericht zweimal angeklagt, hierbei warf man ihm Betrug und Unredlichkeit vor. Während der Betrugsfall vertagt und schließlich nicht mehr aufgegriffen wurde, verurteilten die Schöffen im zweiten Fall die Gegenseite zu einer Geldstrafe. In diesem Zusammenhang berichtet der Rüger Hans Bürger aus Sachsenhausen, dass er sich mit seinem Nachbarn, dem Zimmermann Ulrich Mayer, aus der Stadt Wertheim nach Hause begeben habe, als dieser zu ihm sagte: „waß habt ir vor Leut bey euch im gericht Schelmen und dieb habt ihr bei euch."[691] Bürger entgegnete ihm daraufhin: „das weiß ich nicht und da wir solches von einem wissen weren wir nicht zu frieden mit Ime."[692] Der Zimmermann konkretisierte anschließend seine Vorwürfe gegenüber Andreas Fleischmann: „und wer ist der Enderla, was ist sein Vatter gewesen und wo ist sein Manrecht, Ich hab daß mein und kann auflegen, hole er das sein auch."[693] Die Aussage

---

[687] Ein Lochbaum ist ein Baum, in den eine Einkerbung geschlagen wird und der eine Grenze markiert.
[688] StAWt G-Rep. 102 Nr. 537 (Schultheiß Grünenwört vs. Schutheiß Bestenheid").
[689] Ebd.
[690] Vgl. StAWt G-Rep. 102 Nr. 5550 (Zentgericht 1604, Montag nach Laurenzi).
[691] StAWt G-Rep. 57/1 Zentsachen Nr. 16 („Ulrich Mayer vs. Schöffe").
[692] Ebd.
[693] Ebd.

Ulrich Mayers legt nahe, dass er offenbar der Meinung war, dass Andreas Fleischmann für das Amt des Schöffen nicht geeignet gewesen sei. Mit einem Mannrechtsbrief wurde unter anderem die eheliche Geburt einer Person beurkundet.[694] An dieser zweifelte Mayer offensichtlich. Das Urteil der Schöffen fiel in diesem Fall eindeutig aus. Ulrich Mayer wurde zu einer doppelten Geldstrafe verurteilt, da er Fleischmann als Dieb und Schelm bezeichnet hatte und bezüglich der Aussage über den Vater Fleischmanns wurde er zusätzlich vom Zentgericht getadelt.[695]

In Hinblick auf die Gesamtzahl der Straftaten im Untersuchungszeitraum fällt die Kriminalitätsrate der Pfarrerschaft beziehungsweise der Amtspersonen mit insgesamt 50 Fällen natürlich sehr gering aus. Hinzu kommt, dass einige der Anschuldigungen auch nicht weiter verfolgt wurden. Dass Schultheißen allerdings 32-mal mit dem Gesetz in Konflikt geraten, mag vielleicht erstaunen. Zu bedenken ist jedoch, dass auch diese als Untertanen Teil der dörflichen Gemeinschaft waren und sich nicht unbedingt anders verhielten als ihre Nachbarn. Natürlich sind an dieser Stelle weitere Angaben zum Vergleich nötig.

5.2 Knechte und Mägde als Täter

Für insgesamt 40 Personen waren den Zentgerichtsakten Angaben zu entnehmen, dass diese als Knechte tätig waren. Im gesamten Untersuchungszeitraum war die Magd Veronika die einzige Bedienstete, die im Jahr 1610 nachweisbar aufgrund einer Streiterei vom Zentgericht zu einer Geldstrafe verurteilt wurde. Sie war die Magd von Thomas Friedel aus Reicholzheim und hatte im Haus ihres Arbeitgebers mit dem Knecht ein Streitgespräch geführt, in dem sich die beiden Kontrahenten als „Schelm" und „Hure" beschimpften.[696] Nachdem der Knecht Veronika aufgrund ihrer Beschimpfungen auf den Mund geschlagen hatte, warf die Magd ihm einen Teller, der dabei zu Bruch ging, an den Kopf. Der Bruder Friedels, Zacharias, rügte den Vorfall am Zentgericht, das die beiden Streithähne jeweils mit einer Geldbuße bestrafte.[697] Dass Bedienstete, die gemeinsam auf einem Hof oder im gleichen Dorf arbeiteten, aneinander gerieten, kam im Untersuchungszeitraum fünfmal vor. Diese niedrige Anzahl lässt sich dadurch erklären, dass die Konfliktlösung in den Häusern stattfand oder aller Wahrscheinlichkeit nach durch den Hausvater vorgenommen wurde. Diesem unterstanden die Mitglieder des Hauses und er war für das sittlich-moralische Leben aller Angehörigen der Hausgemeinschaft sowie für den Hausfrieden verantwortlich. Der Hausvater trug die Verantwortung des Hauses nach innen und außen,[698] obgleich er jedoch keine absolut

---

[694] Vgl. zur grundlegenden Bedeutung von „Mannrecht": Deutsches Rechtswörterbuch, Bd. 9 (1996), Sp. 150–153.
[695] Vgl. StAWt G-Rep. 102 Nr. 5550 (Zentgericht 1609, 8. Mai).
[696] Vgl. StAWt G-Rep. 102 Nr. 1626 („Thomas Friedels Knecht vs. Thomas Friedels Magd").
[697] Vgl. StAWt G-Rep. 102 Nr. 5550 (Zentgericht, 8. Januar 1610).
[698] Vgl. MÜNCH: Lebensformen in der Frühen Neuzeit, S. 172 f.; DÜLMEN, Richard van: Kul-

patriarchalische Herrschaft ausübte.[699] Nach dem Verständnis der Zeitgenossen waren angemessene körperliche Züchtigungen aber legitimer Bestandteil der Gewalt, die der Hausherr gegenüber seiner Frau, seinen Kindern und gegenüber dem Gesinde ausüben konnte. Wenngleich Kinder, Ehefrau und Gesinde nicht rechtlos waren, so zeigt das Züchtigungsrecht des Hausherrn sowie seine rechtliche Vertretung der im Haushalt lebenden Menschen eindeutig seine privilegierte Partizipation an Herrschaft.[700] Wurde das friedliche Zusammenleben im Kernbereich des Hauses durch Konflikte gestört, so ist es äußerst unwahrscheinlich, dass entsprechende Fälle am Zentgericht landeten. Dies war nur der Fall, wenn sie wie im oben dargestellten Beispiel vor den Augen der Öffentlichkeit stattfanden.

Für die anderen 45 Auseinandersetzungen, in die das Gesinde involviert war, sind Angaben zu den Berufen der Kontrahenten entweder nicht nachweisbar oder es handelte sich bei diesen um Bauern oder Handwerker. Die meisten Delikte, die von Knechten begangen wurden, waren Gewaltvergehen, dies war 37-mal der Fall. Mit großem Abstand folgen mit fünf Fällen die Verbalinjurien, zweimal wurde „über Frieden geschlagen" und im Jahr 1598 belangte das Zentgericht den Knecht Philipp Flöß aus Bettingen wegen Gotteslästerung: „und weil Philips flöß [...] Gottes namen schwer gelestert [...] solle er solche seine verbrechung auch mit i gerichtsbuß verbüssen."[701] Philipp Flöß stand im Übrigen viermal als Angeklagter vor dem Zentgericht und führt damit die Riege der als Knechte arbeitenden Täter an. In drei weiteren Fällen wurde er aufgrund der Teilnahme an gewaltsamen Konfrontationen in den Jahren 1596, 1598 und 1600 mit einer Geldbuße belangt.[702]

Im Gesamtbild ergeben sich für die Delinquenz der Knechte und Mägde folgende Ergebnisse:

Demnach wurden lediglich 6,0 % aller Delikte im Untersuchungszeitraum von Mägden und Knechten begangen und der prozentuale Anteil der Vergehen liegt bei den Verstößen gegen Kirche und Religion mit 16,6 % zwar am höchsten, aufgrund der insgesamt überaus niedrigen Quote in dieser Deliktkategorie relativieren sich aber die Ergebnisse. Die Kriminalität des Gesindes folgt dem allgemeinen Trend, der in dieser Arbeit festgestellt werden kann: Die meisten der begangenen Verge-

---

tur und Alltag in der Frühen Neuzeit, Bd. 1: Das Haus und seine Menschen. München ⁴2005, S. 38–42.
[699] Vgl. GESTRICH, Andreas: Art. Haus, ganzes, in: Enzyklopädie der Neuzeit, Bd. 5. Stuttgart 2007, Sp. 217; zur Kritik an dem von Otto Brunner geprägten Konzepts des „ganzen Hauses" vgl. OPITZ-BELAKHAL, Claudia: Neue Wege in der Sozialgeschichte? Ein kritischer Blick auf Otto Brunners Konzept des „Ganzen Hauses", in: Geschichte und Gesellschaft 19 (1994), S. 88–98; TROSSBACH, Werner: Das „ganze Haus" – Basiskategorie für das Verständnis ländlicher Gesellschaften in der FNZ?, in: Blätter für deutsche Landesgeschichte 129 (1993), S. 277–314.
[700] Vgl. MÜNCH: Lebensformen in der Frühen Neuzeit, S, 197; WUNDER, Heide: „Er ist die Sonn', sie ist der Mond". Frauen in der Frühen Neuzeit. München 1992, S. 65–80.
[701] StAWt G-Rep. 102 Nr. 5550 (Zentgericht 1598, Montag nach Martini).
[702] Vgl. StAWt G-Rep. 102 Nr. 5550 (Zentgericht 1596; Zentgericht 1598, Montag nach Martini; Zentgericht 1601).

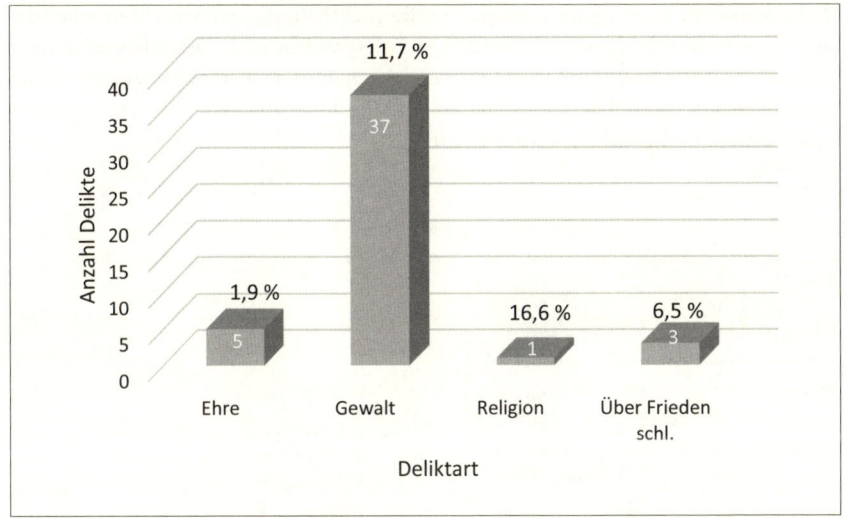

Diagramm 12: Anteil der vom Gesinde begangenen Delikte

hen stellten auch hier die Gewaltdelikte dar. Überraschen mag durchaus der Umstand, dass Knechte nicht öfter an entsprechenden Auseinandersetzungen beteiligt waren. Bei Bauern und Handwerkern, die im Sozialgefüge der dörflichen Gesellschaft eine höhere Stellung einnahmen, erwartet man gewaltsame Vergehen sicherlich weniger. Bevor deshalb im Folgenden die Angehörigen dieser Berufsgruppen in den Blick genommen werden, sei an dieser Stelle noch auf die Tatsache verwiesen, dass Knechte oder Mägde weder als Rüger noch als Streitschlichter am Zentgericht aufgetreten sind. Da sie nicht zur Gruppe der Untertanen gehörten, besaßen sie in der Gemeinde auch keine Partizipationsrechte und waren eidlich nicht zur Rüge verpflichtet.

5.3 Untertanen: Bauern und Handwerker

Einigen aktenkundig gewordenen Personen konnte ein Beruf zugeordnet werden. In den Wertheimer Grafschaftsdörfern waren Bäcker, Maurer, Metzger, Schreiner und Zimmermänner, Schmiede, Steinmetze, Schneider und Schreiner, Büttner und Müller sowie natürlich die Bauern tätig. Alle Untertanen dürften mit Gewissheit Gärten oder Weinberge besessen haben. Obwohl der Großteil der Dorfbewohner sicherlich in der Landwirtschaft arbeitete, wird dies in den Zentgerichtsakten lediglich für 33 Personen explizit erwähnt. Für zahlreiche Grafschaftsbewohner wurde der Beruf nicht genannt. Für den Großteil kann wahrscheinlich angenommen werden, dass diese den bäuerlichen Schichten angehörten, es ist letztendlich jedoch nicht nachweisbar. Die Zusammensetzung der Dörfer veränderte sich vom

III. Dörfliche Gesellschaft und Kriminalität in der Wertheimer Zent

16. bis zum 18. Jahrhundert, besonders die nichtbäuerlichen Schichten wuchsen an.[703] Um Verfälschungen zu vermeiden, wurden nur die in den Quellen genannten 33 Bauern in die Statistik aufgenommen. Auch fremde Personen wurden dabei nicht berücksichtigt. Die nachstehende Tabelle listet die Anzahl der Straftaten nach Berufen und Delikten geordnet auf.

Deliktart Beruf	Eigentum	Ehre	Gewalt	Ordnung	Sitte	Religion	Frieden	Obrigkeit
Bauern	8 (6,9%)	14 (5,4%)	24 (7,6%)	–	–	2 (33,3%)	–	–
Bäcker	1 (0,8%)	–	4 (1,2%)	–	–	–	–	–
Büttner	2 (1,7%)	2 (0,7%)	6 (1,9%)	–	–	–	–	–
Maurer	–	2 (0,7%)	4 (1,2%)	–	–	–	–	–
Metzger	–	1 (0,3%)	4 (1,2%)	–	–	–	1 (2,1%)	–
Müller	5 (4,3%)	10 (3,8%)	29 (9,2%)	–	–	–	1 (2,1%)	–
Schmied	3 (2,6%)	12 (4,6%)	17 (5,4%)	–	–	1 (16,6%)	1 (2,1%)	–
Schneider	1 (0,8%)	11 (4,2%)	6 (1,9%)	–	1 (11,1%)	–	1 (2,1%)	1 (20%)
Schreiner	1 (0,8%)	3 (1,1%)	3 (0,9%)	–	–	–	–	–
Steinmetz	1 (0,8%)	2 (0,7%)	4 (1,2%)	–	–	–	–	–
Wirt	1 (0,8%)	17 (6,6%)	20 (6,3%)	1 (16,6%)	–	–	5 (10,8%)	1 (20%)
Zimmermann	3 (2,6%)	2 (07%)	13 (4,1%)	–	–	–	1 (2,1%)	–

Tabelle 1: Anzahl der von den Untertanen begangenen Straftaten nach Berufen der Täter und Deliktart geordnet

Die obenstehenden Daten beweisen, dass die Handwerker und Bauern eines Orts einen Großteil der am Zentgericht angeklagten Personen ausmachten. Selbst Vertreter derjenigen Berufe, denen in der dörflichen Gesellschaft in der Regel ein hohes Maß an Respekt entgegengebracht wurde – etwa dem Schmied – waren doch recht häufig in unterschiedliche Auseinandersetzungen involviert. Die folgende Tabelle zeigt die Anzahl der Täter nach Berufsgruppen geordnet:

---

[703] Vgl. VAN DÜLMEN: Kultur und Alltag in der Frühen Neuzeit, Bd. 2: Dorf und Stadt, S. 17 f.

Beruf	Täter absolut	Prozent
Bauern	48	6,3
Bäcker	5	0,6
Büttner	10	1,3
Maurer	6	0,7
Metzger	6	0,7
Müller	45	5,9
Schmied	34	4,4
Schneider	21	2,7
Schreiner	7	0,9
Steinmetz	7	0,9
Wirt	45	5,9
Zimmermann	19	2,5

Tabelle 2: Straftaten der Untertanen nach Berufsgruppen geordnet

Auch wenn in Hinsicht auf die Bauern davon auszugehen ist, dass diese aufgrund fehlender Daten nur unzureichend erfasst werden konnten, so spiegeln die Ergebnisse trotzdem wider, dass die Bauern am häufigsten als Täter vor dem Zentgericht standen. Die Tätigkeiten, mit denen die Untertanen ihren Lebensunterhalt verdienten, können natürlich nur bedingt Auskunft über die soziale Stellung der Angeklagten geben. Selbst die Bauernschaft an sich bildete keine geschlossene Schicht und es gab beträchtliche Unterschiede im Hinblick auf Vermögen, Besitz und soziales Ansehen. Zudem ist nicht genau geklärt, was das Prestige eines Bauern ausmachte: die Qualität der Äcker, die Größe des Viehbestandes oder die Anzahl seiner Wagen?[704] Versucht man die Täter trotzdem einer Schicht zuzuordnen, so beherrschte der Bauernstand das Leben im Dorf, in der Schicht der Handwerker, die im Allgemeinen nur schwer zu fassen ist und die es häufig nur in größeren Ortschaften gab, stand der Schmied an erster Stelle, an zweiter Stelle rangierte oft der Müller.[705] In manchen Gegenden galt dieser jedoch auch als unehrlich.[706] Die Dorfhandwerker, der Schmied bildete hier sicherlich eine Ausnahme, standen in der Hierarchie höher als Tagelöhner oder Knechte und Mägde, zählten jedoch nur bedingt zur politischen Gemeinde.[707]

Bauern, Schmiede, Müller und Wirte stellten im Untersuchungszeitraum den größten Anteil der Täter am Zentgericht. Geht man davon aus, dass den ersten drei Berufsgruppen unter anderem das größte Maß an sozialem Prestige entgegen-

---

[704] Vgl. auch VAN DÜLMEN: Kultur und Alltag in der Frühen Neuzeit, Bd. 2: Dorf und Stadt, S. 16.
[705] Vgl. ebd., S. 28 f.
[706] Zur Unehrlichkeit der Müller vgl. VANDRÉ, Rudolf: Unehrliche Müller. Zur sozialen Stellung eines Berufs in der Frühen Neuzeit, in: Genealogie 62 (2013), S. 479–513.
[707] Vgl. VAN DÜLMEN: Kultur und Alltag in der Frühen Neuzeit, Bd. 2: Dorf und Stadt, S. 29.

gebracht wurde und diese existenziell und finanziell keine Probleme hatten, so ist die Feststellung von James A. Sharpe auch auf das Wertheimer Beispiel übertragbar und die Ergebnisse decken sich zudem größtenteils mit den Forschungen Michael Franks. Er sieht eine mögliche Erklärung dieses Befunds darin, dass wohlhabende Personen aufgrund ihrer Besitztümer und dem Streben diese zu bewahren, oder zu mehren, öfter in Konfrontationen verwickelt waren als andere Dorfbewohner. Eine hervorgehobene gesellschaftliche Position, so Frank, prädestinierte in gewissem Sinn für Konflikte. Für das Handeln der dörflichen Elite in Heiden scheint die direkte Konfrontation charakteristisch gewesen zu sein und sie versuchte ihre Belange im Dorf mit körperlicher Gewalt durchzusetzen und widersetzte sich obrigkeitlicher Einflussnahme, wenn sie ihre Interessen unzulässig eingeschränkt glaubte.[708] Dieser Befund ist auf die Wertheimer Grafschaftsdörfer nur bedingt übertragbar. Dienstpflichtverletzungen und Ordnungsvergehen wurden in Heiden besonders von der Ober- und Unterschicht verübt.[709] In Wertheim begingen Knechte und Mägde weder Dienst- noch Ordnungsdelikte und auch für die Kriminalität der unterschiedlichen Berufsgruppen ist lediglich ein Ordnungsdelikt in Form eines Schankvergehens verzeichnet. Für das Gesinde könnten die Ergebnisse damit zu erklären sein, dass Dienstpflichtverletzungen von den jeweiligen Herren entweder informell sanktioniert wurden oder andere Gerichte, wie etwa die Dorfgerichte, dafür zuständig gewesen sind. Aufgrund fehlender Forschungsliteratur zur Gerichtsbarkeit in der Grafschaft Wertheim, kann die Frage aber leider nicht zufriedenstellend beantwortet werden. Schankverstöße oder Vergehen gegen Obrigkeit und Funktionsträger machten im Untersuchungszeitraum ohnehin nur einen Bruchteil der Kriminalität aus, deshalb trifft Franks Befund für Wertheim nicht zu.

Dass man eigene Interessen in vielen Situationen erst einmal mit Gewalt durchsetzen wollte, lässt sich auch für die Streitfälle in den Wertheimer Dörfern feststellen. Dies trifft sowohl auf die Pfarrerschaft, Bauern und Handwerker, als auch auf die Vertreter unterer Schichten zu. Die Anwendung von Gewalt, so zeigen es die Ausführungen der Deliktanalyse noch deutlicher, wurde in den frühneuzeitlichen Gesellschaften bis zu einem bestimmten Maß als legitim empfunden, weshalb man den Menschen in dieser Zeit nicht ohne Weiteres einen durchweg gewaltsamen Charakter unterstellen kann. Ebenso lässt sich dieser keiner bestimmten Berufsgruppe zuordnen. Die Analyse von Einzelfällen zeigt, dass die relativ hohe Anzahl der Gewaltvergehen bei den Müllern und Wirten größtenteils auf Einzelpersonen zurückzuführen ist, und die Zahlen somit relativiert werden. Schaut man sich das Beispiel der Müller genauer an, so ist festzustellen, dass Adam Otto, der Müller der Teilbacher Mühle, allein in elf Fällen angeklagt war, zweimal aufgrund von „Scheltworten", neunmal wegen Gewaltverbrechen. Das Verhalten derjenigen Personen, die wie Adam Otto häufig in Konflikte involviert waren, wurde von den übrigen Dorfbewohnern durchaus wahrgenommen und Wiederholungstäter standen, wie

---

[708] Vgl. FRANK: Dörfliche Gesellschaft und Kriminalität, S. 220 f.
[709] Vgl. ebd., S. 221.

auch das Beispiel des Wirts Hans Hörner aus Höhefeld zeigt, oft unter besonderer Beobachtung. Dieser war auffallend häufig aktenkundig, wie die Lektüre der Zentgerichtsakten ergab. In insgesamt 17 Fällen stand der Gasthausbesitzer vor Gericht, am häufigsten als Täter, nämlich neunmal, fünfmal gehörte Hörner der Gegenseite an, zweimal trat er als Rüger auf, einmal als Kläger. Aufgrund seiner Prominenz in den Akten soll sein Beispiel an dieser Stelle herangezogen werden, um einige wichtige Feststellungen treffen zu können, wie das Gericht, aber auch das soziale Umfeld auf Personen wie Hörner reagierte.

Die Schöffen wandten bei Hans Hörner kein härteres Strafmaß an, obwohl er Wiederholungstäter war. 1599 und 1604 hatte der Wirt jeweils eine Geldbuße wegen einer Beleidigung abzuleisten, dies war aufgrund von Gewaltvergehen auch in den Jahren 1593, 1600 und 1604 der Fall. 1593 und 1601 verwiesen ihn die Schöffen an die Herrschaft, weil er „über Frieden geschlagen" hatte. Vermutlich lagen die einzelnen Straftaten zeitlich zu weit auseinander, um Hans Hörner aufgrund seiner wiederholten Täterschaft, härter zu bestrafen. Mit Sicherheit nutzten die Schöffen aber mit der Zeit die Möglichkeit, von den unterschiedlich hohen Geldbußen Gebrauch zu machen und verurteilten Hörner zu empfindlicheren Geldstrafen. Auch er selbst sah die Geldbußen wahrscheinlich lange Zeit nicht als Anlass, um sein Verhalten zu bessern, und konnte sich die entsprechenden Strafen anscheinend leisten.

Die Dorfbewohner jedoch nahmen das aggressive Verhalten des Wirts durchaus ganz bewusst wahr und sie mussten sich gelegentlich rigoroser Mittel bedienen, um ihn zu bändigen. Im Jahr 1593 berichteten die Rüger Peter Dorn und Veit Vocken, dass „Hans Hörner [...] mitt blosser wer vor des schultdessen haus gestanden [sei] und hab auff miechel hörner mitt voller macht gehaubt das sie nitt anders gemaindt haben er haub in den hals ab"[710]. Die beiden Rüger zögerten nicht und versuchten zweimal vergeblich Hans Hörner dazu zu bringen, von seinem Opfer abzulassen. Peter Dorn prophezeite schließlich, dass dies kein gutes Ende nehmen werde, woraufhin Veit Vocken dazu aufforderte, Hans Hörner zu Boden zu schlagen, weil ihm offenbar nicht anders beizukommen sei.[711] In einem anderen Fall, der am 18. Dezember 1604 in Höhefeld auf der Straße stattgefunden hatte, gaben die Rüger zu Protokoll, dass sie gehört hatten, „daß Claus Hörner [...] zu Hans Hörner gesagt [hatte] du bist geschimpfft so hatt[e] Hans Hörner gesagt wer hatt mich dan geschimpfft"[712]. Was genau Claus Hörner mit seiner Anschuldigung aussagen wollte, kann nur vermutet werden, es liegt aber nahe, dass Hans Hörner im Dorf offensichtlich keinen allzu guten Ruf hatte und es Anlass gab, ihm frevelhaftes Verhalten vorzuwerfen. Im Verlauf der Auseinandersetzung beleidigten sich die beiden Kontrahenten gegenseitig und gerieten auch gewaltsam aneinander. Das Zentge-

---

[710] StAWt G-Rep. 102 Nr. 6471 („Täter Hans Hörner").
[711] Vgl. ebd.
[712] Vgl. StAWt G-Rep. 102 Nr. 537 („Claus Hörner vs. Hans Hörner")

richt verurteilte Claus und Hans Hörner für die entsprechenden Vergehen jeweils zu einer Geldstrafe.[713] Dass Hörners Leumund in Höhefeld nicht der beste war, beweist auch der Vorwurf seines Schwagers, Matthäus Baumann, Schulden nicht zu bezahlen. Hörner reagierte auf diesen Vorwurf natürlich mit Gewalt.[714] Er fackelte in einer Auseinandersetzung generell nicht lange und ließ recht schnell seine Fäuste sprechen. Im Jahr 1600 gab der Rüger Wilhelm Hörner zu Protokoll, dass er zusammen mit anderen Männern ein Maß Wein in Hans Hörners Haus getrunken hätte und er dort Zeuge einer verbalen Auseinandersetzung zwischen dem Wirt und Peter Keyser geworden sei.[715] Hans Hörner ließ im Verlauf der Konfrontation verlauten, „er dorfft ihm [Peter Keyser] mal eins ins maul geben, das es blatzt"[716] und griff seinen Gegner unmittelbar daraufhin an. Jakob Müller und Jakob Imhoff aus Niklashausen, so berichtete der Rüger, eilten Hans Hörner zu Hilfe und schlugen ebenfalls auf Keyser ein.[717] Die Schöffen verurteilten alle, die in die Schlägerei involviert waren, zu einer Geldstrafe.[718] Im Zusammenhang mit Hans Hörners Hang zu Aggressionen muss beachtet werden, dass er als Wirt nicht nur seinen Gästen Alkohol ausschenkte, sondern diesen siherlich auch selbst konsumierte. Zudem muss die besondere Rolle des Wirtes berücksichtigt werden. Im Gasthaus war der Privathaushalt teilweise auch für Außenstehende zugänglich, sogar einschließlich der Räume, die normalerweise nur der Wirtsfamilie dienten. Der öffentliche Charakter des Wirtshauses auf der einen und die hausväterlichen Rechte des Wirtes, der gleichzeitig auch Hausvorstand war, auf der anderen Seite, konnten immer wieder zu Spannungen zwischen der Wirtsfamilie und ihren Gästen führen.[719] Bis zum Ende des Untersuchungszeitraums wird Hörner nicht mehr als Täter aktenkundig, es könnte sein, dass er sein Verhalten änderte, weil er unter besonderer Beobachtung des „Dorfauges" stand, seine Nachbarn sämtliche Verfehlungen zur Anzeige brachten und er als Wirt sicherlich auf das Wohlwollen der Dorfbewohner angewiesen war.

5.4 Fremde vor Gericht

Für 886 von insgesamt 906 aktenkundig gewordenen Personen liegt in den Gerichtsakten ein Hinweis vor, der ihre Herkunft näher bestimmt. Dies ist ein beachtlicher Anteil von 97,7 %. In der Regel bezeichnet ein entsprechender Vermerk, wie beispielsweise „aus laudenbach", den aktuellen Herkunftsort, es könnte aller-

---

[713] Vgl. StAWt G-Rep. 102 Nr. 5550 (Zentgericht 1604, Montag nach Trium Regum).
[714] Vgl. StAWt G-Rep. 102 Nr. 534 („Dewes Baumann vs. Hans Hörner").
[715] Vgl. StAWt G-Rep. 102 Nr. 533 („Hans Hörner vs. Peter Keyser").
[716] Ebd.
[717] Vgl. ebd.
[718] StAWt G-Rep. 102 Nr. 5550 (Zentgericht 1600, Montag nach Laurenzi).
[719] Vgl. TLUSTY, B. Ann: „Privat" oder „öffentlich"? Das Wirtshaus in der deutschen Stadt des 16. und 17. Jahrhunderts, in: Susanne RAU/Gerd SCHWERHOFF (Hg.): Zwischen Gotteshaus und Taverne. Öffentliche Räume in Spätmittelalter und Früher Neuzeit (Norm und Struktur 21). Köln/Weimar/Wien 2004, S. 53.

dings auch der Geburtsort gemeint sein. Der Großteil der Angeklagten stammt natürlich aus den Dörfern, die in der Zent Wertheim lagen, oder aus Ortschaften in der näheren Umgebung, wie beispielsweise aus der Stadt Wertheim selbst. Auch wurden Personen vom Wertheimer Zentgericht belangt, die innerhalb der Grafschaft lebten, jedoch der Remlinger oder der Michelriether Zent angehörten. Waren diese Menschen aber innerhalb des Wertheimer Zentgerichtsbezirks in eine Auseinandersetzung involviert, so war eben dieses Gericht auch für diese Fälle zuständig. Außerhalb der Wertheimer Grafschaft hatten im Untersuchungszeitraum nur 17 Angeklagte ihren Wohnort. Teilweise werden diese Personen lediglich als Fremde oder Welsche bezeichnet, aber es lassen sich auch genaue Ortsangaben, wie Altenkunstadt, Würzburg, Bretzfeld, Helmstadt oder Hochhausen ausmachen. Im Jahr 1608 trug der Knecht von Michel Schnepper aus Dertingen eine Auseinandersetzung mit zwei ortsfremden Personen aus. An diesem Tag, so berichtete der Rüger Claus Ruel, war in Wertheim der Pfingstmarkt veranstaltet worden[720], der mit Sicherheit auch Menschen aus der näheren Umgebung, wie beispielsweise aus dem Würzburger Hochstift, angezogen hatte. Claus Ruel gab zu Protokoll, dass er auf der Straße von Lindelbach nach Dertingen unterwegs gewesen war, als er ein Geschrei vernommen habe: „da hab er ein geschrey gehört, und haben laut geschrien und gesagt, wo ist dein graff, du schelm und dieb."[721] Dem Lärm folgend, traf Ruel den Knecht Michel Schneppers an, der blutend auf der Straße lag und die Frage des Rügers verneinte, ob er wisse, wer ihm die Wunde zugefügt habe. Auf dem gemeinsamen Nachhauseweg trafen die beiden Männer auf Claus Baumig aus Helmstadt, der den Sohn des Helmstadters Thomas Enders beschuldigte, Michel Schneppers Knecht niedergeschlagen zu haben. Claus Ruel sprang daraufhin für Michel Schneppers Knecht in die Bresche und tadelte Baumig: „was fangt ir vor hendell an, und schlagt die leut uf freyer stras darnider"[722]. Er weigerte sich zudem, den Weg zusammen mit dem Helmstadter zu gehen. Das Zentgericht verurteilte die Kontrahenten, wie in solchen Fällen üblich, zu einer Geldstrafe.[723] Dieser Fall verdeutlicht, dass Wertheim in Bereichen wie Handel, Gewerbe oder Verwaltung für die umliegenden Ortschaften, aber auch für benachbarte Territorien von Bedeutung gewesen ist und dass die Stadt unter anderem an Markttagen auch von Fremden besucht wurde. Während des Aufenthalts oder auf dem Weg dorthin konnte es natürlich zu Auseinandersetzungen kommen, die dann vom Zentgericht verhandelt wurden. In vierzehn Fällen waren nicht ortsansässige Personen in eine Schlägerei verwickelt und erhielten dafür eine Geldbuße, in drei Fällen wurden Fremde aufgrund von Verbalinjurien belangt. So hatte der Schneider von Ober-

---

[720] Vgl. StAWt G-Rep. 57/1 Zentsachen Nr. 16 („Knecht Michel Schneppers Knecht vs. Thomas Enders Sohn aus Helmstadt").
[721] Ebd.
[722] Ebd.
[723] Vgl. StAWt G-Rep. 102 Nr. 5550 (Zentgericht 1609, 8. Mai). Auch wenn aus den Rügeprotokollen nicht eindeutig hervorgeht, welche Rolle Claus Baumig tatsächlich spielte, erhielt er ebenso wie alle an der Auseinandersetzung Beteiligten eine Geldstrafe.

brait⁷²⁴, Linhard Stark, seinen Berufskollegen aus Bettingen im Jahr 1609 als „Dieb" und „Schelm" beschimpft.⁷²⁵ Die Schöffen wandten gegenüber Fremden das gleiche Strafmaß an wie bei den Einheimischen. Anders als es unter anderem bei Kapitalverbrechen üblich war, erhielten fremde Personen keine härteren Urteile, weil man sie beispielsweise disziplinieren oder sozial vernichten wollte.⁷²⁶ Es ist eher unwahrscheinlich, dass auswärtige Personen an den Terminen präsent waren, an denen die Zent die Fälle verhandelte, in denen die Fremden involviert gewesen sind. Äußerst fraglich ist zudem, ob die entsprechenden Bußgelder auch eingetrieben wurden.⁷²⁷ Hinweise darauf lassen sich den Gerichtsquellen leider nicht entnehmen. Wichtiger war in diesem Zusammenhang wahrscheinlich die Tatsache, dass überhaupt ein Urteil gesprochen wurde und die Verfehlungen der fremden Personen vor den Augen der Anwesenden sanktioniert wurden.

5.5 Frauen vor Gericht

Kriminalstatistiken zufolge scheinen Kriminalität und Devianz vornehmlich männerspezifische Domänen zu sein. In einem Beitrag zur Kriminalität von Mädchen und Frauen konstatiert Dietlinde Gisper, dass deren Anteil in entsprechenden Statistiken konstant unter 20 % liegt.⁷²⁸ Die Aussagen Gisperts werden durch die Ergebnisse kriminalitätshistorischer Forschungen weitgehend bestätigt, auch wenn verallgemeinernde Aussagen quantitativer Befunde sicherlich kritisch zu hinterfragen sind.⁷²⁹ Im frühneuzeitlichen Köln waren 16,6 % der Verhafteten

---

⁷²⁴ Gemeint ist hier der Ort Obernbreit im heutigen Landkreis Kitzingen. Vgl. BUNDSCHUH, Johann Kasper: Art. Oberbrait, in: Geographisches Statistisch-Topographisches Lexikon von Franken, Bd 4. Ulm 1801, Sp. 157. Um 1600 war Obernbreit Kondominatsort des Fürstentums Ansbach, des Hochstifts Würzburg und der Grafschaft Schwarzenberg.
⁷²⁵ Vgl. StAWt G-Rep. 102 Nr. 5550 (Zentgericht 1609, 8. Mai).
⁷²⁶ Vgl. dazu DÜLMEN, Richard van: Theater des Schreckens. Gerichtspraxis und Strafrituale in der frühen Neuzeit. München ⁵2010, insbesondere Kapitel III und S. 80.
⁷²⁷ Eine ähnliche Problematik greift Helmut FLACHENECKER im Hinblick auf das Dorf Frammersbach auf. Beim Eintreiben fälliger Bußen, die fremde oder für längere Zeit abwesende Personen zu entrichten hatten, wurde besonders der Schultheiß in die Pflicht genommen. Vor Gericht ließen sich abwesende Fuhrleute durch bevollmächtigte Anwälte vertreten. Vgl. FLACHENECKER, Helmut: Dorfherr und Gericht, Schultheiß und Schöffen, Amtmann und Sechser – Zur dörflichen Kommunalstruktur von Frammersbach im 16. Jahrhundert, in: Lutz VOGEL u. a. (Hg.): Mehr als Stadt, Land, Fluss. Festschrift für Ursula Braasch-Schwersmann. Neustadt an der Aisch 2020, S. 48 f.
⁷²⁸ Vgl. GISPER, Dietlinde: Kriminalität der Frauen und Mädchen, in: Hans Joachim SCHNEIDER (Hg.): Kriminalität und abweichendes Verhalten, Bd. 1 (Kindlers Psychologie des 20. Jahrhunderts). Weinheim und Basel 1983, S. 427; ähnlich auch bei CASTAN, Nicole: Straffällige Frauen, in: Michelle PERROT/Georges DUBY (Hg.): Geschichte der Frauen, Bd. 3: Frühe Neuzeit, hrsg. von Arlette FARGE. Frankfurt am Main/New York 1994, S. 494.
⁷²⁹ Claudia Ulbrich sieht einen Grund für die weitgehende Akzeptanz der „20 %-These" darin, dass sie sich gut in das gegenwärtig wirkungsmächtige Geschlechterstereotyp von der jenseits aller Kultur und Geschichte „friedfertigen Frau" einpassen ließ und lässt. Vgl.

Frauen[730], am Gogericht Heiden lag der Anteil der angeklagten Frauen in den Jahren von 1680 bis 1795 bei 10,5 %[731]. Ein vergleichsweise hoher Wert wurde im Herzogtum und späteren Kurfürstentum Bayern für das frühe 17. Jahrhundert festgestellt, hier waren 28,4 % der Personen, die in Kriminalverfahren verwickelt waren, Frauen.[732] Auch in den Malefizprozessen des Perchtoldsdorfer Landgerichts überschritten Frauen im 18. Jahrhundert die 20 % Marke deutlich, da sie in 40 % der gerichtlich geahndeten Malefizverbrechen als Täterinnen vor Gericht standen.[733] Unterschiede zwischen Stadt und Land macht Herman Diederiks aus. In den Niederlanden waren in den Städten 30 % der Kriminellen Frauen, für das Land registriert er eine Anzahl von 20 %.[734] Die Wertheimer Ergebnisse fallen im Rahmen des hier dokumentierten Trends insofern nicht aus der Reihe, da Frauen im Vergleich zu Männern seltener als Täter(innen) aktenkundig wurden. Der Anteil der am Wertheimer Zentgericht angeklagten Frauen liegt jedoch lediglich bei 7,9 %, und ist damit im Vergleich zu den angeführten Beispielen deutlich geringer. Wenngleich der Anteil der angeklagten Frauen in allen angeführten Beispielen stets unter 50 % lag, so verdeutlichen die unterschiedlichen Ergebnisse, die hier etwa besonders zwischen Wertheim und Perchtoldsdorf auszumachen sind, den Regionalcharakter der Befunde.

In Wertheim waren Frauen in 4,6 % der Fälle als Beklagte beziehungsweise als Klägerin in einen Streitfall involviert. Auffallend ist hinsichtlich der letztgenannten Angabe, dass es sich bei einem Großteil der Auseinandersetzungen, in denen Frauen als Geschädigte auftraten, um Eigentumsdelikte handelte. Insgesamt war dies 13-mal der Fall. In sechs Fällen ging es um Gewaltdelikte, in sieben Streitfragen um Beleidigungen, die die moralische Integrität der Frauen in Frage stellten. Viermal wurde die Ehre der Gegenseite durch sexuell konnotierte Schimpfworte verletzt, in jeweils zwei Fällen durch die Gleichsetzung mit einem Tier beziehungsweise durch Hexerei- und Zaubereivorwürfe. Letztere wurden in den allgemeinen Verfahren am Zentgericht tatsächlich nur als einfache Beleidigungsklagen verhandelt. Lediglich im Fall Margretha Büttels aus Lindelbach, der im Jahr 1598 Hexerei vorgeworfen wurde, beschäftigte sich das Zentgericht über einen längeren Zeit-

---

ULBRICH, Claudia: „Kriminalität" und „Weiblichkeit" in der Frühen Neuzeit. Kritische Bemerkungen zum Forschungsstand, in: Martina ALTHOFF/Sibylle KAPPEL (Hg.): Geschlechterverhältnis und Kriminologie (Kriminologisches Journal, Beiheft 5). Weinheim 1995, S. 208; zudem GRIESEBNER: Konkurrierende Wahrheiten, S. 294 f.

[730] Vgl. SCHWERHOFF: Köln im Kreuzverhör, S. 178.
[731] Vgl. FRANK: Dörfliche Gesellschaft und Kriminalität, S. 232.
[732] Vgl. BEHRINGER, Wolfgang: Mörder, Diebe, Ehebrecher. Verbrechen und Strafen in Kurbayern vom 16. bis 18. Jahrhundert, in: Richard VAN DÜLMEN (Hg.): Verbrechen, Strafen und soziale Kontrolle. (Studien zur historischen Kulturforschung, 3). Frankfurt am Main 1990, S. 101.
[733] Vgl. GRIESEBNER: Konkurrierende Wahrheiten, S. 295.
[734] Vgl. DIEDERIKS, Herman: Stadt und Umland im Lichte der Herkunftsorte der Kriminellen in Leiden im 17. und 18. Jahrhundert, in: Hans K. SCHULZE (Hg.): Städtisches Um- und Hinterland in vorindustrieller Zeit (Städteforschung, A 22). Köln 1985, S. 202.

raum hinweg mit der Angelegenheit und ließ auch Zeugen zu Wort kommen. Hier ging es nicht mehr nur um die Verletzung der weiblichen Ehre.[735] Nur einmal war eine Frau als Kontrahentin in einem Vergehen gegen Sitte und Moral vertreten. Im Vergleich dazu seien an dieser Stelle auch statistische Werte zu den Delikten im Zusammenhang mit der Täterschaft der Frauen aufgeführt. Den größten Anteil machen hier Verbalinjurien aus, nämlich insgesamt 46,6 %. Am häufigsten, 19-mal, wurden hier Scheltworte wie „Dieb" oder „Schelm" ausgesprochen, auf Rang zwei stehen mit fünf Fällen sexuelle Verunglimpfungen. Viermal ging es um Hexerei- und Zaubereivorwürfe. 14-mal wurden Frauen aufgrund von Diebstahl oder Betrug angeklagt, zwölfmal war das weibliche Geschlecht in eine gewaltsame Auseinandersetzung involviert. Viermal begingen Frauen im Untersuchungszeitraum ein Vergehen gegen Sitte und Moral, in einem Fall ging es um ein Vergehen gegen obrigkeitliche Anweisungen, und einmal wurde sogar „über Frieden geschlagen". Insgesamt ergibt sich bezüglich der Täterinnen das folgende Bild[736]:

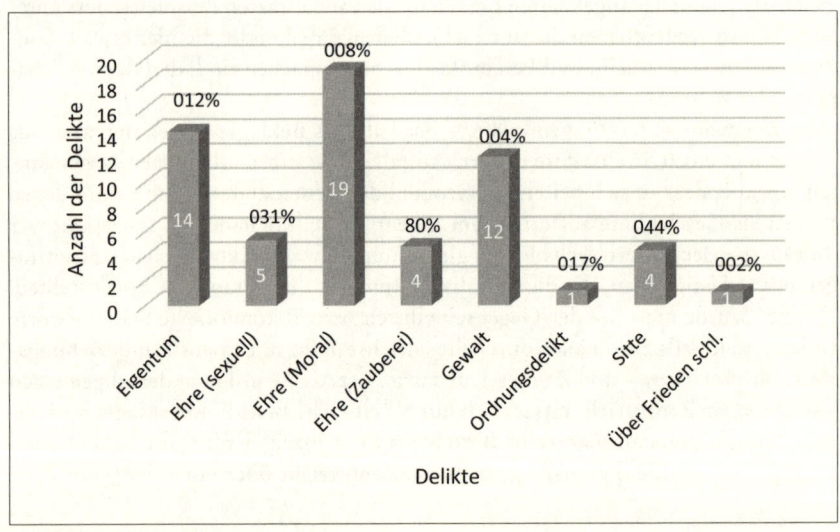

Diagramm 13: Anteil der von Frauen begangenen Delikte

Ehrdelikte sind von Frauen am häufigsten begangen worden, gefolgt von den Eigentums- und Gewaltvergehen. Diese drei Deliktgruppen machen den Großteil aller weiblichen Vergehen am Wertheimer Zentgericht aus. Im direkten Vergleich ist der prozentuale Anteil der weiblichen Kriminalität im Bereich der Vergehen gegen Sitte und Moral natürlich relativ hoch, auch die wenigen Fälle, die mit Hexe-

---

[735] Vgl. dazu das Kapitel III. 3.2 „Du liegst wie ein dieb und schelm": Ehrverletzungen am Zentgericht.
[736] Zum Vergleich der Vergehen mit der Anzahl der Gesamtdelikte, siehe Tabelle 4 im Anhang 5.

5. Personen vor Gericht

rei- und Zaubereivorwürfen zusammenhängen, sind nur mit einer Ausnahme ausschließlich den Frauen zuzuschreiben.

Im Vergleich zu anderen Studien ergeben sich für Wertheim sowohl Gemeinsamkeiten als auch Unterschiede. Ehrendelikte sowie Verstöße gegen Sitte und Moral stehen in Heiden an erster Stelle aller von Frauen begangenen Delikte.[737] Abgesehen von Kindsmord und Zaubereiverbrechen, die in den allgemeinen Verfahren vom Wertheimer Zentgericht nicht verhandelt wurden, hatten auch im frühneuzeitlichen Köln Verstöße gegen die Sittennormen und Beleidigungen den höchsten Frauenanteil zu verzeichnen.[738] In Kanada weisen Eigentumsdelikte in der ersten Hälfte des 18. Jahrhunderts einen hohen weiblichen Anteil auf, ebenso Vergehen gegen Sitte und Moral.[739] In allen angeführten Beispielen stehen die Gewaltdelikte an letzter Stelle[740], eine Feststellung, die für die Wertheimer Grafschaftsdörfer ebenso zutrifft. Hier stehen die von Frauen begangenen Gewaltdelikte zwar an dritter Stelle, wenn man als Bezugspunkt den Anteil aller weiblichen Straftaten heranzieht. Aber der prozentuale Anteil weiblicher Gewaltkriminalität liegt auch in Wertheim an letzter Stelle. Der geringe Anteil der weiblichen Gewaltvergehen wird unter anderem darauf zurückgeführt, dass Frauen rein biologisch gesehen, geringere physische Kräfte als Männer haben und sie aufgrund ihrer körperlichen Unterlegenheit auf die Gewalt der Worte ausweichen.[741] Andere Stimmen halten dem entgegen, dass Frauen in den Agrargesellschaften häufig körperlich schwere Arbeit zu verrichten hatten, weshalb diese Überlegung zu kurz greife.[742]

Wie lassen sich in diesem Zusammenhang die Wertheimer Zahlen erklären? Schaut man sich die einzelnen Fälle der von Frauen begangenen Gewaltverbrechen genauer an, so fällt auf, dass die Verhandlung in fünf Fällen vertagt wurde oder der Vorwurf, eine Frau habe ein Gewaltvergehen verübt, sich als haltlos erwies. So hatte Apolonia Amend aus Dietenhan im Jahr 1602 der Frau des ortsansässigen Schultheißen vorgeworfen, dass sie „einem ein kind verlohnt[743] [habe]"[744]. Diese Tat sollte sie der angeblichen Täterin bis zur nächsten Zent nachweisen oder eine entsprechende Strafe verbüßen: „Apolonia Adam AmEnds Zur didenhan weib soll

---

[737] Vgl. FRANK: Dörfliche Gesellschaft und Kriminalität, S. 235.
[738] Vgl. SCHWERHOFF: Köln im Kreuzverhör, S. 178.
[739] Vgl. LACHANCE: Women and crime in Canada in the early eighteenth century, 1712–1759, in: L. A. KNAFLA (Hg.): Crime and criminal justice in Europe and Canada. Waterloo (Ontario) 1981, S. 171.
[740] Vgl. auch FRANK: Dörfliche Gesellschaft und Kriminalität, S. 236.
[741] Kritisch dargestellt und auch gewürdigt wird der biologische Erklärungsansatz bei GISPER: Kriminalität der Frauen und Mädchen, S. 430f.
[742] Vgl. BEATTIE, J. M.: The criminality of women in eighteenth century England, in: Journal of Social History 8 (1975), S. 82f.; zudem FRANK: Dörfliche Gesellschaft und Kriminalität, S. 233.
[743] Das Verb „verlohnen" bedeutet, jemanden durch Lohn zufrieden zu stellen. Vgl. GRIMM, Jakob/GRIMM, Wilhelm: Deutsches Wörterbuch, Bd. 25. München 1984 (Nachdruck der EA von 1956), Sp. 820.
[744] StAWt G-Rep. 102 Nr. 5550 (Zentgericht 1602, Montag nach Martini).

zur nehern Centh uff des Schultheissen weib daselbsten wie recht ist erweisen das sie einem ein kind verlohnt und wessen das [...] kind sey oder solches geg[en] me[inen] gn[edigen] he[rrn] verbüssen."[745] Tatsächlich wurden an einem späteren Gerichtstermin noch Zeugenaussagen zu diesem Fall gehört. Die Ehefrau des Schultheißen wurde jedoch nicht verurteilt.[746] In einer anderen Auseinandersetzung aus dem Jahr 1606 beschuldigte Barbara Heckelmann aus Reicholzheim ihre Nachbarin Elisabeth Kühn, einen Kindsmord begangen zu haben und eine Hure zu sein.[747] Die Schöffen vertagten auch hier das Urteil, verlangten entsprechende Beweise und verhandelten den Fall nicht mehr.[748]

Tatsächlich waren Frauen insgesamt nur sechsmal in eine gewaltsame Auseinandersetzung involviert und die schlagenden Frauen wurden hierbei ausnahmslos zu Geldstrafen verurteilt. Dass eine Frau, wie es bei Hans Retzstatts Ehefrau der Fall gewesen ist, so sehr in Rage geraten konnte, dass sie sogar „über Frieden schlug", stellt im gesamten Untersuchungszeitraum auch eine Ausnahme dar.[749] Retzstatts Ehefrau hatte überdies eine Frau angegriffen. Es konnte aber auch vorkommen, dass beide Geschlechter mit den Fäusten aneinander gerieten. Dies war im Jahr 1604 geschehen, als Enders Marckhart und seine Stiefmutter des nachts in Dertingen auf offener Straße aufeinander los gegangen waren und das Mordgeschrei der Mutter, Georg Seubert dazu gerufen hatte, der den Fall auch am Zentgericht zur Rüge brachte. Stiefmutter und Stiefsohn wurden von den Schöffen zu einer Geldstrafe verurteilt.[750] Tatsächlich gerieten Frauen und Männer auch tätlich aneinander, obwohl sie keine verwandtschaftliche Beziehung verband. Im Jahr 1608 behauptete die Frau Merten Zieglers aus Dertingen, dass Georg Rebholz sie am Kopf verletzt hatte. Der Rüger Enders Segner, der die Frau in das Dorf hatte laufen sehen, berichtete in diesem Fall von einer blutigen Haube, die eben jene auf dem Kopf getragen habe.[751] Das Zentgericht verurteilte beide Kontrahenten zu einer Geldstrafe.[752] Ob Zieglers Frau allerdings tatsächlich die Hand gegen Rebholz erhoben hatte, ist den Quellen leider nicht zu entnehmen. Dieser Umstand relativiert wiederum die statistischen Angaben zu den weiblichen Gewaltdelikten am Wertheimer Zentgericht und letztendlich kann im Allgemeinen nicht konstatiert werden, dass das weibliche Geschlecht im Vergleich zu anderen Studien aus der Reihe fällt, obwohl die Frauen am dritthäufigsten wegen Gewaltvergehen vor Gericht standen.

---

[745] Ebd.
[746] Aufgrund der Schwere der angeblichen Tat wurde das Delikt unter die Gewaltvergehen subsumiert. Immerhin wurde der Frau des Schulheißen vorgeworfen, ein fremdes Kind verkauft zu haben.
[747] Vgl. StAWt G-Rep. 102 Nr. 539 („Barbara Heckelmann vs. Elisabeth Kühn").
[748] Vgl. StAWt G-Rep. 102 Nr. 5550 (Zentgericht 1606, Montag nach Martini).
[749] Vgl. StAWt G-Rep. 102 Nr. 5550 (Zentgericht 1598, Montag nach Martini).
[750] Vgl. zum gesamten Fall StAWt G-Rep. 102 Nr. 5550 (Zentgericht 1604, Montag nach Walpurgis).
[751] Vgl. StAWt G-Rep. 57/1 Zentsachen Nr. 16 („Georg Rebholz vs. Merten Zieglers Ehefrau").
[752] Vgl. StAWt G-Rep. 102 Nr. 5550 (Zentgericht 1609, 8. Mai).

Die geringe Anzahl aller von Frauen begangenen Verbrechen scheint im vorliegenden Untersuchungsbeispiel in gewisser Weise auch der spezifischen gesellschaftlichen Stellung des weiblichen Geschlechts geschuldet. Der im Wesentlichen auf den häuslichen Lebensbereich beschränkte Aktionsradius der Frauen hat demnach gleichzeitig auch begrenzte soziale Kontakte zur Folge und die Möglichkeit kriminellen Verhaltens ist somit auch geringer als bei Männern.[753] Hierbei spielt sicherlich die Tatsache eine Rolle, dass weibliche Handlungsfelder zwar nicht nur, jedoch im Wesentlichen auf das häusliche Umfeld beschränkt waren und Vergehen daher auch dort, also informell, sanktioniert wurden.[754] Des Weiteren verhielten sich Frauen friedlicher als das andere Geschlecht, ihr Verhalten war demnach weniger agonal.[755] Auf die Frage, inwiefern die Wertheimer Zentgerichtsakten eine charakteristische Form weiblicher Kriminalität widerspiegeln, wurde im Zuge der Untersuchung der Einzeldelikte eingegangen. Deshalb sei an dieser Stelle auf die entsprechenden Kapitel verwiesen.

5.6 Zusammenfassung

Kriminalität war in den Wertheimer Grafschaftsdörfern nicht auf die Armen des Dorfes beschränkt. Wenn auch nicht gleichermaßen, so finden sich doch Vertreter aus allen dörflichen Schichten als Täter vor dem Gericht wieder.[756] Egal, ob kirchlicher Würdenträger, Bauer, Handwerker, Knecht oder Fremder, mit Ausnahme der Frauen, wurden die Menschen in den Wertheimer Grafschaftsdörfern am häufigsten aufgrund von Gewaltverbrechen angeklagt. Obwohl in einem gewissen Maß von der frühneuzeitlichen Gesellschaft toleriert, störten gerade diese Vergehen offenbar den öffentlichen Frieden im Dorf, und wurden deshalb angezeigt. Nicht nur im Fall der Gewaltdelikte, sondern hinsichtlich der Kriminalität im Allgemeinen waren Handwerker und besonders Bauern, also die Untertanen, im Vergleich zu den übrigen sozialen Schichten vermehrt vertreten. Sie waren allerdings auch diejenigen Personen, die aufgrund ihres Untertanenstatus sowie ihrer Funktion als Hausväter kommunale Rechte und Pflichten wahrnahmen und daher tendenziell mehr in der Öffentlichkeit präsent waren als die übrigen Dorfbewohner. Einerseits hatte ihre Position sicherlich zur Folge, dass Konflikte untereinander erst entstanden, da die gemeinsame Erfüllung von Aufgaben, wie etwa die Organisation von dörflichen Arbeits- und Geschäftsbereichen, Reibungspunkte bot und

---

[753] Vgl. GISPER: Kriminalität der Frauen und Mädchen, S. 434.
[754] Vgl. FEEST, Johannes: Art. Frauenkriminalität, in: Günther KAISER u. a. (Hg.): Kleines kriminologisches Wörterbuch. Heidelberg 1985², S. 119; FRANK: Dörfliche Gesellschaft und Kriminalität, S. 233 f.; zudem VAN DÜLMEN: Kultur und Alltag in der Frühen Neuzeit, Bd. 1: Das Haus und seine Menschen, S. 43–49; MÜNCH: Lebensformen in der Frühen Neuzeit, S. 173.
[755] Vgl. WALZ, Rainer: Schimpfende Weiber. Frauen in lippischen Beleidigungsprozessen des 17. Jahrhunderts, in: Heide WUNDER/Christina VANJA (Hg.): Weiber, Menschen, Frauenzimmer. Frauen in der ländlichen Gesellschaft 1500–1800. Göttingen 1996, S. 180.
[756] Vgl. Diagramm 25 im Anhang: Täterprofile im Untersuchungszeitraum.

Meinungsverschiedenheiten nach sich zog. Solche Spannungen konnten sich unter anderem dann in offen ausgetragenen Konflikten und vornehmlich in Verbal- und Realinjurien entladen. Andererseits waren die Untertanen für die Wahrung des dörflichen Friedens verantwortlich und brachten entsprechende Vergehen deshalb zur Anzeige. Als Mitglieder der Dorfgemeinde waren Funktionsträger wie der Schultheiß oder die Schöffen hierbei keine Ausnahme, wenngleich sie sich tendenziell seltener als Täter vor Gericht zu verantworten hatten.

Auch ortsfremde Personen erreichte der Arm des Gesetzes. Wenngleich deren Anwesenheit vor Gericht eher unwahrscheinlich war und auch fraglich ist, ob Geldstrafen eingetrieben wurden, so fällte das Zentgericht trotzdem ein Urteil über deren Vergehen, sofern diese im Zentgerichtsbezirk begangen worden waren.

Für bestimmte Verstöße, wie etwa Verletzungen der Dienstpflicht, wurden Knechte und Mägde aller Wahrscheinlichkeit nach vornehmlich informell sanktioniert. Auseinandersetzungen, in die das Gesinde involviert war, kamen mit großer Sicherheit nur dann vor das Zentgericht, wenn ein Konflikt vor den Augen der Öffentlichkeit ausgetragen wurde. Dies trifft zudem auf die Haus- und Familienkonflikte im Allgemeinen zu, die in der frühneuzeitlichen Gesellschaft keine geringe Rolle spielten, und der alltägliche Kampf um die Existenz aufgrund knapper Ressourcen wurde in erster Linie dort ausgetragen, wo enge Kontakte die meisten Reibungsflächen boten.[757] Demnach landeten auch kaum Auseinandersetzungen zwischen den Ehepartnern vor Gericht.

Bei der Austragung von Konflikten unterschieden sich die Geschlechter.[758] Ihre Ehre verteidigten Frauen im Untersuchungszeitraum vornehmlich verbal, handgreiflich wurden sie, im Gegensatz zu Männern, äußerst selten. Die weibliche Ehre konnte vor allem mit Anschuldigungen von unsittlichem Verhalten verletzt werden, auch mit Hexereibeschimpfungen waren Frauen weitaus häufiger konfrontiert, während die Ehre der Männer eher durch den Vorwurf von Diebstahls- und Eigentumsdelikten verletzt wurde.[759] Sofern Frauen in einen Konflikt involviert waren, hatten sie ihrem Gegenpart in den meisten Fällen Diebstahl vorgeworfen, der in der Regel jedoch nicht nachgewiesen werden konnte. Wahrscheinlich ging es hierbei vornehmlich darum, dem Ansehen des Gegners durch die Inszenierung eines Gerüchts zu schaden.[760]

Wenn sich Einzelpersonen nicht an die innerdörflichen Spielregeln hielten, so konnte die Dorfgemeinschaft verstärkten Druck auf diese ausüben und in diesem Zusammenhang auch das Wertheimer Zentgericht für ihre Zwecke instrumentalisieren. Soziale Kontrolle funktionierte prinzipiell auch ohne das Zutun der Herrschaft. Den dörflichen Frieden wollte man offensichtlich ebenfalls durch die Insti-

---

[757] Vgl. auch MÜNCH: Lebensformen in der Frühen Neuzeit, S. 198.
[758] Siehe auch die Ausführungen zu den Deliktanalysen der Gewalt-, Ehren- und Eigentumsdelikte.
[759] Vgl. auch WALZ: Schimpfende Weiber, S. 186.
[760] Vgl. das Kapitel III. 3.3. „sie hett bey der nacht ein batzen vol trauben gestohlen": Eigentumsdelikte.

tution des Zentgerichts wiederhergestellt und gesichert sehen, das seine Autorität jedoch durch den Landesherrn erhielt. Umgekehrt war die Obrigkeit aber auch auf die Zusammenarbeit mit der Dorfbevölkerung angewiesen, um über Normverstöße in Kenntnis gesetzt zu werden.[761]

6. Die Ritualisierung von Konflikten: Spielregeln innerhalb der dörflichen Gesellschaft

Rituale bezeichnen eine Abfolge von Handlungen, die im Allgemeinen nach einer weitgehend festgelegten Ordnung auszuführen sind und die epochen- und kulturübergreifend alle Bereiche der menschlichen Existenz durchdringen.[762] Eine wichtige Grundfunktion eines Rituals ist die Tatsache, dass durch sie ein Raum eröffnet wird, in dem die Beteiligten miteinander kommunizieren.[763] Räume sind in diesem Zusammenhang nicht nur, wie in erster Linie intendiert, Orte mit einer geographischen Position: Jedes menschliche Handeln ist an einen Ort gebunden, der eingegrenzt oder erweitert werden kann und durch Erfahrungen[764] von Machbarkeit beziehungsweise Beschränkungen geprägt ist.[765] Raum kann aus soziologischer Perspektive als mehrdimensionaler Raum in Bezug auf Beziehungen und Positionen begriffen werden, als ein Handlungsort, an dem spezifische Kommunikationsregeln existieren, unterschiedliche Kommunikations- und Interaktionsgelegenheiten vorherrschen und an dem soziale Kontrolle möglich ist. Das bedeutet auch, dass jeder Schritt, der nicht innerhalb des als „normal" empfundenen Handlungsspielraumes liegt, wahrgenommen und kommentiert wird. Jede Tat, die an eine Verhaltensregel gebunden ist, aber auch sämtliche Regelverstöße – also deviantes Verhalten – sind demnach Formen der Kommunikation.[766]

Die in den Wertheimer Zentgerichtsakten enthaltenen Rügeprotokolle stellen eine überaus geeignete Quellenbasis dar, anhand der frühneuzeitliche Kommunikationsbedingungen im Dorf näher erfasst werden können. Sie enthalten Informationen, die Aufschluss darüber geben, inwiefern die Dorfbewohner auf informeller

---

[761] Vgl. auch FRANK: Dörfliche Gesellschaft und Kriminalität, S. 237.
[762] Vgl. GAREIS, Iris: Art. Ritual, in: Enzyklopädie der Neuzeit, Bd. 11. Stuttgart 2010, Sp. 297 f.
[763] Zur räumlichen Dimension von Öffentlichkeit und Kommunikation, vgl. Susanne RAU/ Gerd SCHWERHOFF (Hg.): Zwischen Gotteshaus und Taverne. Öffentliche Räume in Spätmittelalter und Früher Neuzeit. Köln/Weimar/Wien 2004; sowie die Beiträge der Sektion „Kommunikationsraum Dorf und Stadt", in: Johannes BURKHARDT/Christine WERKSTETTER (Hg.): Kommunikation und Medien in der Frühen Neuzeit. München 2005.
[764] Zur Kategorie der Erfahrung in der Frühen Neuzeit vgl. die Beiträge in MÜNCH, Paul (Hg.): „Erfahrung" als Kategorie der Frühneuzeitgeschichte (Historische Zeitschrift, Beiheft N. F. 31). München 2001.
[765] Vgl. HEIDEGGER, Maria: Soziale Dramen und Beziehungen im Dorf, S. 17 f.
[766] Vgl. RAU/SCHWERHOFF: Öffentliche Räume in der Frühen Neuzeit, S. 23.

Ebene die in der damaligen Gesellschaft verankerten sozialen Wertvorstellungen instrumentalisierten und sich in bestimmten Konfliktsituationen beispielsweise Formen der Ritualisierung für die eigenen Zwecke zu Nutze machten. Die Rügeprotokolle sind vor den eigentlichen Gerichtsverhandlungen entstanden und können somit helfen, das vorgerichtliche Umfeld, das als Schnittpunkt von kaum noch überschaubaren sozialen Interaktionen erscheint, zu strukturieren.[767] In den folgenden Ausführungen soll der Frage nachgegangen werden, welche ritualisierten Formen der Konfliktaustragung es in der ländlichen Gesellschaft gegeben hat und welche informellen Wert- und Normvorstellungen sich in den Zentgerichtsakten widerspiegeln.

Rituale stellen eine Form symbolischer Kommunikation dar, deren Deutung von den Teilnehmern ein bestimmtes Wissen um die jeweiligen kulturspezifischen Symbole voraussetzt.[768] Das heißt, dass die frühneuzeitliche Gesellschaft vor allem in und um eine Auseinandersetzung eine Vielzahl symbolischer und ritualisierter Formen des Austrags und der Regulierung von Konflikten kannte. In diesem Zusammenhang war es wichtig, dass innerhalb bestimmter Gruppierungen, aber auch innerhalb der Gesamtgesellschaft, Konsens über die Bedeutungen bestimmter Rituale oder symbolischer Handlungen bestand. Das heißt, es gab einen überaus engen Zusammenhang zwischen gesellschaftlichen Normen und den ihnen zugeordneten symbolischen Handlungen, jedoch mussten die entsprechenden Informationen nicht nur mitgeteilt, sondern eben auch verstanden werden.[769] So konnte es beispielsweise dazu führen, dass eine Auseinandersetzung ein tragisches Ende nahm, weil die Kontrahenten nicht die gleiche Konfliktsprache beherrschten und die symbolische Kommunikation deshalb scheiterte. Einen solchen Fall schildert Arnold Beuke aus dem Jahr 1603 anlässlich einer Bauernhochzeit in Leversum in Sepperade bei Lüdingshausen.[770] Beuke untersucht die Auseinandersetzung zwischen einem adligen Junker und einem Spielmann, die derart eskalierte, dass die Ehefrau des Musikers beim Versuch, die Konfrontation der beiden Kontrahenten zu beschwichtigen, diesen mit ihrem Leben bezahlen musste. Der adlige Junker war so sehr in Rage geraten, dass er den Spielmann mit einem Messer zu verletzen

---

[767] Vgl. HEIDEGGER: Soziale Kommunikationsräume im Spiegel dörflicher Gerichtsquellen Tirols. Überlegungen in geschlechtergeschichtlicher Perspektive, in: Johannes BURKHARDT/Christine WERKSTETTER (Hg.): Kommunikation und Medien in der Frühen Neuzeit (Historische Zeitschrift, Beiheft N. F. 41). München 2005, S. 187.
[768] Vgl. Ebd., Sp. 298.
[769] Vgl. MOHRMANN, Ruth-E.: Vorwort, in: Barbara KRUG-RICHTER/Ruth-E. MOHRMANN (Hg.): Praktiken des Konfliktaustrags in der Frühen Neuzeit (Schriftenreihe des Sonderforschungsbereichs 496: Symbolische Kommunikation und gesellschaftliche Wertesysteme, Bd. 6). Münster 2004, S. 7 f.
[770] Vgl. dazu BEUKE, Arnold: „In guter Zier und Kurtzweil bey der Naßen angetastet". Aspekte des Konfliktaustrags in der Frühen Neuzeit, in: Barbara KRUG-RICHTER/Ruth-E. MOHRMANN (Hg.): Praktiken des Konfliktaustrags in der Frühen Neuzeit (Schriftenreihe des Sonderforschungsbereichs 496: Symbolische Kommunikation und gesellschaftliche Wertesysteme, Bd. 6). Münster 2004, S. 119–155.

beabsichtigte. Der tödliche Stich traf dann aber nicht den Spielmann, sondern dessen Frau. Während der Adlige auf die Unschuldige einstach, rief er ihr zu, dass der Angriff eigentlich ihrem Mann hätte gelten sollen, nun aber sie den Stich an seiner Stelle empfangen hätte.[771] Bei einer Auseinandersetzung rangleicher Gegner wäre eine Eskalation in eine Schlägerei wohl wahrscheinlich gewesen, der Adlige jedoch hatte „wie in einem Fechtduell [...] die Körperhaltung einer Kampfposition ein[genommen]"[772]. Der ständische Unterschied machte trotz räumlicher Nachbarschaft der beiden Kontrahenten eine geregelte Austragung des Konfliktes entweder als Duell oder als Prügelei unmöglich. Hier prallten zudem zwei konkurrierende Ehrkonzepte aufeinander: Die Idee der nach Rang und Stand ansteigenden ständischen Ehre und das rechtliche Prinzip, nach dem jede Person unabhängig ihres Ranges eine Ehre besaß, die es zu verteidigen galt.[773] Das eklatante Sozialgefälle und der Standesunterschied der beiden Gegner, so konstatiert Beuke, waren also dafür verantwortlich, dass eine geregelte Austragung des Konflikts nicht möglich war, da der Adlige das Regelnetz bäuerlicher Konfliktaustragung für sich nicht als bindend ansah und die Deeskalationsversuche ignorierte. Die „Kampfkulturen" der beiden Gegner waren bezüglich des Konfliktaustrags sowie der Konflikteingrenzung nicht kompatibel. Die beiden Kontrahenten sprachen nicht die gleiche Konfliktsprache.[774]

Standesunterschiede spielten in den Wertheimer Konflikten eher eine untergeordnete Rolle. In den für die Untersuchung herangezogenen Fällen sprachen die Kontrahenten in der Regel die gleiche Konfliktsprache, die auch von ihrem Umfeld verstanden wurde. Anhand von Fallbeispielen sollen in den folgenden Ausführungen die Auseinandersetzungen der Zentbewohner in ihren konkreten Kontexten untersucht werden, um so Wissen über und Einsicht in die vormodernen Wertvorstellungen sowie in die Ritualisierung der Konflikte der vormodernen Dorfbevölkerung zu erhalten.

6.1 Die Überschreitung einer Grenze: „Uber friedt schmeissen"

Eine handfeste Auseinandersetzung wurde in der Regel nicht nur von der Obrigkeit mit einer Geldstrafe sanktioniert, sondern auch von den Mitmenschen nicht geduldet, da man entsprechende Vorfälle am Zentgericht zur Rüge brachte und sich im Allgemeinen im Vorfeld aktiv in eine (gewaltsame) Konfrontation einmischte.

---

[771] Vgl. Ebd., S. 120.
[772] Ebd., S. 125
[773] Vgl. zu den gegensätzlichen Ehrprinzipien auch Fuchs, Ralf-Peter: Um die Ehre. Westfälische Beleidigungskonflikte vor dem Reichskammergericht (1525–1805) (Forschungen zur Regionalgeschichte). Paderborn 1999, S. 217f. und 288.
[774] Vgl., Beuke: „In guter Zier und Kurtzweil bey der Naßen angetastet". Aspekte des Konfliktaustrags in der Frühen Neuzeit, S. 119–129.

182   III. Dörfliche Gesellschaft und Kriminalität in der Wertheimer Zent

Dies geschah beispielsweise auch im Jahr 1609 in Bestenheid, als ein Konflikt zwischen Merten Erbach und Christoph Klingenstein eskalierte.[775] Hans Erbach, der Schultheiß aus Bestenheid, berichtete zu diesem Fall, dass er gemeinsam mit den beiden Männern auf einem Floß den Main von Hasloch nach Bestenheid überquert hatte. Während der Fahrt war es zwischen Erbach und Klingenstein zu einem Streitgespräch gekommen, in dem Ersterer seinem Kontrahenten vorwarf: „du hast mir verheissen du wöllest mich zum gesellen annemen aber du hast andere an genommen ich hett ein lust ich würff dich über den schelg[776] hinauß."[777] Die beiden Streitgegner gerieten im Verlauf der Auseinandersetzung erst mit Worten und schließlich mit Fäusten aneinander, der Schultheiß versuchte die Situation zu entschärfen. Klingenstein lies zwar von seinem Gegner ab, wurde von Hans Erbach jedoch erneut attackiert und auf den Kopf geschlagen.[778] Die Schöffen verwiesen Hans Erbach an die Herrschaft, da er Klingenstein „uber recht [...] geschlagen"[779] hatte.

Eine Auseinandersetzung zwischen den beiden Urpharern Christoph Meckenwein und Linhard Flegler verlief vorerst ganz ähnlich wie die oben ausgeführte.[780] Christoph Meckenwein und Linhard Flegler waren während eines Gemeindetages im Rathaus zuerst mit Worten und schließlich mit Händen aneinander geraten, woraufhin sich eine dritte Person, Michael Amend, in die Konfrontation einmischte. Er forderte die beiden Streithähne dazu auf, „friedt"[781] zu halten und voneinander abzulassen. Der gut gemeinte Rat fruchtete jedoch nur bei einem der Kontrahenten, so dass Christoph Meckenwein Linhard Flegler mit der Faust ins Gesicht schlug. Letzterer reagierte daraufhin aber nicht mit Gegengewalt, sondern forderte Michael Amend dazu auf, den Vorfall vor Gericht zu bringen, da Meckenwein ihn „uber fridt geschmisen"[782] hatte. Die Schöffen des Wertheimer Zentgerichtes verurteilten Meckenwein daraufhin nicht zu einer Geldbuße, sondern verwiesen den Fall an den Wertheimer Grafen; als Begründung für diese Entscheidung wurde im Urteil ebenfalls die Tatsache erwähnt, dass Meckenwein „über frieden geschlagen"[783] habe.

Obwohl in den angeführten Konfliktbeispielen die jeweilige verbale Auseinandersetzung recht schnell in körperliche Aggression umschlug, musste ein Streit nicht zwangsweise eskalieren. Für die Kontrahenten bestand so auch immer die Möglichkeit, aus einer Konfrontation auszusteigen und eine friedliche Lösung mit

---

[775] Vgl. dazu StAWt G-Rep. 57/1 Zentsachen Nr. 16 („Stoffel Klingenstein vs. Merten Erbach").
[776] Als Schelch bezeichnet man einen Kahn beziehungsweise ein Flussfahrzeug. Vgl. GRIMM, Jacob/GRIMM, Wilhelm: Deutsches Wörterbuch, Bd. 14, Sp. 2489.
[777] Vgl. StAWt G-Rep. 57/1 Zentsachen Nr. 16 („Stoffel Klingenstein vs. Merten Erbach").
[778] Vgl. ebd.
[779] StAWt G-Rep. 102 Nr. 5550 (Zentgericht am 13. November 1609).
[780] Vgl. dazu StAWt G-Rep. 102 Nr. 535 („Stoffel Meckenwein vs. Linhardt Flegler").
[781] StAWt G-Rep. 102 Nr. 535 („Stoffel Meckenwein vs. Linhardt Flegler").
[782] StAWt G-Rep. 102 Nr. 535 („Stoffel Meckenwein vs. Linhardt Flegler").
[783] StAWt G-Rep. 102 Nr. 5550 (Zentgericht 1602, Dienstag nach Philippi).

der Gegenseite zu finden,[784] sofern sie wie in den vorgestellten Fällen auch in der gleichen Konfliktsprache kommunizierten. Der Eingriff in eine gewaltsame Auseinandersetzung, beziehungsweise die vorläufige Beilegung dieser durch die Umstehenden, zeigt, dass es eben auch Momente gab, die auf Friedensstiftung ausgelegt waren.[785] Die Zeitgenossen sprachen in diesem Zusammenhang vom „frieden bieten". Wurde in einer Streitsituation Frieden geschaffen, so war dieser von den Kontrahenten im Sinne der von allen Beteiligten verstandenen Konfliktsprache auch einzuhalten. Kam es in der Folge erneut zu Gewaltanwendung, so stellte dies eine eindeutige Grenzüberschreitung dar, die dann auch am Zentgericht strenger sanktioniert wurde.[786] Nachdem in einer Auseinandersetzung für Frieden gesorgt worden war, erwartete man, dass diese Grenze, die man den Kontrahenten gesetzt hatte, auch eingehalten wurde.

Mit insgesamt 6% stellen die Störungen des öffentlichen Friedens das vierthäufigste Vergehen dar. Wenn man jedoch davon ausgeht, dass der Handlung des „über Frieden Schlagens" in der Regel ein Gewaltdelikt vorausging und die Anwesenden versuchten, eine Auseinandersetzung zu deeskalieren, so ist immerhin zu konstatieren, dass in über zwei Drittel der Fälle die den Kontrahenten gesetzte Grenze auch eingehalten wurde. An dieser Stelle stellt sich natürlich die Frage, inwiefern und ob es einen Zusammenhang zwischen dem Erfolg der Unterbindung einer Auseinandersetzung und der Autorität der streitschlichtenden Personen gab. Diesbezüglich lassen sich jedoch kaum Tendenzen erkennen. Nur vereinzelt werden bestimmte Personen mehrmals in einer Funktion als Mediator aktenkundig, beispielsweise trifft dies auf den Dertinger Wirt Hans Löger[787], den Reicholzheimer Bauern Hans Eckart[788], aber auch auf die Gattin Hans Heins[789] aus Urphar zu. Sicherlich lag dem Wirt daran, die Eskalation einer Auseinandersetzung in seinem eigenen Gasthaus zu verhindern – zumal es nicht selten vorkam, dass im Zuge dessen auch Krüge, Gläser oder sonstiges Inventar zu Bruch gingen oder beschädigt wurden. Insgesamt lässt sich jedoch nicht feststellen, dass der Bürgermeister erfolgreicher deeskalierte als ein Bauer, ein Müller, ein Schmied oder eine Frau. Schaut man sich diejenigen Personen genauer an, die in eine Auseinandersetzung als Streitschlichter eingriffen, so ergibt sich insgesamt ein recht heterogenes Bild. Selbstverständlich versuchte ein Schultheiß zu vermitteln, sofern er Zeuge einer

---

[784] Vgl. dazu auch DINGES, Martin: Formenwandel der Gewalt in der Neuzeit, in: Rolf Peter SIEFERLE/Helga BREUNINGER (Hg.): Kulturen der Gewalt. Ritualisierung und Symbolisierung von Gewalt in der Geschichte. Frankfurt/New York 1998, S. 178.
[785] Vgl. dazu auch BEUKE: „In guter Zier und Kurtzweil bey der Naßen angetastet". Aspekte des Konfliktaustrags in der Frühen Neuzeit, S. 152f.; Barbara KRUG-RICHTER: Konfliktregulierung zwischen dörflicher Sozialkontrolle und patrimonialer Gerichtsbarkeit. Das Rügegericht in der Westfälischen Gerichtsherrschaft Canstein 1718/19, in: Historische Anthropologie 5 (1997), S. 222f.
[786] Vgl. StAWt G-Rep. 102 Nr. 5550 (Zentgericht 1602, Dienstag nach Philippi).
[787] Vgl. G-Rep. 57/1 Zentsachen Nr. 16.
[788] Vgl. G-Rep. 102 Nr. 538.
[789] Vgl. G-Rep. 102 Nr. 538.

gewaltsamen Konfrontation wurde. Casper Oberdorf beispielsweise, der das Amt in Dietenhan inne hatte, fungierte in mehreren Fällen als Vermittler, ebenso Hans Hörner, der Höhefelder Amtsinhaber. Genauso häufig wurden jedoch auch andere Dorfbewohner als Streitschlichter aktenkundig, die keine besonderen Funktionen besaßen. An dieser Stelle wären unter anderem der Bauer Hans Derdinger aus Reicholzheim zu nennen oder der Teilbacher Müller Adam Otto. Letzterer gehörte sogar zu dem Personenkreis, der im Untersuchungszeitraum recht häufig in einen Streitfall involviert war.[790] Im Allgemeinen lässt sich konstatieren, dass alle Bewohner eines Dorfes potenzielle Streitschlichter waren und ganz grundsätzlich diejenigen Personen versuchten, eine Auseinandersetzung zu deeskalieren, die anwesend waren. Insgesamt wurden im Untersuchungszeitraum 97 Streitschlichter aktenkundig. Allein diese Anzahl verbietet es sich, davon auszugehen, dass lediglich die dörfliche Elite den streitwütigen Parteien Einhalt gebot.

Letztlich tauchen im Untersuchungszeitraum auch Fälle auf, in denen das Eingreifen von Frauen insgesamt hilfreicher war und Ehefrauen einen Konflikt lösten, bei dem männliche Schlichtungsversuche im Vorfeld gescheitert waren. Ein solcher Vorfall trug sich beispielsweise am 22. Juli 1605 in Urphar zu.[791] Der Rüger Hans Heim berichtete zu diesem Fall, dass er Zeuge einer Auseinandersetzung zwischen Bernhard Müller aus Urphar und Claus Heim aus Eichel geworden war. Einem lauten Geschrei auf der Straße folgend, traf er auf die beiden Männer, die offensichtlich in einen heftigen Streit geraten waren. Deshalb, so berichtete Hans Heim, stellte er sich sofort zwischen die beiden Kontrahenten und forderte sie auf, „fried"[792] zu halten. Bernhard Müller und Claus Heim blieben vom Schlichtungsversuch des Rügers jedoch völlig unbeeindruckt und fingen an, sich gegenseitig am Kopf zu verletzten, sodass „daß Bludt über das angesichdt herab[lief]"[793]. Letztlich gelang es schließlich Hans Heims Ehefrau, die ebenfalls auf den Lärm auf der Straße aufmerksam geworden war, die Situation zu entschärfen, indem sie Bernhard Müller von seinem Gegenspieler zurückzog und die beiden daran erinnerte, dass sie „freundt mitt Ein Ander"[794] wären. Der Eicheler gab daraufhin auch kleinlaut an, dass er nun Frieden halten werde.[795]

Laut Barbara Krug-Richter fühlten sich häufig Frauen berufen, eine handfeste Auseinandersetzung zwischen Männern zu beenden oder wurden sogar ganz bewusst zu einer Schlägerei dazu gerufen.[796] Krug-Richter erklärt diesen Umstand damit, dass das Eingreifen einer weiblichen Person die männliche Ehre desjenigen, dem sie zu Hilfe eilte, nicht berührte und einer Frau somit gestattet war, was der

---

[790] Vgl. das Kapitel III. 5. Personen vor Gericht.
[791] Vgl. dazu G-Rep. 102 Nr. 538 („Claus Heim vs. Bernhardt Müller").
[792] Ebd.
[793] Ebd.
[794] Ebd.
[795] Vgl. ebd.
[796] Vgl. KRUG-RICHTER: Konfliktregelung zwischen dörflicher Sozialkontrolle und patrimonialer Gerichtsbarkeit, S. 227.

männliche Ehrenkodex nicht erlaubte: der Eingriff in einen Konflikt zwischen zwei Männern. Obwohl die Raufhändel weder auf gemeindlicher noch auf obrigkeitlicher Ebene akzeptiert wurden, gehörten sie zum festen Bestandteil männlicher Ehrrituale, in denen es ein Beweis für Männlichkeit war, sie ohne fremde Hilfe durchzustehen.[797] Einmischungen wurden laut Krug-Richter nur dann akzeptiert, wenn die Parteinahme ausgeschlossen und so die Gefahr einer weiteren Eskalation der Auseinandersetzung gering war. Deshalb wurden Dritte auch zurückgehalten, wenn sie sich in einen Konflikt zwischen zwei Männern einmischen wollten.[798]

Das „frieden bieten" hatte allerdings eine andere Funktion als eine mögliche Parteinahme und das Ziel war die Beendigung der Auseinandersetzung. Krug-Richter spricht in diesem Zusammenhang von der sogenannten „Rettung" und verweist bezüglich der Begrifflichkeit auf zeitgenössische Quellen.[799] Parteinahme spielte in den Wertheimer Fällen kaum eine Rolle, auch ist nicht zu konstatieren, dass man Frauen von einem Konflikt zwischen zwei Männern bewusst in Kenntnis gesetzt und zum Eingreifen aufgefordert hat. Das Überschreiten einer Grenze innerhalb einer gewaltsamen Auseinandersetzung tolerierten alle Mitglieder der dörflichen Gemeinschaft nicht.

6.2 Die Schaffung von Öffentlichkeit: „Mordio schreyen"

Als die beiden Männer Lorenz Stark und Claus Löger Anfang Oktober des Jahres 1606[800] aus dem Wirtshaus ihres in der Grafschaft Wertheim gelegenen Heimatortes Dertingen nach Hause gingen, vernahmen sie ein Geschrei auf der Straße: Sie hörten, dass jemand „mordio"[801] schrie und somit musste sich die um Hilfe rufende Person in großer Gefahr befinden, denn das „Mordio-Schreien" beziehungsweise ein Mordgeschrei wurde aufgrund von schwer erlittenem Unrecht erhoben. Lorenz Stark und Claus Löger zögerten daher nicht lange und gingen den Mordio-Rufen nach – doch an Ort und Stelle fanden sie nicht etwa eine gefährliche oder gar lebensbedrohliche Situation vor, sondern dort trafen sie einzig und allein auf ihren Nachbarn Hans Löffler, der zudem völlig unversehrt zu sein schien. Auf die Frage, warum er um Hilfe gerufen habe, antwortete Löffler, dass er hart geschlagen worden sei. Als Übeltäter nannte er Enders Rach und dessen Sohn, beide waren ebenso Bewohner der Ortschaft Dertingen.[802] In ihrem Bericht über den geschilderten Vorfall gaben die beiden Zeugen Löger und Stark jedoch an, dass sie niemand anderen am vermeintlichen Tatort gesehen haben. Zuvor allerdings haben sie beob-

---

[797] Vgl. ebd., S. 226 sowie ROPER, Lyndal: Ödipus und der Teufel. Körper und Psyche in der Frühen Neuzeit. Frankfurt am Main 1995, S. 117–119.
[798] Vgl. KRUG-RICHTER: Konfliktregelung zwischen dörflicher Sozialkontrolle und patrimonialer Gerichtsbarkeit, S. 226.
[799] Vgl. ebd., S. 126 f.
[800] Vgl. dazu StAWt G-Rep 102 Nr. 539 („Hans Löffler vs. Enders Rach").
[801] Ebd.
[802] Vgl. ebd.

achtet, dass Hans Löffler einen mit Ziegeln beladenen Holzkarren, von dem Rach der Besitzer gewesen war, umgestoßen habe – dies allerdings zu keiner nennenswerten Auseinandersetzung geführt habe. Weiterhin ließen Löger und Stark vermerken, dass noch vier weitere Personen das „Mordgeschrei" von Hans Löffler vernommen haben. Diese waren ebenso Löfflers Rufen gefolgt und ihre Angaben wichen auch nicht von dem bereits geschilderten Geschehen ab.[803]

Der hier geschilderte Fall legt nahe, dass Hans Löffler das Mordgeschrei ganz bewusst initiiert hat, um auf diese Weise Öffentlichkeit zu schaffen und mögliche Zeugen herbeizurufen. Im Konfliktfall konnte dies Schutz vor Unterstellungen bedeuten oder Unterstützung durch Zeugenaussagen bieten. Immerhin gaben fünf Personen zu Protokoll, dass sie in der Annahme, jemand befände sich in Gefahr, dem Mordgeschrei gefolgt seien. Ein solcher Hilferuf blieb auch – gerade in der frühneuzeitlichen dörflichen Gesellschaft – nicht unbeachtet und gegenseitige (nachbarschaftliche) Unterstützung in einer (vermeintlichen) Notsituation war offensichtlich selbstverständlich. Umgekehrt bedeutete dies jedoch auch, dass einzelne Personen „Mordio" schrien, auch wenn sie keiner großen Gefahr ausgesetzt waren. Ein Mordgeschrei, das nicht von Nöten gewesen ist, wurde allerdings sowohl von der dörflichen Gemeinschaft als auch vor Gericht nicht ohne Weiteres toleriert. Hans Löffler erhielt für die Auseinandersetzung mit Enders Rach einerseits eine Geldbuße[804], andererseits verwiesen ihn die Schöffen aufgrund des Mordgeschreis an die Herrschaft: „dieweil Hans Löffler Mordio geschrieen weisen ihn die schöpfen mei[nem] gn[edigen] [Herrn] heim."[805] In einer anderen gewaltsamen Auseinandersetzung, die sich im Jahr 1591 zwischen Georg Schetzer und Merten Hufnagel in der Ortschaft Dertingen zugetragen hatte[806], vertagten die Schöffen das Urteil und verlangten von Georg Schetzer, nachzuweisen, dass er nicht unnötig Mordio gerufen habe; ansonsten habe er den von ihm instrumentalisierten Hilferuf mit einer Geldstrafe zu verbüßen.[807] Am Zentgericht behielt man es sich auch vor, bei einem Mordgeschrei erst mögliche Zeugen zu befragen, um herauszufinden, ob dieses auch berechtigterweise erhoben wurde. Dies war beispielsweise im Jahr 1593 in Dertingen der Fall, als die Ehefrau von Wendel Strauß ein solches aufgrund tätlicher Übergriffe ihres Mannes erhob.[808] Eine Zeugenbefragung zu diesem Ereignis fand am Zentgericht zwar statt, jedoch wurde der Fall dann später nicht von den Schöffen abgeurteilt.[809] Allein das Interesse der Schöffen an der Notwendigkeit des Mordgeschreis zeigt aber, dass eine leichtfertige Verwendung verhindert werden sollte. Dies lag offensichtlich auch im Interesse der dörflichen Gemeinschaft, denn sofern es in einem Konfliktfall zu einem Mordgeschrei kam, so wurde dies in den

---

[803] Vgl. ebd.
[804] Vgl. StAWt G-Rep. 102 Nr. 5550 (Zentgericht 1606, geschworene Zent auf Martini).
[805] Ebd.
[806] Vgl. StAWt G-Rep. 102 Nr. 5535 („Georg Schetzer vs. Merten Hufnagel").
[807] Vgl. StAWt G-Rep. 102 Nr. 5550 (Zentgericht 1591).
[808] Vgl. G-Rep. 102 Nr. 6471 („Wendel Strauß vs. Ehefrau").
[809] Vgl. G-Rep. 102 Nr. 5550 (Urteile 1593 und 1594).

6. Die Ritualisierung von Konflikten

Rügeprotokollen auch entsprechend vermerkt und somit vor Gericht zu Protokoll gegeben. Eine mögliche Strafe für die Person, die um Hilfe gerufen hatte, wurde daher auch von den Zentbewohnern in Kauf genommen und zeigt, dass auch sie ein unnötiges Mordgeschrei nicht bedenkenlos akzeptierten.

Ein Mordgeschrei konnte allerdings auch dazu dienen, einen Konflikt zu deeskalieren, um beispielsweise eine gewaltsame Auseinandersetzung zu vermeiden. Ein solcher Fall ereignete sich unter anderem im Jahr 1601 in Höhefeld.[810] Am Abend des 26. Julis war Fritz Schmied Zeuge einer Auseinandersetzung zwischen Hans Kaiser und Andreas Endersen geworden. Der Rüger gab zu Protokoll, dass er beobachtet habe, wie Endersen vor Hans Kaisers Haus gelaufen sei und diesen aufgefordert habe, aus dem Haus zu kommen: „wan er Redlich sein so sol er zu ihm nauß kummen"[811]. Kaiser jedoch versuchte eine mögliche Auseinandersetzung offensichtlich von Anfang an zu vermeiden und gab Endersen zur Antwort „er hab ietz nicht daus zu thun wan er ein mangel an ihm hab sol er Recht vor handt wol erß den ander dag mit ihm auß thragen."[812] Damit gab sich Endersen allerdings nicht zufrieden und beschimpfte sein Gegenüber als „Schelm" und drohte ihm damit, in sein Haus einzudringen, sofern er nicht herauskommen würde. Daraufhin gab Fritz Schmied zu Protokoll, dass Kaiser seine Kinder dazu aufgefordert habe, Mordio zu schreien, was diese sogleich auch taten.[813] Das Mordgeschrei rügten schließlich noch drei weitere Zeugen: Batz Hoffmann, Dewes Helmig sowie Enders Thrag.[814] Die beiden Letzteren gaben außerdem an, dass sie Andreas Endersen dazu aufgefordert haben, nach Hause zu gehen, als sie ihn vor Kaisers Fenster gesehen haben. Endersen wollte jedoch offenbar keine Vernunft annehmen und fing an, so heftig gegen Hans Kaisers Tür und Fenster zu schlagen, dass das „feuer sein Rauß gegangen"[815]. Daraufhin riefen sowohl Kaiser selbst als auch seine Frau um Hilfe und nachdem der Rüger Dewes Helmig Endersen aufgefordert hatte, endlich Ruhe zu geben, denn „es werden baldt leudt da sein"[816], ging Endersen nach Hause. Den Unruhestifter verurteilte man aufgrund der Beleidigung Hans Kaisers sowie wegen Sachbeschädigung zu einer Geldstrafe und verwies ihn aufgrund der Anwendung grober Gewalt schließlich auch an die Herrschaft.[817]

Das hier geschilderte Fallbeispiel zeigt erneut, dass durch ein Mordgeschrei nicht nur Öffentlichkeit geschaffen und Zeugen herbeigerufen wurden, sondern auch, dass es dazu genutzt wurde, die Eskalation eines Konflikts zu vermeiden. Dies war ja von Beginn an Hans Kaisers Absicht gewesen, indem er der Aufforderung Endersens, aus dem Haus heraus zu gehen, nicht nachgekommen war. Erfolg

---

[810] Vgl. StAWt G-Rep. 102 Nr. 534 („Hans Kaiser vs. Enders Endersen").
[811] StAWt G-Rep. 102 Nr. 534 („Hans Kaiser vs. Enders Endersen").
[812] Ebd.
[813] Vgl. ebd.
[814] Vgl. ebd.
[815] Ebd.
[816] Ebd.
[817] Vgl. StAWt G-Rep. 102 Nr. 5550 (Urteile 1601).

zeigte jedoch erst das Mordgeschrei der Kinder sowie die Hilferufe der Eltern. Der Hinweis Helmigs, dass dadurch ein noch größeres Publikum angezogen werde, entschärfte schließlich die Situation und eine mögliche gewaltsame Auseinandersetzung wurde verhindert. Endersen ging in diesem Konflikt offensichtlich so rabiat vor, dass die Schöffen am Zentgericht das Mordgeschrei nicht als strafwürdig bewerteten.

Dieser Konfliktfall zeigt anschaulich eine weitere Form der frühneuzeitlichen Konfliktaustragung: Das Herausfordern aus dem Haus.

6.3 Der Schutz des Privaten: Das Herausfordern aus dem Haus

Das Herausfordern aus dem Haus stellt ein primär männliches Provokationsritual dar, das bis in das 18. Jahrhundert in frühneuzeitlichen Dörfern, aber auch in den Städten nachweisbar ist. Hierbei handelt es sich um einen ritualisierten Rechtsbrauch, dessen Wurzeln im Mittelalter liegen.[818] Das Herausfordern aus dem Haus zählt zu den sogenannten Charivari oder Rügebräuchen, die von der ländlichen und städtischen Bevölkerung aufgrund von Verstößen gegen die gesellschaftliche Moral als Zensur- und Sanktionsrituale ausgeübt wurden und somit ein Instrument der sozialen Kontrolle, ein Mittel zur Überwachung von Moral und Geschlechterbeziehungen darstellte.[819] Laut Kramer war der Ablauf einer solchen Handlung in vier Komponenten gegliedert und zwar erstens in das Laufen vor das Haus, zweitens den Angriff auf die Ehre, drittens die Aufforderung zum Zweikampf und viertens den Angriff auf Türen oder Fenster des Herausgeforderten.[820] Ganz ähnlich war auch das Geschehen vor Hans Kaisers Haus in Dertingen abgelaufen.[821] An dieser Stelle interessiert jedoch weniger der detaillierte Ablauf des Herausforderns aus dem Haus, als vielmehr die Tatsache, dass man einerseits ohne Weiteres nicht in das Haus einer anderen Person eindrang und andererseits der Angriff auf das Haus sanktioniert und eine außergerichtliche Konfliktlösung von der Dorfgemeinschaft nicht akzeptiert, beziehungsweise für eine gerichtliche Lösung plädiert wurde.

Das Haus in der Frühen Neuzeit lässt sich – sowohl auf normativer Ebene als auch hinsichtlich der soziokulturellen Praxis – nicht einfach den Kategorien „öffentlich" und „privat" zuordnen, da die Unterscheidung zwischen öffentlichen und privaten Sphären dem modernen Recht zu eigen ist und nicht dem der Frühen Neu-

---

[818] Vgl. KRAMER, Karl-Sigismund: Das Herausfordern aus dem Haus. Lebensbild eines Rechtsbrauchs, in: Bayerisches Jahrbuch für Volkskunde 1956, S. 121–138 sowie BRAUN, Tina/LIERMANN, Elke: Feinde, Freunde, Zechkumpane. Freiburger Studentenkultur in der Frühen Neuzeit (Münsteraner Schriften zur Volkskunde/Europäischen Ethnologie). Münster 2007, S. 54.
[819] Vgl. HERING TORRES, Max Sebastián: Art. Charivari, in: Enzyklopädie der Neuzeit, Bd. 2. Stuttgart 2005, Sp. 649–651.
[820] Vgl. KRAMER: Das Herausfordern aus dem Haus, S. 121–138.
[821] Vgl. G-Rep 102 Nr. 534 („Hans Kaiser vs. Enders Endersen").

6. Die Ritualisierung von Konflikten

zeit. Über einen Ausdruck, der unserer modernen Begriffsverwendung von Privatheit als persönlich, individuell freie Verfügbarkeit mit positiver Konnotation entsprochen hätte, verfügte das gesetzte Recht nicht. Allein die Tatsache, dass der häusliche Raum in der Frühen Neuzeit sowohl Wohn- als auch Arbeitsbereich war, widerspricht einer eindeutigen Zuordnung.[822] In der Forschung wird daher von einem Mischcharakter des Hauses in der Frühen Neuzeit ausgegangen und zwischen unterschiedlichen Arten der Zugänglichkeit unterschieden: „einer normativ-rechtlichen Ebene, die konstitutive Vorstellungen vom Haus auf seiten der Obrigkeit bzw. der Eliten umfaßt; zweitens die Ebene der direkten Zugänglichkeit des Hauses im wörtlichen Sinne in der Alltagspraxis; drittens eine indirekte Zugänglichkeit, die in verschiedenen Formen von sozialer Kontrolle Ausdruck findet."[823] Letztere äußerte sich beispielsweise dadurch, dass es zu Interventionen von außen kommen konnte, ohne dass hierbei der Binnenraum des Hauses tatsächlich betreten werden musste. Die Nachbarschaft spielte für den Einzelnen hierbei im Frieden sowie im Konflikt eine relevante Bezugsgruppe und dies traf für das Dorf im Besonderen zu.[824] Konkrete Hilfeleistungen wie etwa die Unterstützung bei Krankheitsfällen oder die Hilfe bei Feuer und anderen Katastrophen sind in vielen Weistümern schriftlich festgehalten.[825] Auch in Schwellensituationen des Lebenslaufes, beispielsweise bei der Geburt oder beim Totengeleit, waren die Nachbarn präsent. Wichtig ist in diesem Zusammenhang, dass die Rechtserfahrung der Allgemeinheit für den einzelnen Akteur verbindlichen Charakter hatte und man sich der Unterstützung als würdig erweisen musste. Die Menschen in der Frühen Neuzeit machten in Bezug auf das Ehrdenken keinen Unterschied zwischen „häuslich" und „außerhäuslich", und dies ermöglichte gerade innerhalb der dörflichen Gesellschaft ein hohes Maß an sozialer Kontrolle.[826] Diese fand in einem breiten Spektrum unterschiedlicher Reaktionen auf abweichendes Verhalten, unter anderem in Form der Rügebräuche, Ausdruck. Da Belege für Rügepraktiken meist aus der dörflichen Gesellschaft stammen, schließt Joachim Eibach, dass für die städtische Bevölke-

---

[822] Vgl. EIBACH, Joachim: Das Haus: zwischen öffentlicher Zugänglichkeit und geschützter Privatheit (16. -18. Jahrhundert), in: Susanne RAU/Gerd SCHWERHOFF (Hg.): Zwischen Gotteshaus und Taverne. Öffentliche Räume in Spätmittelalter und Früher Neuzeit (Norm und Struktur 21). Köln u.a. 2004, S. 183.
[823] EIBACH: Das Haus: zwischen öffentlicher Zugänglichkeit und geschützter Privatheit, S. 187.
[824] Vgl. EIBACH: Das Haus: zwischen öffentlicher Zugänglichkeit und geschützter Privatheit, S. 187 und 197 sowie: SCHMIDT, Heinrich Richard: Dorf und Religion. Reformierte Sittenzucht in Berner Landgemeinden der Frühen Neuzeit (Quellen und Forschungen zur Agrargeschichte, Bd. 41). Stuttgart 1995, S. 341.
[825] Vgl. G-Rep. 57/1 Zentsachen: Eidesformel (Erinnerung und eydt so von den Underthanen so in der Cendt schwehren vorgehalten wirdt); KRAMER, Karl-Sigismund: Die Nachbarschaft als bäuerliche Gemeinschaft. Ein Beitrag zur rechtlichen Volkskunde mit besonderer Berücksichtigung Bayerns (Bayerische Heimatforschung 9). München-Pasing 1954, S. 21f.
[826] Vgl. EIBACH: Das Haus: zwischen öffentlicher Zugänglichkeit und geschützter Privatheit, S. 197f.

rung die Justiznutzung, also der Gang vor das Gericht näher lag und dies besonders für die Situation in der zweiten Hälfte der Frühen Neuzeit zutrifft, und zwar nach dem Ablauf verschiedener Juridifizierungsprozesse und dem Ausbau von Herrschaftsstrukturen. Hierbei waren die Instanzen selbstverständlich stets auf die Mithilfe der Untertanen angewiesen.[827] Letzteres trifft natürlich auch auf die dörfliche Gesellschaft zu und da Hans Kaiser in dem oben beschriebenen Fallbeispiel durch seine Hilfeschreie und die seiner Familie Öffentlichkeit schuf und so mehrere Zeugen in den Konfliktfall miteinbezog, führte er somit die Auseinandersetzung einer gerichtlichen Lösung zu.[828] Sicherlich existierten Rügepraktiken weitaus häufiger auf dem Land, das bedeutet jedoch nicht gleichzeitig, dass für die Bewohner eines Dorfes der Gang vor Gericht ferner lag als für die städtische Gesellschaft. Der Angriff auf das Haus wurde nicht akzeptiert und vor Gericht ja auch zur Rüge gebracht. Die Tatsache, dass man Andreas Endersen aufgrund grober Gewalt, die er gegen Tür und Fenster seines Kontrahenten anwandte, an die Herrschaft verwies, macht deutlich, dass solch grobes Verhalten schwer wog. Dies hängt sicherlich auch damit zusammen, dass der Übergriff auf das Haus von Hans Kaiser gleichzeitig auch die Verletzung seiner Ehre bedeutete, und das Urteil legt zudem den Schluss nahe, dass die Ehre an einem besonders ehrenhaften Ort verletzt wurde, an dem sie gewissermaßen am Haus haftete und dieses mit seinen Bewohnern schützte.[829] Im Zusammenhang mit der Vorstellung vom Haus als besonders schützenswertem Bereich spricht man daher auch von der „Hausehre", die deutlich macht, dass das Haus im Fall einer Auseinandersetzung vor direkter, gewaltsamer Zugänglichkeit geschützt war und die Anwendung von Gewalt nicht auf den Bereich innerhalb des Hauses übergriff[830], so wie es auch im Fallbeispiel von Hans Kaiser und Andreas Endersen der Fall gewesen war.[831]

Im gesamten Untersuchungszeitraum wurden ca. 15 % der Konflikte im Hof beziehungsweise an einem Privathaus ausgetragen, lediglich in Ausnahmefällen werden Vorfälle am Zentgericht gerügt, die sich innerhalb eines Hauses abspielten. Dies war beispielsweise im Jahr 1598 in Lindelbach der Fall, als Hans Rüttiger auf ein Geschrei aufmerksam geworden war, das aus der Behausung von Hans Uhl zu kommen schien.[832] Der Verdacht bestätigte sich und im Verlauf der Auseinandersetzung beschimpfte Hans Uhl die Ehefrau Georg Kerners als „schlapert mensch"[833] und bezichtigte sie des Diebstahls, da sie, so der Vorwurf Uhls, in sein

---

[827] Vgl. ebd., S. 200f.
[828] Vgl. StAWt G-Rep 102 Nr. 534 („Hans Kaiser vs. Enders Endersen").
[829] Vgl. GRIMM, Jacob/GRIMM, Wilhelm: Art. Hausehre, in: Deutsches Wörterbuch, Bd. 10, Sp. 656f. München 1984 (Nachdruck der EA von 1877), sowie EIBACH: Das Haus: zwischen öffentlicher Zugänglichkeit und geschützter Privatheit, S. 202.
[830] Vgl. EIBACH: Das Haus: zwischen öffentlicher Zugänglichkeit und geschützter Privatheit, S. 201f.
[831] Vgl. StAWt G-Rep 102 Nr. 534 („Hans Kaiser vs. Enders Endersen").
[832] Vgl. StAWt G-Rep. 102 Nr. 5536 („Ehefrau Hans Kerners vs. Hans Uhl").
[833] Ebd.

6. Die Ritualisierung von Konflikten 191

Haus geschlichen sei: „du nimpst mir das mein und schleichst mir in mein haus."[834] Das Urteil des Zentgerichts fiel in diesem Fall recht streng aus, da man die Ehefrau Georg Kerners aufgrund des unerlaubten Eindringens in eine fremde Behausung an die Herrschaft verwies: „Dieweil Georg Kerners hauß frauwe zur Lindelbach vergangenen herbst in hanß Ules beschlossener behausung [...] ergriffen worden [...] weissen sie die schopffen hirmit mein[em] gn[edigen] herrn heim."[835] Das Verhalten von Georg Kerners Ehefrau wurde auch aufgrund des Diebstahlvorwurfs offenbar als Einbruch gewertet. Letzterem wurde am Zentgericht jedoch nicht näher nachgegangen, auch nicht in der Form, dass der Vorwurf unberechtigterweise ausgesprochen worden sei und Hans Kerners Frau aufgrund dessen eine Ehrverletzung davongetragen habe.

Die Feststellung, dass das Hausinnere eine Art geschützter Bereich war, lässt sich verallgemeinern und trifft nicht nur auf die Wertheimer Grafschaftsdörfer zu. Vergleichbare Ergebnisse liefern beispielsweise Untersuchungen zu Frankfurt[836], zu Paris[837] oder auch zu nachbarschaftlichen Konflikten in Münster während der ersten Hälfte des 17. Jahrhunderts.[838] Orte der gewaltsamen Konfliktaustragung unter Nachbarn waren auch hier der Hof zwischen den Häusern beziehungsweise die Straße davor. Die angeführten Studien weisen zudem darauf hin, dass solche Fälle insgesamt eher die Ausnahme als die Regel darstellten und daher die außergerichtliche, gütliche Einigung bei Streitigkeiten unter Nachbarn wohl eher die Regel war.[839]

Neben der Hausehre existierte zudem das Ideal des Hausfriedens[840], das den Zugang in das Haus in einer Auseinandersetzung verwehrte, und das im Einzelfall konkrete Auswirkungen hatte: nämlich dass ein Überfall innerhalb einer Behausung mit einer härteren Strafmaßnahme geahndet wurde als es bei einem vergleichbaren Vorfall auf der Straße üblich war.[841] Das oben ausgeführte Fallbeispiel zeigt außerdem, dass bereits der Angriff auf das Haus relativ streng abgeurteilt wurde und dieser somit ebenfalls den Hausfrieden störte. Der Begriff Hausfrieden ist aber nicht nur als ein obrigkeitlicher Rechtsbegriff zu verstehen, sondern viel-

---

[834] Ebd.
[835] StAWt G-Rep. 102 Nr. 5550 („Zentgericht 1598, Montag nach Martini 1598).
[836] Vgl. EIBACH: Das Haus: zwischen öffentlicher Zugänglichkeit und geschützter Privatheit, S. 202.
[837] Vgl. DINGES, Martin: Der Maurermeister und der Finanzrichter. Ehre, Geld und soziale Kontrolle im Paris des 18. Jahrhunderts (Veröffentlichung des Max-Planck-Instituts für Geschichte 105). Göttingen 1994, S. 127 und S. 316.
[838] Vgl. SCHEDENSACK, Christine: Formen der außergerichtlichen gütlichen Konfliktbeilegung. Vermittlung und Schlichtung am Beispiel nachbarrechtlicher Konflikte in Münster (1600–1650), in: Westfälische Forschungen 47 (1997), S. 653.
[839] Vgl. ebd., S. 653.
[840] Vgl. hierzu: KROESCHELL, Karl: Art. Hausfrieden, in: Handwörterbuch zur deutschen Rechtsgeschichte, Bd. 1 (1971), Sp. 2022–2024.
[841] Vgl. dazu auch EIBACH: Das Haus: zwischen öffentlicher Zugänglichkeit und geschützter Privatheit, S. 203 f.

mehr im Zusammenhang mit rituellen Formen der Konfliktaustragung zu sehen. Beim Herausfordern aus dem Haus respektierte der Angreifer, wie im Fall von Hans Kaiser und Andreas Endersen, das Hausinnere als einen Bereich, in den man nicht ohne Weiteres eindrang und den man als Rückzugssphäre anerkannte. Der Angriff Andreas Endersens auf die Türen und Fenster des Hauses, also auf die Schnittflächen von Öffentlichkeit und Privatheit, verletzte zwar die Ehre der Hausbewohner, gleichzeitig wurde jedoch auch der Friede des Hauses akzeptiert. Hausehre und Hausfrieden instituierten eine geschützte Zone, da der direkte Zugang in das Haus in einem Konfliktfall begrenzt wurde[842] und diese Ideal manifestierte sich in besonderer Weise in der alltagskulturellen Konfliktpraxis der damaligen Menschen.

6.4 Zusammenfassung

Die Darstellung ritualisierter Formen der Konfliktaustragung in der ländlichen Gesellschaft hat gezeigt, dass soziale Wert- und Normvorstellungen neben den obrigkeitlichen Verordnungen eine bedeutende Rolle spielten, um ein friedliches Zusammenleben innerhalb der dörflichen Gemeinschaft zu gewährleisten. Die Fallbeispiele, die im Zusammenhang mit dem „fried bieten" dargestellt wurden, verdeutlichen, dass den einzelnen Bewohnern in der Zent Wertheim ein geregeltes Zusammenleben im Sinne der allgemeinen Friedenswahrung wichtig gewesen ist. Sowohl kleinere Handgreiflichkeiten als auch zum Teil heftige gewaltsame Auseinandersetzungen wurden in der Regel nicht ohne Weiteres von der dörflichen Gemeinschaft geduldet. Auch das Beispiel des Mordio-Schreiens hat gezeigt, dass Deeskalationsversuche seitens der Dorfbewohner eben keine Ausnahme waren. Indem Hans Kaiser seine Familie dazu aufforderte, durch die Hilferufe Öffentlichkeit zu schaffen, versuchte er einerseits die Situation im konkreten Konfliktfall zu entschärfen, andererseits ist davon auszugehen, dass er sich somit bemühte, eine gerichtliche Lösung zu erzielen.

Die frühneuzeitliche Gesellschaft kannte in und um eine Auseinandersetzung, und das haben die obigen Ausführungen gezeigt, bestimmte Spielregeln, von denen man erwartete, dass diese von allen Beteiligten eingehalten wurden. Das beweist, dass lokale Traditionen und soziale Wert- und Normvorstellungen der Dorfbewohner neben den obrigkeitlichen Verordnungen eine zentrale Rolle spielten, um ein friedliches Zusammenleben zu fördern. Im Allgemeinen zeigten die Grafschaftsbewohner kaum Toleranz gegenüber Selbstjustiz. Im Zusammenhang mit dem Wertheimer Zentgericht lässt sich demnach feststellen, dass dieses vornehmlich eine streitschlichtende Funktion inne hatte und es somit eben auch die sozialen Normen im Dorf widerspiegelte. Die Frage, inwieweit sich hierbei obrigkeitliche Rechtsvorstellung und gesellschaftliche Normen- und Wertesysteme gegenseitig beeinflussten und welche Rolle dem jeweiligen Bereich zukam, ist sicherlich nur

---

[842] Vgl. ebd., S. 204 f.

6. Die Ritualisierung von Konflikten

schwer zu beantworten und anhand der Überlieferungssituation kaum zu rekonstruieren. Auch der herrschaftliche Einfluss auf die in der dörflichen Gesellschaft bestehenden sozialen Normen ist nicht ganz offensichtlich. Fest steht jedoch, dass die dörfliche Gesellschaft über institutionalisierte und ritualisierte vor- und außergerichtliche Konfliktlösungsmechanismen verfügte, die einerseits in einem engen Zusammenhang mit einer juristischen Lösung von Konflikten standen, andererseits auf vor- und außergerichtliche Lösungen abzielten.[843] Jedoch können gesellschaftliche Praktiken der Konfliktregulierung, außergerichtliche Spielräume der „Nichtjustiz" und Alternativen obrigkeitlicher Rechtsprechung im Zusammenhang mit der sogenannten „Infrajustiz"[844] gesehen werden, welche auf den vormodernen Rechtspluralismus verweist. Letzterer verdeutlicht die Tatsache, dass an der Bearbeitung eines Konflikts sowohl obrigkeitlich-staatliche Gerichte als auch intermediäre Gewalten, lokale Gemeinschaften, Amtspersonen, Nachbarschaften, Familien und sonstige Privatpersonen beteiligt waren, da die vormodernen europäischen Rechtssysteme über keine völlig professionalisierte und verstaatlichte Justiz verfügten und sich unterschiedliche Institutionen, Organe und Akteure mit kriminellem und deviantem Verhalten beschäftigten.[845] Das Konzept der Infrajustiz setzt dabei „außergerichtliche Konfliktregulierung in Beziehung zum Rechtssystem, siedelt sie in dessen Umfeld oder an dessen Rand an und beobachtet das Spannungsverhältnis und die Interaktion zwischen den beiden Sphären. Infrajustiz wird damit als eine Art Übergangszone zwischen staatlicher Justiz und informeller Autoregulation sozialer Konflikte konzeptualisiert"[846].

Der ritualisierte Umgang der Dorfbewohner in bestimmten Konfliktsituationen ist demnach im Bereich der Infrajustiz anzusiedeln. Infrajustiz war in einem gewissen Maß von der Obrigkeit toleriert beziehungsweise auch legitimiert und bedeutete daher nicht, dass den Konfliktparteien eine völlige Autonomie und Handlungsfreiheit in einer Auseinandersetzung oder im Zuge einer Konfliktregulierung gestattet war. Mit der Art und Weise, wie man Konflikte austrug, war nicht die Unterwanderung der obrigkeitlichen Justiz intendiert und Formen der Infrajustiz stellten kein eigenes autonomes Rechtssystem dar[847] – dies lässt sich in Bezug auf

---

[843] Vgl. dazu auch KRUG-RICHTER: Konfliktregulierung zwischen dörflicher Sozialkontrolle und patrimonialer Gerichtsbarkeit, S. 227.

[844] Vgl. LOETZ, Franziska: L'infrajudiciaire. Facetten und Bedeutung eines Konzepts, in: Andreas BLAUERT/Gerd SCHWERHOFF (Hg.): Kriminalitätsgeschichte. Beiträge zur Sozial- und Kulturgeschichte der Vormoderne (Konflikte und Kultur – Historische Perspektiven, Bd. 1). München 2000, S. 545–562 sowie zum Konzept und dessen Problematisierung HÄRTER, Karl: Konfliktregulierung im Umfeld frühneuzeitlicher Strafgerichte: Das Konzept der Infrajustiz in der historischen Kriminalitätsforschung, in: Kritische Vierteljahresschrift für Gesetzgebung und Rechtsprechung 95 (2012), S. 130–144.

[845] Vgl. HÄRTER: Konfliktregulierung im Umfeld frühneuzeitlicher Strafgerichte: Das Konzept der Infrajustiz in der historischen Kriminalitätsforschung, S. 131–133.

[846] Ebd., S. 133.

[847] Diese Ansicht wird zum Teil in der Forschung vertreten und hierbei wird die Bedeutung „staatlicher" Justiz negiert und den Konfliktparteien eine weitgehende Autonomie und

das Wertheimer Zentgericht und die dazugehörenden Grafschaftsdörfer feststellen. Die Auseinandersetzungen zwischen den einzelnen Konfliktparteien zeigen vielmehr, dass außergerichtliche Vermittlungsversuche als Vorstufe der Justiz angesehen wurden[848] und die gerichtliche und außergerichtliche Sphäre ein komplexes Gesamtsystem von Konfliktregulierung darstellte, das auf die Erhaltung beziehungsweise die Herstellung von sozialem Frieden und sozialer Ordnung abzielte.[849]

7. Formen dörflicher Selbstverwaltung und informeller „Herrschaft" im Spiegel der Wertheimer Zentgerichtsakten

Im Zusammenhang mit dem Konzept der Infrajustiz kommt neben den Konfliktparteien denjenigen Personen eine besondere Bedeutung zu, die als Dritte in eine Auseinandersetzung involviert waren und beispielsweise als Mediator, Rüger und gegebenenfalls als Verbindung zur Obrigkeit fungierten und somit Funktionen wie Schlichten, Vermitteln oder auch Entscheiden ausübten.[850] Idealtypisch lassen sich hierbei drei Gruppen unterscheiden. Erstere setzt sich aus sozialen Gemeinschaften, Nachbarschaften, Familien oder Zeugen zusammen, die sich Dank der detaillierten Beschreibungen in den Rügeprotokollen doch recht gut als Akteure in einer Auseinandersetzung fassen lassen. Die zweite Gruppe beinhaltet Personen wie lokale Amtsleute, Angehörige kommunaler oder ländlicher Ordnungskräfte sowie Amts- und Funktionsträger von Gemeinden, Genossenschaften oder Korporationen. Die letzte Gruppe repräsentiert das Gerichtspersonal und sonstige Herrschafts-, Amts- und Funktionsträger, die auch in ihren offiziellen Funktionen infrajustizielle Praktiken anwenden konnten, indem sie beispielsweise als Schöffen eine Mediatorenfunktion einnahmen.[851]

In den folgenden Ausführungen soll der Bedeutung beziehungsweise dem Vorhandensein solcher Akteure nachgegangen werden.[852] Vornehmlich interessieren

---

Handlungsfreiheit zugesprochen. Da die Konfliktparteien „staatliche" Justiz abgelehnt oder ihr misstraut hätten, sei infrajustizielle Konfliktregulierung präferiert worden und somit würde Infrajustiz vor allem Justizvermeidung bedeuten. Vgl. dazu GARNOT, Benoît: Justice, infrajustice, parajustice et extre justice dans la France d' Ancien Regime, in: Crime, Histoire & Sociétes 4 (2002), S. 103–120 und HÄRTER: Konfliktregulierung im Umfeld frühneuzeitlicher Strafgerichte: Das Konzept der Infrajustiz in der historischen Kriminalitätsforschung, S. 140 f.

848 Vgl. LOETZ: L'infrajudiciaire. Facetten und Bedeutung eines Konzepts, S. 555.
849 Vgl. auch HÄRTER: Konfliktregulierung im Umfeld frühneuzeitlicher Strafgerichte: Das Konzept der Infrajustiz in der historischen Kriminalitätsforschung, S. 140.
850 Vgl. HÄRTER: Konfliktregulierung im Umfeld frühneuzeitlicher Strafgerichte: Das Konzept der Infrajustiz in der historischen Kriminalitätsforschung, S. 135.
851 Vgl. ebd., S. 136.
852 Die folgenden Ausführungen können und sollen kein vollständiges Bild der gemeindlichen Organe und ihrer Aufgaben und Funktionen in den wertheimischen Dörfern liefern. In Bezug auf die Wertheimer Verhältnisse stellt dieses Thema (noch) ein Desiderat dar. Besser erforscht sind die Begebenheiten beispielsweise in benachbarten Regionen, so

7. Formen dörflicher Selbstverwaltung und informeller „Herrschaft"

hierbei Vertreter aus der ersten und zweiten Gruppe und ihre jeweilige Funktionen in Konfliktsituationen. In diesem Zusammenhang ist auch die Frage nach Formen dörflicher Selbstverwaltung und informeller Herrschaft in den Blick zu nehmen, um somit Aussagen über Strukturen obrigkeitlicher als auch dörflicher Herrschaft treffen zu können.

7.1 Von „Hütern" und „Wächtern" in den Grafschaftsdörfern

Im Jahr 1597 wurden die beiden Männer Hans Grimm und der Schmied Hans Kettner aus Dörlesberg aufgrund einer Schlägerei, bei der sich Letzterer sogar eine blutende Wunde am Kopf zugezogen hatte, zu einer Geldstrafe verurteilt.[853] Der gewaltsamen Auseinandersetzung war wie häufig üblich eine verbale Konfrontation vorausgegangen, deren Inhalt an dieser Stelle im Mittelpunkt des Interesses steht. Hans Kettner war hierbei an das Hoftor von Hans Pröpf gekommen, um ihn zu fragen: „warumb hüttet ir heutt nicht im dorff?"[854] Der Befragte verteidigte sich daraufhin mit den Worten „es ist mir die hütt nitt gebott worden"[855], wohingegen Hans Kettner ihm entgegnete, dass seine Frau der Tochter des Gescholtenen ausrichten hat lassen, dass er an diesem Tag die „hütt" zu verrichten habe. In den Konflikt der beiden mischte sich schließlich Hans Grimm ein, der daraufhin vom Schmied als „hünßfötz"[856] beschimpft wurde und aufgrund dessen mit einem Prügel auf seinen Kontrahenten losging. Die tätliche Auseinandersetzung, die schließlich auch vor dem Zentgericht verhandelt wurde, ist in diesem Fall nebensächlich. Von Bedeutung ist hier die Tatsache, dass in dem Dorf Dörlesberg mit der „hütt" eine Art Wachposten installiert war und die Personen, die mit dieser Aufgabe betraut waren, nach dem Rechten sahen, und offensichtlich auf Geschehnisse und Vorkommnisse achten sollten, die dann gegebenenfalls auch vor einem Gericht verhandelt oder am Zentgericht gerügt wurden.

Als Hüter in Dörlesberg tritt auch Claus Bayer in Erscheinung. Dieser berichtete in einem Rügeprotokoll aus dem Jahr 1605, dass er am Markttag im Dorf unter-

---

etwa bei: NIKOLAY-PANTER, Marlene: Entstehung und Entwicklung der Landgemeinde im Trierer Raum (Veröffentlichungen des Instituts für geschichtliche Landeskunde der Rheinlande an der Universität Bonn, Bd. 97). Bonn 1976, S. 39–78; REYER, Herbert: Die Dorfgemeinde im nördlichen Hessen. Untersuchungen zur hessischen Dorfverfassung im Spätmittelalter und in der frühen Neuzeit (Schriften des Hessischen Landesamtes für geschichtliche Landeskunde, Bd. 38). Marburg 1983; SCHMITT, Sigrid: Territorialstaat und Gemeinde im kurpfälzischen Oberamt Alzey vom 14. bis zum Anfang des 17. Jahrhunderts (Veröffentlichungen des Instituts für geschichtliche Landeskunde an der Universität Mainz, Bd. 38). Stuttgart 1992, hier besonders S. 228–263. Allerdings verbieten sich hierbei prinzipielle Analogieschlüsse.

[853] Vgl. StAWt G-Rep. 102 Nr. 5539 („Hans Kettner vs. Hans Grimm").
[854] StAWt G-Rep. 102 Nr. 5539 („Hans Kettner vs. Hans Grimm").
[855] Ebd.
[856] Ebd.

wegs gewesen sei, um nach dem Rechten zu sehen.[857] Er sei dabei durch Dörlesberg gegangen und habe Bernhart Metzler und Bernhart Löer getroffen, bei denen er sich sogleich erkundigt habe, ob hier Ordnung und Ruhe herrsche: „ist auch gutter frid bey euch ich mus heut im dorff hütten."[858] Die beiden Angesprochenen bejahten dies.[859]

Die „hütt" ist auch für das Dorf Lindelbach in den Rügeprotokollen nachweisbar. Im Jahr 1598 berichtete Hans Hefner aus jenem Dorf, wie er dort am Tag der Kirchweihe „in dem dorf hab gehüt"[860]. An diesem Tag waren etliche Bewohner aus dem benachbarten Urphar nach Lindelbach gekommen, um dort ins Wirtshaus zu gehen. Hans Hefner sagte weiterhin aus, dass er den Männern sogleich in die Gaststätte gefolgt sei, um „ein Ehr trunck mit den nachbar gedrunken wie denn Einem hüther gebürt"[861]. In der Folge, so die Aussage des Hüters, habe sich im Wirtshaus ein Geschrei erhoben, im Zuge dessen es zu einer verbalen und tätlichen Auseinandersetzung zwischen Adam Berg und Klaus Reisig gekommen sei. In seiner Funktion als „Hüter" versuchte Hans Hefner zwischen den beiden Kontrahenten zu vermitteln und die Streithähne auseinander zu bringen, woraufhin Klaus Reisig aus Urphar „mit der büchsen über frit geschmissen"[862] und Hans Hefner diesem dann erneut befahl, er solle sich Adam Berg nicht noch einmal nähern: „Ich hüther vermelt hab Er sol bei dem thischen bleiben."[863] Letztendlich verurteilte das Zentgericht die Kontrahenten aufgrund der Anwendung von Gewalt zu einer Geldstrafe, zudem wurde Klaus Reisig an die Herrschaft verwiesen, da er den Aufforderungen Hefners, Frieden zu halten, nicht nachgekommen war.[864] Hans Hefner betitelte sich im Rügeprotokoll insgesamt fünfmal als „hüther".

Auch in Dertingen werden Hüter in den Quellen des Zentgerichts aktenkundig. Im Jahr 1605 beurkundete Georg Wiesner, dass er „am oberthor gehütt"[865] habe und dabei Zeuge einer Auseinandersetzung zwischen dem Metzger Hans Seubert und Hans Marckhardt, die ebenfalls beide Dertinger Untertanen waren, wurde. Letzterer sei laut Aussage Wiesners bei ihm gestanden, als Hans Seubert zu ihnen gekommen sei und Marckhardt gefragt habe, warum er seinen Sohn als „Schelm" beschimpft habe. Der antwortete ihm daraufhin, dass besagter Sohn ihn zuerst als „Schelm" bezeichnet habe und er sich lediglich verteidigen wollte. Die Aussage versetzte den Metzger offensichtlich so sehr in Rage, dass er auf Hans Marckhardt einschlug, dieser forderte den Hüter Georg Wiesner dann auf, den Vorfall am Zentgericht zu rügen.[866] Von der Verrichtung der „Hut" ist für das Dorf Dertingen auch

---

[857] Vgl. StAWt G-Rep. 102 Nr. 538 („Linhard Baumann, Pfarrer vs. Bernhart Metzler").
[858] Ebd.
[859] Vgl. ebd.
[860] StAWt G-Rep. 102 Nr. 5536 („Adam Berg vs. Klaus Reisig").
[861] Ebd.
[862] Ebd.
[863] Ebd.
[864] Vgl. StAWt G-Rep. 102 Nr. 5550 (Zentgericht 1598, Montag nach Laurenzi).
[865] StAWt G-Rep. 102 Nr. 538 („Hans Seubert vs. Hans Marckhardt").
[866] Vgl. ebd.

7. Formen dörflicher Selbstverwaltung und informeller „Herrschaft"

in weiteren Rügeprotokollen aus dem Jahr 1609 die Rede. In einem berichtete der Schneider Hans Schmied, dass „ein ehrlich man am dor gehüt"[867] und sich in einer Auseinandersetzung darum bemüht habe, für Frieden zu sorgen.[868] In einem anderen wurde von Hans Schwab und Peter Reinhard zu Protokoll gegeben, dass es am 11. September, an einem Sonntag, zu einer Konfrontation zwischen Linhard Nam und Hans sowie Simon Schnepper gekommen sei.[869] An diesem Tag hatte der Vorwurf Simon Schneppers, Linhard Nam lüge wie ein Dieb und „Schelm", zu einer Schlägerei zwischen den beiden Konfliktparteien geführt, in die sich auch Schneppers Bruder Hans einmischte. Inzwischen, so wird im Rügeprotokoll berichtet, war es Nacht und dunkel geworden. In der Folge erwähnte der Rüger interessanterweise, dass „Petter Reinhart als ein wechter auch dar zu [ge]kommen [war] und fridt gebotten [hat]"[870]. Sein Eingreifen zeigte zwar vorerst keine Wirkung, doch letztendlich beendeten die drei Männer ihre tätliche Auseinandersetzung selbst. In einem weiteren Rügeprotokoll zu eben diesen Vorfällen wurde zudem darüber berichtet, dass der Dertinger Bürgermeister an diesem Feiertag befohlen habe, „mit bestellung der wacht uff sehens zu haben; auch bey tag und nacht mit Iren wehren Ins dorff umb zu gehen"[871] und dieser Aufforderung auch nachgekommen worden sei.[872] Insgesamt wird für das Dorf Dertingen in einigen Rügeprotokollen aktenkundig, dass dort eine Person am Tor postiert wurde, um Wache zu halten.[873]

Schließlich ist die Aufgabe des Wachens und Hütens auch für Reicholzheim in den Zentgerichtsakten nachweisbar. In einem Rügeprotokoll aus dem Jahr 1608 berichtete Albert Altmann, dass er am 5. Januar „seye auff der gassen gangen und hab gewacht"[874]. Im Zuge dessen wurde er Zeuge einer Auseinandersetzung zwischen Hans Mitternacht und Claus Heckelmann, daraufhin sei er „als Eyn wechter so des oberschulzen befehl"[875] zu ihnen gegangen, um gegebenenfalls in die Konfrontation einzugreifen. Albert Altmann brachte schließlich zur Rüge, dass Hans Mitternacht seinen Kontrahenten beschuldigt habe, ihn wie ein Dieb und „Schelm" geschlagen zu haben.[876] In einem anderen Fall, der am 29. April im Jahr 1609 geschehen war, berichtete Zacharias Friedel, dass er im Wirtshaus in Reicholzheim einen Streit zwischen zwei Schiffern aus Miltenberg, die auf die Namen Georg und Konrad hörten, beobachtet hatte.[877] Diese waren beim Kartenspiel aneinander ge-

---

[867] StAWt G-Rep. 57/1 Zentsachen Nr. 16 (In Sachen „Linhard Nam").
[868] Vgl. Ebd.
[869] Vgl. StAWt G-Rep. 57/1 Zentsachen Nr. 16 („Linhard Nam vs. Hans und Simon Schnepper").
[870] Ebd.
[871] StAWt G-Rep. 57/1 Zentsachen Nr. 16 („Linhard Nam vs. Hans und Simon Schnepper").
[872] Vgl. ebd.
[873] Vgl. außerdem G-Rep. 57/1 Zentsachen Nr. 16 („Georg Rebholz vs. Frau des Zieglers").
[874] StAWt G-Rep. 102 Nr. 5945 („Hans Mitternacht vs. Claus Heckelmann").
[875] Ebd.
[876] Vgl. ebd.
[877] Vgl. StAWt G-Rep. 57/1 Zentsachen Nr. 16 („Schiffsmann Georg vs. Schiffsmann Konrad").

raten und trugen ihre Auseinandersetzung schließlich so heftig mit den Fäusten aus, dass beide schließlich bluteten. Friedel ging daraufhin hinaus und holte zwei Dorfhüter dazu, um mit deren Hilfe die Schlägerei der beiden Schiffer zu beenden. Die Dorfhüter nahmen die Männer aus Miltenberg „mit gelübden an"[878] und forderten diese dazu auf, die Angelegenheit „auff der Zendt auß zu tragen"[879].

Im Jahr 1606 berichtete auch Hans Friedrich aus Bettingen über einen Streit zwischen Hans Horlein, der ebenfalls aus Bettingen stammte, und dem Dertinger Untertan Lorenz Stark.[880] Diese waren am Kirchweihtag, „als sie die wache und hüt im dorf vers[a]hen"[881] miteinander in Streit geraten. Im Zuge der Auseinandersetzung gab Hans Horlein von sich: „man müße das dorff Bettingen baldt gar in abgang[882] kommen lasen den er sehe woll das die nachbarn der orths die wacht nicht allein versehen und andere müßen da sein solche bestellen und anrichten."[883] Durch die Worte Horleins fühlte sich Lorenz Stark offenbar angegriffen, denn er warf seinem Gegenüber eine Weinkanne an den Kopf, so dass sich Horlein eine blutende Wunde zuzog.[884] Die beiden Kontrahenten verurteilte das Zentgericht jeweils zu einer Geldstrafe.[885] Dass die beiden Männer ihre Konfrontation in ihrer Funktion als Hüter ausgetragen hatten, störte das Zentgericht offensichtlich nicht, da es kein strengeres Strafmaß ansetzte, als es bei einer Auseinandersetzung dieser Art üblich war.

Die Etablierung der sogenannten Wächter oder Hüter ist für die übrigen Dörfer, die zur Zent Wertheim gehörten, in den Gerichtsakten leider nicht nachweisbar. Daraus kann man jedoch nicht schließen, dass es dort keine Wächter oder Hüter gab. Ebenfalls denkbar wäre es, wie im Falle Bettingens, dass bestimmte Personen aus den nächstgelegenen Orten, ihre Nachbarn bei dieser Aufgabe unterstützten. Bezüglich der oben ausgeführten Beispiele, für die die Wachaufgaben in den Quellen nachweisbar sind, ist es aber wichtig festzuhalten, dass die Exempel keine Einzelfälle darstellen, und man in den Rügeprotokollen immer wieder auf entsprechende Hinweise stößt.

Welche Erkenntnisse ergeben sich nun aus den oben geschilderten Ereignissen? Die Untersuchung lokaler Ordnungskräfte wurde von Fachrichtungen, wie der Verwaltungs- und Kriminalitätsgeschichte sowie von der historischen Gemeindeforschung, lange lediglich am Rande behandelt.[886] Der Arbeitskreis „Policey/Polizei im vormodernen Europa" hat in einem Sammelband Ergebnisse veröffentlicht,

---

[878] Ebd.
[879] Ebd.
[880] Vgl. StAWt G-Rep. 102 Nr. 539 („Hans Horlein vs. Lorenz Stark").
[881] Ebd.
[882] Der Begriff „abgang" ist hier am ehesten als Niedergang oder Rückgang zu verstehen.
[883] Vgl. StAWt G-Rep. 102 Nr. 539 („Hans Horlein vs. Lorenz Stark").
[884] Vgl. ebd.
[885] Vgl. StAWt G-Rep. 102 Nr. 5550 (Zentgericht 1606, Montag nach Laurenzi).
[886] Vgl. dazu die Ausführungen sowie die entsprechenden Fußnoten bei HOLENSTEIN, André u. a.: Der Arm des Gesetzes. Ordnungskräfte und gesellschaftliche Ordnung in der Vormoderne als Forschungsfeld, in: DERS. u. a. (Hg.): Policey in lokalen Räumen. Ordnungs-

7. Formen dörflicher Selbstverwaltung und informeller „Herrschaft"

die einige allgemeinere Schlüsse zu den Aufgabenbereichen lokal und regional tätiger, niederer Ordnungskräfte und zu den dabei angewandten Verfahren der Kontrolle und Ordnung zulassen. Gleichwohl, so betonen die Herausgeber, sei die Geschichte des lokalen Exekutivpersonals noch zu schreiben. Zentrale Fragen wären hier: Wie wurden die Amtsträger rekrutiert und entlohnt? Wie wurden sie in das jeweilige Herrschaftssystem integriert? Wie ist deren soziale Herkunft, Stellung und Vernetzung? Diese Fragen stehen in Zusammenhang mit dem Aktionsradius sowie den Einsatzmitteln von Ordnungskräften vor Ort.[887]

Die Wertheimer Zentgerichtsakten sind sicherlich nur in einem begrenzten Umfang hilfreich, um sich den hier beschriebenen Fragestellungen zu nähern. Im Allgemeinen ist die Quellenlage nicht unkompliziert, wenn es um die Erforschung von lokalem Sicherheitspersonal geht. Obrigkeitliche Gesetze und Verordnungen gehen in der Regel lediglich beiläufig auf diesen Personenkreis ein.[888] Auch die Anweisungen des Zentgerichts, die sich an die Schöffen oder die Zentverwandten richten und deren Aufgaben und Pflichten zum Inhalt haben[889], enthalten weder Hinweise, was die Rekrutierung des Wach- und Hütepersonals angeht, noch lassen sich ihnen Informationen entnehmen, die beispielsweise etwas über deren Funktion aussagen. Aber da die Rügeprotokolle über die Vorkommnisse und Auseinandersetzungen in den Grafschaftsdörfern berichten, spiegeln sie die lokalen Verhältnisse auf unterster Ebene gut wider, und es lassen sich zumindest einige grundlegende Aussagen treffen.

Bezüglich der sozialen Herkunft können für den Einzelfall leider nur spärliche Angaben gemacht werden, ein Problem, das sich nicht nur für die Bewohner der Wertheimer Grafschaftsdörfer ergibt. So konstatiert unter anderem Gerhard Fritz in seiner Untersuchung zu beispielhaften Kleinstädten im Herzogtum Württemberg, dass „die soziale Herkunft der Inhaber der geringen *Commun-Dienste* [...] kaum irgendwo auch nur ansatzweise erforscht ist"[890].

Über den Hüter Hans Kettner aus Dörlesberg ist bekannt, dass er der Schmied des Ortes gewesen ist. Über Lorenz Stark aus Dertingen, der die Bettinger Nachbarn bei ihren Wachaufgaben unterstützte, wissen wir, dass er als Lohgerber tätig war. Im Falle der anderen namentlich erwähnten Hüter oder Wächter fehlen leider

---

kräfte und Sicherheitspersonal in Gemeinden und Territorien vom Spätmittelalter bis zum frühen 19. Jahrhundert. Frankfurt am Main 2002, S. 7 f.
[887] Vgl. ebd., S. 10.
[888] Zur Problematik der Quellengrundlage bei der Erforschung von lokalem Sicherheitspersonal vgl. auch FRITZ, Gerhard: Stadtknechte, Nachtwächter, Büttel. Lokales Sicherheitspersonal in Württemberg und benachbarten Territorien im 18. Jahrhundert, in: André HOLENSTEIN u. a. (Hg.): Policey in lokalen Räumen. Ordnungskräfte und Sicherheitspersonal in Gemeinden und Territorien vom Spätmittelalter bis zum frühen 19. Jahrhundert (Studien zu Policey und Policeywissenschaft). Frankfurt am Main 2002, S. 248–250 sowie S. 264.
[889] Vgl. dazu die Kapitel III. 1.5.2 *Die Schöffen* und *Die Zentverwandten*.
[890] FRITZ: Stadtknechte, Nachtwächter, Büttel. Lokales Sicherheitspersonal in Württemberg und benachbarten Territorien im 18. Jahrhundert, S. 260.

diesbezügliche Informationen. Jedoch werden in den Rügeprotokollen andere Eigenschaften erwähnt, die offensichtlich mit der Ausführung der Wachaufgaben verbunden wurden. Hans Schmied aus Dertingen berichtete beispielsweise von einem ehrlichen Mann, der im Ort als Hüter unterwegs gewesen war.[891] Des Weiteren betonte Hans Hefner, dass er mit seinen Nachbarn aus Urphar einen „Ehrentrunk" zu sich genommen habe[892], so wie es die gewissenhafte und ordentliche Ausführung seiner Aufgabe offensichtlich verlangte und es in den Wertheimer Grafschaftsdörfern Brauch gewesen ist. Auch wenn das dörfliche Sicherheitspersonal nicht davor gefeit war, selbst – wie im Fall von Lorenz Stark und Hans Hörlein – Partei in einer Auseinandersetzung zu sein[893], so wurden augenscheinlich ehrbare Personen mit der Aufgabe des Wachens und Hütens betreut und dieses „Amt" setzte so auch ein gewisses Maß an sozialem Ansehen und Prestige voraus.

Die bisher durchaus überschaubaren Untersuchungen zu den Aufgaben von Gerichtsdienern im ländlichen Raum und zu deren Stellung im dörflichen Kontext zeichnen oft ein anderes Bild. Randständig, so konstatiert beispielsweise Barbara Krug-Richter, sei nicht nur die Erforschung dieses Personals, sondern häufig auch die Position, die diesem Personenkreis in der Regel zugeschrieben wird. Im Allgemeinen werden die niederen Amtsträger mit polizeilichen Funktionen unter die Gruppe der „Unehrlichen" subsumiert, da sie sich, sofern sie in den Quellen in Erscheinung treten, häufig in Gesellschaft der Schinder und Scharfrichter wiederfinden.[894] Da sie durch ihre polizeilichen Aufsichts- und Exekutivfunktionen im Schnittpunkt unterschiedlicher Interessen standen, verkehrte man nicht gerne mit ihnen.[895]

In der westfälischen Herrschaft Canstein beispielsweise war der sogenannte Frone neben der allgemeinen Vollstreckung obrigkeitlicher Befehle unter anderem auch mit Pfändungen, der Einziehung von Strafgeldern oder mit der Festnahme und Versorgung von Gefangenen betraut und daher, so Krug-Richter, löste sein Erscheinen bei den Dorfbewohnern vermutlich selten Freude aus. Zudem wurde den Amtshandlungen des Fronen teils erheblicher Widerstand entgegengesetzt, woraus zu schließen ist, dass das Amt diesen lediglich begrenzt mit Autorität ausstattete und in der Praxis auch dessen persönliches Auftreten über die erfolgreiche Durchsetzung obrigkeitlicher Anordnungen entschied.[896] Die soziale Position der Gerichtsdiener in der Herrschaft Canstein war insgesamt eher ambivalent. Diese

---

[891] Vgl. StAWt G-Rep. 102 Nr. 538 („Hans Seubert vs. Hans Marckhardt").
[892] Vgl. StAWt G-Rep. 102 Nr. 5536 („Adam Berg vs. Klaus Reisig").
[893] Vgl. StAWt G-Rep. 102 Nr. 539 („Hans Horlein vs. Lorenz Stark").
[894] Vgl. BUCHDA, Gerhard: Art. Büttel, in: HRG I (1971), Sp. 579f.
[895] Vgl. KRUG-RICHTER, Barbara: Zwischen Dorf und Gericht. Tätigkeitsbereiche, Amtspraxis und soziale Stellung des Gerichtsdieners in einer ländlich-lokalen Gesellschaft der Frühen Neuzeit, in: André HOLENSTEIN u. a. (Hg.): Policey in lokalen Räumen. Ordnungskräfte und Sicherheitspersonal in Gemeinden und Territorien vom Spätmittelalter bis zum frühen 19. Jahrhundert (Studien zu Policey und Policeywissenschaft). Frankfurt am Main 2002, S. 171f.
[896] Vgl. ebd., S. 175f. sowie S. 195.

waren, im Unterschied zu randständigen Personen wie zum Beispiel dem Schinder, zumindest in einem gewissen Maß in den dörflichen Zusammenhang integriert, indem sie beispielsweise partiell in die männliche Geselligkeitskultur eingebunden waren, in der das gemeinsame Trinken ein zentrales Element darstellte.[897] Die Fronboten wurden in Canstein zu Beginn des 18. Jahrhunderts gemeinhin nicht aus dem Kreis der Dorfbewohner rekrutiert, waren demnach bei Dienstantritt ortsfremd und wurden von der Obrigkeit vereidigt.[898] Allein diese Tatsache legt nahe, dass man sich diesen Amtspersonen gegenüber eher distanziert verhielt. Anders war der Umgang der Cansteiner gegenüber denjenigen Gerichtsdienern, die im 17. Jahrhundert aus den eigenen Reihen berufen wurden. Diese blieben in den Augen ihrer Nachbarn und Verwandten offensichtlich akzeptierte Mitglieder des Dorfes, die über Patenschaften und Heiraten in die Gemeinschaft integriert waren.[899]

Ein distanziertes Verhalten der Bewohner in den Wertheimer Grafschaftsdörfern gegenüber den Hütern und Wächtern ist in den Rügeprotokollen nicht feststellbar. Sie waren keine Personen, die man meiden wollte, was sicherlich eben auch daran lag, dass sie Bewohner der einzelnen Ortschaften gewesen sind und in die Dorfgemeinschaft integriert waren. Die Wertheimer Quellen vermitteln eher den Eindruck, dass man sich gerne zu ihnen gesellte, so wie im Falle Hans Marckhardts aus Dertingen, der mit dem Hüter Georg Wiesner am Tor offensichtlich ein Pläuschchen gehalten hatte.[900] Auch die Tatsache, dass man die mit Wachaufgaben betrauten Personen bewusst aufsuchte, damit sie in einem Konfliktfall intervenieren konnten[901], legt den Schluss nahe, dass die Dorfbewohner den Wächtern und Hütern vertrauten, ihre Autorität anerkannten und der Erfüllung ihrer Aufgaben wohlwollend gegenüber standen.

Die Hüter und Wächter in den Grafschaftsdörfern übten ihre Tätigkeit mit großer Sicherheit „ehrenamtlich" aus. In den Zentgerichtsakten finden sich keine Hinweise auf eine Besoldung oder auf sonstige Aufwandsentschädigungen. In der Regel konnten sich das die Gemeinden auch nicht leisten, so dass dieser Dienst häufig reihum von den Dorfbewohnern versehen wurde.[902] Auch lassen sich den Quellen kaum Hinweise bezüglich der Organisation der Wachaufgaben oder der Rekrutierung des Sicherheitspersonals entnehmen. Zwar handelte es sich bei den Wertheimer Grafen um einen mindermächtigen Reichsstand, aufgrund ihrer Unmittelbarkeit besaßen sie aber eigenes Militär, das in der Wormser Matrikel von 1521 mit 36 Mann angegeben war.[903] Die Musketiere waren in Wertheim Teil der Zivilgesell-

---

[897] Vgl. ebd., S. 196.
[898] Vgl. ebd., S. 175 und S. 192.
[899] Vgl. ebd., S. 192 f.
[900] Vgl. StAWt G-Rep. 102 Nr. 538 („Hans Seubert vs. Hans Marckhardt").
[901] Vgl. StAWt G-Rep. 57/1 Zentsachen Nr. 16 („Schiffsmann Georg vs. Schiffsmann Konrad").
[902] Vgl. SCHMITT: Territorialstaat und Gemeinde im kurpfälzischen Oberamt Alzey, S. 242 f.
[903] Vgl. MEIER, Robert: Am unteren Ende der Herrschaft. Das Militär der Grafschaft Wertheim und seine Polizeiaufgaben. (PoliceyWorkingPapers. Working Papers des Arbeitskreises Policey/Polizei in der Vormoderne 7), 2004, S. 1.

schaft und nahmen auch polizeiliche Aufgaben wahr, da sie beispielsweise berechtigt waren, in herrschaftlichem Auftrag Gewalt auszuüben. Die Kontingentsoldaten waren offenbar das einzige Exekutivpersonal in der Grafschaft, wenn es galt, Gerichtsbeschlüsse gegen Untertanen zu vollstrecken.[904] Die Musketiere waren zudem mit der Stadtwache betraut, sie kümmerten sich um die Verwahrung und den Transport von Gefangenen, kamen bei größeren Bränden zum Einsatz und waren für die Vollstreckung von Gerichtsurteilen und amtlichen Weisungen verantwortlich. Dafür erhielten sie auch Exekutionsgebühren.[905] Hinsichtlich ihrer Funktion, Pfändungen durchzuführen oder Steuern einzutreiben, stießen die Musketiere gelegentlich auf Widerstand[906], in der Regel funktionierten die entsprechenden Modalitäten jedoch gut und es kam insgesamt selten zu Gegenreaktionen der Bevölkerung.[907] Mit Ausnahme des Zentknechts fehlte es laut Meier an „regulären" Polizeikräften auf dem Land sowie in der Stadt Wertheim und die Musketiere hatten bezüglich der Erledigung von Polizeiaufgaben kaum Konkurrenz.[908] Zumindest in den Zentgerichtsakten tauchen sie in den Dörfern im Untersuchungszeitraum nicht auf. Es gibt keine Hinweise darauf, dass die Hüter und Wächter gleichzeitig den Dienst als Musketier versahen oder für die Ausübung ihrer Aufgaben eine finanzielle Aufwandsentschädigung erhielten. Auch die Festnahme Gefangener organisierte in der Zeit um 1600 das Zentpersonal beziehungsweise die örtlichen Schultheißen. Im März des Jahres 1600 wurde der Zentschöffe Wilhelm Hörner aus Höhefeld aufgefordert, Peter Keyser „gefenglich [zu] verwahren"[909], da er verdächtigt wurde, dem Wirt Hans Hörner die Fenster beschädigt zu haben. Nach Rücksprache mit dem Schultheißen, der ihm für die Festsetzung eine Kette zur Verfügung gestellt hatte, kam der Zentschöffe der Aufforderung nach, nahm Peter Keyser in Gewahrsam und brachte den Vorfall zur Rüge.[910]

Traditionell waren in den meisten Städten und Landgemeinden Europas die Bürger selbst und gelegentlich auch die Einwohner ohne Bürgerrecht für den Wachdienst und somit für den Schutz der Gemeinde zuständig. Diese wachten im Alltag an den Toren und in den Dorfstraßen und patrouillierten zum Schutz der Bevölkerung vor Räubern und Einbrechern. In der Regel wurde diese Dienstpflicht seit dem Ende des Mittelalters bestenfalls in den Städten von einer Abgabe an die Stadtkasse abgelöst, aus der das entsprechende Personal dann bezahlt wurde.[911] In bayerischen und badischen Gemeinden waren zum Teil noch am Ende des 18. Jahrhun-

---

[904] Vgl. ebd., S. 3.
[905] Vgl. ebd., S. 5 f.
[906] Meier schildert in diesem Zusammenhang zwei Vorfälle, die sich in den Jahren 1734 und 1735 in Niklashausen ereignet hatten, vgl. ebd., S. 9.
[907] Vgl. ebd., S. 8 f.
[908] Vgl. ebd., S. 11.
[909] StAWt G-Rep. 102 Nr. 533 (Rüge Wilhelm Hörners im Fall „Hans Hörner vs. Peter Keyser"). Zu diesem Fall vgl. auch das Kapitel III. 5. Personen vor Gericht.
[910] Vgl. ebd.
[911] Vgl. HOLENSTEIN, André u. a.: Der Arm des Gesetzes. Ordnungskräfte und gesellschaftliche Ordnung in der Vormoderne als Forschungsfeld, S. 14 f.

7. Formen dörflicher Selbstverwaltung und informeller „Herrschaft" 203

derts die Ortsbewohner selbst reihum zur Nachtwache verpflichtet und auch weitere ortsansässige Wächter verrichteten ihre Dienste.[912] Um Kosten zu sparen, wechselte das Amt des Dorfwächters mancherorts täglich unter den Bewohnern ab.[913] In ähnlicher Weise organisiert, waren die Wachaufgaben sicherlich auch in den Wertheimer Grafschaftsdörfern. Aus den Rügeprotokollen erfahren wir beispielsweise, dass entsprechende Tätigkeiten vom Schultheißen oder vom Bürgermeister angeordnet wurden: So antwortete Hans Pröpf auf die Frage, warum er im Dorf nicht gehütet habe, dass ihm „die hütt nitt gebotten worden"[914] war. In einem anderen Fall aus Dertingen wird berichtet, dass der Bürgermeister befohlen hatte „mit bestellung der wacht uff sehens zu haben; auch bey tag und nacht mit Iren wehren Ins dorff umb zu gehen"[915]. Zudem werden ebenso in der Ortschaft Reicholzheim die Wachaufgaben auf Befehl des Oberschulzen verrichtet.[916]

Zusammenfassend lässt sich für das Ende des 16. beziehungsweise für den Anfang des 17. Jahrhunderts festhalten, dass die Untertanen aus den dem Wertheimer Zentgericht zugehörigen Dörfern die Wachaufgaben vor Ort selbst ausführten und organisierten.[917] Die dörfliche Gemeinschaft stand dem Ordnungspersonal wohlwollend gegenüber, respektierte in der Regel dessen Anweisungen und das Eingreifen der Wächter und Hüter in einem Konfliktfall. Mit der Ausführung der Wachaufgaben wurden ehrbare Männer betraut, die innerhalb der Dorfgemeinschaft ein gewisses Maß an sozialem Ansehen und Prestige genossen. Es wurden keine Personen rekrutiert, die einen Beruf mit Tendenzen ins Unehrenhafte ausübten.[918] Durchaus ist denkbar, dass die Wächter und Hüter in den Grafschaftsdörfern lediglich aus dem Kreis der Zentverwandten rekrutiert wurden. In diesem Fall wären sie dann den Wertheimer Grafen durch Eid verbunden und dazu verpflichtet gewesen, die von der Herrschaft sanktionierten Taten anzuzeigen, und in ihrer Funktion stellten sie so eine Art Schnittstelle zwischen Herrschern und Beherrschten dar.[919] Mit letztendlicher Sicherheit lässt sich dies allerdings nicht sagen, und es ist genauso gut möglich, dass die Aufgaben, wie oben geschildert, abwechselnd von einem größeren Personenkreis wahrgenommen wurden. Zumindest sah Wendel Strauß aus Dertingen, der dort im Jahr 1599 Wache gehalten hatte, keine Veranlas-

---

[912] Vgl. ebd., S. 14.
[913] Vgl. HOLENSTEIN, André: Zwischen Policey und Polizei. Die badischen Hatschiere und die Professionalisierung staatlicher Exekutivkräfte im 18. und frühen 19. Jahrhundert, in: André HOLENSTEIN u. a. (Hg.): Policey in lokalen Räumen. Ordnungskräfte und Sicherheitspersonal in Gemeinden und Territorien vom Spätmittelalter bis zum frühen 19. Jahrhundert (Studien zu Policey und Policeywissenschaft). Frankfurt am Main 2002, S. 290 f.
[914] Vgl. StAWt G-Rep. 102 Nr. 5539 („Hans Kettner vs. Hans Grimm").
[915] StAWt G-Rep. 57/1 Zentsachen Nr. 16 („Linhard Nam vs. Hans und Simon Schnepper").
[916] Vgl. StAWt G-Rep. 102 Nr. 5945 („Hans Mitternacht vs. Claus Heckelmann").
[917] Ähnliche Verhältnisse herrschten auch im nördlichen Hessen vor, vgl. REYER: Die Dorfgemeinde im nördlichen Hessen, besonders S. 94 und S. 111.
[918] Das gleiche galt im Übrigen auch für die Musketiere in der Grafschaft, vgl. dazu MEIER: Am unteren Ende der Herrschaft, S. 3.
[919] Vgl. das Kapitel III. 1.5.2 *Die Zentverwandten*.

sung, einen Streit zwischen den Ehefrauen von Hans Ruehl und Hans Seubert zu rügen. Dieser, so gab Strauß damals zu Protokoll, gehe ihn nichts an und es gäbe für ihn keinen Grund die dabei ausgesprochenen Schimpfworte zu melden.[920]

7.2 „Unter der Linde stehen" und „aus dem Fenster schauen": Das „Dorfauge"

Im September des Jahres 1608 berichtete der Reicholzheimer Hans Eckart, dass er in der Nacht auf ein Gepolter auf der Straße aufmerksam geworden war. Sogleich sei er deshalb ans Fenster geeilt, um nachzusehen, was es mit dem Lärm auf sich habe. Hans Eckart gab weiter zu Protokoll, dass er Hans Oberdorfs Ehefrau beobachtet habe, wie sie in ihr Haus gelaufen sei, und kurz darauf dasselbe wieder verlassen habe, gefolgt von ihrem Ehemann.[921] Als sich schließlich nach kurzer Zeit ein Mordgeschrei auf der Straße erhoben hatte, sei der Rüger selbst aus seiner Stube auf die Gasse gegangen, um nach dem Rechten zu sehen. Die nächtlichen Rufe von Hans Oberdorfs Frau hatten offensichtlich auch den ortsansässigen Schultheißen sowie Hans Imhoff, den Schwager der besagten Ehefrau, aus dem Bett geholt und auch die Hüter und Wächter des Dorfes waren laut Aussage Hans Eckarts bereits herbeigeeilt. Letzterer wurde schließlich vom Schultheißen nach Hause geschickt, woraufhin er vom Fenster aus beobachtete, dass Hans Oberdorfs Frau ihren Schwager als lumpigen Schneider und losen Schelm beschimpfte, nachdem dieser sie aufgefordert hatte, friedlich zu sein und nach Hause zu gehen.[922] Die nächtliche Konfrontation rügte schließlich auch Hans Stapf aus Reicholzheim, der ebenfalls zu Protokoll gab, dass er von einem Mordgeschrei auf der Straße geweckt worden war, und die oben geschilderten Ereignisse dann von seinem Fenster aus beobachtet hätte.[923]

Einige andere Vorfälle führen uns in das Dorf Waldenhausen, in dem es beispielsweise 1598 zu einer verbalen Auseinandersetzung zwischen Paul Schürger und Hans Stall gekommen war.[924] Im Zuge der Konfrontation, bei der es offensichtlich um Schulden gegangen war, beschimpften sich die Kontrahenten gegenseitig als „loser hütler" und „loser schelm"[925]. Der Streit wurde von den beiden Männern Philipp Hoffmann und Claus Amend am Zentgericht zur Rüge gebracht, die laut ihrer Aussage während des Geschehens unter der Linde saßen und so Zeugen der Auseinandersetzung wurden.[926] Bezüglich eines Streitfalls zwischen Chris-

---

[920] Vgl. StAWt G-Rep. 102 Nr. 5540 („Hans Seuberts Ehefrau vs. Hans Ruehls Ehefrau"). Dieser Fall wurde im Kapitel III. 3.4 Von Gotteslästerung, Sodomie und falschem Maß: Die Untersuchung von Einzelfällen am Wertheimer Zentgericht ausführlich geschildert.
[921] Vgl. StAWt G-Rep. 57/1 Zentsachen Nr. 16 („Ehefrau von Hans Oberdorf vs. Hans Imhoff"; Rüger Hans Eckart).
[922] Vgl. ebd.
[923] Vgl. StAWt G-Rep. 57/1 Zentsachen Nr. 16 („Ehefrau von Hans Oberdorf vs. Hans Imhoff"; Rüger Hans Stapf).
[924] Vgl. StAWt G-Rep. 102 Nr. 5536 („Paul Schürger" vs. Hans Stall").
[925] Vgl. ebd.
[926] Vgl. ebd.

7. Formen dörflicher Selbstverwaltung und informeller „Herrschaft"

toph Schürger und den Brüdern Peter und Bernhard Schürger im Jahr 1602 berichtete Claus Amend, der den Vorfall auch am Zentgericht zur Anzeige brachte, dass er hierbei ebenso Zeuge der Auseinandersetzung geworden war, weil er „unter der linden gestanden"[927] habe und dort mit anderen Dorfbewohnern in ein Gespräch verwickelt gewesen sei.[928] Um der Tatsache, dass man von der Dorflinde aus Zeuge von Auseinandersetzungen zwischen den Bewohnern eines Ortes wurde, noch ein Beispiel hinzuzufügen, sei an dieser Stelle noch ein Fall aus Sachsenhausen geschildert, der sich im Jahr 1601 zugetragen hatte. Jakob Klein brachte am Zentgericht zur Rüge, dass er während einer Unterhaltung „unttter der linden gestanden"[929] habe, als die Frau von Hans Ludwig mit einer blutenden Kopfwunde in das Dorf gelaufen kam und behauptete, dass der ortsansässige Zimmermann Ulrich Meier ihr diese zugefügt habe.[930]

Über eine Konfrontation zwischen Paul Dopf aus Nassig und Linhard Paal aus Oedengeseß, die sich im Jahr 1601 in Wertheim zugetragen hatte, berichtete der Nassiger Bewohner Balthes Dopf, dass er Zeuge des Vorfalls geworden sei, da er vor Ort „uff dem Markt gestanden"[931] und so die Vorkommnisse von einem zentralen Ort aus beobachtet habe.[932]

Die Fallbeispiele, in denen einzelne Personen darüber berichten, dass sie Zeuge rügbarer Vorkommnisse in ihrem Dorf wurden, weil sie das jeweilige Geschehen zufällig vom Marktplatz aus beobachtet hatten oder während sie an einem zentralen Ort des Dorfes standen, vornehmlich unter der Linde, könnten selbstverständlich noch problemlos fortgesetzt werden. Ebenfalls wird in den Aussagen der Rügeprotokolle sehr häufig angegeben, dass man sich neugierig aus dem Fenster gebeugt hatte, sobald es beispielsweise zu einem Geschrei auf der Straße gekommen war. In der Regel blieb es dann auch nicht beim Beobachten vom Fenster aus, sondern man erkundigte sich vor Ort, warum jemand beispielsweise um Hilfe rief, oder was es mit sonstigen Lärmquellen auf sich habe. Im Allgemeinen vermitteln die Rügeprotokolle in diesem Zusammenhang allerdings nicht den Eindruck, dass es den Dorfbewohnern darum ging, sich mit der Anzeige jeglichen Fehlverhaltens am Zentgericht gegenseitig das Leben schwer zu machen, jemandem bewusst zu schaden oder sich gegenseitig anzuschwärzen. Im Gegenzug lässt sich anhand der Zentgerichtsakten auch nicht feststellen, dass man denjenigen Personen feindlich gesinnt war, die das eigene Fehlverhalten vor Gericht zur Anzeige brachten, wie es beispielsweise Barbara Krug-Richter bezüglich des Rügegerichts in der Grafschaft Canstein feststellt: „In der dörflichen Wahrnehmung waren die Grenzen zwischen der Akzeptanz einer vermittelnden, friedensstiftenden Funktion von Rügern,

---

[927] StAWt G-Rep. 102 Nr. 535 („Christoph Schürger vs. Peter und Bernhard Schürger").
[928] Vgl. ebd.
[929] StAWt G-Rep. 102 Nr. 534 („Ulrich Meier vs. Ehefrau von Hans Ludwig").
[930] Vgl. ebd.
[931] StAWt G-Rep 102 Nr. 534 („Paul Dopf vs. Linhard Paal").
[932] Vgl. ebd.

Schöffen oder Feldschützern und der des Verräters fließend."[933] Zudem machen die Rügeprotokolle der Herrschaft Canstein evident, dass die persönliche Klage die von allen Beteiligten bevorzugte Form der Konfliktlösung darstellte und in den Jahren 1718 und 1719 lediglich wenige Fälle überliefert sind, in denen der Rüger Vergehen rügte, die ihm nicht im Vorfeld durch eine der betroffenen Parteien angezeigt worden waren. Die Vermittlerinstanz zwischen Dorf und Gericht sei offensichtlich nur in wenigen Fällen von den Dörflern selbst genutzt worden. Diese beanspruchten im Gegenzug weitaus häufiger das herrschaftliche Patrimonialgericht und obwohl dieses die Konflikte auf dörflicher Ebene nicht immer befriedete und bisweilen sogar verschärfte, war der Gang zu eben jenem Gericht selbstverständlicher und alltäglicher Bestandteil der Konfliktlösung.[934] In der konkreten Lebensrealität der Dörfler hatte das Patrimonialgericht eine hohe Relevanz, da es nicht nur als obrigkeitliche Kontrollinstanz allgegenwärtig war, sondern ohne großen formalen oder bürokratischen Aufwand angerufen werden konnte und deshalb auch vielfach als konfliktschlichtende und rechtsfindende Instanz in Anspruch genommen wurde. In diesem Zusammenhang stellte neben der offiziellen Anzeige vor Gericht oder der Hinzuziehung gemeindlicher Funktionsträger ebenso das informelle In-Kenntnis-Setzen herrschaftlicher Bediensteter oder der Herrschaft selbst einen selbstverständlich praktizierten Bestandteil individueller Konfliktlösungsstrategien dar, indem man beispielsweise den Amtmann im Rahmen der Frondienste über das einem zugefügte Unrecht informierte.[935]

In den Wertheimer Rügeprotokollen wird von den in einen Konflikt involvierten Parteien auch immer wieder angegeben, dass anwesende Dritte sich den Vorfall merken und diesen am Zentgericht zur Anzeige bringen sollen. Die möglichen Zeugen werden dann in der Regel wie beispielsweise im Fall von Enders Schmitt dazu aufgefordert, „er soll doch mercken [...] und bringen solches wo es hin gehört"[936]. Enders Schmitt, der Büttner aus Dertingen, hatte mitbekommen, dass Heinrich Schetzer den ortsansässigen Maurer Wendel Strauß als „schelm" und „huntsfuts" beschimpft hatte, woraufhin sich Letzterer mit der obigen Bitte an den Büttner gewandt hatte.[937] Insgesamt finden sich derlei Hinweise in der Regel dann in den Rügeprotokollen, wenn es um Verbalinjurien oder um Eigentumsdelikte ging. Im Allgemeinen lässt sich jedoch feststellen, dass diejenigen Fälle, in denen eine Auseinandersetzung von Dritten gerügt wurde, ohne dass dies von einer der Streitparteien gewünscht beziehungsweise gefordert wurde, überwogen. Von den im Untersuchungszeitraum insgesamt 758 aktenkundigen Fällen wurden lediglich

---

[933] Vgl. KRUG-RICHTER: Konfliktregulierung zwischen dörflicher Sozialkontrolle und patrimonialer Gerichtsbarkeit, S. 218.
[934] Vgl. ebd., S. 218 f. Letzterer Umstand hing auch damit zusammen, dass das Rügegericht nur unregelmäßig und in zeitlich weit auseinanderliegenden Abständen von bis zu zwei Jahren tagte.
[935] Vgl. ebd., S. 219 f.
[936] StAWt G-Rep. 102 Nr. 5536 (Wendel Strauß vs. Heinrich Schetzer").
[937] Vgl. ebd.

sechs Vorfälle durch eine private Anzeige vor das Zentgericht gebracht, in 24 Fällen ist die Form der Anklageerhebung unbekannt. Drei der sechs Fälle, die durch private Anzeige am Zentgericht verhandelt wurden, stellten Eigentumsdelikte dar, in zwei Fällen ging es um Beleidigung und bei einer Auseinandersetzung wurde einem der Kontrahenten der Tod gewünscht. Willerich Zimmermann, ein Lengfurter Hofbauer, hatte den Reicholzheimer Schultheißen, Peter Kaltenhauser, als „dieb" und „schelm" beschimpft und ihm gewünscht, dass ihn „der hagel erschlag", da dieser offenbar die Zehntsteuer eintreiben wollte.[938] Dass dem Reicholzheimer Schultheiß wenig Wohlwollen entgegen gebracht wurde, ist sicherlich nachvollziehbar, ebenso ist es verständlich, dass Peter Kaltenhauser derartige Beleidigungen und Verwünschungen nicht hinnehmen wollte und dies wahrscheinlich umso weniger in seiner Funktion als Amtsperson, und er deshalb keinen Dritten mit der Anzeige betraute. Das Zentgericht verwies den Fall schließlich an die Herrschaft.[939]

Der bemerkenswert große Anteil der durch Rüge zur Anzeige gebrachten Vergehen lässt den Schluss zu, dass diejenigen Dorfbewohner, die ein Vergehen zur Anzeige brachten, ihre Funktion nicht unbedingt widerwillig ausführten, so wie es beispielsweise in anderen Gemeinden der Fall war. Ämter von Rügern oder Feldschützen waren nachweislich offensichtlich weder in der Gerichtsherrschaft Canstein[940], noch in dem in der Grafschaft Lippe gelegenen Ort Heiden sehr beliebt. Die Übernahme eines derartigen Amtes wurde in Heiden zum Teil verweigert.[941] Die Gerichtsordnungen der hier angeführten Beispiele griffen in ihrer Verpflichtung dörflicher Beamter zur Anzeige von Vergehen auf Formen zurück, die bereits im späten Mittelalter und im frühen 16. Jahrhundert grundsätzliche Regulierungsmechanismen der bäuerlichen Gemeinden darstellten. So enthielt auch das Willkürrecht der lokalen Gemeinden die Aufstellung von Regeln und eine Sanktionspraxis. Im Kern ging es um eine Selbstverpflichtung der Gemeindemitglieder, Regeln einzuhalten und bei ihrer Übertretung die fälligen Bußgelder zu zahlen. Die Gemeindemitglieder waren zur Rüge verpflichtet, da polizeiliche Organe fehlten. Die selbstorganisierte lokale Konfliktregelung, die allerdings keineswegs mit Selbstjustiz zu verwechseln ist, hatte zum Ziel, Frieden zwischen den Nachbarn und damit in der Gemeinde zu stiften. Prinzip war auch hier Vermittlung und die Vermeidung von Selbstjustiz.[942] Obwohl, so Krug-Richter, die Dörfer mit hoher Wahrscheinlichkeit die Inhaber solcher Ämter selbst auswählten, waren besonders die Posten von Rüger und Feldschützer unbeliebt, und das offensichtlich allein auf-

---

[938] Vgl. StAWt G-Rep. 102 Nr. 537 („Peter Kaltenhauser vs. Willerich Zimmermann").
[939] Vgl. StAWt G-Rep. 102 Nr. 5550 (Zentgericht 1604, Montag nach Martini).
[940] Vgl. dazu KRUG-RICHTER: Konfliktregulierung zwischen dörflicher Sozialkontrolle und patrimonialer Gerichtsbarkeit, S. 217 f.
[941] Vgl. FRANK: Dörfliche Gesellschaft und Kriminalität, S. 158.
[942] Vgl. WUNDER, Heide: „Weibliche Kriminalität" in der Frühen Neuzeit. Überlegungen aus Sicht der Geschlechtergeschichte, in: Otto ULBRICHT (Hg.): Von Huren und Rabenmüttern. Weibliche Kriminalität in der Frühen Neuzeit. Köln u. a. 1995, S. 51.

grund der inhaltlich breit definierten Denunziationspflicht und der Rückbindung an die Obrigkeit.[943]

Wie lassen sich nun in diesem Zusammenhang die Wertheimer Verhältnisse einordnen? An dieser Stelle lohnt sich natürlich ein Blick auf diejenigen Personen, die in den Zentgerichtsakten als Rüger auftauchen. Hierbei interessiert auch die Frage, wie die Dorfgemeinschaft auf die Rüger reagierte. Es ist nicht anzunehmen, dass die Rüger der Wertheimer Grafschaftsdörfer von der Obrigkeit eingesetzt wurden, oder dass dieses Amt einigen wenigen Dorfbewohnern vorbehalten war.[944] Werden in diesem Zusammenhang aber vielleicht trotzdem eher die dörflichen Eliten tätig, die Funktionen wie beispielsweise das Amt des Schultheißen oder des Bürgermeisters inne hatten? Bringen Angehörige der unteren Schichten, also Knechte oder Tagelöhner, Vergehen durch Rüge ans Zentgericht?

Zumindest in einem Aspekt ist die Frage, wer als Rüger fungierte, leicht zu beantworten. Im gesamten Untersuchungszeitraum werden hier nur Männer tätig, in keinem einzigen Fall tauchte eine Frau als Rügerin auf.[945] Die meisten Delikte, insgesamt zwölf an der Zahl, wurden von Claus Reinhard aus Dertingen gerügt. Er war der Büttner des Dorfes, stellte also Fässer und Behälter aus Holz her. Im Vergleich dazu taucht Michael Dertinger, der in den Zentgerichtsakten für das Jahr 1598 als Schultheiß des Dorfes nachweisbar ist, lediglich zweimal als Rüger auf. Relativ häufig brachten in Dertingen noch der Krämer Georg Schetzer, der Schneider des Ortes, Hans Schmied, sowie der Bauer Stephan Heußler ein Vergehen zur Anzeige. Schetzer rügte in insgesamt sieben, die beiden Letztgenannten in jeweils sechs Fällen. Im gesamten Untersuchungszeitraum wurden in Dertingen 171 Delikte aktenkundig. Für die übrigen 140 Fälle lassen sich keine Einzelpersonen ausmachen, die auffällig oft als Rüger fungierten.

Ein etwas anderes Bild zeigt sich für das Dorf Höhefeld. Jeweils elf Verstöße brachten dort der Schultheiß Hans Hörner und der Häcker Fritz Schmied zur Anzeige. In jeweils fünf Fällen rügten der Zentschöffe Wilhelm Hörner und der Bauer Cunz Baumann. Mit einem Reinvermögen von 55 ½ Gulden zählte Letzterer eher zu den ärmeren Personen im Ort.[946] Selbst der Schneider Debes Helmich, der ebenfalls am Existenzminimum lebte[947], taucht insgesamt viermal als Rüger auf. Die übrigen 27 Fälle, die für Höhefeld im Untersuchungszeitraum registriert wurden, brachten unterschiedliche Dorfbewohner vor das Zentgericht. Für Höhefeld lässt sich demnach ein eher differenziertes Ergebnis festhalten. Diejenigen Personen, die am häufigsten als Rüger fungierten, gehörten sowohl der dörflichen Elite, als auch der untersten Schicht des Dorfes an.

---

[943] Vgl. KRUG-RICHTER: Konfliktregulierung zwischen dörflicher Sozialkontrolle und patrimonialer Gerichtsbarkeit, S. 217.
[944] Vgl. dazu auch das Kapitel III. 1.5. 3 *Verfahrenseinleitung am Wertheimer Zentgericht*.
[945] Vgl. ebd.
[946] Vgl. LANGGUTH: Häcker und Bauern – Höhefelds Einwohner um 1600, S. 70.
[947] Vgl. ebd., S. 81.

Unterschiedlichen sozialen Gruppierungen entstammten auch die Rüger der Ortschaft Reicholzheim. Hier wurde Zacharias Friedel, der auch das Amt eines Schöffen bekleidete, am häufigsten, nämlich in der Summe zehnmal, als Rüger aktenkundig. An zweiter Stelle, mit insgesamt sieben Rügen, ist Lorenz Ullrich, der Schmied des Dorfes, zu nennen, ihm folgen Hans Imhoff mit sechs und der Bauer Hans Eckart mit fünf Rügen. In den anderen 73 zur Rüge gebrachten Fällen lässt sich auch für das Dorf Reicholzheim keine Person ausmachen, die auffallend oft als Rüger fungierte.

In Sachsenhausen brachte Hans Bürger, der Wirt des Ortes, relativ häufig ein Vergehen an die Zent. Berufsbedingt war er natürlich oft Zeuge, wenn es in seinem Haus zu einer Auseinandersetzung gekommen war. In vier Fällen handelte es sich hierbei um eine gewaltsame Konfrontation, einmal war der Schlägerei auch eine Beleidigung vorausgegangen. Mit insgesamt neun Rügen trat Linhard Keyser aus Dietenhan in Erscheinung. Er war der Müller des Dorfes und hatte keine anderweitige funktionelle Aufgabe. An zweiter Stelle folgte ihm aber Caspar Oberdorf, der ortsansässige Schultheiß. Er meldete im Untersuchungszeitraum fünf Fälle an der Zent.

7.3 Zusammenfassung

Die hier aufgeführten Beispiele mögen ausreichen, um bezüglich der Rügetätigkeit zu einem aussagekräftigen Ergebnis zu kommen. Laut Eid waren die Untertanen im Zentgerichtsbezirk dazu verpflichtet, bestimmte Vergehen zur Rüge zu bringen.[948] Frauen, Knechte und Mägde zählten nicht zum Untertanenverband, in der Zeit von 1589 bis 1611 wurden diese Gruppierungen in den Zentgerichtsakten auch nicht als Rüger genannt. Zudem lässt sich im Hinblick auf die sozialen Verhältnisse in den Dörfern kein bestimmter Personenverband ausmachen, der in diesem Zusammenhang besonders aktiv wurde. Mit Sicherheit gingen Amtsträger wie der Schultheiß oder Bürgermeister in der Regel mit gutem Beispiel voran. Hans Hörner aus Höhefeld und Caspar Oberdorf aus Dietenhan dürfen an dieser Stelle stellvertretend als positive Exempel genannt werden. Aber die Tatsache, dass eben auch Vertreter aller anderen sozialen Gruppierungen des Untertanenverbands als Rüger fungierten, zeigt, dass der Großteil der Untertanen ihre Rügepflichten ernst nahm – sofern eben der innerdörfliche Friede im Zuge einer Auseinandersetzung gestört worden war. Die Verpflichtung zur Anzeige für eine relativ große Anzahl der Angehörigen der dörflichen Gemeinschaft hatte demnach zur Folge, dass man sich den Rügern gegenüber in der Regel nicht distanziert verhielt oder ihnen eine Anzeige nachtrug. Denn die Rüger waren nicht nur ein Teil der Institution des Zentgerichts, sondern eben auch Mitglieder der dörflichen Gemeinschaft. Dass man sich diesen Personen gegenüber in der Regel nicht nachtragend verhielt, mag viel-

---

[948] Vgl. StAWt G-Rep. 57/1 (Erinnerung und eydt so von den [...] Underthanen so in der Cendt schwehren vorgehalten wirdt).

leicht auch angesichts der hohen Urteilsquote erstaunen. Jedoch zeigt die Urteilspraxis der Zentschöffen, dass es in den allgemeinen Verfahren eher nicht darum ging, Einzelpersonen zu schaden.[949]

Im Ergebnis lässt sich an dieser Stelle für die Wertheimer Grafschaftsdörfer festhalten, dass neben den Amtspersonen wie Schultheiß oder Bürgermeister, auch Wächter und Hüter die zu rügenden Vorfälle vor das Zentgericht brachten und diese Funktion aber auch vom gesamten Untertanenverband wahrgenommen wurde. Die ländliche Gesellschaft in Wertheim zeigte gegenüber den Rügern kein grundlegend distanziertes Verhalten. Sie waren Teil der dörflichen Gemeinschaft und sie umfassten zudem ja auch einen relativ breiten Personenkreis. Daneben stand der Einzelne in gewisser Weise unter der ständigen Beobachtung des „Dorfauges". Den damaligen Menschen entgingen die alltäglichen Geschehnisse im Dorf nicht, sie debattierten untereinander über bestimmte Ereignisse und mischten sich aktiv in Streitigkeiten und Auseinandersetzungen ein. Das kontinuierliche nachbarliche Beobachten bedeutete aber nicht nur soziale Kontrolle, sondern diente – und das haben die obigen Ausführungen gezeigt, vornehmlich auch der Erhaltung des innerdörflichen Friedens.[950]

---

[949] Vgl. dazu das Kapitel III. 4. Urteile am Wertheimer Zentgericht.
[950] Auch Reyer konstatiert etwa für Rheinhessen, dass nicht nur die Herrschaft, sondern auch die Dorfgemeinde ein primäres Interesse an Ruhe und Frieden in ihren Grenzen hatte, vgl. REYER: Die Dorfgemeinde im nördlichen Hessen, S. 110.

IV. Ergebnisse

Die Zentgerichte waren nicht nur eine territoriale Besonderheit in bestimmten Teilen des Alten Reiches, sondern auch hinsichtlich ihres Aufbaus, ihrer Verfassung und ihrer Organisation. Im Gegensatz zu anderen Gerichten konnte die Zent alte Bräuche und Strukturen für lange Zeit bewahren[1] und dies war im Territorium eines mindermächtigen Reichsstands von besonders großer Bedeutung. Den größten Anteil und damit den gerichtlichen Alltag machten in Wertheim diejenigen Verfahren aus, welche die weniger schweren Delikte zum Gegenstand hatten, und weil die Zent an der Lösung der Konflikte der dörflichen Bevölkerung im Zentgerichtsgebiet mitwirkte, trug sie zur Friedenswahrung in den Wertheimer Grafschaftsdörfern bei.[2] Die vorliegende Arbeit bestätigt in dieser Hinsicht allgemeine Feststellungen: Das Rechtssystem des Alten Reiches gilt als friedensstiftender Faktor[3] und die Hauptfunktion eines Gerichts ist in der Vermeidung von Selbstjustiz zu sehen, da es Konfliktparteien die Möglichkeit bietet beziehungsweise bot, ihre Konflikte mit friedlichen und demnach rechtlichen Mitteln auszutragen.[4] Darüber hinaus konnte jedoch auch aufzeigt werden, wie die friedensstiftende Funktion konkret bis in die ländliche Gesellschaft hinein gewirkt hat, und in diesem Zusammenhang ein integrationsfördernder Beitrag zur Friedensordnung in der Wertheimer Zent geleistet wurde.

Die Studie zeigt, dass das Wertheimer Zentgericht die Erhaltung des innerdörflichen Friedens zum Ziel hatte und es in diesem Zusammenhang auch die Wert- und Normvorstellungen der ländlichen Gesellschaft widerspiegelte. Dies lag mitunter sicherlich allein schon daran, dass ein Großteil der Dorfbewohner in die Institution des Zentgerichts eingebunden war: Aus ihren Kreisen wurden die Schöffen rekrutiert, die in den Verhandlungen die Urteile fällten; alle Untertanen waren eidlich verpflichtet, die rügepflichtigen Vergehen am Gericht zur Anzeige zu bringen und auch die Personengruppe der Zentverwandten war insofern involviert, als sie an bestimmten Gerichtsterminen anwesend zu sein hatte. Da das Zentgericht die Gemeinde dezidiert in ihre Strukturen miteinbezog, erfuhr sie auch eine breite Akzeptanz innerhalb der dörflichen Bevölkerung. Dies hing gewiss auch damit zusammen, dass die Verfahrensmodalitäten der sogenannten Landgerichtsverfahren unkompliziert waren und es für die Menschen in den Graf-

---

[1] Ähnlich auch bei SCHULTHEISS: Gerichtsverfassung und Verfahren, S. 468.
[2] Dass die Verfahren im „gemeinen Gericht" als permanentes Instrument der Friedenswahrung im Zentgerichtsbezirk dienten, stellte auch SCHULTHEISS für die Zent Burghaslach fest. Vgl. SCHULTHEISS: Gerichtsverfassung und Verfahren, S. 422.
[3] Vgl. AMEND/BAUMANN/WENDEHORST: Einleitung, S. 1.
[4] Vgl. SELLERT, Wolfgang: *Pax Europea* durch Recht und Verfahren, in: Leopold AUER/Werner OGRIS/Eva ORTLIEB (Hg.): Höchstgerichte in Europa. Bausteine frühneuzeitlicher Rechtsordnung. Köln u. a. 2007, S. 99 (SELLERT bezieht sich in seinem Aufsatz in diesem Zusammenhang auf Reichshofrat und Reichskammergericht); SIMON, Thomas: Art. Gericht, in: Enzyklopädie der Neuzeit, Bd. 4. Stuttgart 2006, Sp. 514.

schaftsdörfern somit naheliegend war, ihre Konflikte einer gerichtlichen Lösung zuzuführen.

Insgesamt vermitteln die Wertheimer Zentgerichtsakten in der Zeit um 1600 den Eindruck eines sehr regelhaften Betriebs. Die Verfahrensgänge sowie die Sanktionspraxis waren der dörflichen Bevölkerung bekannt und die Gerichtsentscheidungen der Schöffen besaßen einen hohen Grad an Akzeptanz. Geldbußen, die den Großteil aller am Zentgericht gefällten Urteile im Untersuchungszeitraum ausmachten, zahlten die betroffenen Parteien in der Regel widerstandslos. Dem Zentgericht ging es hierbei nicht darum, die Täter wirtschaftlich zu ruinieren, denn es wurden die persönlichen Lebensumstände der zu strafenden Personen berücksichtigt, indem es beispielsweise bei weniger begüterten Dorfbewohnern eine geringere Geldstrafe als üblich verhängte. Dass Mitglieder der unterschiedlichen Dorfgemeinschaften hierbei als Urteiler fungierten, gereichte den Angeklagten mit Sicherheit nicht zum Nachteil. Insgesamt lässt sich bei der Urteilspraxis keine ungewöhnliche Härte in der Zeit um 1600 feststellen, und das Wertheimer Zentgericht scheint keine Einrichtung gewesen zu sein, die stark repressiv auf die Menschen in den Grafschaftsdörfern einwirkte. Auch dieser Umstand dürfte die Legitimität des Gerichts in den Augen der Dorfbewohner gefestigt haben.

Es sind in besonderem Maße die Untertanen der Grafschaftsdörfer, die in den Akten des Wertheimer Zentgerichts in Erscheinung treten – und damit also ein begrenzter und privilegierter Personenverband der Dorfgemeinschaft. Anders als es die Wertheimer Ergebnisse zeigen, eruierte beispielsweise Martin Scheutz hinsichtlich seines Untersuchungsgebiets vornehmlich das Gesinde als besonders stark sanktionierte Gruppe und ermittelte, dass der „typische" Durchschnittstäter eine männliche Person war, die entweder als Dienstknecht oder Handwerksgeselle arbeitete oder Bettler war[5] und die „typische" Durchschnittstäterin sich als Magd verdingte.[6] Auch im Falle des Schulenburgischen Patrimonialgerichts sind es häufig Knechte und Mägde benachbarter Dienstherren, die unter anderem aufgrund von Injurien prozessierten, und die sich in der Regel durch Parteiklagen an das Gericht wandten.[7] In den Wertheimer Grafschaftsdörfern waren es vornehmlich die Gemeindemitglieder, die als Täter in Erscheinung traten. Knechte und Mägde waren deutlich unterrepräsentiert, und deren Vergehen kamen lediglich dann durch Rüge vor das Zentgericht, wenn sie sichtbar und vor den Augen der Öffentlichkeit stattgefunden hatten. Auftretende Konflikte wurden in der Regel informell durch den Dienstherrn gelöst und das Gesinde konnte so offensichtlich in vielerlei Hinsicht mit den Mitteln sozialer Kontrolle überwacht werden. Natürlich ist es denkbar, dass dieser Umstand für einen späteren Untersuchungszeitraum nicht mehr zutrifft, leider konnten entsprechende Analysen aufgrund fehlenden Quellenmaterials aber nicht vorgenommen werden. Die Tatsache, dass eine Verfah-

---

[5] Vgl. SCHEUTZ: Alltag und Kriminalität, S. 495.
[6] Vgl. ebd., S. 495.
[7] Vgl. THAUER: Gerichtspraxis in der ländlichen Gesellschaft, S. 130.

renseinleitung am Wertheimer Zentgericht durch Rüge zu erfolgen hatte, und im Untersuchungszeitraum ausschließlich die Untertanen ein Vergehen an der Zent zur Rüge brachten, ist neben der informellen Sanktionsmöglichkeit eine Ursache, welche die geringe Anzahl der vom Gesinde begangenen Delikte erklärt. Das bedeutet, dass aufgrund der Verfahrensmodalitäten des Zentgerichts, die Möglichkeit einer Privatklage durch das Gesinde offenbar nicht gegeben war, und dass Knechte und Mägde sich nicht an eine dritte Person wandten, beziehungsweise wenden konnten, um etwa eine erlittene Ehrverletzung an der Zent rügen zu lassen.

Wie oben bereits angesprochen, sind es vornehmlich die Untertanen, die im Zusammenhang mit Konflikten, aber auch im Hinblick auf die Konfliktlösung als Akteure auszumachen sind. Dieser begrenzte Personenkreis hatte eine ähnliche rechtliche und vermutlich auch soziale Stellung, die wirtschaftliche Situation einzelner Untertanen konnte sich allerdings deutlich voneinander unterscheiden.[8] In den im Wertheimer Zentgerichtsbezirk liegenden Dörfern ist hinsichtlich des Untertanenverbands eine Rechtswahrnehmung sowie eine Wahrnehmung von Privilegien unabhängig vom gesellschaftlichen Status einzelner Personen festzustellen. Als Rüger wurden die Untertanen gleichermaßen aktiv, egal ob sie wie etwa Debes Helmich aus Höhefeld am Existenzminimum lebten[9] oder wie Wendel Hergenhan wegen ihres Vermögens[10] zur dörflichen Elite zählten. In diesem Punkt unterscheiden sich die Wertheimer Ergebnisse von denen, die Frank beispielsweise für das Dorf Heiden und die Levine und Wrightson für das Dorf Terling in der Grafschaft Essex feststellten. In beiden Fällen führte eine Verschärfung des sozialen Klimas, die durch eine Ausweitung der Dorfarmut und eine deutliche Verschlechterung der ökonomischen Rahmenbedingungen hervorgerufen wurde, zu einem offenen Streit, bei dem sich die Vertreter der dörflichen Elite und die Armen des Dorfes gegenüberstanden.[11] Die führenden Gruppierungen der Dörfer nutzen zur Durchsetzung ihrer Interessen die obrigkeitlichen Instrumente, in Terling geschah dies beispielsweise durch die verstärkte Überwachung unlizensierter Kneipen, in denen vornehmlich die ärmeren Schichten des Dorfes verkehrten.[12] Anders als in Heiden kehrte sich in Terling die Situation um, als nach 1650 die Reallöhne wieder gestiegen waren, und sich das innerdörfliche Klima durch die Entschärfung des Armutsproblems entspannt hatte.[13] Auch in der Grafschaft Hohenlohe war es besonders die Elite der wohlhabenden Bauern, welche politische Initiative übernahm und gemeinsame Interessen, im folgenden Fall jedoch gegenüber den Grafen von Hohen-

---

[8] Siehe dazu Kapitel II. 4. Entwicklungen der Bevölkerung und der Gesellschaft in der Frühen Neuzeit, besonders das Beispiel Höhefeld.
[9] Vgl. LANGGUTH: Häcker und Bauern – Höhefelds Einwohner um 1600, S. 70.
[10] Vgl. ebd., S. 62.
[11] Vgl. FRANK: Dörfliche Gesellschaft und Kriminalität, S. 356; WRIGHTSON/LEVINE: Poverty and piety, S. 140 und S. 176.
[12] Vgl. WRIGHTSON/LEVINE: Poverty and piety, S. 177 und S. 181; FRANK: Dörfliche Gesellschaft und Kriminalität, S. 356.
[13] Vgl. WRIGHTSON/LEVINE: Poverty and piety, S. 182; FRANK: Dörfliche Gesellschaft und Kriminalität, S. 356f.

lohe, durchzusetzen vermochte. So nutzen sie in den Jahren von 1580 bis 1634 ihre hervorgehobene Stellung etwa dazu, um Reformen bei Steuern und Arbeitsdiensten zu erreichen.[14]

Für die Wahrung des innerdörflichen Friedens fühlten sich die Wertheimer Untertanen offensichtlich gleichermaßen verantwortlich, eine Differenzierung der Untertanenschicht bezüglich ihrer Privilegien ist im vorliegenden Fall nicht festzustellen. In einer Phase, die einerseits von schwacher obrigkeitlicher Herrschaft, andererseits von militärischer Bedrohung geprägt war, wurden somit Akteure aus dörflichen Lebenswelten motiviert, Normen zu wahren und für die Beständigkeit der innerdörflichen Ordnung zu sorgen. Obwohl sich die ländliche Gesellschaft in der Grafschaft Wertheim vor dem Hintergrund unterschiedlicher Krisensymptome wie etwa der kleinen Eiszeit oder der Würzburger Fehde im Umbruch und am Vorabend des Dreißigjährigen Krieges befand, zeichnete sie sich im Untersuchungszeitraum durch eine weitgehende Stabilität sowie durch eine gleichbleibende Devianzkontrolle aus.

Von Vorteil war hierfür mit Sicherheit der Umstand, dass der Grad der Selbstverwaltung in den Grafschaftsdörfern relativ hoch und die gemeindlichen Strukturen insgesamt stark ausgeprägt und bis zum Ende des Alten Reiches von Bedeutung waren. Diese Umstände trugen dazu bei, dass das Zentgericht funktionierte und seine friedensstiftende Aufgabe erfolgreich umsetzen konnte. Aus einer Fülle zahlreicher Hinweise in den Rügeprotokollen wird ein Bild von Herrschaft als sozialer Praxis[15] sowie ein Verständnis von Herrschaft, das auf Konsens zwischen Herrscher und Beherrschten beruhte, ersichtlich. Dies beförderte ganz offensichtlich die erfolgreiche Arbeit des Zentgerichtes. Die Wertheimer Grafen waren bei der Verfolgung von Kriminalität auf die Mitarbeit der Untertanen angewiesen, die im Falle der Zentverwandten und Untertanen zudem durch Eid mit der Herrschaft verbunden waren. Insofern hatten die starken gemeindlichen Strukturen auch Auswirkungen auf Kriminalität und Devianz in den Grafschaftsdörfern, denn vor dem Zentgericht landeten vornehmlich nur diejenigen Vergehen, die von den Untertanen gerügt wurden.

Betrachtet man die Gesamtzahl der Delikte im Untersuchungszeitraum, so kann festgehalten werden, dass die dörfliche Gesellschaft in der Grafschaft Wertheim in

---

[14] Vgl. ROBISHEAUX: The Origins of Rural Wealth and Poverty in Hohenlohe 1470–1680, S. 180–240; KLEINEHAGENBROCK, Frank: Herrschaft und Untertanen in der Grafschaft Hohenlohe vor dem Dreißigjährigen Krieg: Die Einführung von Dienstgeldern und die Festlegung von Landsteuern durch die Dienstgeld-Assekuration von 1609, in: Markus MEUMANN/ Ralf PRÖVE (Hg.): Herrschaft in der Frühen Neuzeit. Umrisse eines dynamisch-kommunikativen Prozesses (Herrschaft und soziale Systeme in der frühen Neuzeit, Bd. 2). Münster 2004, S. 51–78.

[15] Zur Begrifflichkeit sowie zur Definition, vgl. LÜDTKE, Alf: Herrschaft als soziale Praxis, in: DERS. (Hg.): Herrschaft als soziale Praxis. Historische und sozial-anthropologische Studien (Veröffentlichungen des Max-Planck-Instituts für Geschichte, Bd. 91). Göttingen 1991, S. 9–63; MEUMANN, Markus/PRÖVE, Ralf: Die Faszination des Staates und die historische Praxis, S. 43 f.

IV. Ergebnisse 215

der Zeit um 1600 nicht unbedingt eine außerordentlich konfliktreiche gewesen ist. So ist beispielsweise für das Dorf Dertingen, in dem die meisten Auseinandersetzungen ausgetragen wurden, eine Gesamtanzahl von 171 Delikten innerhalb von 22 Jahren auszumachen. Demnach kam es in einem Jahr durchschnittlich lediglich sieben- bis achtmal zu einem Streitfall! Im Vergleich dazu wurden etwa in Heiden kontinuierlich mehr als doppelt so viele, in der Regel sogar mehr als die dreifache Anzahl von Vergehen am Gogericht zur Anzeige gebracht.[16] Auch Jenny Thauer sieht in ihrer Untersuchung über das Schulenbergische Patrimonialgericht um 1700 ein hohes Konflikt- und Gewaltpotenzial als zeittypisch an.[17] Ihre Arbeit, so die Autorin, bestätigt in diesem Zusammenhang die Ergebnisse von Forschungen, die für denselben Zeitraum einhellig ein ähnlich großes Konfliktpotenzial feststellen.[18] Natürlich muss für das vorliegende Untersuchungsbeispiel beachtet werden, dass im Rahmen der Studie lediglich die vor dem Wertheimer Zentgericht verhandelten Delikte berücksichtigt wurden, jedoch ist mit großer Sicherheit davon auszugehen, dass zumindest die Verbal- und Realinjurien zuerst ausschließlich vom Zentgericht verhandelt wurden, gegebenenfalls leiteten die Schöffen die Vorfälle dann an die Herrschaft weiter. Insgesamt vermitteln die Zentgerichtsakten durchaus den Eindruck, dass die ländliche Bevölkerung in der Zeit um 1600 großes Interesse an der Friedenswahrung innerhalb der dörflichen Gemeinschaft hatte, und es entsteht das Bild einer überwiegend „friedlich-schiedlichen" Gesellschaft.[19]

Das bedeutet allerdings nicht, dass die Kommunikationsstruktur in der Vormoderne nicht agonal ausgerichtet und das dörfliche Miteinander nicht durch die

---

[16] Vgl. FRANK: Dörfliche Gesellschaft und Kriminalität, S. 347.
[17] Vgl. THAUER: Gerichtspraxis in der ländlichen Gesellschaft, S. 298.
[18] MULDREW, Craig: Zur Anthropologie des Kapitalismus. Kredit, Vertrauen, Tausch und die Geschichte des Marktes in England 1500–1750, in: Historische Anthropologie 6 (1998), S. 167–199; SCHMALE, Wolfgang: Archäologie der Grund- und Menschenrechte in der Frühen Neuzeit. Ein deutsch-französisches Paradigma (Ancien Régime, Aufklärung und Revolution, Bd. 30). München 1997, S. 165 f.; PETERS, Jan: Frauen vor Gericht in einer märkischen Gutsherrschaft (2. Hälfte des 17. Jahrhunderts), in: Otto ULBRICHT (Hg.): Von Huren und Rabenmüttern. Weibliche Kriminalität in der Frühen Neuzeit. Köln u. a. 1995, S. 231–258; DERS.: Gutsherrschaftsgeschichte in historisch-anthropologischer Perspektive, in: DERS. (Hg.): Gutsherrschaft als soziales Modell. Vergleichende Betrachtungen zur Funktionsweise frühneuzeitlicher Agrargesellschaften (Historische Zeitschrift, Beiheft N.F. 18). München 1995, S. 3–21; THAUER: Gerichtspraxis in der ländlichen Gesellschaft, S. 298.
[19] Zu ähnlichen Ergebnissen gelangt jüngst auch Fabian Brändle in seiner Studie über den Zusammenhang von Alkohol und Gewalt in Wirtshäusern der Ostschweiz. Er weist in seinem Aufsatz auf die Tatsache hin, dass es auch viele friedliche Abende in den Gaststuben gegeben hat und die wirtshäusliche Gewalt nicht überschätzt werden sollte. Vgl. BRÄNDLE, Fabian: Ehre, Messer und „der starke Früe" – Wirtshäuser und die Kirmes als Orte physischer Gewalt und Kriminalität in der Schweiz, 1500–1840, in: Historische Kriminalitätsforschung in landesgeschichtlicher Perspektive. Fallstudien aus Bayern und seinen Nachbarländern 1500–1800. Referate zur Tagung vom 14. bis 16. Oktober 2015 in Wildbad Kreuth, hrsg. von Wolfgang WÜST unter Mitarbeit von Martina HELLER. Erlangen 2017, S. 344.

Konkurrenz um Güter und die Dominanz der Ehre bestimmt war.[20] Der hohe Anteil der Ehren- und der häufig damit im Zusammenhang stehenden Gewaltdelikte im Untersuchungszeitraum bestätigt diese Annahme. Jedoch konnte im Rahmen der Arbeit auch dargelegt werden, dass die frühneuzeitliche Gesellschaft in den Wertheimer Grafschaftsdörfern versöhnungsfähig und ausgleichswillig war. Nicht jede Ehrverletzung endete in einer Schlägerei und Deeskalationsversuche in einer handfesten Auseinandersetzung stellten keine Ausnahme dar. Zudem wurde Selbstjustiz vor den Augen der Öffentlichkeit in der Regel nicht akzeptiert und die Rügeprotokolle offenbaren zahlreiche Situationen, die auf Friedensstiftung und -wahrung ausgelegt waren.

Streitschlichtende Funktionen übernahmen hierbei aber nicht nur die dörflichen Eliten, sondern alle diejenigen Personen, die während eines Konfliktes präsent gewesen sind. Auch Frauen und das Gesinde waren hier nicht ausgenommen. Des Weiteren konnten ritualisierte Formen der Konfliktaustragung ebenso eine friedensstiftende Funktion besitzen. Sie dienten unter anderem dazu, eine Auseinandersetzung zu entschärfen beziehungsweise zu beenden oder eine gerichtliche Lösung vorzubereiten. Ritualisierte Konfliktlösungsmechanismen stellten allerdings kein eigenes autonomes Rechtssystem dar, sondern standen in engem Zusammenhang mit einer juristischen Lösung der Konflikte. Das Mordio-Schreien konnte beispielsweise dazu genutzt werden, Zeugen herbeizurufen oder eine Eskalation eines Konflikts zu verhindern. Unnötiges Rufen beziehungsweise unterlassene Hilfeleistung im Falle eines Mordgeschreis akzeptierte weder die Dorfbevölkerung noch die Obrigkeit, denn das Zentgericht ahndete entsprechende Verstöße. Die Herrschaft reagierte in diesem Zusammenhang auf den Verfolgungswillen der ländlichen Gesellschaft, zu den zu rügenden Vergehen zählte die unterlassene Hilfeleistung nämlich nicht.

Die Zentgerichtsakten vermitteln hierbei aber nicht den Eindruck, dass die Menschen in den Grafschaftsdörfern in der Zeit um 1600 einer unabhängigen konfliktscheidenden Instanz bedurften, weil lokale Mechanismen der Normkontrolle versagten. Vielmehr entsteht das Bild eines erfolgreichen Nebeneinanders sowie sich gegenseitig komplettierender obrigkeitlicher und dörflicher Wert- und Normvorstellungen und einer Ordnung, die in der Normenkontrolle des Dorfes ruhte. Die dörfliche Gesellschaft war im Untersuchungszeitraum in einem bestimmten Maß zur Selbstregulation der Konflikte in der Lage, und das Einbeziehen des Zentgerichts war offensichtlich ein Bestandteil der von den Untertanen präferierten Konfliktlösung[21], zudem mussten bestimmte Verstöße ja auch zur Rüge gebracht werden. Indem das Zentgericht als neutrale Schlichtungsinstanz angerufen

---

[20] Vgl. WALZ: Agonale Kommunikation im Dorf der Frühen Neuzeit, S. 250.
[21] Im Vergleich dazu sind etwa die informellen Lösungsmechanismen der Strasburger Bürger, die dem Stadtgericht durch Urfehde angezeigt wurden, als konkurrierende gesellschaftliche Mechanismen der Sozialkontrolle anzusehen. Vgl. FRANKE: Von Schelmen, Schlägern, Schimpf und Schande, S. 93.

wurde und bestehende Konflikte befriedete, gestaltete es somit auch die soziale Ordnung mit.

Die Zentgerichtsakten geben Aufschluss darüber, dass die Dorfbewohner erstaunlich gut über die obrigkeitliche Norm- und Gesetzgebung informiert waren und bei der Austragung ihrer Konflikte vor dem Zentgericht sowohl lokale als auch im gesamten Reich gültige Verordnungen, in letzterem Fall bezogen sie sich dann auf die Carolina[22], zitierten. Diese Kenntnis sowie die geringe Scheu der Untertanen, die herrschaftliche Justiz in Anspruch zu nehmen, verweist auf eine tiefe Verwurzelung rechtlicher Verfahren in der dörflichen Bevölkerung der Frühen Neuzeit.[23]

Zur Wahrung der innerdörflichen Ruhe und Ordnung trugen auch die Wächter und Hüter in den Grafschaftsdörfern bei. Anders als es für Personen mit entsprechenden Aufgaben oft der Fall war, wurden diese Funktionen in Wertheim laut Quellenaussagen von angesehenen und ehrhaften Dorfbewohnern wahrgenommen. Die Hüter und Wächter waren Teil der Dorfgemeinschaft, man gesellte sich gerne zu ihnen und rief sie teils ganz bewusst um Hilfe, um Streit zu schlichten oder, wenn eine Auseinandersetzung zu eskalieren drohte. Auch gegenüber den Rügern verhielten sich die Menschen in den Grafschaftsdörfern nicht distanziert, obwohl diese etwaige Verstöße am Zentgericht zur Anzeige brachten. Für die Grafen war diese Tatsache mit Sicherheit von Vorteil, da sie so eine mittelbare Kontrolle über die in den Dörfern begangenen Vergehen hatten. Umso wichtiger war es, dass es sich hierbei um Personen handelte, die sowohl von der Herrschaft als auch von den Beherrschten in ihrer Funktion anerkannt waren. Die Untertanen, die aufgrund der eidlichen Verbundenheit ein besonderes Treueverhältnis zur Obrigkeit hatten, ermöglichten der Herrschaft Einblicke in das dörfliche Zusammenleben und gerade deshalb war es von Bedeutung, dass sie in weitem Umfang am Gemeindeleben teilgehabt hatten.[24]

Die Wertheimer Zentgerichtsakten lassen den Schluss zu, dass es nicht vornehmlich die Verpflichtung zur Rüge war, die Anlass dazu gab, Verfehlungen der Dorfbewohner zu melden. Vielmehr hatten die Dorfbewohner selbst den Wunsch nach Ordnung und Frieden, und dies umso mehr in einer Phase, in der sich die Herrschaft in einer Krise befand und sich die dörfliche Gesellschaft in Wertheim mit

---

[22] Die Peinliche Halsgerichtsordnung besaß trotz der salvatorischen Klausel in fast allen deutschen Territorien Gültigkeit. Aufgrund des partikularistischen Widerstandes einzelner deutscher Territorialstaaten gegen die bezweckte Rechtsvereinheitlichung enthielt die Carolina in ihrer Vorrede die salvatorische Klausel, die ihr generell nur subsidiäre Geltung zugestand. Vgl. dazu MAIHOLD, Harald: „außer lieb der gerechtigkeyt vnd umb gemeynes nutz willen", S. 76–78.
[23] Ein hohes Maß an Verrechtlichung der ländlichen Gesellschaft konstatiert auch Thauer, vgl. THAUER: Gerichtspraxis in der ländlichen Gesellschaft, S. 298.
[24] Vergleichbare Ergebnisse liefert auch Ursula Löffler für das Herzogtum Magdeburg: LÖFFLER, Ursula: Dörfliche Amtsträger im Staatswerdungsprozess der Frühen Neuzeit. Die Vermittlung von Herrschaft auf dem Lande im Herzogtum Magdeburg, 17. und 18. Jahrhundert. Münster 2005, S. 220–222.

äußeren Bedrohungen konfrontiert sah. Um die innere Ordnung zu schützen, wurde die dörfliche Gesellschaft von sich aus aktiv und das Zentgericht konnte zur Stabilisierung dieser Ordnung beitragen, indem es ein Forum für die Austragung der innerdörflichen Konflikte bot. Für die Funktionalität der Zent war demnach nicht nur die Obrigkeit verantwortlich, sondern die Tätigkeit des Gerichts ist für die Zeit um 1600 in Wertheim auch deshalb als erfolgreich zu bewerten, weil insbesondere Akteure aus dörflichen Lebenswelten dazu beigetragen haben.

Das Wertheimer Zentgericht erweist sich im Untersuchungszeitraum als „Untertanengericht", das durch das Agieren recht souveräner Gemeindemitglieder geprägt war. Die Ausübung jurisdiktioneller Herrschaft funktionierte hierbei nicht ohne gesellschaftlichen Konsens und demnach bestätigt diese Feststellung für das Untersuchungsbeispiel der Grafschaft Wertheim das Bild einer durch den Kommunalismus geprägten Region. Insofern sind die besonders im Schlusskapitel angesprochenen Unterschiede zu den Ergebnissen anderer Studien[25] auch unter regionalen Aspekten zu sehen beziehungsweise zu erklären; denn eine selbstbewusste und starke Untertanenschicht, die im Süden des Alten Reiches auch durch Gerichtsdienste mit der Herrschaft verbunden war[26], bildete sich laut Peter Blickle unter anderem im fränkischen Raum heraus[27], zu dem auch die Grafschaft Wertheim gehört hatte. Demnach konnten die Eigenheiten einer Region Gerichtswirklichkeit und Gerichtspraxis beeinflussen und das Wertheimer Zentgericht war offensichtlich in seiner historischen Dimension raumgeprägt.[28]

Die Ergebnisse dieser Studie beziehen sich natürlich dezidiert auf die Wertheimer Zent und sind zum einen sicherlich in Relation zu anderen Gerichten der Grafschaft zu setzen, was jedoch erst durch weitere Forschungen zur Wertheiner Gerichtslandschaft angegangen werden kann. Nichtsdestotrotz liefern die Erkenntnisse einen ergänzenden Beitrag zur Erforschung von Gerichtslandschaften, da die Arbeits- und Funktionsweise eines Gerichts im Raum Franken beziehungsweise in der Grafschaft Wertheim detailliert beleuchtet wurde. Das Wertheimer Zentgericht war durch eine enge Verzahnung kommunalistischer und gerichtlicher Strukturen geprägt und somit vielfach mit den dörflichen Sozialstrukturen verwoben. Insofern thematisierte die Arbeit auch offene Fragen, die in der (rechts-)histori-

---

[25] Vgl. FRANK: Dörfliche Gesellschaft und Kriminalität; FRANKE: Von Schelmen, Schlägern, Schimpf und Schande; PETERS, Jan: Frauen vor Gericht in einer märkischen Gutsherrschaft; SCHEUTZ: Alltag und Kriminalität; THAUER: Gerichtspraxis in der ländlichen Gesellschaft.
[26] Vgl. BLICKLE: Von der Leibeigenschaft zu den Menschenrechten, S. 237.
[27] Vgl. BLICKLE, Peter: Kommunalismus. Skizzen einer gesellschaftlichen Organisationsform, Bd. 1: Oberdeutschland. München 2000, S. 10 und S. 12 f.
[28] Zu aktuellen Forschungsfragen dieser Art vgl. AMEND-TRAUT u. a.: Gerichtsvielfalt und Gerichtslandschaften, S. 37; DETER, Gerhard: Rechtsgeschichte in regionaler Perspektive. Prolegomenon zu einem Raumdiskurs in der Rechtswissenschaft, in: Zeitschrift für Neuere Rechtsgeschichte 40 (2018), S. 92 f., S. 95.

schen Forschung im Zusammenhang mit der Diskussion um den Begriff „Gerichtslandschaft" gestellt werden.[29]

Zum anderen bleibt die Frage zu beantworten, ob das aus den Zentgerichtsprotokollen herausgearbeitete Verhältnis zwischen Obrigkeit und Untertanen und dessen Auswirkungen auf den Umgang mit Kriminalität und Devianz, sich mit den Ergebnissen anderer Untersuchungen deckt. Im Bereich der Zentgerichtsbarkeit fehlen leider Vergleichsstudien, die Interaktions- und Kommunikationsvorgänge zwischen Normgebern und Normadressaten bis in die Tiefenstrukturen zurückverfolgen.

In dem Bewusstsein, dass die Ergebnisse der vorliegenden Arbeit aufgrund des mikrohistorischen Ansatzes kaum verallgemeinerbar sind, und lediglich eine „Momentaufnahme" für einen Zeitraum von 22 Jahren darstellen, so bieten sie für die frühneuzeitliche Strafrechts- und Kriminalitätsgeschichte trotzdem wichtige Erkenntnisse und Vergleichsaspekte, da sie im Zusammenhang mit den allgemeinen Verfahren des Wertheimer Zentgerichts die Interdependenz gerichtlicher sowie infrajustizieller Konfliktregulierung und Sozialkontrolle berücksichtigen.[30] In diesem Sinne kann die vorliegende Arbeit dazu beitragen, frühneuzeitliche Strafrechts- und Kriminalitätsgeschichte „weniger unter den Vorzeichen von Modernisierung, Verstaatlichung, Professionalisierung, Rationalisierung und Humanisierung [zu konzeptualisieren], sondern als konsequente Interdependenzgeschichte"[31] der oben genannten Aspekte.

---

[29] Vgl. dazu AMEND-TRAUT u. a.: Gerichtsvielfalt und Gerichtslandschaften, S. 36 f.
[30] Vgl. dazu HÄRTER: Strafrechts- und Kriminalitätsgeschichte der Frühen Neuzeit, S. 162–165.
[31] Ebd., S. 163 f.

Anhang

Anhang 1
Pressemitteilung der Polizei des Regierungsbezirks Unterfranken

"Coronavirus"
Informationen Ihrer unterfränkischen Polizei vom 25. April 2020

Unterfranken. Am Samstag stehen wir bei Tag 36 der vorläufigen Ausgangsbeschränkung, die derzeit in ganz Bayern gilt. Um die Ausbreitung des „Coronavirus" zu verlangsamen, haben Kontrollen zur Einhaltung der „Bayer. Infektionsschutzmaßnahmenverordnung" nach wie vor hohe Priorität.

In allen unterfränkischen Regionen führte die Polizei auch im Laufe des Freitags wieder Kontrollen zur Einhaltung der Rechtsverordnung durch. Das polizeiliche Einschreiten erfolgte stets mit Augenmaß, allerdings mussten dennoch in einzelnen Fällen gegen Personen Verfahren eingeleitet werden. Die Gesamtzahl der Anzeigen belief sich

- im **Bereich Mainfranken** auf ca. 15 Fälle,
- im **Bereich Main-Rhön** auf ca. 35 Fälle,
- am **Bayerischen Untermain** auf 20 Fälle.

Besondere Vorkommnisse

In einem Gartengrundstück bei **Eibelstadt im Landkreis Würzburg** feierten am Freitagabend mehrere Jugendliche in einem Garten oberhalb der Weinberge. Besorgte Anwohner hatten wegen Feuerschein die Polizei verständigt. Letztlich traf die Polizei noch vier Jugendliche vor Ort an. Diese hatten mit Shisha, Alkohol und Lagerfeuer gefeiert.

In **Elsenfeld und Mömlingen im Landkreis Miltenberg** ging die Polizei am Freitag zwei Hinweisen nach, nach denen Friseurleistungen im Keller zweier Privathäuser angeboten würden. In beiden Fällen konnten die Beamten Personen antreffen, die gerade frisiert wurden. Entsprechende Ermittlungsverfahren wurden eingeleitet.

Verfolgung von Straftaten und Ordnungswidrigkeiten

Je nach Art des Verstoßes gegen das Infektionsschutzgesetz oder die Bayerische Infektionsschutzmaßnahmenverordnung leitet die Polizei gegen die Betroffenen / Beschuldigten Bußgeld- bzw. Ermittlungsverfahren wegen des Verdachts einer Ordnungswidrigkeit oder einer Straftat ein. Nach Abschluss der polizeilichen Ermittlungen werden die Vorgänge der jeweiligen örtlich zuständigen Verfolgungsbehörde (Kreisverwaltungsbehörde / Staatsanwaltschaft) zur weiteren Entscheidung vorgelegt.

Rechtsverordnung:

https://www.verkuendung-bayern.de/files/baymbl/2020/205/baymbl-2020-205.pdf

Dringende Bitte der unterfränkischen Polizei:

Die Einhaltung der Rechtsverordnungen ist absolut notwendig, um die Ausbreitung des Virus zu verlangsamen. Bitte bleiben Sie zu Hause! Das Verlassen der eigenen Wohnung ist nur beim Vorliegen triftiger Gründe erlaubt. Dazu gehört z. B. seinem Beruf nachzugehen, ein Arztbesuch und zum Einkaufen zu gehen. Die Bestimmungen im Einzelnen finden Sie im Internet unter folgendem Link: https://www.corona-katastrophenschutz.bayern.de/faq/index.php

Bitte helfen Sie mit, den weltweiten Virus einzudämmen und bleiben Sie vor allem gesund!

WIR SIND FÜR SIE DA!

Michael Zimmer

Polizeihauptkommissar

Anhang 2
Textquelle

Behegung[1]

So behege ich dieses peinlich halß oder Landtgericht mit unserem aller Gnedigsten herren, dem römischen könig:

Ich behege es auch mit deren wolgebornen unseren gnedigen Graffs und Herren, die (...) Herren zu Wertheim sindt:

Ich behege es auch mit dem Richter;

Ich behege es mit den Schopffen

Ich behege es auch mit dem Landsvolck und dem umbstandt.[2]

Ich verbeutt den Schopffen keinem den Stuhel zu reumen ohn erlaubnis, auch keinem wider zu sitzen ohn erlaubnis.

Ich verbiete auch den wortredern und Procuratoren keinem das wort zu reden ohn erlaubnis.

Ich verbiete auch umbstandt das ihm keiner selbstes das wort rede ohn erlaubnis.

Ich verbiete auch dem umbstand das ihm keiner selbsten das wort rede ohn erlaubnis

Ich verbiete alles was ich an Statt und von wegen der wolgebornen unßerer gnedigen herren zu verbieten habe:

Erlaube auch hingegen widerumb alles was ich zu erlauben habe.

Ich verbiete auch alle unverkorne scheldtwort die diesem unsrerer g(nedigen) herren peinlich halß oder Landtegricht zu schaden und nachtheil gereichen mögen.

Anderer Schopff von Dörlesbach ich frage euch ob ich dieses Landtgericht oder peinlich halßgericht genugsam behegt habe.

---

[1] StAWt G-Rep. 102 Nr. 5550 (Behegung).
[2] LdM: Charakteristikum des fränkischen wie des mittelalterlichen (dt.) Gerichtsverfahren; der Umstand ist die Gerichtsgemeinde, die das aus Richter und Urteilerbank bestehende Gericht umsteht.

Anhang 3
Graphiken

Die gesamte Access-Datenbank ist unter https://dx.doi.org/10.22000/1018 öffentlich zugänglich. Eine Verknüpfung mit der Datengrundlage Zentgerichtsakten im Staatsarchiv Wertheim ist auf der Homepage des Landesarchivs Baden-Württemberg zu finden: https://www.landesarchiv-bw.de/de/aktuelles/nachrichten/75633 (zuletzt abgerufen: 23.05.2023). Digitalisate der Archivalien sollen ab Ende 2024 dort auch online verfügbar sein.

Graphik 1: Auszug aus der Personentabelle

Person

PID	Nachname	Vorname	Geschlecht	Herkunft	Beruf	Alter	Bemerkung
90	Sprenger	Anna	w	Lindelbach	o.A.	o.A.	
91	Erbach	Hans sen.	m	Bestenheid	Schultheiß	70	
92	Schmied	Dorothea	w	Bestenheid	o.A.	o.A.	
93	Herberich	Regina	w	Bestenheid	o.A.	o.A.	
94	Löher	Bernhard	m	Dörlesberg	o.A.	o.A.	
95	Neuberger	Peter jun.	m	Dörlesberg	o.A.	o.A.	
96	Neuberger	Walburga	w	Dörlesberg	o.A.	o.A.	
98	Neubergerin	o.A.	w	Dörlesberg	o.A.	o.A.	Mutter von 95 und 96
99	Weber	Michel	m	Dörlesberg	o.A.	54	
100	Pfröpf	Hans	m	Dörlesberg	o.A.	52	
101	Neuberger	Peter sen.	m	Dörlesberg	Schultheiß	o.A.	
102	Schmied	Neidhard	m	Wertheim	o.A.	o.A.	
103	Haffner	Bernhard	m	Urfar	o.A.	o.A.	
104	Stark	Lorentz	m	Derdingen	Lohgerber	o.A.	
105	Bolch	Georg	m	Derdingen	o.A.	u 50	
106	Reinhardt	Hans	m	Derdingen	Schmied	u 50	Sohn von 25
107	Engelhart	Enders	m	Derdingen	Müller	ü 50	
108	Kraft	Caspar	m	Derdingen	o.A.	o.A.	
109	Oberdorff	Matthias	m	Diedenhan	o.A.	ü 50	
110	W/Veit	Hans	m	Diedenhan	Müller	o.A.	
111	Stapf	Niclas	m	Reicholzheim	o.A.	o.A.	

Graphik 2: Auszug aus der Delikttabelle (Fall, Delikt, Täter und Kontrahent, Rüger und Streitschlichter)

Tat

FID	Deliktart	Täter1	Täter2	Täter3	Kontrahent	Rüger1	Rüger2	Rüger3	Streitschlichter1	Streitschlichter2
1	1	2	0		1	3	0	0	0	0
2	2	7	0		8	5	6	0	0	0
3	3	12	0		13	10	0	0	0	0
4	4	17	18		0	14	16	15	0	0
5	4	18	0		17	14	16	15	0	0
6	4	23	24		0	19	20	21	0	0
7	4	27	28		0	25	26	0	0	0
8	6	8	0		7	29	0	0	0	0
9	1	31	0		30	32	33	0	0	0
10	3	30	0		31	32	33	0	0	0
11	4	38	39		0	40	41	0	0	0
12	1	39	0		38	0	0	0	0	0
13	1	36	0		35	34	0	0	0	0
14	3	35	0		34	42	0	0	0	0
15	1	34	0		44	42	0	0	0	0
16	7	34	0		42	42	0	0	0	0
17	2	47	48		46	45	0	0	0	0
18	4	56	57	58	0	49	50	51	52	53
19	8	60	0		61	59	0	0	0	0
20	1	60	0		61	59	0	0	0	0
21	4	63	0		62	64	65	66	0	0

Anhang 3 Graphiken

Graphik 3: Auszug aus der Delikttabelle (Ort, Jahr, Tatzeit, Form der Anklageerhebung, Urteil, Zeugenbefragung, Bemerkung)

Tat Ort	Datum	Tatzeit	Lokalität	Form der Anklage	Urteil	Zeugenbefragung	Bemerkung
o.A.	13.08.1603	Tag	Wirtshaus	Rüge	Vertagung	☐	Vorwurf Diebstahl
Bestenheid	20.06.1603	Tag		Rüge	Geldbuße	☐	Vorwurf Diebstahl
Bestenheid	1603	Tag	freie Straße	Rüge	Geldbuße	☐	Beleidigung Schelm
Lindelbach	1598	Tag	Privathaus	Rüge	Verweis an Her	☐	Diebstahl
Waldenhausen	1598	Tag	freie Straße	Rüge	Geldbußen	☐	gegenseitige Scheltworte
Waldenhausen	1598	Tag		Rüge	Vertagung	☐	Vorwurf Betrug
Waldenhausen	1598	Tag	freie Straße	Rüge	Vertagung	☐	Vorwurf Lügner
Diedenhan	1598	Tag	freie Straße	Rüge	Vertagung	☐	Vorwurf Betrug der gesamten Gen
Derdingen	1598	Tag	freie Straße	Rüge	Vertagung	☐	Vorwurf Hexerei
Derdingen	1598	Tag	freie Straße	Rüge	Geldbuße	☐	Beleidigung
Bestenheid	1611			Rüge	Vertagung	☐	Vorwurf Diebstahl
Dörlesberg	1610	Mittagszeit	Privathaus	Rüge	Geldbuße	☐	
Dörlesberg	1610	Abend	Wirtshaus	Rüge	Geldbußen	☐	
Urfar	01.05.1610			Rüge	Geldbußen	☐	Schultheiß von Urfar rügt
Derdingen	1610	Palmsonntag	Hof	Rüge	Geldbußen	☐	
Derdingen	02.01.1610		Privathaus	Rüge	Geldbußen	☐	Alkoholeinfluss
Diedenhan	10.04.1610		freies Feld	Rüge	Vertagung	☐	Vorwurf Mord
Bronnbach	1609	Tag	Mühle	Rüge	Verweis an Her	☐	Vorwurf Korndiebstahl beim Mülle
Kloster Bronnb	1610	Tag	auf der Wiese	Rüge	Geldbußen	☐	Schlägerei
Reicholzheim	1610	Stephanstag	Privathaus	Rüge	Geldbußen	☐	Schlägerei bei der Zech
Oedengeseß	1609	14 Tage vor M		Privatklage	Vertagung	☑	Vorwurf Betrug

Anhang 4
Diagramme

Hier sind die Diagramme aufgeführt, auf die im Text oder in den Anmerkungen Bezug genommen wird.

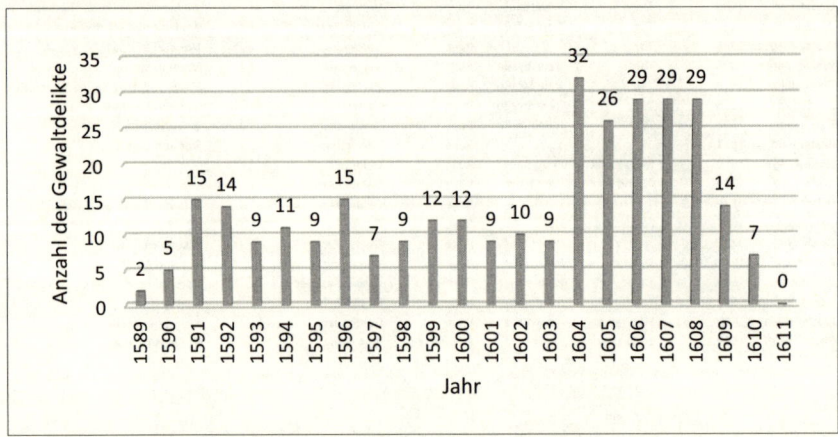

Diagramm 4: Verteilung der Gewaltdelikte im Untersuchungszeitraum

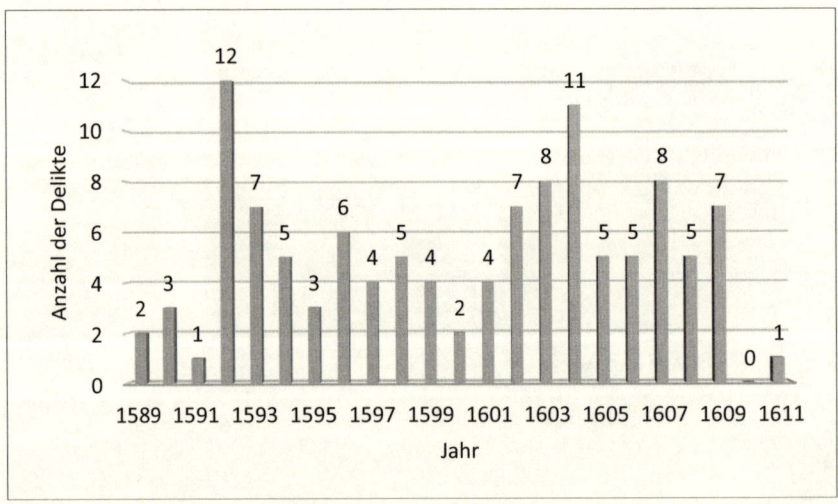

Diagramm 8: Verteilung der Eigentumsdelikte im Untersuchungszeitraum

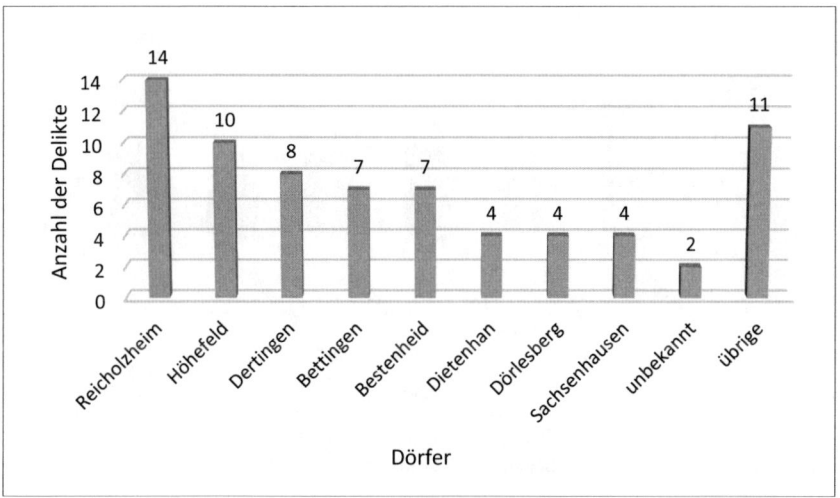

Diagramm 14: In den Dörfern begangene Delikte im Jahr 1604

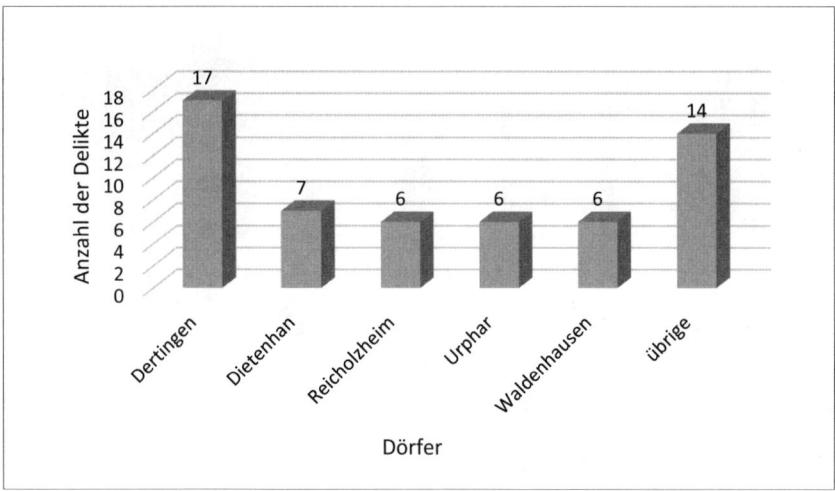

Diagramm 15: In den Dörfern begangene Delikte im Jahr 1605

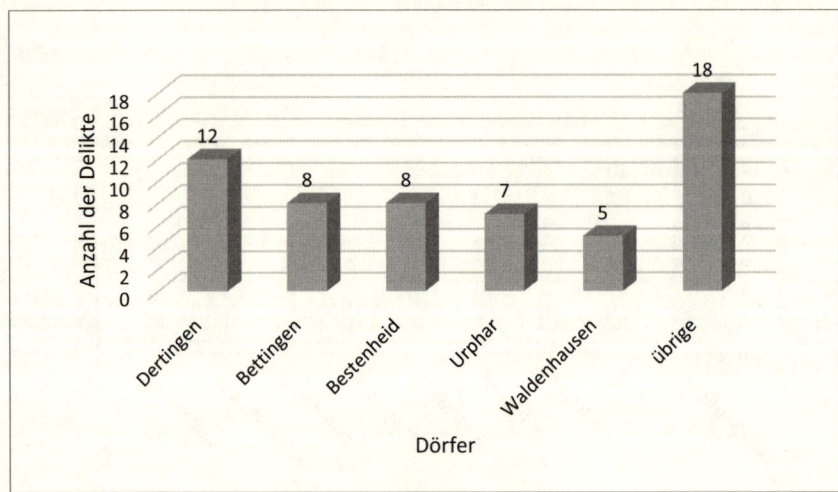

Diagramm 16: In den Dörfern begangene Delikte im Jahr 1607

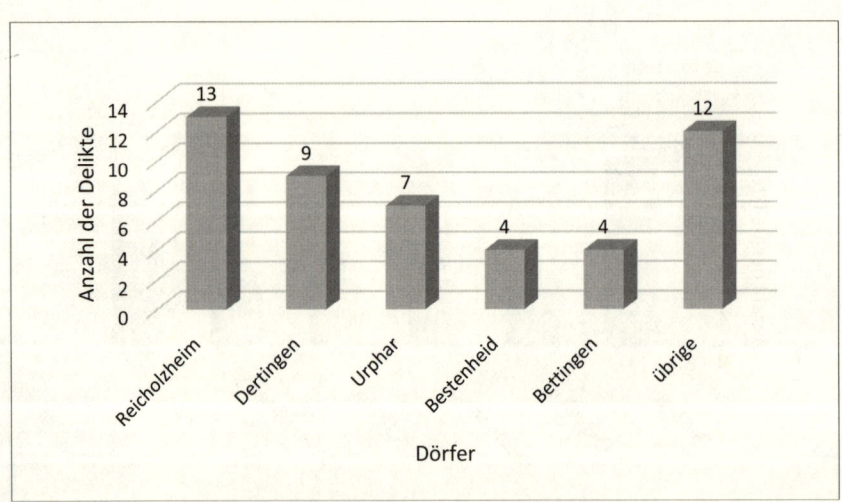

Diagramm 17: In den Dörfern begangene Delikte im Jahr 1608

Anhang 4 Diagramme 229

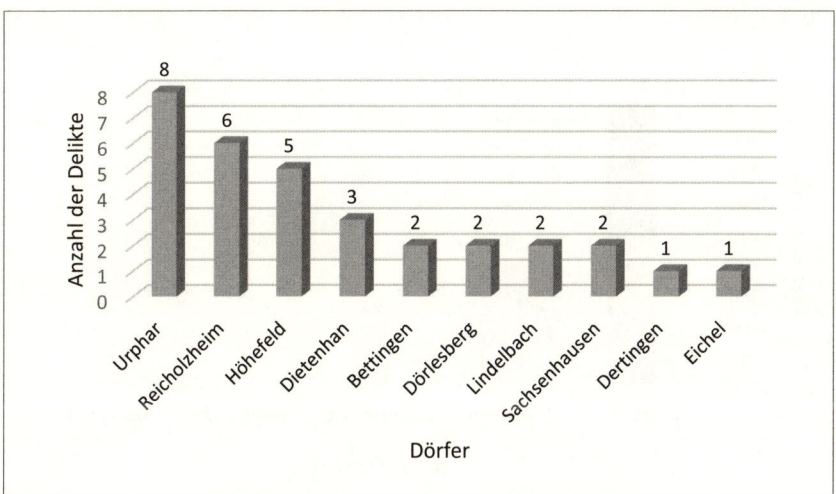

Diagramm 18: In den Dörfern begangene Delikte im Jahr 1602

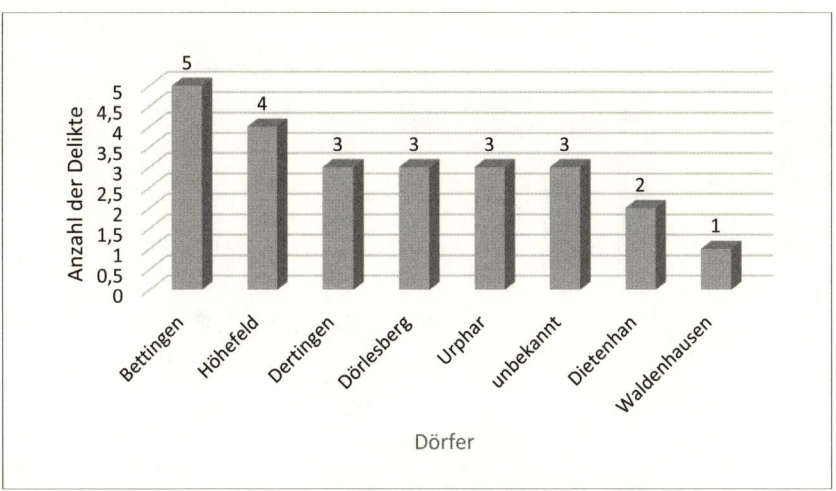

Diagramm 19: In den Dörfern begangene Delikte im Jahr 1600

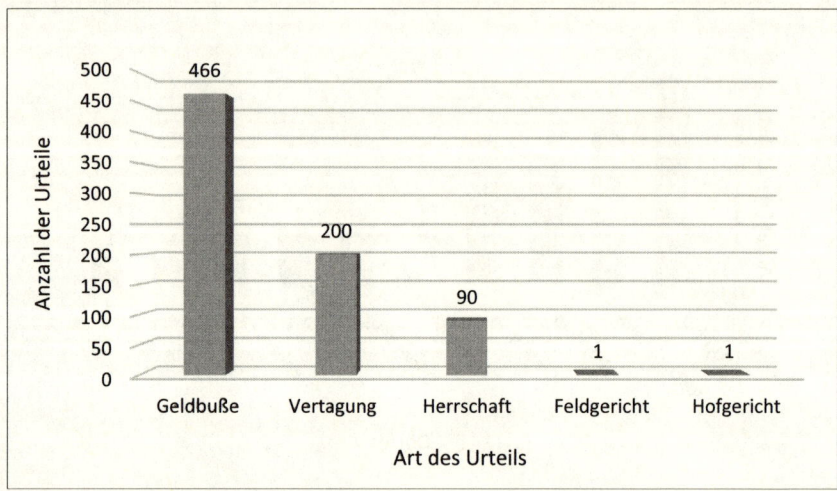

Diagramm 20: Anteil der Urteile im Untersuchungszeitraum geordnet nach Strafe, Vertagung und Verweis an andere Instanzen

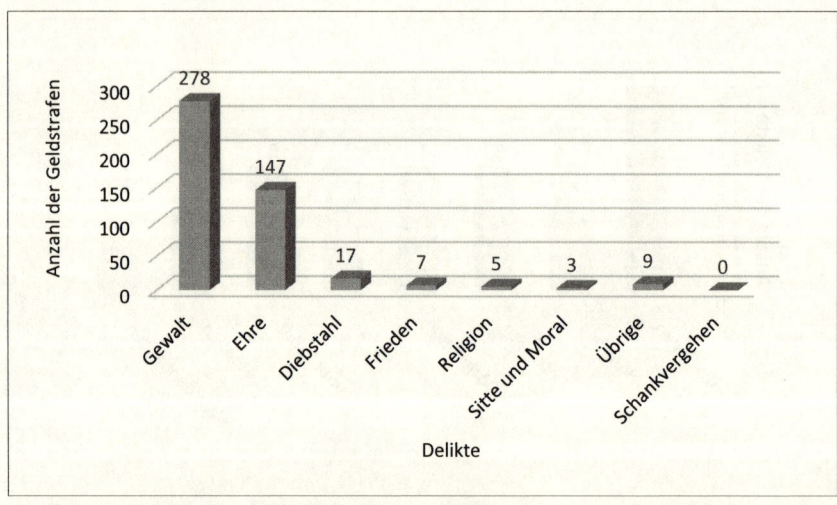

Diagramm 21: Mit Geldstrafen sanktionierte Delikte im Untersuchungszeitraum

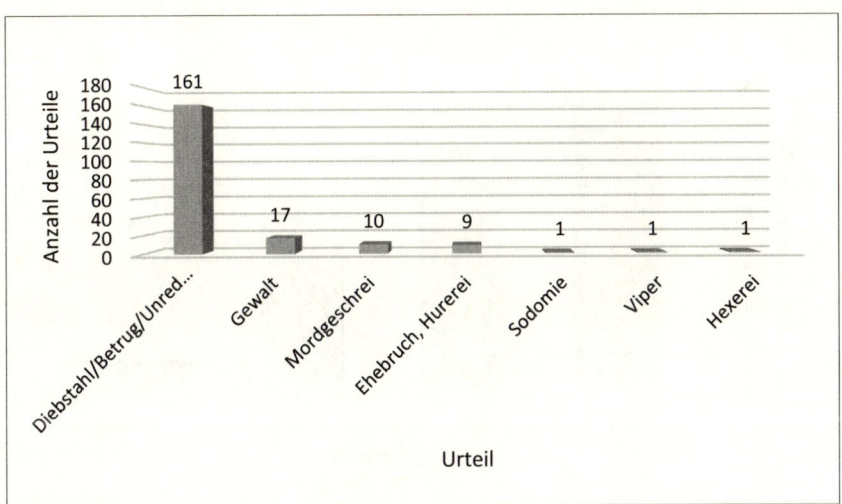

Diagramm 22: Anzahl der vertagten Delikte

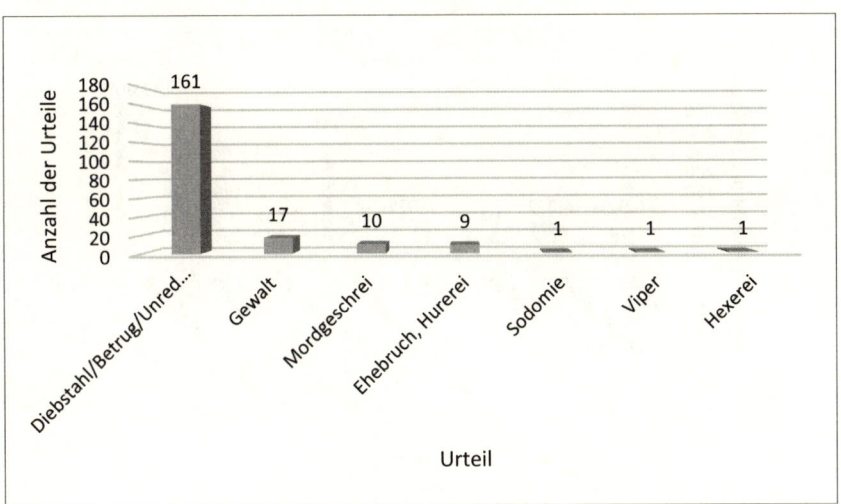

Diagramm 23: Anzahl der an die Herrschaft verwiesenen Delikte

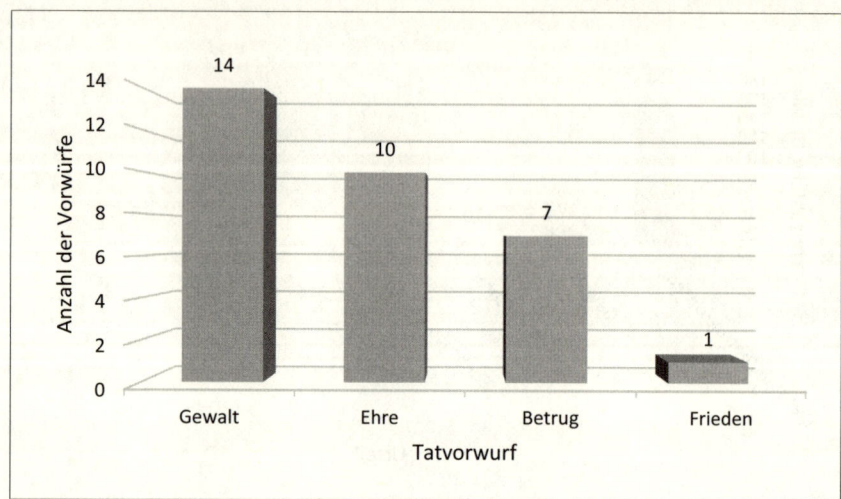

Diagramm 24: Anzahl der von Schultheißen begangenen Delikte

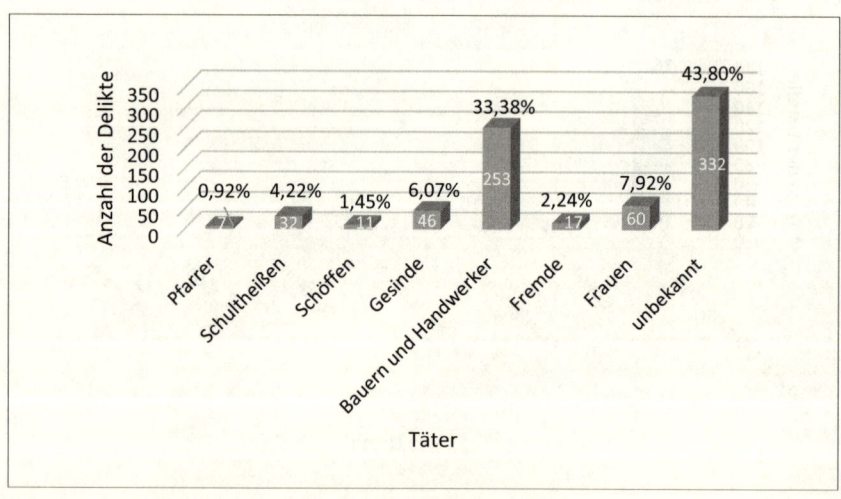

Diagramm 25: Täterprofile im Untersuchungszeitraum

Anhang 5
Tabellen

Delikt (Anzahl der Fälle und Anteil in %)	Unterste Schicht (Reinvermögen ≤ 50 fl.)	Häcker und Bauern um Lohn (Reinvermögen ~ 50–240 fl.)	Vollbauern (Reinvermögen ~ 240–500 fl.)	Vermögende (Reinvermögen ≥ 500 fl.)
Gewalt	12 (42,8 %)	7 (25 %)	5 (17,8 %)	4 (14,2 %)
Über Frieden schlagen	3 (60 %)	–	–	2 (40 %)
Ehre	4 (20 %)	11 (55 %)	3 (15 %)	2 (10 %)
Eigentum	–	2 (50 %)	1 (25 %)	1 (25 %)
Kirche und Religion	–	–	1 (100 %)	–
Beeinflussung Zeugenaussage	–	1 (100 %)	–	–

Tabelle 3: Delikte und Schichtzugehörigkeit in Höhefeld im Untersuchungszeitraum

Delikt	Anzahl gesamt	In Prozent	Anteil Frauen gesamt	In Prozent	Anteil Deliktart in Prozent
Eigentum	115	15,1 %	14	1,8 %	12,1 %
Ehre (sexuell)	16	2,1 %	5	0,6 %	31,25 %
Ehre (Moral)	232	30,6 %	19	2,5 %	8,1 %
Ehre (Zauberei)	5	0,6 %	4	0,5 %	80 %
Gewalt	314	41,5 %	12	1,5 %	3,8 %
Ordnungsdelikt	6	0,7 %	1	0,1 %	16,6 %
Sitte	9	1,1 %	4	0,5 %	44,4 %
Über Frieden schl.	46	6 %	1	0,1 %	2,1 %

Tabelle 4: Vergehen von Frauen im Vergleich zur Anzahl der Gesamtdelikte

Orts- und Personenregister

Altenkunstadt 171
Altmann, Albert 197
– Michel 92 f.
Amend, Adam 175
– Apolonia 175
– Claus 204 f.
– Michael 182
Amendt, Georg 128, 148, 153
Arnold, Balthasar 127
Aschbach, Joseph 23

Bamberg 72
Baumann, Cuntz 208
– Linhard 159 ff.
– Matthäus 170
Baumig, Claus 171
Bayern 135, 173
Beattie, J. M. 101
Behem, Linhard 153
Behringer, Wolfgang 135
Berg, Adam 196
– Enders 160
Bestenheid 28, 44, 55, 92, 113, 119 f., 122, 124, 129, 134, 148, 161 f., 182
Bettingen 28, 44, 55, 91, 97, 110, 115, 122, 131, 138, 142, 148, 153 f., 160, 164, 172, 198
Beuke, Arnold 180 f.
Beyer, Claus 159, 195
– Linhard 123 f.
– Simon 102 f.
Birr, Christiane 52, 65
Blickle, Peter 47, 218
Böttigheim 45
Bretzfeld 171
Bronnbach 28, 31, 38, 55, 158 ff.
Brüssel 101
Burck, Adam 103 f.
Burckenberg, Andreas 122
Bürger, Hans 162, 209
Büttel, Margretha 76, 110 ff., 153, 173

Canstein 200 f., 205 ff.

Deutschland 1, 3, 5, 140
Derdinger, Hans 184
Dertingen 20, 28, 34, 43 ff., 55 f., 62 f., 95 ff., 102 f., 107, 110, 112, 114, 128, 130 ff., 134, 138 f., 142, 148, 154, 160, 171, 176, 185 f., 188, 196–199, 201, 203, 206, 208, 215
Dertinger, Michael 208
Diederiks, Hermann 173
Dietenhan 28, 44, 55, 62, 64, 114, 119, 128, 131 ff., 142, 148, 153 f., 175, 184, 209
Dinkel, Claus 128, 133, 153
Dithmarschen 88
Ditmer, Veit 123, 143, 159
Dittmann, Enders 124
Dopf, Balthes 205
– Paul 205
Dorn, Peter 169
Dörlesberg 28, 44, 55, 122, 159 ff., 195 f., 199
Düning, Cuntz 92
– Peter 97, 161

Eberbach 52
Eberstein, Grafen von
– Philipp 33
Ebert, Hans 160
Echter, Julius von 33 f., 59, 139
Eckart, Hans 130, 183, 204, 209
Ehmer, Hermann 23 f.
Eibach, Joachim 94, 189
Eichel 28, 44, 55, 62, 184
Eirig, Enthers 16, 19
Elblig, Linhard 121
Enders, Endersen (Andreas) 159, 187 f., 190, 192
– Thomas 171
England 3
Erbach, Hans 124, 161, 182
– Merten 182
Essex 213
Europa 140, 198, 202
Eyrich, Georg 112

Fiederlein, Enders 115
Fink, Claus 123
Flegler, Linhard 135, 182
Fleischmann, Andreas 162 f.
Flöß, Philipp 131, 164
Frank, Michael 13, 101, 104, 119, 135, 145, 149, 155, 157, 168, 213
Franken 10, 30, 36, 39 f., 47, 53, 60, 70, 109, 218

236 Orts- und Personenregister

Frankfurt 36 f., 94, 99, 191
Frankreich 3, 100
Freudenberg 28, 33 f.
Friedel, Michel 132
– Thomas 163
– Zacharias 113, 163, 197 f., 209
Friedrich, Claus 131
– Hans 198
Fritz, Gerhard 199

Gamburg 45
Gaming 145
Georg, Schiffer aus Miltenberg 197 f.
Gläser, Sven 25
Giebelstadt 33
Gisper, Dietlinde 172
Gotthelf, Jeremias 14
Gotzelmann, Christoph 119, 131, 133
– Hans 131 f.
Götz, Georg 92, 134
Gressen, Jacob 92
Gressmann, Michel, gräflicher Anwalt 151, 155
Grimm, Georg 159
– Hans 195
– Jakob 107
– Wilhelm 107
Grünau, Kloster 31
Grünenwört 44, 55, 97, 161 f.
Gudian, Gunther 150
Gunther, Lorenz 98, 107
Guttjar, Georg 154

Hans, der Alte 102 f.
Hägermann, Melanie 52, 65
Hasloch 120
Hauck, Kilian 122
Heckelmann, Barbara 113, 176
– Claus 197
Hefner, Hans 196, 200
– Veit 91, 148
Helmich Christoph 45, 160
Helmig (ch), Dew(b)es 187 f., 208, 213
Helmstadt 171
Heidelberg 23
Heiden 88, 94 f., 99, 101, 104, 115, 119, 122, 132, 136, 145, 149 f., 155, 157, 168, 173, 175, 207, 213, 215
Heim, Claus 184
– (Heym), Hans 111, 184
Heins, Hans 183
Heinz, Steinmetz 102

Hemmerich, Jacob 92
Hergenhan, Hans 42 f., 162
– Wendel 45, 143, 213
Hessen 10, 53, 70
Heußler, Steffen 129, 208
Heybach, Thomas 114
Heydt, Hans 161
Heym, Endres 130
Hickler, Jakob 120, 148
Hochhausen 171
Hoffmann, Batz 187
– Hans 90, 153
– Lorenz 117
– Peter 92
– Philipp 204
Hohe, Hans 91 f.
Hohenlohe 41, 213
Homburg 58, 112
Homburg, Grafen von 58
Höhefeld 19 f., 28, 38 ff., 42, 44 f., 48, 55, 62 f., 92, 10, 120, 123, 138, 142 f., 157, 159 f., 162, 169 f., 184, 187, 202, 208 f., 213
Horn, Michael 131 f.
Horlein, Hans 198
Hörner, Claus 169
– Eva 45
– Hans, Schultheiß 208 f.
– Hans, Wirt 20, 120, 159, 169 f., 202
– Jacob 19
– Wilhelm 123, 170, 208
Huber, Hans 56
Hufnagel, Merten 186
Hundheim 28

Imhoff, Hans 100 f., 150, 204, 209
– Jakob 170

Kaiser, Hans 187 f., 190, 192
Kaltenhauser, Peter 92 f., 107, 207
Kanada 175
Kapfen, Philipp 148
Karl, IV. Kaiser 30
Karl, V. Kaiser 71
Kembach 119, 128
Kerner, Georg 121, 190 f.
Kertelhein, Arne 88
Kettner, Hans 195, 199
Keyser, Georg 92, 153, 158
– Linhard 119, 133, 209
– Peter 120, 170, 202
Kirchheim 52
Klein, Jacob 132

Kleinehagenbrock, Frank 25
Klingenstein, Christoph 182
Knapp, Hermann 52
Koch, Hans 90
Konrad, Schiffer aus Miltenberg 197 f.
Körner, H. 154
Kraft, Georg 95 f.
– Hans 110
Kramer, Karl Sigismund 105, 188
Kranz, Georg 95 f.
Kreuzwertheim 30
Krichingen, Wilhelm von 33, 59
Krug-Richter, Barbara 184 f., 200, 205, 207
Köln 42, 88, 94 f., 99, 130, 158, 172, 175
Kuhn, Cuntz 45
Kühn, Elisabeth 113, 176
Kurmainz 30, 37

Langguth, Erich 26, 45, 142, 157
Laudenbach 128, 33 f., 70
Lauer, Linhard (Hans) 121, 150 f.
Lengfurt 28, 55, 110, 151, 207
Leuser, Melchior 160
Leversum 180
Levine, David 213
Lichtenstein, Paul Merten von 59 f.
Limpurg, Gottried Schenk von 68
Lindelbach 18, 28, 44, 55, 62 f., 76, 91, 103,
  110, 121 f., 135, 158, 171, 173, 190 f., 196
Lipp, Ursula 42
Lippe, Gfs. 88, 207
Locher, Hans 78
Löffler, Hans 185 f.
– Linhard 130
Löger, Claus 185 f.
– Hans 96, 83
Löhr, Bernhard 159
– Debes 92, 113, 129
Löwenstein, Grafen von
– Johann Dietrich 35
– Ludwig III. 33, 59, 126
Ludwig, Hans 205
Lüdingshausen 180
Lutz, Christoph 45

Mainz 28, 30 f.
Manderscheid-Schleiden, Grafen von
– Dietrich VI. 33
Marckhardt, Hans 154, 196, 201
Marckhart, Enders 176
Mayer, Ulrich 162 f.
Meckenwein, Christoph 182

Meier, Robert 24, 109 f., 202
Meißner, Christoph 110
Mespelbrunn 33
Metzler, Bernhard 196
– Hans jun. 159 f.
– Hans sen. 159 ff.
Michel, Hans 114
Michelrieth 28, 72, 78, 171
Miltenberg 37, 197 f.
Minden 115
Mitternacht, Hans 197
Mohrmann, Ruth-E. 115
Mosbach 52
Muchembled, Robert 100
Müller, Bernhard 184
– Jakob 170
– Michel 102 f.
Müller-Wirthmann, Bernhard 104
Münster 191
Mussig, Stefan 159 f.

Nam, Linhard 95, 197
Nassig 28, 205
Neu, Heinrich 23
Neuff, Georg 90
Neubrunn 42, 45
Nick, Lorenz 45
Niederlande 3, 173
Niklashausen 28, 55, 170
Nohe, Sebastian, Zentgraf 147
Nürnberg 37

Oberbrait 171 f.
Oberdorf, Caspar 148, 184, 209
– Enders 132 f.
– Hans 204, 100, 110
– Matthias 132
Oberpfalz 36
Odenwald 28
Ödengesäß 28, 44, 55, 62, 160, 205
Otto, Adam 90, 168

Paal, Linhard 160 f., 205
– Peter 67, 161
Paris 191
Perchtoldsdorf 173
Pröpf, Hans 195, 203

Raab, Florian 25
Rach, Enders 185 f.
Rapolt, Hans 107 f.
Rebholz, Georg 129, 176

Reicholzheim 28, 43 f., 55, 62, 90, 92 f., 100, 107, 113, 121 f., 132, 138, 142, 150, 153, 161 ff., 176, 183 f., 197, 203 f., 207, 209
Reinhard, Claus 20, 208
– Peter 197
Reisig, Claus 91, 103, 135, 196
– Hans 122
Reißer, Linhard 128
Remlingen 28, 33 f., 78, 109 f.
Retzstatt, Hans 176
Reuss, Philipp 153
Rheinland 36
Rothenfels 72
Rue(h)l, Caspar 134
– Hans 100, 119, 122, 124, 204
Ruel, Cla(u)s 56, 113, 134, 171
Rüttiger, Hans 190

Sachsenhausen 28, 44, 55, 114, 162, 205, 209
Sauer, Hans 56
Schafhof 28, 55, 151
Schetzer, Georg 78, 112, 186, 208
– Heinrich 110, 112, 206
Schetzlein, David 103 f., 114, 153 f.
Scheutz, Martin 145, 212
Schilling, Heinz 4
Schmied, Fritz 187, 208
– Hans 92 f., 107, 128, 208
Schmitt, Endres 110, 206
Schnepper, Hans 97 f., 197
– Michel 171
– Simon 197
Schreck, Christian 25
Schreiner, Claus 132
Schriesheim 52
Schulenberg 215
Schultheiß, Sven 52, 65
Schürger, Bernhard 205
– Christoph 204 f.
– Leonhard 91
– Paul 64, 76, 110, 120, 204
– Thomas 127
Schwab, Hans 197
Schwaben 47
Schwall, Michel 130
Schwarzach 74
Schweinberg 28, 33 f.
Schwerhoff, Gerd 8, 13, 21, 88 f., 99, 144, 158
Segner, Enders 176
– Hans 107 f.
Sepperade 180

Seubert, Georg 176
– Hans 95, 134, 196, 204
Sharp, James A. 157, 168
Sigismund, König von Luxemburg 31, 54, 58
Sonderriet 28
Spilmann, Kaspar 16
Sprenger, Anna 110 f.
– Hans 110
Stall, Hans 120, 204
Stark, Linhard 172
– Lorenz 56, 185 f., 198 ff.
Stapf, Hans 204
Staufer 30
Steffen, Otto 115
Steinbach 28
Steinbach, Enders 120
Stockert, Harald 25
Stolberg, Grafen von
– Ludwig 33, 59
Störmer, Wilhelm 40
Strasburg in der Uckermark 88
Strauß, Wendel 110, 134, 136, 186, 203 f., 206

Teilbach, Mühle 168, 184
Terling 213
Teufel, Hans 160
Thauer, Jenny 215
Thrag, Enders 187
Thüringen 40

Uhl, Hans 121, 190
Ullrich, Lorenz 209
Urphar 28, 44, 55, 62 f., 76, 90 f., 103, 110 ff., 130, 138, 142, 154, 182 ff., 196, 200
USA 3
Usingen 154
Üttingen 40

Vaconius, fürstlicher Kommissar 80
Vanhemelryck, Fernand 101
Veronika, Magd 163
Vocken, Veit 169
Vockenrot 28, 44, 55

Wagenbuch 28, 55, 92
Waldenhausen 28, 44, 55, 62 f., 76, 110, 120, 127, 204
Walken, Conrad 134
Weber, Linhard 122
Weimar, Merten 107 f.

Wertheim, Grafen von
- Eberhard 30
- Georg II. 31 f., 96
- Johann I. 31
- Johann II. 58
- Michael III. 32 f. 59
- Rudolf II. 55
Wettmann-Jungblut, Peter 119
Wiehl, Georg 91, 135
Wiesner, Georg 196
Wilster 115

Wolz, Hans 122
Wrightson, Keith 213
Würzburg 28, 30 f., 33 f., 42, 49, 52, 55, 58–60, 109 f., 137 ff., 150, 171, 214

Ziegler, Merten 176
- Wolf 98, 107
Zimmermann, Kurt 24, 71
- Willerich 207
Zobel von Giebelstadt, Melchior 33
Zwer, Georg 97